HISTOIRE
DE LA
RÉVOLUTION
DE FÉVRIER

PAR JULES DU CAMP

AVEC UNE INTRODUCTION
PAR M. DUPONT DELPORTE
Représentant du Peuple.

ÉDITION ILLUSTRÉE

Par MM. Philippoteaux et Alphonse Rousseau

De Types coloriés, de Portraits, de Vignettes sur bois tirées à part, et de Têtes de pages intercalées dans le Texte.

PUBLIÉE

EN 40 LIVRAISONS

à 30 cent. chaque.

PUBLIÉE

EN 40 LIVRAISONS

à 30 cent. chaque.

PARIS. — IMPRIMERIE DE POMMERET ET MOREAU, 17, QUAI DES AUGUSTINS.

Se vend ici.

40 Livraisons à 30 c. — Tous les Types sont coloriés.

HISTOIRE
DE LA
RÉVOLUTION
DE FÉVRIER

RÉDIGÉE AU POINT DE VUE DES FAITS ET DE L'ÉCLECTISME

Jusques et y compris le siége de Rome,

PAR JULES DU CAMP,

Continuateur de l'*Histoire de l'Armée*.

AVEC UNE INTRODUCTION

PAR NAPOLÉON DUPONT DELPORTE,

Représentant du Peuple.

Édition illustrée par MM. Philippoteaux et A. Rousseau

de Types coloriés représentant tous les Uniformes de la République, de Portraits des principaux personnages de la Révolution, de magnifiques Vignettes tirées à part, et de Têtes de page intercalées dans le texte

Gravées par L. Deghouy.

Un magnifique volume grand in-8 jésus. — Prix : 12 fr.

Montesquieu l'a dit, « A propos de *révolutions*, *l'histoire des* FAITS *sera toujours la plus* UTILE *comme la plus* ÉLOQUENTE *des histoires.* »

C'est cette maxime dont ce livre veut principalement réaliser l'application.

En effet, plusieurs ouvrages existent déjà sur les événements qui ont si brusquement changé la forme du gouvernement de la France ;—plusieurs autres encore sont annoncés....

Mais les noms des auteurs des unes comme des autres de ces histoires, les positions que la plupart de ces auteurs ont occupées, le rôle personnel qu'ils ont joué dans les événements, presque tout fait de ces ouvrages des plaidoyers en faveur d'idées extrêmes, ou des manifestes au profit d'opinions exagérées.

Ainsi, la plupart sont des œuvres de passions, plutôt que des livres d'indépendance et de vérité.

Une histoire restait à faire, destinée à la grande masse des lecteurs qui sont, comme ces Florentins dont parle le Dante, *cercando il vero*, « cherchant la vérité. »

Il restait à écrire un livre pour l'immense majorité de ceux qui, aimant leur pays avant tout, désirent le voir sagement marcher et progresser entre la *réaction* et *l'utopie*, ces deux périls de la situation.

C'est cette histoire qu'on a tenté de faire, et que nous offrons au public.

On définit ainsi l'éclectisme : « Une philosophie de bonne foi, qui, n'obéissant à aucun système particulier, n'adoptant aveuglément la bannière d'aucune secte, choisit les opinions les plus raisonnables, met en honneur ce qu'il peut y avoir de vrai dans les idées de chacun, et se montre indépendante et sincère. »

Ce sont là les principes que nous voulons appliquer à l'*Histoire de la Révolution de Février*, histoire qui sera précédée d'une *Introduction* due à la plume sagace et érudite d'un membre de l'*Assemblée législative*. Cette introduction dira, avec indépendance, les causes qui ont pu amener la révolution de février, et aussi celles qui en ont occasionné la réussite.

Nous croyons que cette Histoire, conçue, comme nous l'indiquons, offrira des enseignements bien plus utiles et bien plus féconds, que ne le peuvent être les déclamations ardentes, les exposés de théories, les glorifications passionnées de certains hommes ou de certains faits.

Nos adversaires ne sont pas plus dans un parti que dans l'autre : ils sont partout où l'exagération, l'erreur souvent volontaire, et les passions extrêmes, menacent d'être fatales à la gloire, à la prospérité et au bonheur de notre cher et beau pays.

Conditions de la Souscription.

L'HISTOIRE DE LA RÉVOLUTION DE FÉVRIER, imprimée sur beau papier jésus et en caractères fondus exprès, est publiée en 40 livraisons à 30 centimes pour Paris, et 40 centimes par la poste.

Chaque livraison, enveloppée d'une jolie couverture de couleur, se compose d'une feuille (8 pages de texte) et d'environ une gravure ou type sur 2 livraisons.

Il paraît une ou deux livraisons le jeudi de chaque semaine.

L'ouvrage complet formera un magnifique volume grand in-8 jésus, du prix de 12 fr. pour Paris, et de 15 fr. par la poste.

ON SOUSCRIT A PARIS
CHEZ BARBIER, ÉDITEUR, 13, RUE DE LA MICHODIÈRE,
Et chez tous les libraires et dépositaires de Paris et des départements.

En vente chez le même Éditeur :

HISTOIRE DE L'ARMÉE ET DE TOUS LES RÉGIMENTS,
DEPUIS LES PREMIERS TEMPS DE LA MONARCHIE JUSQU'A NOS JOURS.

PAR M. A. PASCAL,

En collaboration avec M. le colonel Brahaut et M. le capitaine Sicard,
et terminée par **JULES DU CAMP**,
Auteur de l'*Histoire de la Révolution de Février.*

ÉDITION ILLUSTRÉE

de gravures sur acier, de plans de batailles, de types coloriés représentant tous es costumes militaires, et de vignettes dans le texte, par les principaux artistes.

240 LIVRAISONS A 30 CENTIMES.

L'AFRIQUE FRANÇAISE
L'EMPIRE DE MAROC
ET LES DÉSERTS DE SAHARA
PAR P. CHRISTIAN

Édition illustrée.— 60 livraisons à 25 cent.— Un beau volume grand in-8 jésus : 15 fr

Paris. — Imprimerie de Pommeret et Moreau, 17, quai des Augustins.

HISTOIRE

DE LA

RÉVOLUTION

DE FÉVRIER.

Paris. — Imprimerie de Pommeret et Moreau, quai des Grands-Augustins, 17.

Cantinière.
(Infanterie légère.)

Chasseur de Vincennes.
(Carabinier.)

1848.

HISTOIRE
DE LA
RÉVOLUTION
DE FÉVRIER

JUSQUES ET Y COMPRIS LE SIÉGE DE ROME

PAR JULES DU CAMP

Continuateur de l'*Histoire de l'Armée*, etc.

AVEC UNE INTRODUCTION

PAR NAPOLÉON DUPONT-DELPORTE

REPRÉSENTANT DU PEUPLE.

ÉDITION ILLUSTRÉE

PAR

MM. PHILIPPOTEAUX, A. ROUSSEAU, ETC.

PARIS

A. BARBIER, ÉDITEUR,

50, RUE D'ENGHIEN.

1850.

INTRODUCTION.

DES CAUSES QUI ONT PU AMENER LA RÉVOLUTION DE FÉVRIER ET EN OCCASIONNER LA RÉUSSITE.

I.

Lorsque le corps humain est frappé d'une maladie violente, il arrive presque toujours que la cause du mal remonte à des temps déjà éloignés; la cause immédiate n'est qu'une circonstance, un accident qui viennent précipiter la crise : sans cette cause, sans cet accident, le mal aurait pu se développer plus lentement; mais il se fût déclaré tôt ou tard.

Ce principe d'économie physique, qui offre de si fréquentes applications dans l'histoire de l'homme, ne se produit pas moins souvent dans l'histoire des nations.

Aussi, serait-ce une véritable erreur de ne voir, dans le fait accompli en février 1848, qu'une *révolte*, c'est-à-dire l'accident là où il y eut *révolution*, c'est-à-dire conséquence.

Sans doute, le 24 février, apprécié comme fait brutal, n'est que l'œuvre d'un coup de main; ce qui caractérise la révolte.

Mais, par ses causes comme par ses effets, le 24 février est bien une révolution

En effet, une révolte qui réussit, c'est, le plus souvent, une conspiration qui substitue un homme à un autre homme, sans changer les institutions; mais une révolution fait disparaître, du même coup, hommes et institutions. Dès le lendemain d'une révolte, un pays peut avoir repris ses habitudes, recouvré sa prospérité. Une révolution, au contraire, bouleverse son présent et livre son avenir à l'incertain, en édifiant la fortune chancelante de quelques-uns sur la ruine de tous.

Or, au mois de février 1848, le coup de pistolet de l'hôtel des Capucines, les ardeurs réformistes, la coupable indécision des uns, l'audace inouïe des autres, ont pu être la circonstance, l'accident qui devaient renverser le trône constitutionnel; mais le mal avait assurément de vieilles racines :

Dans la division des partis;

Dans l'anéantissement de l'esprit public;

Dans la ruine des croyances morales, qui sont le soutien des sociétés organisées.

II.

La révolution de 1789, en créant une société nouvelle, armée de droits civils et politiques nouveaux, nous a nécessairement légué de longues sources de discordes intérieures. Que le niveau politique, que l'abolition des priviléges, que l'égalité dans les droits comme dans les devoirs soient des bienfaits, certes c'est là une incontestable vérité; mais de ce nouvel état de choses est née une immense et funeste complication : la division de la France en partis irréconciliables.

Les classes dépouillées de leurs prérogatives, de leurs priviléges, ne pouvaient se résigner à accepter la condition qui leur était faite; et les sanglantes persécutions exercées contre elles légitimèrent leur résistance pendant toute la durée de la révolution.

Cette période traversée (si tant est que soit aujourd'hui terminée la révolution française!), on put un moment espérer que l'homme qui avait restauré la société et la religion en France; que celui qui, tout en marchant de triomphe en triomphe, dans ces guerres de géants, avait doté son pays de la plus admirable organisation civile et administrative; un moment on put croire que cet homme rallierait à lui tous les partis. Mais ceux qu'il avait gorgés de bienfaits en voulaient jouir; il leur fallait du repos à tout prix; et la France, oubliant les services rendus, ne sut pas supporter l'inconstance de la victoire.

L'empereur, vaincu par l'Europe coalisée, fut abandonné aux mains de ses plus implacables ennemis, et la branche aînée des Bourbons reconstitua sa royauté.

A peine cette restauration était-elle établie, que les idées de liberté se réveillèrent. C'est que l'enthousiasme guerrier n'était plus là pour dominer tous les autres sentiments. La Charte octroyée ne parut pas une concession suffisante : les fils des anciens républicains se réunirent aux hommes de l'Empire, et l'on vit naître alors ce parti libéral, dont la politique, aidée par les fautes du pouvoir, devait amener 1830.

La lutte fut ardente de 1824 à 1830. Le parti assaillant s'organisa sur des bases telles, qu'il enserra, en quelque sorte, celui qui avait pour se défendre le puissant appui des lois, mais qui, les ayant violées lui-même en essayant d'effacer, d'un trait de plume, les droits qu'il avait d'abord semblé heureux de concéder, s'engloutit dans sa tentative insensée.

Que devint la situation, après la victoire de juillet 1830?

Lorsqu'il s'agit de créer un gouvernement, le parti que l'on appelait le parti libéral se divisa immédiatement : il avait ses modérés et ses hommes avancés. Il était, enfin, dépassé par une troisième fraction, la moins nombreuse, que toutes sortes de défiances tendaient, depuis près de deux années, à séparer de lui.

Les modérés aspiraient, au plus, à l'avénement du duc de Bordeaux; ils exigeaient, au moins, des excuses loyales du roi, et, en tout cas, quelques concessions.

Les hommes avancés jugeaient qu'il est des fautes que le sentiment national ne pardonne pas : ils regardaient donc la branche aînée des Bourbons comme devenue impossible; ils demandaient une large réforme du système gouvernemental; mais la monarchie demeurait positivement leur point de départ.

Quelques-uns, parmi eux, auraient sérieusement songé au duc de Reichstadt, si les difficultés de son éloignement ne se fussent mal conciliées avec la situation qui exigeait une prompte solution. Déjà ils sentaient que le mouvement pouvait devenir plus que libéral, plus que constitutionnel, et qu'une fois débordés, leur popularité s'évanouissait sans retour.

Ils connaissaient le duc d'Orléans; ils avaient apprécié en ce prince des idées au niveau des besoins du temps; ils voyaient autour de lui une famille nombreuse, sympathique à la jeunesse, élevée au milieu des classes bourgeoises; ensemble qui offrait à la fois des garanties dynastiques et de véritables gages de sécurité pour le pays : le duc d'Orléans fut roi.

Quant à la troisième fraction, qui voulait plus qu'une monarchie constitutionnelle, les faits ne se furent pas plus tôt accomplis, qu'elle s'accusa de maladresse et de manque d'audace. Elle rompit définitivement avec ses anciens amis, et annonça qu'elle profiterait de la leçon reçue : pourtant elle n'osa pas encore arborer franchement le drapeau républicain, parce qu'elle s'avouait que ce mot seul de république retentissait péniblement dans tous les cœurs. Elle dissimula donc son but sous le spécieux des mots ; elle s'intitula *parti radical*, et se mit immédiatement à l'œuvre.

Voilà donc le spectacle que présentait la France, après 1830.

Trois partis en présence :

Le parti légitimiste qui venait d'être renversé ;

Le parti libéral qui venait de renverser ;

Le parti radical qui s'imputait à faute que la crise ne se fût pas consommée au profit de ses idées.

Le premier se composait de tout ce qui lui avait appartenu jusqu'au jour de la catastrophe, et d'un certain nombre d'hommes qui, n'ayant voulu qu'avertir le pouvoir par une leçon salutaire, trouvaient trop cruelle la punition qu'on lui avait infligée.

Le second réunissait tous ceux qui avaient professé, dès longtemps, la doctrine du progrès, et aussi les hommes qui avaient joué un rôle sous l'Empire. Il comptait dans ses rangs des gens de savoir, des hommes d'Etat éprouvés, des publicistes hors ligne, des orateurs éminents.

Quant au troisième, il avait accepté tout ce qui avait voulu venir à lui : mécontents industriels, mécontents sociaux, mécontents politiques, mécontents de toutes les catégories. Il avait fait appel à toutes les excentricités ; il s'était surtout adressé à ces imaginations jeunes, ardentes, inexpérimentées qui prennent aisément la chimère pour la réalité, l'utopie pour le progrès ; il avait enfin dit aux ambitieux de tous les étages : Vous qui n'êtes pas satisfaits de votre condition, de votre lot, venez à nous et luttons ensemble pour la conquête de tout ce qui nous manque, les places, les honneurs, la fortune !

C'est alors que l'on vit se produire les faits les plus étranges ; les combinaisons les moins honnêtes.

Un parti s'était formé autour de la famille d'Orléans : la France, lasse de révolutions, semblait vouloir fonder un état de choses définitif. Ce vœu n'était, nécessairement, ni dans les vues du parti légitimiste, ni dans celles du parti radical. Quoique tous deux poursuivissent une œuvre différente dans son but extrême comme dans son essence, ils n'en firent pas moins alliance ; car si leurs aspirations différaient, ils s'accordaient parfaitement sur le premier moyen d'arriver chacun à son but : le renversement du gouvernement de Juillet, cet obstacle qui leur barrait la voie de l'avenir.

Ces deux partis étaient donc unis par la nécessité, le droit légitime héréditaire donnait la main à l'espoir démocratique. Les faits qui résultèrent de cette alliance sont encore trop près de nous pour qu'il soit besoin de les rappeler ici : l'on se souvient de ce siége en règle que ces partis firent subir à la dynastie de juillet : tous les moyens furent bons pour ceux qui battirent incessamment en brèche, les uns la personne, les autres le principe qui faisaient obstacle à la réalisation de leurs désirs.

Les légitimistes employèrent la presse, la tribune, les pamphlets. Mais la propagande radicale ne se borna malheureusement pas à ces moyens : neuf fois la vie du roi fut mise en péril par l'arme de ceux que cette propagande fanatisait : elle aura beau vouloir décliner la responsabilité de ces actes, la faction républicaine d'alors en restera flétrie ; car les partis qui admettent l'assassinat au nombre de leurs moyens, répugneront toujours à toutes les consciences, et n'appartiennent à aucune civilisation.

Poursuivant son plan avec une ardente persévérance, avec l'entraînement de sa fidélité, et le prétexte d'un droit qu'il jugeait imprescriptiblement acquis, le parti légitimiste s'aveuglait lui-même dans sa haine profonde pour le présent, comme dans ses inconsolables regrets du passé. Aussi, ne voyait-il pas ses alliés de circonstance gagner du terrain sur son propre terrain : il ne voyait pas que le prince qu'il poursuivait sans relâche de ses attaques, de ses sarcasmes, pouvait devenir la dernière branche de l'arbre monarchique : il ne voyait pas qu'en tuant l'homme, il achevait de tuer le principe. Ce parti souhaitait ardemment une catastrophe, parce qu'il s'imaginait qu'une fois l'édifice démoli, il serait entièrement maître de le pouvoir réédifier à sa manière. Et si on cherchait à lui ouvrir les yeux sur ce danger, il répondait qu'une nouvelle épreuve révolutionnaire ne serait qu'un moyen de plus pour arriver au but définitif; car le pays ne pourrait manquer de se fatiguer vite de tout ce qui ne serait pas la légitimité pure, source unique, selon lui, de pacification générale au dedans et de considération nationale au dehors.

Jusqu'en 1840, ce fut donc presque exclusivement contre le parti légitimiste et le parti radical qu'eut à combattre le gouvernement de Juillet; mais, à dater de cette époque, la lutte en vint à prendre de plus alarmantes proportions. Le parti dynastique se scinda en deux fractions également imposantes : les hommes du progrès et les conservateurs.

Ceux qui auraient dû rester unis par des intérêts identiques se mirent à s'attaquer avec un incroyable acharnement; ce fut une mêlée où les soldats de la même cause, fatalement égarés, tirèrent sans merci les uns sur les autres.

Le grand thème d'accusation formulé alors contre les conservateurs et contre le pouvoir était l'exclusion de tous ceux qui ne partageaient pas leurs idées, et la captation électorale exercée par eux. Admettons un moment ce principe d'exclusion que mille faits contredisent.

Que l'on cite un gouvernement contre lequel on ne puisse porter cette accusation?

La monarchie absolue? Mais les priviléges forcément si pleins d'exclusions.

La République? Mais les clientèles, les coteries plus exclusives encore, sinon au point de vue des droits, du moins pour les hommes.

Le gouvernement constitutionnel favorisait, encourageait ses défenseurs, ses appuis... En effet, c'est monstrueux !

Quant à ce qu'on a appelé la corruption électorale, comment prétendre jouir des avantages qu'un système présente, sans en accepter, en même temps, les inconvénients ?

Il est curieux et instructif d'étudier l'historique des élections en France, depuis que notre pays s'est donné un gouvernement parlementaire. Toujours s'y reproduisent les mêmes faits, le même langage, les mêmes reproches : les vaincus d'une nuance accusant de corruption les vainqueurs d'une autre nuance ; ceux-ci, succombant à leur tour, accusant les accusateurs d'autrefois...

Mais revenons.

Cependant, la royauté comprenait que le terrain se minait sous elle : elle sentait que, dans ces débats, les questions de dynastie, de monarchie même, n'étaient déjà plus qu'au second plan de la discussion. Elle suivait, avec autant d'inquiétude que de douleur, la marche des passions, les habitudes qu'elles tendaient à prendre : elle ne se dissimulait pas qu'on cherchait à l'isoler. Elle aurait désiré des réformes qui retrempassent le moral du pays : elle eût accordé satisfaction à des vœux exprimés de manière à ne porter atteinte ni à la dignité ni à l'indépendance de la couronne.

Les révélations de l'histoire nous feront connaître si le temps et les moyens ne lui manquèrent pas pour donner des preuves de ces bonnes intentions.

La division en deux camps du parti issu de juillet était un coup de fortune pour les adversaires du pouvoir. Les radicaux entrevirent, surtout, le bénéfice qu'ils en pouvaient tirer. Aussi soufflèrent-ils la discorde de toute la force de leurs poumons. « Entre vous et nous, disaient-ils aux hommes du « progrès, il n'y a point la distance d'un pas ; entre vous et nos ennemis « communs, il y a tout un monde. Si vous leur tendiez votre main, ils reti-

« reraient insolemment la leur. Nous, c'est loyalement que nous vous offrons
« la nôtre (1). »

Les légitimistes suivaient aussi la même ligne, seulement avec chagrin ; car ils étaient contraints de s'asseoir à côté des hommes qui avaient cruellement figuré aux journées de juillet 1830 ; et ceux-là n'avaient-ils pas surtout été chargés de leurs malédictions !

Ce fut cette triple alliance qui entama la fameuse campagne d'agitation des années 1847 et 1848.

Pendant ces deux années, tout ce que l'on put faire pour décourager, pour dégoûter, pour aigrir le peuple, on le fit. Cent fois par jour la France s'entendait dire qu'elle était déshonorée, conspuée sans mesure, vendue, livrée. Les meilleures initiatives gouvernementales furent présentées comme des actes de corruption et de trahison ; partout on ne voulait voir qu'incapacité et lâcheté.

Telles étaient les doctrines qui se plaidaient à la Chambre, dans la presse, dans ces banquets où tant d'hommes regrettent amèrement, aujourd'hui, d'avoir paru. C'est que, lorsque la lumière se fit à leurs yeux, lorsqu'ils reconnurent sur quelle pente on les faisait glisser, avec quelle ruse et à quelles conditions on avait usé d'eux, il était trop tard pour reculer : l'orage éclatait.

Le but des adversaires de la monarchie constitutionnelle de 1830 était atteint, ou à peu près. La France pouvait ne pas vouloir de révolution ; mais, tourmentée, fatiguée, désaffectionnée, elle n'avait plus assez d'énergie pour protester contre celle qui s'accomplissait, et la combattre.

(1) Programme de 1842.

III.

Lorsque des divisions de partis, dues à des rivalités de chef à chef, à des intérêts de dynastie à dynastie, même en dehors des questions de principes, agitent, troublent un pays, c'est déjà, sans doute, un grand mal. Mais, lorsque chacun des partis en lutte représente un principe différent et ennemi, comment espérer que l'esprit public résiste aux secousses que lui font éprouver les triomphes successifs de ces partis? Chaque coup frappé, le pays le reçoit; toutes les blessures lui restent, et il s'affaiblit d'autant pour la résistance à apporter plus tard à la catastrophe préparée.

Et, si nous restons même dans l'ordre des seuls faits gouvernementaux, par combien de constitutions différentes, par combien de régimes divers ne voyons-nous pas qu'a passé la France depuis soixante ans?

En 1790, elle s'enthousiasme pour le système constitutionnel; elle se donne une constitution qui doit durer des siècles : le cri de vive le roi constitutionnel est dans toutes les bouches.....

En 1792, la France s'indigne d'avoir pu croire un seul jour à ce gouvernement bâtard, elle ne veut plus être que République.

Nouvelle constitution pleine de libertés.

Mais cette constitution nouvelle n'est pas née viable : car elle est tachée de sang!

Alors la France ne sait plus trop ce qu'elle doit faire : elle aime et craint à la fois cette liberté dont elle s'est vue alternativement privée et saturée. Il lui semble pourtant qu'elle ne veut plus de la royauté. Mais quelle république choisira-t-elle? Dans ses incertitudes, elle tente mille essais : elle accepte des séries de lois qui tantôt prennent, tantôt donnent, tantôt reprennent. Et, peu à peu, après avoir traversé le Directoire, gouvernement de proscriptions, de débauches et d'insuffisance qui la dégoûtent; — le triumvirat qui n'a pas de caractère défini; — le consulat à vie qui est une monarchie de fait, elle aboutit à l'Empire, monarchie légale.

Et le spectacle change encore. Avec quelle facilité la France oublie la République! et quel bonheur éprouvent ces républicains à échanger leurs titres de citoyens contre des titres de baron, de comte, de duc! Hier, on servait la République avec amour, aujourd'hui on sert l'Empire avec passion.

On est convenu de dire que l'Empire a été un gouvernement de despotisme; que les constitutions impériales étaient oppressives; et que, par ces motifs, l'empire ne pouvait durer.

Non. — Laissons aux faits leur sincérité.

En 1815, la France n'a plus le courage de tenter un dernier effort; elle cherche une excuse à sa fatigue, elle fait semblant de ne pas se trouver assez libre, et, pour avoir plus de liberté, elle se réfugie dans la Charte.

Certes, cette Charte pouvait fonctionner au grand bien du peuple, si l'on n'en eût détaché, peu à peu, quelques-unes des principales libertés qu'elle consacrait. Le dernier effort de ce genre coûta sa couronne au souverain qui le risqua : 1830 vit paraître un nouveau pacte de monarque à nation.

Celui-là contenait des libertés prudentes : il offrait une égalité sociale qui ouvrait large et libre la carrière aux intelligences et aux talents; et, encore, n'était-il pas dit qu'on dût à tout jamais en rester là : que notre organisation politique eût reçu son suprême complément. Mais la Charte de 1830 était la pierre angulaire de l'édifice : on ne comprit cette vérité qu'après que l'édifice eut couvert le sol de ses ruines et que la République eut, une seconde fois, remplacé le gouvernement constitutionnel.

Ainsi, depuis soixante années, la France s'est laissé ballotter d'hommes en hommes, d'essais en essais, de constitutions en constitutions : est-il permis d'espérer qu'elle ait terminé ses épreuves; car les éventualités de l'avenir sont aussi vagues que le présent est mal affermi. A toutes ces leçons, à toutes ces blessures, qu'a-t-elle gagné? Douloureuse vérité..... une sorte de marasme, d'impassible indifférence pour le bien comme pour le mal, une lassitude enfin qui peut la livrer cent fois encore aux plus audacieux....

Et voyez aussi ce que, depuis ces soixante années, sont devenus la foi, le serment politiques? Qui ne change pas? Voilà la maxime de notre temps. C'est que sans cesse placés entre leurs intérêts et leurs convictions, entre leur ambition et leur conscience, les hommes finissent par n'avoir plus de force contre eux-mêmes : ils raisonnent tranquillement leur manque de dignité; ils interprètent le point d'honneur selon le besoin des situations, et s'abritent dans ce refuge des époques de démoralisation « que l'on ne se soumet pas éternellement à un principe ; que l'on sert avant tout son pays. »

Or, cette impassible indifférence, qui fait qu'un peuple s'habitue, pour ainsi dire, aux révolutions, n'est autre chose que *l'anéantissement de l'esprit public;* calamité fatale qui atteste de dangereuses maladies chez les nations; car l'attachement pour les principes doit être chez elles la première condition de vie.

IV.

Le manque de foi politique est-il la conséquence du manque de foi sociale? ou le manque de foi sociale produit-il le manque de foi politique? C'est là une question de rhéteurs, gens qui discutent avec des mots plutôt qu'avec des idées; mais, en dehors de toute discussion, ne serait-il pas juste de soutenir que ces deux vices sont inséparables l'un de l'autre?

Ayons la douleur de le reconnaître; ayons le courage de l'avouer : les croyances, les habitudes morales disparaissent chaque jour en France. Nous ne nous sentons de dispositions ni à croire ni à aimer ; un grand nombre d'hommes se font un mérite du scepticisme; le doute s'enseigne, il a ses chaires; or le doute dans l'application sociale vous éloignant de l'appréciation du beau, des sentiments intimes, de tout élan généreux, vous relègue dans l'unique préoccupation, dans l'unique amour du bien-être grossier, sensuel, purement physique, dans le plus complet matérialisme enfin.

La philosophie du dix-huitième siècle a inauguré cette funeste doctrine en France. Voltaire l'enseignait par son côté plaisant. Rousseau suivit une voie bien autrement dangereuse : il parla en même temps au cœur, à l'imagination, au raisonnement. Pour le cœur, il fit du roman; pour l'imagination, il fit de la passion; pour le raisonnement, il fit de l'analyse, de la logique. Mais il coordonna sa discussion avec une si prodigieuse habileté, qu'il ne sépara jamais ces trois modes l'un de l'autre, de manière à saisir l'homme par chacun de ses côtés faibles.

Voltaire érigeait effrontément le doute en maxime. Rousseau était plus adroitement philosophe : il se gardait de déifier le doute; mais il y conduisait doucement, peu à peu, chapitre par chapitre, ligne par ligne : il vous versait heure par heure, minute par minute son terrible poison. On pouvait avoir été disciple de Voltaire, et, plus tard, rire de son maître : Rousseau, lui, vous pénétrait, vous possédait : vous lui apparteniez à toujours.

Ces deux hommes ont fait le dix-neuvième siècle : leurs théories, merveilleusement aidées par notre naturel inconstant, portent aujourd'hui leurs fruits, fruits malsains, que se sont mis à cultiver des spéculateurs d'autant plus dangereux que chez eux le calcul remplace le génie.

Et à ce propos, il ne peut être question, bien entendu, de cette philosophie qu'on explique dans les lycées, à laquelle on ne songe plus une fois hors des bancs; philosophie de mots, obscure à force de vouloir être savante; impuissante à remédier au mal; mais de cette philosophie qui excite les passions brutales comme les sentiments extrêmes; c'est-à-dire la rancune, la haine, l'envie, la cupidité, la soif des jouissances matérielles; philosophie menteuse, impudente, hypocrite jusqu'au cynisme, et contre laquelle il faudrait d'autant plus se tenir en garde, qu'elle intéresse et attire par la nouveauté de ses hardiesses et le mensonge captivant de ses utopies.

Cette philosophie se glisse partout, dans le comptoir, dans l'atelier, dans l'échoppe .Tantôt elle s'intitule Recueil de théories à la portée de tous; tantôt elle revêt la forme du roman, du drame, de la comédie, de la chanson même : toutes les formes lui sont bonnes, pourvu qu'elle avance dans sa funeste propagande.

Et comment s'étonner, après de tels excès, en face de semblables prédications, que le pays ait, peu à peu, perdu ces croyances morales qui sont l'honneur et font le salut des sociétés?

Nous ne savons user de rien dans de justes mesures; nous n'avons pas plutôt fait une conquête, que, du progrès, nous aspirons à la chimère, à l'impossible.

En faut-il des exemples?

Comment comprenons-nous la liberté? Faisons-nous de la liberté ce droit contenu et respectable, inscrit en tête des grandes législations de l'antiquité?

Nullement. La liberté nous apparaît le droit, sans restriction, de tout faire, de tout dire, de tout écrire. C'est au nom de la liberté qu'on injurie, qu'on calomnie son semblable, qu'on ébruite tous les scandales; c'est au nom de la liberté qu'on propage tous les mensonges, qu'on couvre de mépris les institutions les plus élevées, les lois écrites les plus sages, les lois sociales les plus préservatrices. — Nous aimons la liberté, non pas de cet amour que l'on porte à une épouse chaste et digne, mais de cette passion dévergondée que les imaginations déréglées ressentent pour les courtisanes.

La loi..... qui la respecte en France? Quel homme rencontre-t-on qui ait le courage de la faire respecter, si un mandat déterminé ne l'y contraint? Pour qui serait-elle un frein sans la sanction pénale qui réprime ses violations? Il est des peuples plus heureux qui respectent la loi comme un symbole sacré hors duquel il n'y a ni sécurité ni prospérité possible ; chez nous on fait, au contraire, acte de vanité et de forfanterie de violer, d'esquiver la loi ; cette sauve-garde, cette mère protectrice de tous.

Et l'autorité, si respectable qu'elle soit, comment pourrait-elle subsister intacte devant ce besoin instinctif que nous ressentons de tout fronder, de trouver tout mal combiné, tout mal exécuté ; devant ces mesquines jalousies qui nous font sans cesse regarder en haut avec colère, en bas avec dédain ; qui ne nous maintiennent jamais à notre niveau raisonnable ?

La religion..... une seule question..... où l'enseignons-nous ? Et combien trouvez-vous d'hommes qui en pratiquent ostensiblement les devoirs ?

Enfin, si nous nous étudions nous-mêmes, nous, fils de ce dix-neuvième siècle, qui se prétend appelé à la régénération des sociétés, quelle éducation avons-nous reçue ? quelle éducation donnons-nous à nos enfants ? Avons-nous appris à croire ? Et, à notre tour, l'enseignons-nous à nos fils ? Traversant tant de crises, de bouleversements, marchant vers un inconnu qui inquiète et effraie, cherchons-nous à leur donner ce qui nous a manqué ? L'espoir et la foi ? Nullement.

N'iront-ils même pas plus loin que nous dans la voie des aberrations où l'homme sans principes s'égare et s'abîme ?

Nous ne songions qu'à l'indépendance des peuples. Eux ne rêveront-ils pas cette émancipation immodérée de l'homme, ce détachement de tous liens sociaux, cette vie de pur matérialisme qui trouvent aujourd'hui de si ardents apôtres ?

V.

Ainsi :

Division des partis, — source permanente de haines et de discordes ;
Anéantissement de l'esprit public, — source d'indifférence et d'inertie ;

Ruine des croyances morales, — source de matérialisme.

Telles sont les causes générales qui ont laissé s'accomplir la révolution de 1848.

Sans doute, le mal est immense, mais nous en avons saisi les causes. N'ayons donc pas la lâcheté de le croire sans remède. Si le passé nous condamne, l'avenir doit nous réhabiliter. Mesurons nos efforts aux difficultés, notre courage aux périls. Réunissons-nous dans une suprême volonté de laquelle sortira infailliblement un grand et définitif triomphe de la vraie société pratique, perfectible sans doute, mais qu'on ne saurait sans folie ou sans crime arracher à ses bases immuables. Et, si l'un de nous se décourage, si ses forces faiblissent devant l'œuvre de salut, qu'il se souvienne qu'à Rome, cet admirable modèle des peuples, on lapidait comme mauvais citoyens ceux qui désespéraient du salut de la patrie !

Napoléon DUPONT-DELPORTE,
Membre de l'Assemblée législative.

CHAPITRE I.

Les banquets. — Les journées de février.

De graves difficultés politiques avaient signalé la session de 1847.

Les luttes passionnées, dont la tribune française avait été l'arène, entre le parti du mouvement et celui de la résistance, divers incidents d'un ordre inquiétant avaient jeté quelques alarmes dans l'esprit des amis de la tranquillité publique.

Une partie des populations départementales demandait la *réforme électorale*. Portées sans fruit dans l'enceinte parlementaire, ces exigences s'étaient irritées du dédain ministériel, et cherchaient leur issue dans des manifestations publiques.

Paris avait vu se former un comité central des électeurs de l'opposition, pour le département de la Seine, comité qui prit l'initiative d'une mesure hardie : il soumit aux comités d'arrondissement un projet de pétition pour la réforme électorale et parlementaire, et tous ces comités y adhérèrent.

Cette pétition signalait les vices de la loi de 1831, tout en laissant aux législateurs le soin d'y substituer un système d'élection qui respectât mieux ce qu'on appelait le droit, la justice et la morale. Au reste, cette pétition du comité central était également proposée soit à ceux qui bornaient leurs aspirations à une sincère et complète application du gouvernement représentatif, soit à ceux qui poussaient plus loin leurs espérances ou la vivacité de leurs opinions.

Dans le but de constater l'assentiment que son projet avait rencontré dans les diverses nuances de l'opposition, dans le corps électoral, dans le parlement et dans le journalisme, le comité central résolut de provoquer une manifestation qui pût retentir dans le pays tout entier. Un banquet dit *de la réforme électorale et parlementaire* fut organisé.

Des invitations furent adressées aux députés de la gauche, depuis l'extrême gauche jusqu'au centre, aux principaux rédacteurs des journaux de l'opposition, aux représentants de la presse départementale et aux présidents des comités électoraux de la province. 80 députés se rendirent à l'invitation, et ceux qui s'excusèrent, le firent, pour la plupart, en donnant leur adhésion à la pensée, au principe qui motivait la convocation.

La présidence du banquet fut dévolue à l'un des derniers représentants de la révolution de 89, aussi président du comité central, à M. de Lasteyrie; les deux vice-présidents étaient MM. Pagnerre et Recurt.

Les toasts portés furent ceux-ci :
Par M. de Lasteyrie : *A la souveraineté nationale!*
Par M. Recurt : *A la Révolution de* 1830 ! (M. Odilon Barrot s'unit à ce toast.)
Par M. Pagnerre : *A la réforme électorale et parlementaire!*

Ces trois toasts furent ardemment développés par leurs auteurs, et MM. Duvergier de Hauranne, Marie, Gustave de Beaumont, tous trois députés, les firent suivre de discours dans lesquels la marche du gouvernement était l'objet d'appréciations sévères, passionnées et éloquentes. Plus de mille convives assistaient à ce banquet, qui fut donné dans l'enceinte du *Château-Rouge*, et durant lequel tout se passa avec ordre; l'autorité avait cru devoir fermer les yeux.

Mais l'ère des banquets venait de prendre date! M. Odilon Barrot s'était plaint de l'indifférence politique du pays, et, presque simultanément, un grand nombre de villes voulurent, par une manifestation analogue à celle du comité central de la Seine, témoigner de leur sympathie pour l'initiative parisienne. Les localités qui cédèrent à l'exemple, furent Colmar, Strasbourg, Bar-le-Duc, Epinal, Coulommiers, Reims, Soissons, Saint-Quentin, Compiégne, Arras, Amiens, Avesnes, Béthune, Valenciennes, Cambrai, Maubeuge, Rouen, Forges, Le Neubourg, Damville, Saint-Denis, Meaux, Saint-Germain, Chartres, l'Isle-en-Jourdain, Montargis, Orléans, Melun, La Charité, Autun, Châteaudun, Limoges, Vitré, Loudéac, Rochechouart, Périgueux, Saintes, Condom, Castres, Montpellier, Valence, Saint-Marcellin, Pont-de-Beauvoisin, Romans, Vienne, Lyon et quelques autres encore, qui portèrent le nombre des banquets réformistes à soixante et onze. Pourtant, il faut dire que ces manifestations n'offrirent pas toutes le même caractère. Les unes se bornèrent à émettre le vœu d'une réforme de la loi électorale, espérant que ce moyen suffirait pour consolider la monarchie constitutionnelle; mais d'autres, plus avancées dans leurs prétentions, voulaient un changement radical dans les institutions. C'était donc, déjà, comme un vague reflet des anciens combats de la Gironde et de la Montagne.

Les plus significatifs, les plus mémorables de ces banquets réformistes, furent ceux de Mâcon, de Lille, de Dijon, de Montargis et de Compiègne.

A Mâcon, M. Ferdinand Flocon, rédacteur en chef de *la Réforme*, glorifia la déclaration des droits de l'homme par la Convention. A Dijon, les réformistes furent salués du titre d'*éclaireurs de la Montagne*. MM. Odilon Barrot, de Lamartine et Ledru-Rollin étaient tour à tour l'âme de ces banquets, suivant le degré d'ardeur politique qui en animait les assistants. Dans quelques-uns même, on affecta de repousser la solidarité modérée des premiers de ces deux noms; il y eut, dans d'autres, d'ardentes évocations aux héros de la révolution de 89 et 93. Cette division, qui se manifestait tout d'abord dans les rangs de ceux que le gouvernement considérait comme ses ennemis, fut activement exploitée par les journaux qui soutenaient la politique de M. Guizot. Le *journal des Débats*, entre autres, s'exprimait ainsi en novembre 1847, dans un langage où régnait encore trop de persiflage pour que le danger y fût déjà considéré comme sérieux :

« Trois banquets à la fois! Et nous qui disions que les banquets étaient finis! Un banquet *montagnard* à Dijon, un banquet *fouriériste* à Montargis, un banquet *Odilon Barrot* à Compiègne! M. Duvergier de Hauranne doit être bien fier de son œuvre; elle grandit et prospère à vue d'œil. Déjà les banquets *montagnards* lancent des défis et des menaces aux banquets *girondins* de la gauche. On se proscrit mutuellement des salles à manger, en attendant des proscriptions plus sérieuses. Pour avoir exclu M. Odilon Barrot du banquet de Lille, M. Ledru-Rollin a été exclu du banquet d'Amiens.

En revanche, les montagnards de Dijon ont exclu la simple opposition, de peur qu'un *modérantisme* suspect ne vînt souiller leur grande et pure manifestation terroriste!

Si l'*ennemi commun* n'était pas là pour séparer les combattants, il y a déjà longtemps que les montagnards de Dijon et les girondins de Compiègne, M. Odilon Barrot et M. Ledru-Rollin, en seraient aux prises avec d'autres armes que d'innocentes paroles et de ridicules exclusions. »

Cependant le parti républicain s'était encore montré assez timide dans ces nombreux banquets. Ardemment poursuivi, depuis 1830, par la police de Louis-Philippe, on eût même parfois pu croire qu'il avait disparu de l'opinion du pays, n'étaient ses journaux. *La Réforme* et *le National* étaient les organes les plus accrédités et les plus vigilants d'une opinion qui n'eût point osé se croire aussi voisine du succès. *Le National*, rédigé avec plus d'éclat que de véritable autorité, par M. Armand Marrast, se limitait à désirer un président, au lieu d'un roi, à supprimer une chambre, et à étendre le cens électoral jusqu'au vote universel, se tenant jusqu'alors complétement à l'écart des idées auxquelles il a adhéré depuis : nous parlons du socialisme. Quant à *la Réforme*, infiniment plus ardente dans sa rédaction et plus aventureuse dans ses principes que le *National*, elle recevait l'impulsion d'un comité qui avait nettement formulé son programme de la façon suivante, sous la plume de M. Louis Blanc (1).

---

(1) Ce comité était ainsi composé : F. Arago, député, E. Beaune, Dupoty, Etienne Arago, Félix Avril, Ferdinand Flocon, Guinard, Joly, député, Ledru-Rollin, Louis Blanc, Pascal Duprat, Recurt, V. Schœlcher, et deux ou trois autres républicains moins connus.

« Tous les hommes sont frères.

Là où l'égalité n'existe pas, la liberté est un mensonge.

La société ne saurait vivre que par l'inégalité des aptitudes et la diversité des fonctions ; mais des aptitudes supérieures ne doivent pas conférer de plus grands droits : elles imposent de plus grands devoirs.

C'est là le principe de l'égalité : l'association en est la forme nécessaire.

Le but final de l'association est d'arriver à la satisfaction des besoins intellectuels, moraux et matériels de tous, par l'emploi de leurs aptitudes diverses et le concours de leurs efforts.

Les travailleurs ont été *esclaves*, ils ont été *serfs*, ils sont aujourd'hui *salariés* : il faut tendre à les faire passer à l'état d'*associés*.

Ce résultat ne saurait être atteint que par l'action d'un pouvoir démocratique.

Un pouvoir démocratique est celui qui a la souveraineté du peuple pour principe, le suffrage universel pour origine, et pour but la réalisation de cette formule : Liberté, Égalité, Fraternité.

Les gouvernants, dans une démocratie bien constituée, ne sont que les mandataires du peuple : ils doivent donc être responsables et révocables.

Les fonctions publiques ne sont pas des distinctions, elles ne doivent pas être des priviléges : elles sont des devoirs.

Tous les citoyens ayant un droit égal de concourir à la nomination des mandataires du peuple et à la formation de la loi, il faut, pour que cette égalité de droit ne soit pas illusoire, que toute fonction publique soit rétribuée.

La loi est la volonté du peuple, formulée par ses mandataires. Tous doivent à la loi obéissance; mais tous ont le droit de l'apprécier hautement, pour qu'on la change si elle est mauvaise.

La liberté de la presse doit être maintenue et consacrée comme garantie contre les erreurs possibles de la majorité, et comme instrument des progrès de l'esprit humain.

L'éducation des citoyens doit être commune et gratuite. C'est à l'État qu'il appartient d'y pourvoir.

Tout citoyen doit passer par l'éducation de soldat. Nul ne peut se décharger, moyennant finances, du devoir de concourir à la défense de son pays.

C'est à l'État de prendre l'initiative des réformes industrielles propres à amener une organisation du travail qui élève les travailleurs de la condition de salariés à celle d'associés.

Il importe de substituer à la commandite du crédit individuel celle du crédit de l'État. L'État, jusqu'à ce que les prolétaires soient émancipés, doit se faire le banquier des pauvres.

Le travailleur a le même titre que le soldat à la reconnaissance de l'État. Au citoyen vigoureux et bien portant, l'État doit le travail, au vieillard et à l'infirme, il doit aide et protection. »

Le 28 décembre s'ouvrit la session de 1848. Jusqu'alors le gouvernement semblait n'avoir voulu voir dans les nombreuses démonstrations que venait de faire le pays en faveur de la réforme, qu'une sorte de mécontentement factice, un vague besoin de nouveauté, se traduisant en paroles sonores, en déclamations, en politique de parade, le tout sans racines sérieuses dans l'opinion. Confiant dans l'immense majorité qu'offraient les chambres, se croyant sûr d'une armée qui aimait les jeunes princes placés à sa tête, se reposant enfin sur le besoin d'ordre et de stabilité qui naissait d'un immense mouvement industriel et commercial, le ministère avait méconnu la portée du travail intellectuel qui s'opérait sourdement depuis quinze ans dans ces esprits qu'il s'était efforcé de pousser vers des absorptions presque purement matérielles. Aussi M. Guizot ne doutait-il pas qu'il obtiendrait des deux chambres une éclatante réprobation aux manifestations qui, depuis quelques mois, agitaient le pays. Ce fut cette persuasion qui décida le ministère à placer dans le discours du roi une phrase portant un blâme sévère contre la conduite des pairs et des députés qui s'étaient mêlés aux banquets réformistes.

Cette phrase, qui devait irriter de si vives susceptibilités, la voici telle que la prononça le roi, à la séance d'ouverture de la nouvelle session :

« Au milieu de l'agitation que fomentent *des passions ennemies ou aveugles*,
« une conviction m'anime et me soutient : c'est que nous possédons dans la
« monarchie constitutionnelle, dans l'union des grands pouvoirs de l'Etat, le
« moyen assuré de surmonter tous les obstacles, et de satisfaire à tous les in-
« térêts moraux et matériels de notre chère patrie. Maintenons fermement,
« selon la Charte, l'ordre social, et toutes ses conditions..... »

C'était annoncer assez clairement une intention répressive à l'égard des banquets.

Les débats de l'adresse, qui furent les plus longs et les plus orageux qu'on eût vus depuis février 1830, s'étaient ouverts par d'épineuses interpellations de M. Odilon Barrot sur la simonie de la vente des offices. M. Dufaure entra vigoureusement dans le débat, et, en se prolongeant, ces mémorables tournois oratoires, où le rare talent de M. Guizot parut se fatiguer parfois dans une lutte ardente et presque personnelle, ces mémorables débats, disons-nous, tournèrent aux dépens de l'autorité morale du ministère. M. Thiers y joua particulièrement un très-grand rôle, par la vigueur d'argumentation avec laquelle il attaqua le système de la contre-révolution, qui, disait-il, faisait reculer le pays aux servitudes de la sainte alliance. M. de Lamartine prit aussi une part ardente aux débats, en accusant la politique de M. Guizot d'être exclusivement dynastique, c'est-à-dire gibeline à Rome, sacerdotale à Berne, Russe à Cracovie, autrichienne à Turin..... et contre-révolutionnaire partout.

La question des banquets vint la dernière. Le garde des sceaux, M. Hébert, parlant du danger des réunions politiques sans possibilité de répression légale, évoqua, à leur propos, les lois de 1791, et aigrit le débat. Enfin, la commission chargée par la majorité d'élaborer le projet d'adresse en réponse au discours du trône, s'était faite l'écho des paroles qui avaient blessé la minorité parlementaire, en les paraphrasant ainsi :

« Sire, disait ce projet d'adresse, en vous dévouant au service de notre patrie avec ce courage que rien n'abat, pas même les coups qui vous atteignent dans vos affections les plus chères ; en consacrant votre vie et celle de vos enfants-aux soins de nos intérêts, de notre dignité, vous affermissez chaque jour l'édifice que nous avons fondé avec vous. Comptez sur notre appui pour vous aider à la défendre. Les agitations que soulèvent *des passions ennemies*, ou *des entraînements aveugles*, tomberont devant la raison publique, éclairée par nos libres discussions, par la manifestation de toutes les opinions légitimes dans une monarchie constitutionnelle. L'union des grands pouvoirs de l'État surmonte tous les obstacles, et permet de satisfaire à tous les intérêts moraux et matériels du pays. Par cette union, Sire, nous maintiendrons l'ordre social et toutes ses conditions ; nous garantirons les libertés publiques et tous leurs développements. Notre Charte de 1830, par nous transmise aux générations qui nous suivent comme un inviolable dépôt, leur assurera le plus précieux héritage qu'il soit donné aux nations de recueillir : l'alliance de l'ordre et de la liberté. »

Mais l'opposition tenait formellement à maintenir ce droit de réunion contre lequel s'élevait le ministère, et les électeurs du 12ᵉ arrondissement de Paris ayant, à leur tour, organisé un banquet pour le 19 janvier, un bon nombre de députés témoignèrent hautement l'intention de s'y rendre. Comme la réunion devait avoir lieu dans une maison particulière, la commission organisatrice avait cru devoir se borner à en transmettre l'avis au commissaire de police du quartier. Mais aussitôt le préfet de police défendit formellement le banquet. A cette défense, les commissaires de la réunion répondirent par la pièce suivante :

« Vu la sommation de M. le préfet de police,
La commission du banquet réformiste du 12e arrondissement s'est réunie, et considérant qu'en fait nulle autorisation n'a été sollicitée, que M. le préfet a bien voulu confondre une déclaration pure et simple du lieu et du jour du banquet avec une demande en autorisation qu'on n'avait ni à demander ni à refuser; s'appuyant sur les lois de 1831 et 1834, qui ne prohibent point les réunions accidentelles ; sur les déclarations formelles de l'orateur du gouvernement dans la discussion de ces lois ; sur le récent arrêt de la Cour de cassation et sur la pratique constante du gouvernement, la commission décide à l'unanimité qu'elle regarde la sommation de M. le préfet de police comme un acte de pur arbitraire et de nul effet. »

Il est bon de dire que ce banquet, qui avait pour président M. Boissel, député du 12e arrondissement, et pour vice-président M. Poupinel, lieutenant-colonel de la 12e légion, comptait parmi ses commissaires des officiers de cette même légion, des membres du conseil général et des députés adhérents. On voit déjà la portée du conflit qui s'engageait. Interpellé à la Chambre des Pairs sur son refus, par M. d'Althon-Shée, le ministre de l'intérieur, M. Duchâtel, assuma la responsabilité complète de cette prohibition, et le banquet se vit, non point abandonné, mais remis. Dans l'intervalle, c'est-à-dire le 14 février, une majorité de 30 voix vota le blâme formulé plus haut dans le projet d'adresse, et l'opposition irritée se décida plus ardemment que jamais à poursuivre par tous les moyens légaux et constitutionnels son droit de réunion. M. de Lamartine, qui avait joué un grand rôle dans ces graves débats, lança du haut de la tribune cette phrase retentissante : « Venez donc mettre la main de la police sur la bouche du pays ! Rappelez-vous que le *Jeu de Paume* n'a été autre chose que l'interdiction arbitraire du droit de réunion dans un lieu public..... Le Jeu de Paume fut un lieu fermé pour le ministère, ouvert pour la liberté. »

Le banquet du 12e arrondissement fut définitivement fixé au dimanche 20 février ; il devait avoir lieu dans un local de la rue Chaillot.

Le sort de la monarchie allait donc se jouer sur une équivoque de procédure ! sur l'interprétation d'une simple contravention de police !

Il faut dire que cette résolution si grave, qui pouvait mener à des prises d'armes, n'avait point été adoptée sans conteste. La minorité, flétrie par le vôte du 14 février, avait d'abord voulu en appeler de la majorité parlementaire à la majorité électorale : c'était, par un acte plus digne et plus décisif, traduire en quelque sorte le gouvernement devant les assises du pays. Cette motion fut écartée. On renonça à consulter cent et quelques colléges électoraux qui eussent infailliblement répondu ce que pensait la France. Un seul député, celui de la Creuse, M. Emile de Girardin, qui avait cru, l'année précédente, devoir sortir des rangs de la majorité pour entrer dans ceux de la minorité, donna, malgré les vives instances de ses collègues, sa démission avec éclat (1).

A défaut des démissions collectives, l'idée de la protestation par le banquet fut donc adoptée. Un comité-directeur fut nommé pour l'organisation de ce banquet; ce comité était formé de députés, de journalistes, d'électeurs. On s'occupa des convocations. Le ministère déclara d'abord qu'il ne s'opposerait point à ce banquet par la force, mais qu'il ferait constater le délit par un commissaire de police, afin de livrer les délinquants aux tribunaux qui élucideraient ainsi toute la question, au point de vue du droit contesté. Le débat juridique convenait à la majorité dissidente, et tout annonçait donc une démonstration pacifique..... lorsque le ministère revint soudainement sur sa première détermination. C'est qu'une convocation avait été, dans l'intervalle, adressée aux gardes nationaux, pour qu'ils vinssent, sans armes, s'unir à cette grave manifestation; le ministère craignit qu'elle atteignît alors de trop grandes proportions, il opposa son *veto*.

Ainsi l'affaire prenait tout à coup une portée des plus graves. L'opposition et le ministère allaient se trouver engagés dans une sorte de défi, sur l'issue duquel le pays entier, l'Europe même, avaient les yeux. Environ cent députés, et trois pairs de France (MM. de Boissy, d'Harcourt et d'Alton-Shée) avaient promis d'assister au banquet, qui devait avoir lieu aux Champs-Elysées, dans un terrain clos appartenant au général Thiars, député; les ouvriers construisaient déjà un vaste pavillon, sous lequel devaient se dresser les tables servant de prétexte à la manifestation. Il est certain que l'appel à la garde nationale élargissait singulièrement les proportions de l'affaire, convertissant une simple protestation en faveur d'un droit, en une sorte de manifestation révolutionnaire, dont aucun procédé purement judiciaire ne pouvait atténuer l'effet. M. Odilon Barrot interpella le ministère sur sa détermination nouvelle, et M. Duchâtel n'hésita pas à répondre que le gouvernement dissiperait *par la force* toute tentative de banquet. Par cette déclaration très-nette, la manifestation se trouvait donc convertie en un acte de franche rebellion, et les amours-propres acculés devant un défi formel.....

Et, pour donner sans doute plus d'autorité à sa menace, le ministère ne cacha nullement les dispositions répressives qu'il prenait. Grâce aux chemins de fer, des forces considérables furent centralisées à Paris et aux environs. L'artillerie de Vincennes eut ordre d'arriver au premier appel à l'entrée du faubourg Saint-Antoine. Les chefs des corps prirent toutes les dispositions nécessaires pour faire face à une émeute, à un combat. Les troupes, abon-

---

(1) Voici en quels termes :
« Entre la majorité intolérante et la minorité inconséquente, il n'y a pas de place pour qui ne comprend pas :
« Le pouvoir sans l'initiative et le progrès;
« L'opposition sans la vigueur et la logique;
« Je donne ma démission;
« J'attendrai les élections générales.
« ÉMILE DE GIRARDIN. »
M. de Girardin avait, dans une précédente lettre que la politique a conservée, écrit à M. Odilon Barrot cette phrase restée célèbre : *Je n'ai ni le désir ni la crainte d'être tout seul.* »

damment pourvues de munitions et de vivres, furent consignées dans leurs casernes; on porte à près de 80,000 hommes les forces que le gouvernement réunit autour de Paris. La capitale elle-même était occupée par 37 bataillons d'infanterie, 1 bataillon de chasseurs d'Orléans, 3 compagnies du génie, 4,000 hommes de garde municipale et de vétérans, 20 escadrons, 7 batteries.

L'opposition, trouvant la partie périlleusement engagée pour la paix publique, délibéra de nouveau. M. Thiers proposait de s'abstenir devant l'intimidation, qui, s'appuyant sur la force matérielle, pouvait conduire aux plus graves catastrophes. M. Barrot, après quelques hésitations, se rendit à l'avis de M. Thiers. D'autres députés, au contraire, M. de Lamartine, entre autres, étaient formellement d'avis de passer outre. Des scissions s'établirent. On délibéra plusieurs fois sans trop s'entendre. Ces hésitations firent remettre le banquet au mardi 22. On motiva des difficultés, des retards relatifs au local; mais, au fond, l'opposition espérait qu'un répit faciliterait quelque issue aux tentatives d'accommodement. On pensait aussi qu'un jour de la semaine la foule serait moins grande que le dimanche, et que la difficulté diminuerait d'autant.

Il paraît certain que l'opposition tout entière eût renoncé à la manifestation, si, de leur côté, les députés conservateurs avaient voulu interpeller le ministère sur la question du *droit de réunion*. Un vote motivé contre le ministère aurait été déposé, et les 189 députés qui, depuis le dernier vote, formaient la minorité parlementaire, grossis des 40 nouveaux dissidents, auraient renversé le cabinet. Mais des malentendus d'amour-propre firent échouer ces stratégies pacifiques.

On arriva donc ainsi au lundi, veille du grand jour où devait s'effectuer ce duel qui semblait désormais inévitable, entre le pouvoir et l'opposition : celle-ci voulant défendre ce qu'elle croyait son droit sans équivoque, celui-là résolu à l'entraver sans dissimulation.

Il importe de bien fixer les termes de la situation en ce moment extrême, où l'avenir de la France, les destinées de l'Europe, peut-être, vont se jouer sur l'interprétation d'une loi. A cet effet, nous reproduirons les manifestes que publièrent, le 21 février, *le National* et *la Réforme*.

« MANIFESTATIONS RÉFORMISTES. La commission générale chargée d'organiser le banquet du 12e arrondissement croit devoir rappeler que la manifestation fixée à demain mardi a pour objet l'exercice légal et pacifique d'un droit constitutionnel, le droit de réunion politique sans lequel le gouvernement représentatif ne serait qu'une dérision.

Comme il est naturel de prévoir que cette protestation publique peut attirer un concours considérable de citoyens ; comme on doit présumer aussi que les gardes nationaux de Paris, fidèles à leur devise de *Liberté*, *Ordre public*, voudront en cette circonstance accomplir ce double devoir, qu'ils voudront défendre la liberté en se joignant à la manifestation, protéger l'ordre et empêcher toute collision par leur présence ; que, dans la prévision d'une réunion nombreuse de gardes nationaux et de citoyens, il semble convenable de prendre des dispositions qui éloignent toute cause de trouble et de tumulte ;

La commission a pensé que la manifestation devait avoir lieu dans un quartier de la capitale où la largeur des rues et des places permît à la population de s'agglomérer sans qu'il en résultât d'encombrement.

A cet effet, les députés, les pairs de France et les autres personnes invitées au banquet s'assembleront mardi prochain, à onze heures, au lieu ordinaire des réunions de l'opposition parlementaire, place de la Madeleine.

Gendarmerie de la Seine.
1850.

Les souscripteurs du banquet qui font partie de la garde nationale sont priés de se réunir devant l'église de la Madeleine et de former deux haies parallèles entre lesquelles se placeront les invités.

Le cortége aura en tête des officiers supérieurs de la garde nationale qui se présenteront pour se joindre à la manifestation.

Immédiatement après les invités et les convives se placera un rang d'officiers de la garde nationale.

Derrière ceux-ci les gardes nationaux formés en colonnes, suivant le numéro des légions.

Entre la troisième et la quatrième colonne, les jeunes gens des écoles, sous la conduite de commissaires désignés par eux.

Puis les autres gardes nationaux de Paris et de la banlieue dans l'ordre désigné plus haut.

Le cortége partira à onze heures et demie, et se dirigera, par la place de la Concorde et les Champs-Elysées, vers le lieu du banquet.

La commission, convaincue que cette manifestation sera d'autant plus efficace qu'elle sera plus calme, d'autant plus imposante qu'elle évitera même tout prétexte de conflit, invite les citoyens à ne pousser aucun cri, à ne porter ni drapeau, ni signe extérieur ; elle invite les gardes nationaux qui prendront part à la manifestation à se présenter sans armes. Il s'agit ici d'une protestation légale et pacifique, qui doit être surtout puissante par le nombre et l'attitude ferme et tranquille des citoyens.

La commission espère que, dans cette occasion, tout homme présent se considérera comme un fonctionnaire chargé de faire respecter l'ordre ; elle se confie à la présence des gardes nationaux ; elle se confie aux sentiments de la population parisienne, qui veut la paix publique avec la liberté, et qui sait que, pour assurer le maintien de ses droits, elle n'a besoin que d'une démonstration paisible, comme il convient à une nation intelligente, éclairée, qui a la conscience de l'autorité irrésistible de sa force morale, et qui est assurée de faire prévaloir ses vœux légitimes par l'expression légale et calme de son opinion. »

C'était, comme on voit, un manifeste de guerre. Le ministère y répondit en faisant afficher dans toute la capitale la loi sur les attroupements, et celle qui applique les art. 234 et 258 du Code pénal aux gardes nationaux agissant comme tels sans réquisition. Nous reproduisons celle de ces publications qui répond le mieux à la précédente :

« Habitants de Paris,

Une inquiétude qui nuit au travail et aux affaires règne depuis quelques jours dans les esprits. Elle provient des manifestations qui se préparent. Le gouvernement, déterminé par des motifs d'ordre public qui ne sont que trop justifiés, et usant d'un droit que les lois lui donnent, et qui a été constamment exercé sans contestation, a interdit le banquet du 12e arrondissement.

Néanmoins, comme il a déclaré, devant la Chambre des Députés, que cette question était de nature à recevoir une solution judiciaire, au lieu de s'opposer par la force à la réunion projetée, il a pris la résolution de laisser constater la contravention, en permettant l'entrée des convives dans la salle du banquet, espérant que ces convives auraient la sagesse de se retirer à la première sommation, afin de ne pas convertir une simple contravention en un acte de rébellion. C'était le seul moyen de faire juger la question devant l'autorité suprême de la Cour de cassation.

Le gouvernement persiste dans sa détermination ; mais le manifeste publié ce matin par les journaux de l'opposition annonce un autre but, d'autres intentions : il élève un gouvernement à côté du véritable gouvernement du pays, de celui qui est institué par la Charte et qui s'appuie sur la majorité des Chambres ; il appelle une manifestation publique, dangereuse pour le repos de la cité ; il convoque, en violation de la loi de 1831, les gardes nationaux, qu'il dispose à l'avance en haie régulière, par numéro de légion, les officiers en tête. Ici aucun doute n'est possible, de bonne foi ; les lois les plus claires, les mieux établies, sont violées. Le gouvernement saura les faire respecter ; elles sont le fondement et la garantie de l'ordre public.

J'invite tous les bons citoyens à se conformer à ces lois, à ne se joindre à aucun rassemblement, de crainte de donner lieu à des troubles regrettables. Je fais cet appel à leur patriotisme et à leur raison, au nom de nos institutions, du repos public et des intérêts les plus chers de la cité.

Paris, le 21 février 1848.

Le pair de France, préfet de police,   GABRIEL DELESSERT.

En même temps que ces pièces étaient affichées, la nouvelle se répandit que le maréchal Bugeaud était nommé gouverneur de Paris (1).

Le même jour, M. Odilon Barrot interpella le ministère sur ses dernières intentions. « Le pouvoir, — demanda-t-il, — a-t-il absolument renoncé au projet de faire, de la manifestation réformiste, une occasion pour les tribunaux de se prononcer sur l'application de la loi qu'on voulait opposer au droit de réunion, et la force brutale allait-elle seule être appelée à trancher la question ? »

M. Duchâtel répondit « que le gouvernement avait bien pu s'en remettre aux tribunaux du soin de prononcer entre ses adversaires et lui, avant le manifeste du comité du banquet. Mais, ajoutait le ministre, ce manifeste violant toutes les lois sur lesquelles reposent l'ordre et la tranquillité publique, il y avait lieu à entraver l'action insensée d'un gouvernement révolutionnaire qui tentait de se poser à côté du gouvernement constitutionnel et légal. »

Le soir de nouvelles réunions de députés ont lieu chez les plus influents d'entre eux, et en face des difficultés, du péril de la situation, une note est rédigée et envoyée aux journaux. Le corollaire de cette note est la mise en accusation du ministère.

« Une grande et solennelle manifestation devait avoir lieu aujourd'hui en faveur du droit de réunion, contesté par le gouvernement. Toutes les mesures avaient été prises pour assurer l'ordre et pour prévenir toute espèce de trouble. Le gouvernement était instruit, depuis plusieurs jours, de ces mesures, et savait quelle serait la forme de cette protestation. Il n'ignorait pas que les députés se rendraient en corps au lieu du banquet, accompagnés de citoyens et de gardes nationaux sans armes. Il avait annoncé l'intention de n'apporter aucun obstacle à cette démonstration, tant que l'ordre ne serait point troublé, et de se borner à constater par un procès-verbal ce qu'il regarde comme une contravention, et ce que l'opposition regarde comme l'exercice d'un droit. Tout à coup, en prenant pour prétexte une publication dont le seul but était de prévenir les désordres qui auraient pu naître d'une grande affluence de citoyens, le gouvernement a fait connaître sa résolution d'empêcher par la force tout rassemblement sur la voie publique, et d'interdire, soit à la population, soit aux gardes nationaux, toute participation à la manifestation projetée. Cette tardive résolution du gouvernement ne permettait plus à l'opposition de changer le caractère de la démonstration ; elle se trouvait donc placée dans l'alternative ou de provoquer une collision entre les citoyens et la force publique, ou de renoncer à la protestation légale et pacifique qu'elle avait résolue. Dans cette situation, les membres de l'opposition, personnellement protégés par leur qualité de députés, ne pouvaient pas exposer volontairement les citoyens aux conséquences d'une lutte aussi funeste à l'ordre qu'à la liberté. L'opposition a donc pensé qu'elle devait s'abstenir et laisser au gouvernement toute la responsabilité de ses mesures. Elle engage tous les bons citoyens à suivre son exemple.

En ajournant ainsi l'exercice d'un droit, l'opposition prend envers le pays l'engagement de faire prévaloir ce droit par toutes les voies constitutionnelles. Elle ne manquera pas à ce devoir, elle poursuivra avec persévérance et avec plus d'énergie que jamais la lutte qu'elle a entreprise contre une politique corruptrice, violente et anti-nationale.

En ne se rendant pas au banquet, l'opposition accomplit un acte de modération et d'humanité. Elle sait qu'il lui reste à accomplir un grand acte de fermeté et de justice. »

En conséquence de la résolution prise par l'opposition, un acte d'accusation contre le ministère fut immédiatement proposé par un grand nombre

(1) On prête au maréchal Bugeaud une phrase dont on ne saurait garantir l'authenticité, tout assortie qu'elle soit au genre d'éloquence un peu crue de l'illustre soldat parvenu. Comme le roi l'interrogeait sur ce qu'il y aurait à faire selon lui, si l'opposition s'obstinait à se rendre au banquet, le maréchal aurait répondu : Que votre majesté me donne le commandement de Paris, et je me charge de faire avaler aux Parisiens le sabre d'Isly jusqu'à la garde !

de députés, parmi lesquels figurent MM. Odilon Barrot, Duvergier de Hauranne, de Malleville, d'Aragon, Abbatucci, Beaumont (de la Somme), Georges de Lafayette, Boissel, Garnier Pagès, Carnot, Chambolle, Drouyn de Lhuys, Ferdinand de Lasteyrie, Havin, de Courtais, Vavin, Garnon, Marquis, Jouvencel, Taillandier, Bureau de Puzy, Luneau, Saint-Albin, Cambacérès, Moreau (Seine), Berger, Marie, Bethmont, de Thiard, Dupont (de l'Eure), etc. La soirée se passe dans une agitation visible. Partout s'établissent de vives discussions sur la situation : les uns louent l'opposition de ce qu'on appelle sa prudence, les autres l'en blâment : la ville est dans un état moral presque fiévreux. On sait, par ailleurs, que dix-huit députés et trois pairs ont refusé de s'associer à la retraite en grande partie due à la double influence de MM. Thiers et Odilon Barrot (1). Réunis chez M. de Lamartine, ils protestèrent contre la décision nouvelle de l'opposition dynastique, et décidèrent que le lendemain on tenterait de maintenir le principe du droit de réunion, fût-ce à travers les baïonnettes. Dans la discussion, M. de Lamartine s'écria : « La place de la Concorde dût-elle être déserte, et tous les députés dussent-ils se retirer de leur devoir, que j'irais seul au banquet sans autre compagnon que mon ombre ! »

Mais à minuit on sut que le comité organisateur du banquet ajournait la manifestation......, laissant au pouvoir la responsabilité des entraves devant lesquelles la crainte des collisions de la rue avait décidé l'opposition à céder.

La nuit fut muette. On eût dit une ville qui réfléchit avant d'agir. Le 22, le jour se leva sombre, pluvieux. Le vent soufflait de l'ouest; c'était une température détendue, pleine d'électricité. Peu à peu de nombreux groupes de gens appartenant à toutes les classes sociales, mais cependant plus particulièrement formés d'ouvriers, et de ce qu'on appelle les gamins de Paris, se formaient aux carrefours, s'épaississant à mesure qu'on avançait vers l'ouest de la ville. Sur toutes les portes on voyait des gens qui, sans vouloir sortir de leur logis, s'inquiétaient de la situation mal définie, et pressentaient pour ainsi dire les événements qui se préparaient. Vers dix heures on vit arriver des foules curieuses par les trois grandes artères qui réunissent les deux extrémités de la capitale, en recevant tous les affluents des centres, c'est-à-dire les boulevarts, la rue Saint-Honoré et les quais. Tous se dirigeaient vers la place de la Concorde. Pourquoi cette foule? On sait cependant les mesures prises par le gouvernement, sa ferme volonté de les mettre à exécution... l'abstention des promoteurs du banquet... Où va-t-elle alors? Elle va, cette foule, au rendez-vous que personne ne lui a donné ! Elle est en grande partie formée de cette population des émeutes, si aisée à reconnaître, à laquelle se mêlent les curieux que Paris retrouve en toutes circonstances, imprudents et incorrigibles, malgré les sanglantes leçons qui y ont si souvent fait des victimes...

(1) On ne connaît pas les noms de tous les députés qui s'obstinèrent dans leur détermination publique. Nous avons recueilli ceux de MM. Lamartine, Ledru-Rollin, Lherbette, Thiars, Marie, Maurat-Ballanche, Dupont (de l'Eure), F. de Lasteyrie, Mathieu, Duvergier de Hauranne et Mathey. Les pairs étaient MM. de Boissy, d'Alton-Shée et d'Harcourt.

Les étudiants, de leur côté, n'ayant pas voulu admettre le retrait du programme publié la veille par l'opposition, se sont réunis à dix heures sur la place du Panthéon. Ils s'alignent sur deux files, et, au nombre de 15 à 1,800, cette avant-garde de toutes les révolutions se met en marche, chantant la Marseillaise, et guidée par un jeune homme d'une stature colossale, nommé Guilmin, qui précède la colonne. Sur les quais cette colonne rencontre un cortége d'environ 2,000 ouvriers qui venait des faubourgs; ils fraternisent, s'unissent et reprennent leur ordre de marche. Quelques cris : *Vive la réforme! A bas Guizot!* s'élèvent de temps à autre des rangs qui s'avancent avec une sorte de discipline; ils parcourent ainsi, d'abord la rue de la Harpe, celle de l'Ecole-de-Médecine et la rue Dauphine. Au Pont-Neuf ils s'unissent aux ouvriers, et prennent la route de la Madeleine. Ils en font le tour, entonnant la Marseillaise et le chant des Girondins, puis se dirigent enfin vers la place de la Concorde. Il faut dire que jusqu'alors la foule curieuse, inquiète, ne s'associait ni par ses chants, ni même par son attitude, à la manifestation de la jeunesse des écoles.

Le café Durand, situé à l'angle du boulevart et de la rue Royale, était le lieu du rendez-vous précédemment assigné aux députés de la gauche, pour la manifestation avortée. C'était aussi le centre habituel de leurs conférences, bon nombre d'entre eux ayant l'habitude d'y prendre leurs repas. Les étudiants s'arrêtèrent devant ce café; et, comme les députés, que dans leur déception ils confondaient volontiers dans la même réprobation que les ministres, manquaient à leurs huées, ils entourèrent de clameurs la maison dont étaient en ce moment absents ceux qui avaient l'habitude de s'y réunir. Après quoi le cortége se dirigea, par la rue Royale, vers la place de la Concorde, pour essayer de gagner ensuite le palais Bourbon.

Il faut croire qu'à dater de ce moment seulement, bon nombre de gens apprirent pour la première fois l'abstention des députés réformistes, car la détermination de ceux-ci, prise pour ainsi dire dans la nuit, n'avait pas encore pu être suffisamment répandue. Une grande partie de ces curieux, de ces oisifs, de ces chercheurs d'émotions, venus de tous les coins de la ville, et aussi de la banlieue, pour assister à la manifestation annoncée, tomba donc en un grand désappointement, apprenant que les députés avaient reculé devant la responsabilité de leur programme, et que les préparatifs du banquet avaient été détruits. Dans leur déception, dans leur indignation, pourrait-on même dire, ces masses confondirent presque les députés absents avec les ennemis de la réforme, et, s'échauffant de proche en proche par une sorte de magnétisme dont les foules présentent le curieux phénomène, les déçus firent entendre des cris de colère et de protestation, que la Marseillaise, ce chant propre à tout, finit par traduire sur une foule de points discordants. Quelques groupes se détachèrent même, pour se porter sous les fenêtres de M. Odilon Barrot (dont la demeure était rue de la Ferme-des-Mathurins), dans le dessein de l'interpeller sur sa conduite. Trois étudiants marchaient les premiers : c'étaient les nommés Guilmin, déjà signalé comme conducteur de la manifestation des écoles, et qui devait être tué dans la lutte qui allait suivre; Maurin (de la Charente), Depreux et un garde national nommé Ernest Mendez, lequel rédigea plus tard la pétition des écoles, et prit dans les jours suivants une honorable part aux événements. Un sergent de ville, que le hasard ou la préméditation avait amené à la porte de M. Odilon Barrot, voulut empêcher les étudiants d'entrer; ils le repoussèrent et passèrent outre. M. Odilon Barrot, qui se trouvait en ce moment avec MM. Garnier-Pagès, Ledru-Rollin, et bon nombre de membres de l'opposition, s'occupait de rédiger la mise en accusation du ministère. Il ordonna néanmoins que les étudiants fussent introduits, et, interpellé par eux, il répondit à peu près en ces termes : « En qualité de représentants du peuple, nous ne pouvons exposer volontairement les citoyens aux conséquences d'une lutte aussi funeste à l'ordre qu'à la liberté; de même il ne convient point à notre dignité d'engager un conflit judiciaire, dont les conséquences seraient d'être amenés entre deux gendarmes sur la sellette, pour être jugés par des magistrats subalternes. Nous ne voulons d'ailleurs pas qu'une question qui intéresse une de nos plus précieuses libertés, soit réduite aux mesquines proportions d'une simple affaire de police. En conséquence, l'opposition pense devoir s'abstenir de se rendre au banquet, et laisse au gouvernement toute la responsabilité de ses mesures, aussi injustes qu'arbitraires. Nous vous engageons donc à suivre notre exemple, et à rédiger immédiatement, comme nous, la mise en accusation du ministère que nous joindrons à la nôtre, et que nous appuierons de tout notre pouvoir.

Cette explication fut suivie de quelques interpellations nouvelles auxquelles répondirent plusieurs des députés présents; après quoi les délégués se retirèrent, assez peu satisfaits, il faut le dire. Ils s'occupèrent néanmoins sur-le-champ de la pétition, qui, colportée dans le quartier latin, fut en peu de temps couverte de signatures. Transmise ensuite à la Chambre, M. Crémieux se chargea de la déposer sur le bureau et de l'appuyer le moment venu. Copie fut envoyée au *National*, qui l'inséra le lendemain.

Au moment où la députation s'était dirigée vers le domicile de M. Odilon Barrot, une colonne de ces gens, d'abord venus là sans parti pris, mais qui s'étaient peu à peu échauffés au contact des étudiants et au bruit des chants populaires, se mit, de son côté, en marche pour l'hôtel du ministère des affaires étrangères, boulevart des Capucines. Ils crient *à bas Guizot! vive la réforme!* Bientôt les vitres du ministère volent en éclats sous les coups de pierres; et, s'animant les uns les autres, ces gens, dont la majeure partie était le matin sans préméditation aucune, et qui n'avait cédé qu'à un instinct de curiosité ou aux excitations de l'exemple, ces gens, disons-nous, s'avancent sur la porte du ministère comme pour la défoncer. Mais, les deux battants de cette porte s'ouvrent brusquement, et un fort détachement de gardes municipaux avance sur le boulevart et refoule assaillants, agitateurs et curieux. Ceux-ci s'écoulent en désordre par les diverses issues du carrefour; la majeure partie cherche à gagner la place de la Concorde, théâtre présumé des manifestations improvisées, pour suppléer à celle des députés abstenus.

Mais déjà, sur plus d'un point, la force militaire commençait à se produire. De forts détachements du 21ᵉ de ligne, équipés comme pour une marche de campagne, prirent position place de la Madeleine, sur la gauche de l'église. Quelques brigades de gardes municipaux essayèrent de faire évacuer le boulevart et les nombreuses rues qui convergent sur ce point; mais la foule était peu à peu devenue tellement épaisse, que leurs efforts furent stériles. Quelques-uns de ces cavaliers blessèrent déplorablement de leur sabre plusieurs curieux; mais le plus grand nombre des cavaliers se replièrent, attendant des renforts, ou des ordres, pour agir plus vigoureusement.

Au reste, il faut dire qu'à midi les masses errantes étaient encore parfaitement inoffensives dans toute l'étendue des points principaux de circulation, l'escarmouche du ministère des affaires étrangères excepté, et que les troupes aussi n'avaient, dans leur attitude, rien de menaçant. Ces masses passaient curieusement devant les soldats, comme des gens qui disent : Nous n'avons rien à débattre ensemble. Les estaffettes circulaient partout sans être inquiétées. De forts pelotons de chasseurs et de dragons sillonnaient les chaussées du boulevart, et la foule se retirait d'elle-même sur les allées asphaltées. Ces cavaliers avaient le sabre au fourreau. On observa qu'en général les troupes avaient l'air soucieux, circonstance qu'on attribuait, à tort ou à raison, à la gravité des ordres reçus avant le départ des casernes.

Les gardes municipaux, au contraire, avaient la physionomie provocatrice. On regrette de devoir dire que, sur plus d'un point, ils furent agressifs, et que, de leur attitude, naquirent des collisions qui eussent pu être évitées. Garde prétorienne du pouvoir, ces soldats avaient, depuis dix-huit ans, si souvent marché contre les émeutes, que, se considérant comme les premiers instruments de répression violente, ils ajoutaient une sorte de passion personnelle à leur devoir. Dans leur aveugle dévouement à la royauté, les Suisses, si bien morts pour Louis XVI, et qui se battirent plus tard si énergiquement pour Charles X, avaient pourtant laissé aux troupes spéciales de nobles exemples d'une humaine interprétation des devoirs militaires....

Revenons à la place de la Concorde, vers laquelle, quittant le café Durand, nous avons laissé se dirigeant la colonne formée de la jeunesse des écoles et des gens d'abord sans parti pris, mais qu'avait çà et là animé le contact des passions bruyantes.

La place était littéralement couverte d'une foule compacte qui arrivait par toutes les issues. Cette plaine humaine s'agitait, se balançait comme une moisson, sous les efforts de la curiosité ou sous les inquiétudes de la passion. Peu à peu les flots de peuple qui affluaient toujours des Champs-Elysées, des quais, des rues Royale et de Rivoli, cherchaient leur issue, en escaladant les pavillons de la place, les massifs de pierre qui supportent les statues, les parapets, les vasques des fontaines, et jusqu'aux candélabres ou colonnes à gaz. Les enfants, les gamins se cramponnaient partout et se perchaient jusque sur les premiers arbres des Champs-Elysées. On eût dit qu'un grand spectacle attirait cette foule devenue immense..., et il n'y avait pourtant là d'autre spectacle qu'elle-même. Il semblait que l'instinct du peuple le poussât involontairement vers cette place, témoin de nos grands drames révolutionnaires..., place où tant de sang, coupable ou innocent, vil ou précieux, courageux ou lâche, fut versé à cet endroit même que recouvre aujourd'hui le bizarre présent du pacha d'Egypte.

La colonne d'étudiants et d'adhérents trouvés en chemin, se fit jour dans cette foule qui s'ouvrit soudain devant elle, comme pour faire place aux acteurs survenants d'un drame encore vague, indéterminé, mais dans l'attente duquel l'inquiétude même avive la curiosité. Chemin faisant, les étudiants rencontrèrent MM. de Courtais, Beaumont (de la Somme), Garnier-Pagès, et deux autres députés. Ils les prièrent de les prendre sous leur protection, pour obtenir des troupes le libre passage du pont, afin de gagner la Chambre. Les députés parlementèrent, dans ce but, avec les officiers des gardes municipaux, mais sans succès. Ils n'obtinrent eux-mêmes le passage que par l'exhibition de leur médaille. A peine sont-ils parvenus à la grille du palais législatif, qu'une charge de cavalerie repousse la colonne d'étudiants et la foule, où elle se confond jusqu'à la première fontaine de bronze. Quelques individus sont renversés, mais il n'y a point encore jusque-là d'accident grave. On voit se faufiler dans la foule, et gagner le pont, M. Boissel, le président du banquet avorté.

Cette foule, dans la pression violente qu'elle a un moment subie, cherche ensuite à se dilater de nouveau, et à regagner du terrain vers le pont. En ce moment, on entend une fanfare : c'est un escadron de chasseurs à cheval qui arrive par le quai d'Orsay, pour donner aide aux gardes municipaux. Un escadron de dragons le suit de près. Les abords du pont ne tardent pas à être défendus par une sorte d'hémicycle formé d'une triple haie de cavalerie. Les sabres sont encore au fourreau. Inutile de dire que les rues de Lille, de l'Université, de Bourgogne, etc., sont soigneusement barrées par l'infanterie. Un bataillon bivouaque sur la place.

Les étudiants, que la première charge des municipaux avait refoulés avec les masses, et disséminés au milieu d'elles, excitaient de leur mieux la passion des curieux. Une manifestation sur la Chambre était leur but. Pour y parvenir, ils cherchent à utiliser ces masses ; ils les poussent contre la barrière de cavaliers qui garde le pont, dans l'espoir de faire une trouée et de s'y élancer. Ils sont repoussés. Mais un singulier auxiliaire leur vient. C'est une lourde charrette, dont les chevaux lancés au galop brisent le triple rang des cavaliers. Une irruption de la foule se fait ainsi jour vers le pont. Aussitôt des charges de cavalerie s'élancent sur la place, mais le sabre toujours au fourreau. Tandis que des hommes du peuple, et quelques étudiants, pénètrent dans les cours, les jardins et jusque dans les couloirs de la Chambre, l'immense foule qui couvrait la place de la Concorde est repoussée vers les Champs-Elysées, la rue Royale et celle de Rivoli ; des pierres sont lancées sur les cavaliers, qui, alors, dégaînent et chargent plus vigoureusement. Quelques personnes sont blessées. Des bruits de massacres volent aussitôt de bouche en bouche; on exagère la brutalité des gardes municipaux, et les indifférents eux-mêmes s'enflamment, indignés. Un premier pavé est arraché du sol en face du ministère de la marine, et l'on cherche à construire une barricade, tandis que de vigoureux ouvriers parviennent à ébranler les barreaux de fer qui forment la grille de l'arcade, pour s'en faire des armes. Mille bruits sinistres commencent déjà à circuler dans cette foule, dont la plus grande partie puise son animation, sa colère, soit dans une curiosité déçue, soit dans la répression des cavaliers, qui confondent naturellement les oisifs dangereux et les curieux imprudents avec les véritables agitateurs.

La garde municipale à cheval arriva sur ce point au moment où, à l'aide de quelques voitures et de pavés déracinés, on commençait à construire la barricade, bien que sans but sur ce point, puisqu'on était sans armes pour la défendre. La foule s'enfuit devant les cavaliers et se réfugie, pressée et en désordre, sous les arcades, soit du ministère de la marine, soit de la rue de Rivoli, où elle est relancée, non sans de graves accidents. Des femmes, des enfants, des gens absolument étrangers à la pensée de la manifestation politique, sont blessés, foulés aux pieds des chevaux, dangereusement punis, enfin, de leur présence sur des points où, les seuls adversaires réels laissés en présence, les émeutes perdraient le plus souvent toute leur gravité avec leur confusion. La foule, assaillie, traquée, se replia par toutes les issues encore libres, vers la rue Saint-Honoré, et là, tout animée du sang versé, elle tenta d'élever une nouvelle barricade en criant *aux armes!*

Vers les Champs-Elysées la foule avait été plus aisément repoussée, et l'on peut dire poursuivie, vu l'espace. De nombreuses arrestations avaient été faites; les postes voisins furent, en peu d'instants, remplis de prisonniers. On huait, on sifflait les cavaliers, on leur lançait des pierres. Il y eut, au milieu de toutes ces scènes déplorables, un épisode original, un incident burlesque, comme il en naît souvent chez nous, au milieu même des drames sanglants. Les gamins, puisque c'est désormais en parlant de Paris l'appellation consacrée jusque dans l'histoire, les gamins, disons-nous, qui affluent partout où il y a rassemblement, bruit, émeute, après avoir erré dans la foule, poussant leurs cris singuliers, jetant par les airs des lambeaux de Marseillaise et des cailloux, se trouvant refoulés en nombre dans l'avenue des Champs-Elysées, voulurent nécessairement y dresser leur barricade. Ils s'emparèrent d'une quantité de chaises de paille, et les groupèrent sur la chaussée. Et, comme les troupes, plus sérieusement occupées ailleurs, dédaignaient ce rempart fragile, ils eurent l'idée d'y mettre le feu. La flamme attira l'attention des officiers; et, craignant quelque sinistre, ils envoyèrent un fort peloton de cavalerie châtier les incendiaires. Alors, la tapageuse cohue des gamins se fortifia derrière la flamboyante barricade, en y jetant un nouvel aliment de vieilles chaises et de débris, si bien que les cavaliers durent faire de la stratégie pour atteindre nos drôles. Mais, lorsqu'ils comprirent de quoi il était question et à qui ils avaient à faire, ces cavaliers se contentèrent de distribuer çà et là quelques coups de plat de sabre, et rebroussèrent gaîment chemin : il est vrai que c'étaient des dragons.

Mais les événements prenaient ailleurs des allures infiniment plus graves. Ce qui contribuait le plus à animer l'esprit public, à susciter les haines, à animer enfin les passions, c'étaient les fausses nouvelles, habilement forgées, qui circulaient dans tous les quartiers. A entendre ces alarmistes, on dressait des barricades, on se battait, les troupes tiraient sur le peuple, le sang coulait partout... Il est vrai que toutes ces violences avaient pour théâtre présumé le point le plus éloigné possible de celui où l'on en parlait. Bon nombre de citoyens aux intentions paisibles, et que la crainte animait naturellement à l'audition de pareilles nouvelles, voulant regagner leur logis, rejoindre leurs familles, s'unissaient en colonnes, afin d'atteindre leurs quartiers d'une façon qui imposât, et c'est ainsi que ces marches pacifiques, trompant l'opinion par leur apparence de manifestation, l'émotion publique s'en accroissait d'autant. Les boutiques se fermaient partout; les magasins d'armes s'empressaient de déménager leur périlleuse marchandise. Une colonne, moins inoffensive, déboucha sur la place de la Concorde dans un moment où la cavalerie, qui avait balayé la place, s'était repliée sur le pont Louis XV. Cette colonne, formée d'ouvriers en blouses et en vestes, et que précédait un immense drapeau tricolore, put traverser la place sans obstacle, et gagner les Champs-Elysées. Le feu des gamins s'éteignait en ce moment; pourtant il avait suffi de ses dernières flammes pour attirer l'attention des ouvriers, et, croyant qu'il s'agissait de quelque fait plus sérieux, ils l'avaient pris pour but. Reconnaissant leur erreur, et voyant près de là un corps-de-garde, ils s'y précipitèrent pour le surprendre et s'armer. Les soldats de ligne n'eurent pas le temps de fermer leurs grilles, et furent envahis. N'ayant pu faire usage de leurs armes, ou peut-être même ne l'ayant pas voulu, les soldats évacuèrent le poste, sur lequel flottait déjà le grand drapeau de la colonne. Les gamins, accourus avec leurs tisons, mirent le feu au bâtiment; l'attention des troupes réunies vers le pont fut éveillée de nouveau, et des forces survinrent. Les ouvriers, le peuple environnant, tout voulut barrer le chemin aux gardes municipaux, et une lutte sérieuse s'engagea avec les cavaliers, qui firent usage de leurs sabres. Le peuple ne pouvait qu'offrir sa masse et lancer des pierres. La troupe de ligne laissait faire. Vigoureusement chargée, culbutée, poussée par le poitrail des chevaux, la foule dut plier, et chercha des issues loin de ces larges espaces si favorables aux évolutions de la cavalerie. La colonne d'ouvriers, les nombreux gamins, les curieux, tout reflua donc par la rue du Faubourg-Saint-Honoré, et revint se confondre dans les masses qui obstruaient les environs de la Madeleine. Là on chercha encore à élever des barricades, bien que jusqu'alors le peuple semblât simplement vouloir faire de ces actes une protestation sans portée, puisqu'il était sans armes.

Mais, avant de continuer l'examen de l'attitude populaire, voyons ce qui se passait à la Chambre, dont l'heure de la séance était venue.

Le palais législatif était formidablement entouré. Le général Perrot, inter-

rogé sur la défense du pont, répondit : « Les meilleures troupes de l'Europe ne le forceraient pas. » En effet, les abords de la Chambre étaient si bien gardés, que les députés eux-mêmes avaient difficulté à s'y introduire, et qu'on ne se fût jamais imaginé que l'objet de la discussion à l'ordre du jour était... un projet de loi sur la banque de Bordeaux !

Mais la Chambre, on le conçoit, n'était guère à cet ordre du jour. La consternation planait sur les centres comme sur la gauche. M. Odilon Barrot est entouré de députés, M. Thiers forme un autre noyau ; on discute, on s'interroge..... Enfin le chef de la gauche dynastique profite d'un moment où l'orateur inécouté des banques descend de la tribune, pour déposer sur le bureau du président la pièce qui a été rédigée chez lui, quelques heures auparavant. Chacun sait qu'il s'agit d'une demande de mise en accusation du ministère. Cette demande est ainsi conçue :

« Nous proposons de mettre le ministère en accusation comme coupable :
1º D'avoir trahi au dehors l'honneur et les intérêts de la France ;
2º D'avoir faussé les principes de la constitution, violé les garanties de la liberté et attenté aux droits des citoyens ;
3º D'avoir, par une corruption systématique, tenté de substituer à la libre expression de l'opinion publique les calculs de l'intérêt privé, et de pervertir ainsi le gouvernement représentatif ;
4º D'avoir trafiqué, dans un intérêt ministériel, des fonctions publiques, ainsi que de « tous les attributs et priviléges du pouvoir ;
5º D'avoir, dans le même intérêt, ruiné les finances de l'Etat, et compromis ainsi les forces et la grandeur nationale ;
6º D'avoir violemment dépouillé les citoyens d'un droit inhérent à toute constitution libre, et dont l'exercice leur avait été garanti par la Charte, par les lois et par les précédents ;
7º D'avoir enfin, par une politique ouvertement contre-révolutionnaire, remis en question toutes les conquêtes de nos deux révolutions, et jeté dans le pays une perturbation profonde. »

Suivent cinquante-quatre signatures recueillies à la hâte, et qui s'augmenteront nécessairement dans la journée.

De son côté, et presque en même temps, sous sa seule responsabilité, M. de Genoude monte au bureau du président et dépose un autre papier tout ouvert : c'est une seconde mise en accusation dont voici les termes :

« Attendu que les ministres, en se refusant à la réforme d'une loi électorale qui prive les citoyens de toute participation aux droits politiques, violent la souveraineté nationale et sont cause, par conséquent, des troubles et des dangers de l'ordre social ; attendu qu'ils maintiennent ainsi la France dans un système immoral et ruineux au dedans, funeste et dégradant au dehors, le soussigné, député de la Haute-Garonne, demande à la Chambre la mise en accusation du président du conseil et de ses collègues.
GENOUDE, député de Toulouse. »

La pétition de M. de Genoude, motivée sur le refus fait à l'universalité des citoyens de prendre part aux opérations électorales, démontrait assez clairement que son parti attendait un changement de système plutôt qu'un changement de ministère. Quelques voix réclament la lecture de ces pièces. M. Sauzet, président de la Chambre, objecte que, suivant les règlements, elles ne peuvent être lues qu'après autorisation des bureaux qui les examineront..... le lendemain. M. Guizot quitte son banc pour aller au bureau lire l'accusation. Il sourit dédaigneusement. « Il avait beaucoup lu et beaucoup écrit l'histoire, — dit un historien, acteur de ces journées. — Son âme forte et haute en aimait les grands drames. Son éloquence recherchait les occasions retentissantes dans l'avenir. Son regard aspirait le combat. Il bravait une accusation contre laquelle il était défendu dans l'enceinte par une majorité incorporée à sa personne, et couvert en dehors par une monarchie et par une armée. »

Un moment après, M. Duchâtel entra dans la salle. Il alla adresser quelques mots au président, et s'en fut s'asseoir au banc des ministres, où se tenait M. de Salvandy, calme et digne. Après quelques instants de conversation avec ses collègues, M. Duchâtel quitta l'assemblée.

Cependant l'effet produit sur l'opinion de la capitale par la dernière détermination des membres de l'opposition réformiste, commençait à être connu, et quelques députés faisaient circuler la copie d'une protestation rédigée par le comité électoral du 2e arrondissement. Cette protestation la voici :

« Les membres du comité électoral de l'opposition du 2e arrondissement, informés que MM. les députés de l'opposition ont résolu de ne pas se rendre au banquet du 12e arrondissement, ont décidé, à l'unanimité, que le 2e arrondissement exprime son étonnement de la décision prise sans qu'elle soit accompagnée de la démission des députés de l'opposition, et invite MM. les députés à déposer sans retard leur démission ; seule mesure capable de donner, en ce moment, une satisfaction à l'opinion publique. »

M. Thiers avait vivement conseillé ce parti, qu'avait énergiquement pris le seul député de la Creuse, M. Émile de Girardin. Mais il est probable que la crainte éprouvée par bon nombre de députés de la gauche, de n'être pas réélus dans leurs collèges, prévalut sur l'influence de l'ex-président du 1er mars, et sur ce qu'on peut aussi considérer comme une question de dignité parlementaire.

Enfin, vers quatre heures, M. Crémieux déposa à son tour sur le bureau la pétition des écoles, la même dont il a déjà été parlé. Cette pièce, qui était insignifiante au fond, puisqu'elle n'apportait à la situation que l'apparence d'une force qui s'annulait dans sa propre rédaction, est citée comme complément des documents officiels de la journée.

« La manifestation patriotique empêchée par le gouvernement est la plus grande preuve qu'il craint un appel à la justice du pays.

« Il ne nous reste plus, pour arriver à la conservation des droits que 1830 a consacrés, que notre confiance dans les députés de l'opposition. Nous attendons d'eux la demande de mise en accusation du ministère. Comme d'avance, nous en sommes convaincus, elle sera repoussée par la majorité, vu les liens qui la retiennent, nous espérons que chaque député véritablement attaché à nos libertés saura prendre une résolution énergique, qui répondra à l'attente générale. »

La tribune ne retentit par ailleurs d'aucune interpellation, d'aucune allusion sur l'inquiétante perturbation qui agitait la capitale. Le maréchal Bugeaud avait cependant dit à ses amis, après être allé examiner du haut péristyle de la Chambre l'aspect des agitations extérieures : « Nous aurons une chaude journée. » Vers quatre heures et demie, le président Sauzet se décida à laisser là le projet de loi sur les banques, et leva la séance.

M. Thiers subit en quittant la Chambre une sorte d'ovation semi-burlesque qui punit la curiosité qu'il avait ressentie de se mêler aux groupes qui discutaient à l'entrée des Champs-Elysées. Reconnu par quelques ouvriers, sans malveillance du reste, car on savait que dans la crise relative au banquet, M. Thiers avait été un des députés les plus ardents contre le ministère, reconnu, disons-nous, dans la foule, il fut entouré, pressé, interrogé un peu vivement peut-être, et dut faire quelques efforts pour se soustraire à l'attention populaire. L'hôtel Pontalba offrit une retraite à l'ancien ministre, peu désireux de la manifestation dont la cohue bruyante entourait sa présence trahie.

Il était cinq heures du soir, c'est-à-dire presque nuit, et, chose étrange, pas un garde national en armes n'avait encore paru pour apporter son concours à la défense de l'ordre public. Alors seulement commença à battre le rappel. Un tel retard est sans doute moins attribuable à l'espèce de réserve systématique dont ce corps semblait être, depuis quelque temps, l'objet de la part du gouvernement, qu'à la participation qu'il avait dû prendre la veille même au grand banquet réformiste, participation qui était la principale cause de l'interdiction ministérielle. Au reste, il paraît que le rappel ne fut même pas ordonné par les ministres, mais bien par M. Berger, député, maire du 2e arrondissement, et depuis préfet de la Seine. En effet, l'ordre de convoquer, dès sept heures du matin, la garde nationale de toutes les légions, ordre donné le 21 au soir par le gouvernement, avait été retiré dans la nuit. Ce fut évidemment une faute; cette rancune a porté de terribles conséquences. Trois députés de Paris, MM. Taillandier, Vavin et Carnot s'étaient, après la séance de la Chambre, rendus auprès de M. de Rambuteau, pour lui exprimer l'étonnement pénible que faisait naître l'absence de la garde nationale dans les conflits de la journée. Mais une fâcheuse impression était déjà produite : la garde nationale se vit en suspicion, et le rappel ordonné par M. Berger dans la 2e légion n'eut pas le résultat général qu'il eût dû avoir en de telles circonstances. On assure que, sur un effectif de 8,000 hommes, 554 seulement prirent le chemin du drapeau de la mairie, et que la proportion fut analogue dans les 1re et 3e légions. Sur d'autres points, même, les soldats vinrent moins nombreux que les officiers. Une faible partie de la 12e légion se réunit sur la place du Panthéon, où bivouaquait le 5e de ligne. Le peuple bruyant de ce quartier siffla la milice citoyenne. Les gardes répondirent à cette injure par de vigoureux cris de *vive la réforme!* Après quoi le peuple criant à son tour *vive la garde nationale!* on fraternisa. Les deux partis unis crièrent ensuite *vive la ligne!* et le 5e de ligne fraternisa à son tour avec le peuple et les gardes nationaux.....

Dans divers quartiers, on désarma ces gardes qui se rendaient au poste municipal. D'un autre côté, il ne venait aucun ordre de l'état-major. Il était évident que le pouvoir dédaignait le concours de la milice bourgeoise. Aussi, quelques heures plus tard, voyant l'inutilité de leur venue, la plupart des miliciens s'en retournèrent-ils chez eux. Les plus zélés seuls passèrent la nuit au poste.

Mais, à défaut de la garde nationale, un immense déploiement de troupe se fait sur les points stratégiques de Paris. Le pont Royal est gardé comme si la représentation nationale était en délibération. 10,000 hommes occupent la place du Carrousel, et sont passés en revue, dans la soirée, par le roi accompagné de ses deux fils présents à Paris, les ducs de Nemours et de Montpensier. Ces troupes crient encore : *Vive le roi!* Disséminés par piquets, par pelotons, par compagnies sur les quais, sur les places, aux carrefours, les soldats semblent s'apprêter à passer la nuit pour veiller sur la ville en fermentation. Plusieurs bataillons bivouaquent sous les halles. Les Champs-Élysées sont formidablement occupés; des régiments arrivant des environs de Paris s'y agglomèrent. Pourtant cette partie extrême de la ville a un aspect lugubre et mystérieux, car la populace a brisé les réverbères, et les baïonnettes ne scintillent qu'à quelques feux de bivouacs. On entend des coups de fusils dans la direction des Batignolles et de la barrière Monceaux : c'est la garde nationale de la banlieue qui repousse une bande de malfaiteurs cherchant à exploiter un premier trouble. Trois voleurs ont été fusillés au moment où ils venaient de piller un magasin de nouveautés et la boutique d'un marchand d'objets d'art.

Les curieux, les indifférents, les gens sans parti pris, et aussi les citoyens paisibles, sont rentrés chez eux. Il ne reste dans la circulation que les troupes et les hommes décidés à provoquer la lutte, ou flairant le combat; les chercheurs d'aventures et les pêcheurs en eau trouble leur font cortége. La présence des troupes sur les principales places, sur les boulevarts et dans le voisinage des palais et des monuments publics, a contraint ces hommes à se replier vers le centre de Paris. En se retirant, ils ont essayé de forcer plusieurs postes, et ont commis quelques pillages dans le but de s'armer et de se munitionner. Ils ont, entre autres, dévalisé l'armurier Devismes, au boulevart des Italiens. N'ayant pu ouvrir le magasin solidement fermé de Lepage-Moutier, arquebusier en face du Théâtre-Français, ils ont recours, pour en défoncer les portes, à une baliste d'un nouveau genre. Un omnibus passait, on l'arrête, on le détèle, et la flèche ou timon, faisant fonction de bélier, est vigoureusement poussé et repoussé contre la devanture, qui finit par voler en éclats. On se précipite dans le magasin; mais, à part la conquête de quelques armes blanches, cet assaut fut sans résultat, car les fusils trouvés, en petit nombre, avaient leurs batteries incomplètes. Était-ce une mesure de police, une précaution du propriétaire? On ne sait. Le fait est qu'il eût été singulier de voir l'arquebusier du roi et des princes fournir les premières armes à la révolution qui devait renverser le trône.....

Des scènes plus voisines du comique que du grave eurent lieu sur le boulevart Saint-Martin, au milieu de cette première ardeur de gens peut-être plus pillards encore que véritablement révolutionnaires. L'emprunt du récit d'une de ces scènes nous paraît tout à fait à sa place ici.

« Quelques groupes, y lit-on, bourdonnaient autour de la porte Saint-Martin et sur les quatre trottoirs qui y aboutissent. Le café de Malte commençait à éclairer ses vitraux, encore à découvert. Tout à coup une centaine d'hommes accourent. D'où venaient-ils? qui les avait réunis? Eux seuls pourraient répondre. Ils se précipitent vers l'angle que forme la rue de Bondy et le boulevart. C'est là, au n° 23 de la rue de Bondy, que demeurait le successeur de Boudeville, fournisseur des théâtres, dont l'enseigne belliqueuse, composée d'une armure et d'une épée gigantesques, les a sans doute attirés. Les plus jeunes, les plus hardis, arrivent les premiers; le reste de la bande les rejoint en criant : Des armes! On frappe à la porte; le silence seul répond. Les cris redoublent et les coups aussi. Bientôt la porte vole en éclats. Les uns entrent, les autres attendent au dehors qu'on distribue à chacun sa part dans la capture. Mais il n'y avait là que des armes de théâtre et de fantaisie : des épées, des poignards, des lances, des masses d'armes, imitations ou reliques du moyen âge. Les assaillants les accueillent néanmoins avec enthousiasme. Celui-ci revêt une incomplète cuirasse, celui-là se coiffe fièrement d'un casque de chevalier. Deux ou trois ne parviennent à saisir qu'une paire de brassards, ou même qu'un seul cuissart. Tel brandit un arc indien, tel autre une longue hampe garnie de velours où flotte une bannière héraldique. Certains ont des lances dignes de Don Quichotte; d'autres des hallebardes qui feraient l'orgueil du suisse d'une paroisse campagnarde. Nul fusil à piston ou à pierre, mais de minces carabines arabes, à la crosse incrustée de nacre; des tromblons à larges embouchures, des mousquets à roulette ou des martinets jaspés de rouille. Et, qui plus est, bien des mains restent impatientes et vides.

« *A l'Ambigu!* dit une voix. Vingt voix répètent aussitôt ce cri de ralliement, et le second arsenal, encore moins sérieusement assorti que le premier, achève l'équipement dépareillé de cette horde bizarre qui aurait pu faire croire à la résurrection d'une patrouille de ligueurs de M. de Guise.

« Les chefs, ou les plus forts si l'on veut, se sont emparés des sabres et des yatagans; les plus faibles, en attendant mieux, se contentent des fourreaux jetés sur le trottoir, et toute la nuée pillarde disparaît sans laisser d'autres traces de son passage que quelques carreaux brisés, des magasins nus, et des marchands ébahis. »

Impossible à organiser dans les rues larges et ouvertes, la résistance quittant les quartiers spéciaux et riches, va s'engouffrer dans les faubourgs Saint-Martin et Saint-Denis, où se trouvent ce cloître Saint-Méry et cette rue Transnonain de si tragiques mémoires. Les barricades élevées dans les premiers quartiers, ont été aussitôt détruites, et n'ont eu que la durée de ces premières vagues qui annoncent la prochaine tempête. Mais, dans les rues et ruelles du centre, l'insurrection a son quartier général favori, que protègent de sinueux labyrinthes, les inextricables méandres de ces voies perfides où la troupe régulière ne s'aventure pas sans péril. Les révolutionnaires ont donc impunément occupé les rues Tiquetonne, Bourg-l'Abbé, Grénétat, Beaubourg, enfin toutes celles qui relient le Temple, les rues de Saint-Denis et de Saint-Martin, jusqu'aux aboutissants de la rue Saint-Antoine; mais ce n'a pas été toutefois sans collisions avec les patrouilles flairant ces quartiers malsains. Le sang a coulé, soit pour faire, soit pour empêcher des arrestations ; quelques cadavres même sont les gages de ces luttes périlleuses dans les parages tortueux et obscurs, où l'homme du peuple est plus particulièrement chez lui. Un des engagements les plus meurtriers eut lieu dans la rue Beaubourg, en face d'une maison dans laquelle cinq prisonniers avaient été momentanément enfermés, et que leurs camarades voulurent délivrer. Une lutte corps à corps s'engagea entre le peuple et les gardes municipaux, et dix ou douze victimes restèrent sur la place... 200 arrestations environ furent faites dans la première partie de la nuit au sein de ces thermopyles parisiennes. D'autres escarmouches éclatèrent çà et là dans la ville ; et bon nombre de blessés restèrent des deux parts. Il y eut au coin des rues Grénétat et Saint-Denis une vive affaire de municipaux contre une barricade dont la défense fut tentée. Au Marais, on éleva aussi quelques barricades ; un poste de soldats fut pris rue Geoffroy-Langevin, et rendit ses armes. Sur la place de la Bastille la lutte n'avait presque pas cessé depuis le milieu de la journée, entre les gardes municipaux et les habitants les plus animés du faubourg Saint-Antoine. Mais vers le soir les soldats de ligne avaient abandonné tous les petits postes du quartier, pour rentrer à la caserne de Reuilly. De l'autre côté de la Seine enfin, des rassemblements nombreux avaient lieu sur la place de l'Ecole-Polytechnique. C'étaient des étudiants et des ouvriers qui invitaient les élèves de l'Ecole à sauter, comme ils le firent en 1830, par-dessus les murs, pour se joindre au mouvement. Mais il paraît que l'autorité avait eu la précaution, assez plaisante, d'enlever aux élèves, ces « généraux de 20 ans, » comme les a appelés Casimir Delavigne, leurs fracs et leurs épées. Ces jeunes gens ne purent donc qu'unir leurs chants à ceux de leurs concitoyens, et la Marseillaise retentit avec le chœur des *Girondins*. Comme l'école était fortement gardée, il y eut encore nécessairement là plus d'une escarmouche, non pas avec la ligne, qui continuait à se montrer indécise, débonnaire, mais avec les gardes municipaux, ardents là comme partout. Trois de ceux-ci furent grièvement blessés un peu plus loin, à la caserne de la rue de Tournon. Aux abords du Panthéon, à la place Maubert, même animation ; on défonça des boutiques ; plusieurs blessés furent transportés à la Clinique de l'Ecole-de-Médecine ; près de l'Odéon, il y eut également quelques sanglantes collisions. Une barricade élevée dans la soirée, rue Bourg-l'Abbé, avait été prise par les troupes.

Une singularité de cette première journée de conflits parfois sanglants, ce fut la disparition complète des sergents de ville, dont l'uniforme était d'ordinaire si connu des rassemblements et des émeutes. On a dit que bon nombre d'entre eux circulaient déguisés dans la foule.....

Mais le silence finit par se faire dans la ville ; le silence et l'obscurité, car les réverbères étaient cassés sur une foule de points, et les tuyaux de gaz coupés. Le temps était voilé, pluvieux ; partout les soldats bivouaquaient dans la boue. Il faisait froid, un froid humide. Des feux allumés par les troupes donnaient un étrange aspect à cette ville sans lumières. Devant le gymnase, sur la place du Carrousel, sur celle de la Concorde, à l'Ecole-Militaire, à l'Hôtel-de-Ville, à la Bastille enfin, stationnait l'artillerie, canons chargés. De loin en loin on entend encore quelques détonations d'armes à feu..; les qui-vive des patrouilles se mêlent çà et là au piétinement des chevaux; la pluie tombe plus épaisse et plus glaciale; la nuit se passe ainsi... sans qu'on soupçonne que sur certains points de la cité enfin endormie, un travail silencieux et redoutable s'est effectué... Le jour se leva tardif et triste. Le vent d'ouest poussait sur Paris des raffales pluvieuses et glacées qui éteignaient les feux des bivouacs. Les troupes avaient en très-grande partie campé sans sommeil, à la pluie, au froid, dans la fange. Leurs adversaires, eux, avaient pu dormir. Ce rapprochement, purement matériel, a sa valeur au point de vue de la résistance dans la lutte qui peut s'ouvrir. En campagne, les généraux tiennent essentiellement à procurer du repos aux soldats la veille d'une affaire. Mais il y a lieu d'espérer que la journée verra les difficultés politiques s'aplanir, et l'ordre succéder ainsi à une première ébullition. Le mot de Pétion : « il pleut... on ne se battra pas, » eût donc semblé applicable à la situation. Pourtant, il y avait comme des frissons dans l'air... une sorte d'électricité mystérieuse y planait...

C'est que cette nuit obscure et muette avait en réalité couvé une révolution !

Mais, avant d'esquisser la physionomie matérielle de Paris dans la journée du 23, avant d'en raconter les incidents, les drames, les péripéties variées, disons un mot de la situation politique de laquelle toute agitation de la rue devait nécessairement découler.

Dès huit heures du matin, un grand nombre de députés se rendirent à la Chambre, comme pour y établir une sorte de permanence, et recevoir les communications du château. On ne doutait pas de voir les ministres apporter quelque détermination du roi, tendant à arrêter là ce redoutable prélude de la crise. La majorité, confiante en son union et en sa force, était loin de s'alarmer sérieusement. Elle espérait que quelque concession souveraine viendrait ôter tout prétexte à l'insurrection, et qu'en cas de persistance de celle-ci, les troupes nombreuses et fidèles dont disposait l'autorité, donneraient une facile victoire à l'ordre un moment compromis. Disséminés sur leurs bancs, causant des divers incidents de la veille, les députés voyaient bien l'imminence d'un changement de ministère, mais nul ne songeait à un changement de gouvernement. Seulement les amis personnels des ministres en cause paraissaient tristes et soucieux... mais soucieux à propos du cabinet, rien au-delà. Par contre, les amis des hommes politiques possibles dans la situation nouvelle, rayonnaient. En résumé, le dénoûment de la crise ne s'entrevoyait que dans un changement de portefeuilles.....

Peu à peu, cependant, les nouveaux arrivants apportaient quelques nouvelles du centre de Paris et des faubourgs. Mais des Tuileries il ne venait nul message. On sut bientôt que, mettant la nuit à profit, le peuple avait élevé des barricades dans les quartiers où la troupe n'avait pu s'engager durant l'obscurité. Peu à peu, les confiants, les égoïstes finirent par s'alarmer comme le faisaient déjà, depuis la veille, les hommes chez lesquels une perspicacité

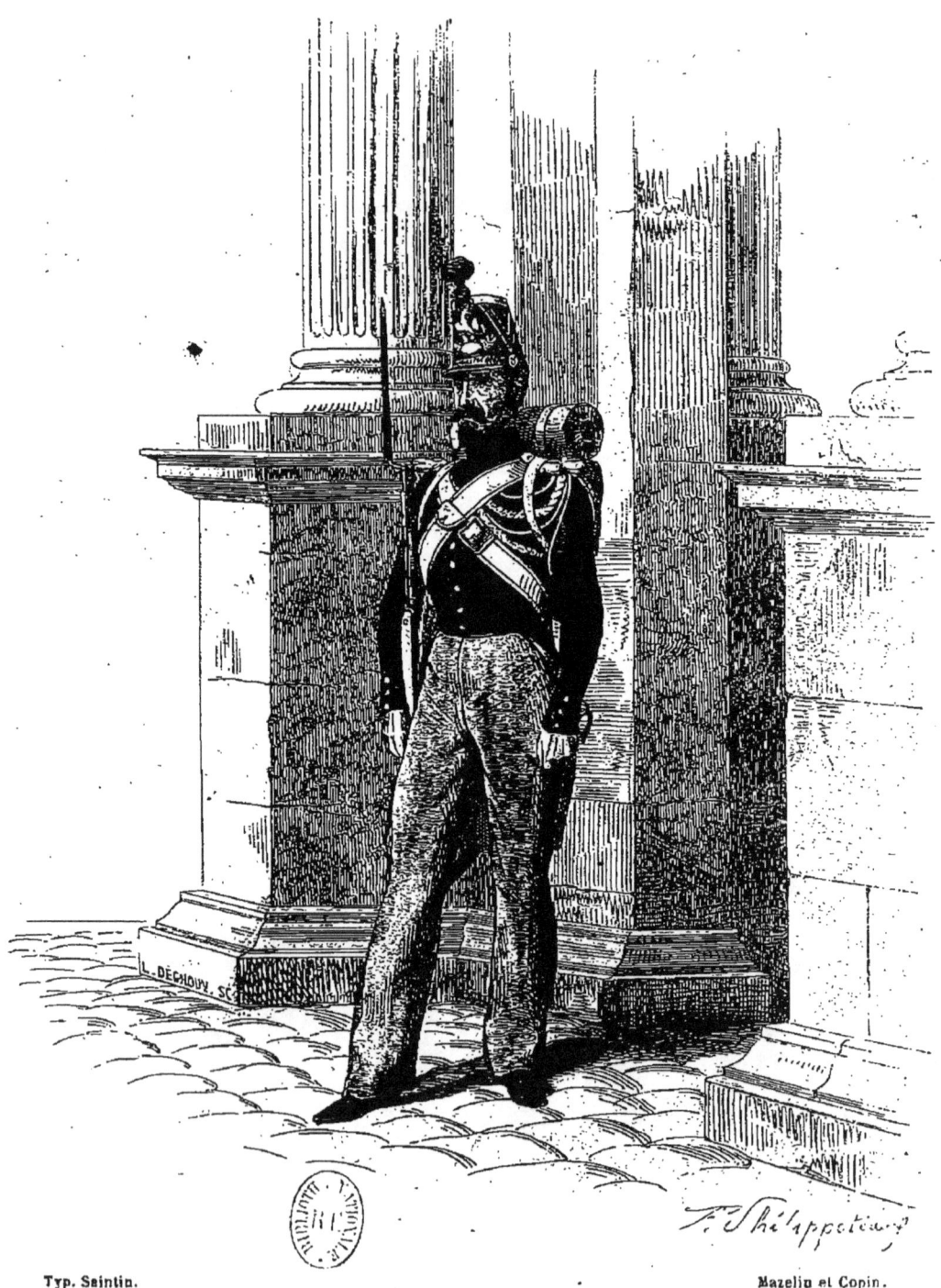

Gendarmerie mobile.
1849.

plus grande, une sorte de prescience politique avaient, en quelque façon, ouvert les sombres perspectives de l'avenir (1). Deux généraux se trouvaient investis de la suprême direction des troupes : c'étaient le général Tiburce Sébastiani ; commandant de la place de Paris, et le général Jacqueminot, placé à la tête de la garde nationale. Ce dernier venait de faire une grave maladie, et était encore souffrant. Hors d'état de monter à cheval, il n'avait pu que recevoir les rapports des officiers d'état-major, et, sachant que la garde nationale était sourdement minée par un inquiétant esprit d'opposition contre le pouvoir, il ne pouvait, vu son état de santé, prendre de serieuses initiatives. Le général Tiburce Sébastiani, brave militaire, mais peu expérimenté dans cette guerre si nouvelle encore, des rues et des barricades qui a aujourd'hui sa tactique chèrement acquise, le général Sébastiani, disons-nous, se sentait une sorte de répugnance à donner ces ordres extrêmes que la situation ne lui semblait pas motiver encore, et qui, sous un chef trop ardent, font souvent dégénérer en collision sanglante, en affaire sérieuse, un simple conflit. La garde municipale, qui se montra si dévouée en ces journées fatales à la monarchie, ne relevait pas du général.

Les députés attendaient donc l'action soit du ministère, soit du château. Et l'inquiétude devait commencer à gagner l'un et l'autre, car, à mesure que la matinée s'avançait, l'aspect de certains quartiers de Paris prenait un plus menaçant caractère. Paris, à la vérité, s'encombre de troupes ; mais rien ne se fait qui comprime la détonation et l'étouffe. Des régiments de chasseurs, de carabiniers et d'infanterie arrivent à marche forcée par la barrière de Passy, et vont s'enfermer dans les guichets clos du Carrousel.

Vers dix heures, un régiment de ligne, que précède une batterie d'artillerie, va prendre position entre les deux faubourgs suspects, près de l'île Saint-Louis, en défilant par la rive gauche de la Seine. Enfin, vers onze heures, on bat le rappel de la garde nationale.

C'est que la situation prenait une évidente gravité. Un changement de mi-

(1) Ainsi on lisait durant tout le mois de février dans *la Presse* une suite d'articles profondément empreints d'un véritable sentiment prophétique. Nous citerons, entre autres, l'extrait suivant, qui est fort remarquable :

« 14 février. Quand le pouvoir est aux mains de ministres plus téméraires que fermes, POUR ALLUMER UNE RÉVOLUTION, IL SUFFIT DE LA CAPSULE D'UNE BAÏONNETTE ININTELLIGENTE. »

(Et n'est-ce pas en effet la capsule d'une baïonnette inintelligente qui a allumé la révolution le 23 février, à neuf heures du soir, à l'hôtel du ministère des affaires étrangères, comme nous allons le raconter bientôt ?)

« Rien de plus dangereux que l'incertitude sur une question où, des deux parts, l'on se croit également fort de son droit.

« C'est sur une question douteuse de constitutionnalité que la Restauration est tombée.

« Si l'art. 14 de la Charte de 1815 avait été plus clair, s'il n'avait pas donné lieu à deux interprétations contraires, l'une et l'autre cependant consciencieuses, il est raisonnable de penser que la révolution de 1830 n'eût pas armé la royauté contre la nation, et le peuple contre le roi.

« Quand nous voyons le pouvoir retomber ainsi dans les mêmes fautes, s'exposer aux mêmes catastrophes, s'aveugler par les mêmes présomptions, s'égarer par les mêmes méfiances, s'abuser par les mêmes illusions, comment ne serions-nous pas découragés ? comment ne serions-nous pas inquiets ? »

nistère, affiché dans tout Paris le 23 au matin, eût évidemment ôté tout prétexte ou toute conviction à l'émeute grandissante. Mais le roi ne fit rien ; le ministère ne crut pas de son patriotisme de se retirer de lui-même. Tout s'aggrava. Et, encore, si une forte et active impulsion eût été donnée aux mesures préventives.... Mais non! L'appel à la garde nationale était une sorte de refuge de la royauté invoquant un concours, un appui, qu'elle semblait se dénier à elle-même, faute de résolution suffisante pour prendre d'autres impérieuses mesures. Le jour, en se levant, avait éclairé cinquante barricades, œuvres ténébreuses qu'une signature du roi eût renversées plus aisément que ses régiments ne pourraient le faire par les armes. Déjà on préludait aux combats rue Beaubourg, rue Quincampoix, rue Bourg-l'Abbé, et dans les inextricables quartiers dont l'émeute fait son camp retranché, à l'aide des tortuosités des voisinages du Temple, du Mont-de-Piété et de Saint-Martin-des-Champs. A l'angle de la rue Rambuteau s'élevait une grande barricade formée de diligences renversées et remplies de pavés. Déjà le 69e de ligne se trouvait engagé sur ce point avec un bataillon de ces agiles chasseurs de Vincennes, formés pour une autre guerre. 15 ou 16 soldats étaient déjà tombés sous le feu des insurgés. A l'angle de la rue de Tracy on se battait aussi, et aussi rue Phélippeaux. On avait pillé, rue Bourg-l'Abbé, la fabrique des frères Lepage.

Au reste l'insurrection, lorsqu'elle se multiplie de quartier à quartier en mille escarmouches, en innombrables combats, en défense de points qu'on ne cède que pour aller rétablir la résistance cent pas plus loin, un peu, pour ainsi dire, à la manière des Arabes qui fatiguent, harcèlent, raillent presque l'ennemi, sans lui offrir jamais une grande affaire ni l'accepter, est peut-être la plus sérieuse, la plus indomptable des insurrections. C'est ainsi que se présentait celle du 23 février. Concentrée dans des points qui bravaient le déploiement des forces régulières, elle gagnait ses rues familières, ayant, au besoin, chaque maison pour refuge. A une pareille guerre, l'adversaire le plus efficace serait la garde nationale, si, laissant aux troupes les grandes opérations stratégiques, les manœuvres développées et les assauts réguliers, elle se bornait à garder ses rues et ses maisons. Chaque habitation de Paris, renfermant un certain nombre de soldats citoyens, tous se tiennent, s'ils le veulent, se prêtent un appui réciproque, et, presque sans bouger chacun de devant leur porte ou leur boutique, ils sont les maîtres du quartier; et l'insurrection n'y peut construire nulle barricade. Ajoutons aussi que l'homme qui garde ou défend son seuil, sous les yeux de ses voisins, de sa famille, se conduira bien autrement que s'il est lancé loin de son toit dont il s'inquiète, au milieu de masses indifférentes, au service d'un triomphe plus politique, plus général, et auquel, sauf exception, son égoïsme de père de famille ou de propriétaire, s'intéressera infiniment moins qu'à ses propres pénates...

Mais revenons à l'insurrection, telle qu'elle se révélait dans la matinée du 23. Ce qui avait contribué à répandre de bonne heure, dans la partie paisible de la population, l'inquiétude sur les dispositions du peuple, c'était, avant même que l'action ne fût engagée sur divers points du centre, la vue de plusieurs colonnes d'ouvriers débouchant des faubourgs, tambour et drapeau en tête; une de ces colonnes surgit par le faubourg Poissonnière sur le boulevart qu'elle tourna pour s'avancer dans le quartier des Halles. Cette colonne se renforça chemin faisant, et, arrivée à l'entrée de la rue des Prouvaires, elle arrêta un omnibus pour essayer d'en faire une barricade. Un peloton d'infanterie, qui gardait les halles, survint en hâte et entrava l'affaire. Les insurgés se disséminèrent dans les ruelles, dont les soldats cherchèrent à les débusquer. Alors, on vit les femmes de la halle circonvenir la troupe de ligne, lui offrir gratuitement des provisions, chercher enfin à la gagner à la cause populaire. Par un calcul tout naturel, on adressa les plus jeunes et les plus jolies marchandes aux sous-officiers à conquérir. « On va se battre, disaient-elles,—eh bien! épargnez nos hommes qui sont vos frères... Ceux qui ont tué tant de bédouins ne peuvent pas se déshonorer à tirer sur des Français!... »

On dit que plus d'un guerrier se laissa attendrir. Le fait est que nulle collision n'eut lieu sur ce point; les dames de la halle restèrent maîtresses du terrain. Mais les insurgés portaient déjà ailleurs leurs rancunes réformistes. Ils se rallièrent à la Pointe-Saint-Eustache; armés d'une douzaine de fusils seulement, et de barres de fer arrachées aux grilles des monuments, ils passèrent, sans se risquer à l'attaque, devant le poste placé derrière l'abside de l'église; et, remontant la rue Montmartre, ils revinrent à l'extrémité de la rue Poissonnière, où, faute d'avoir pu réussir aux halles, ils se préparèrent à construire une grande barricade. Toutes les voitures qui vinrent furent arrêtées, des pavés soulevés, amoncelés, et la rue se trouva barrée. Plus loin, on barrait également la rue de Cléry, et une autre barricade interceptait toute jonction par la rue du Petit-Carreau. Ces opérations s'exécutèrent sans empêchement, et en présence des curieux qui fournirent quelques recrues. Mais un peloton de gardes municipaux à pied vint brusquement à déboucher par la rue de Cléry... Les travailleurs surpris se réfugièrent derrière l'œuvre de la rue Poissonnière. Toutes les boutiques se fermèrent en un instant, les curieux décampèrent, et un silence de mort succéda à l'animation qui régnait un moment auparavant. Ce fut un instant terrible... d'attente, d'anxiété. Enfin, les municipaux firent feu sur la barricade! Les insurgés bien retranchés furent à peine touchés, mais, parmi les curieux qui ne s'étaient pas retirés à temps, il y eut trois victimes : deux femmes et un porteur d'eau. Ce dernier était resté là dans sa désolation de voir son tonneau enfoui dans la barricade, il fut tué.

Pendant que les soldats rechargeaient leurs armes, les insurgés, hors d'état de soutenir la lutte, s'échappèrent.

Peu d'instants auparavant, le maréchal Bugeaud avait parcouru le boulevart suivi de son état-major. Il avait été très-diversement accueilli. On ignorait s'il commandait ou non Paris. Dans les régions du pouvoir tout était encore fatalement incertitude, et..., pire encore, confiance!

Mais d'instant en instant le nombre des barricades augmentait dans les quartiers que les troupes ne parcouraient pas. Rue Bourbon-Villeneuve et à l'entrée de toutes les rues qui débouchent dans celle de Montorgueil, les fiacres, les camions, les tombereaux comblés de pavés, se renversaient dans un pêle-mêle infranchissable. Et c'étaient presque partout des enfants du peuple, ces mêmes gamins de Paris, si héroïques, si cruels, si insouciants et si dangereux à la fois, qui exécutaient ces travaux de renversement, de bris, de destruction si fort de leur gré, tandis que quelques hommes armés veillaient à l'angle des rues voisines. On pense bien que les gardes municipaux, qui réussissaient souvent à tomber à l'improviste sur ces dangereux architectes, négligeaient les sommations préalables! Bien souvent les balles atteignirent des gens étrangers aux faits qu'on voulait entraver. Ce furent ces malheurs déplorables, punissant les curieux ou les oisifs, qui firent en peu d'heures des milliers de nouveaux ennemis au pouvoir.....

Rue Montmartre il y eut un épisode, sanglant d'abord, et dévié des plus déplorables conséquences par l'intervention d'un fonctionnaire prudent. Un jeune homme qui passait, dit-on, reçut dans les reins un coup de baïonnette qui le tua net. Les gardes municipaux voulurent soustraire son cadavre aux regards du peuple, et le cachèrent dans le poste de la rue Mauconseil, qu'occupait la troupe de ligne. Des hommes du peuple, sans armes, s'avancèrent pour réclamer le cadavre qui était celui du frère de l'un d'eux. Les soldats refusèrent, et fermant brusquement la porte, menacèrent de faire feu si les réclamants ne se retiraient pas. Mais ceux-ci s'obstinèrent, et, sans s'effrayer du péril, ils se ruèrent sur les portes, armés de quelques morceaux de bois, dans l'espoir de les briser. Leurs coups entamaient les panneaux... Des canons de fusils se firent voir aux meurtrières qu'on avait, durant la nuit, débouchées de la couche de plâtre qui les masquait jusque-là.

— *On va faire feu!* — criaient les soldats.
— *Le cadavre! le cadavre!* — répondait le peuple.

Et tout aussitôt une barricade fut improvisée à vingt pas de là, pour isoler le corps-de-garde de tout secours. Les soldats ne voulaient ni tirer, ni céder... Le motif de la collision ajoutait à leur perplexité.

Par bonheur un commissaire de police survint, accompagné de quelques gardes nationaux. Il somma régulièrement le peuple, qui recula comme surpris de cette sorte de procédé, mais sans toutefois perdre de vue le poste qui recélait le cadavre du jeune homme.

Alors le commissaire, informé du sujet du conflit, et, dans le but louable d'éviter un combat dont les causes n'avaient rien qui motivât ce péril, ordonna aux soldats de sortir du corps-de-garde, et s'en fit suivre. A peine les vit-il éloignés, que le peuple se précipita dans le poste pour enlever le corps qui fut déposé sur un brancard, et, bientôt, emporté par les rues sur les épaules de quatre hommes exaspérés, le funèbre cortége se grossit d'une foule de gens criant : *Vengeance! des armes!*

Dans le voisinage des halles ces gens tombèrent à l'improviste devant un peloton de gardes municipaux qui leur barrèrent le chemin. Ils durent abandonner le brancard qu'ils avaient, peut-on dire conquis, avec tant d'obstination. Mais, s'étant reculés de quelques centaines de pas, ils commencèrent rapidement une barricade à l'aide de voitures qui passaient; cette construction, à laquelle présidait une sorte de rage, fut élevée comme par enchantement. Les municipaux prirent à peine le temps de déposer le cadavre, objet de toutes ces passions révolutionnaires; ils accoururent pour tenter de dégager la voie, en chargeant la foule qui entravait leur jonction avec la barricade. Le flot populaire s'ouvrit... mais aussi se referma sur eux. Les imprudents s'étaient laissé cerner par une masse furieuse. Sommés de se rendre, ils tentèrent bien quelque résistance, mais les pavés pleuvaient sur eux, un meuble lancé d'une fenêtre en blessa trois.... ils durent céder. Ils étaient vingt. Le peuple se contenta de désarmer ces prisonniers et les enferma dans le poste, dont quelques hommes prirent la garde, avec les armes mêmes des municipaux. Le cadavre, encore une fois repris, fut de nouveau promené de rue en rue, escorté de chants patriotiques et de cris de vengeance. Pour rendre ce spectacle plus saisissant, un ouvrier, qui, depuis le début de cette scène, se faisait remarquer par son exaltation, cassa la tête du mort d'un coup de pistolet. Ce lugubre trophée alla, ainsi balancé tout sanglant, attiser des passions nouvelles...

« L'action, dit un narrateur, n'était engagée nulle part, mais on combattait partout. Le peuple, répandu de tous côtés, formait une barricade, puis l'abandonnait pour en élever une nouvelle plus loin, se rendant de cette sorte insaisissable. La fusillade s'entendait au loin dans toutes les directions à la fois; mais il n'existait aucun centre de résistance. Ce n'était qu'une succession continue d'alertes, d'escarmouches, qui harcelaient et fatiguaient la troupe sans lui laisser de prise sérieuse. On enfonçait les boutiques d'armuriers, on désarmait les petits postes, et, au milieu de cet immense feu de tirailleurs ouvert sur toutes les lignes, la force armée s'épuisait en efforts inutiles. Toute stratégie était impossible, toute combinaison était déjouée par cette insurrection que l'on ne pouvait saisir, et qui apparaissait partout formidable et menaçante. »

Ce fut lorsque le vaste réseau de la révolte eut ainsi couvert la moitié de Paris, que le gouvernement se décida enfin sérieusement à convoquer la garde nationale. Il est certain que, dans le système que nous avons plus haut indiqué, son action multiple, simultanée, immédiate enfin, sur toutes les lignes ainsi abandonnées aux insurgés, eût entravé tous leurs progrès, et eût, surtout, empêché l'érection de ces nombreuses, bien que faibles, barricades, qui devaient retarder les manœuvres de la répression, et coûter ensuite tant de sang!

Ainsi le rappel battit dans toute la ville. Sur plus d'un point, les tambours furent arrêtés, leurs caisses crevées; mais on les fit escorter, et partout la milice citoyenne apprit que le gouvernement se décidait à invoquer son tardif concours. Il était onze heures du matin.

Il faut le dire : la garde nationale qui, au commencement du règne de Louis-Philippe, avait été l'objet de beaucoup d'égards et de prévenances, de la part du chef de l'Etat, s'était vue moins choyée depuis six à sept ans. Elle, qui avait naguère tant contribué à la répression des émeutes, était depuis accusée de donner à ses prises d'armes, à ses manifestations, une arrière-pensée politique qui déplaisait aux ministères, lesquels oubliaient parfois qu'on ne traite point comme des soldats assermentés des citoyens indépendants. La garde nationale n'est, après tout, que l'opinion publique armée. Elle prête ou retire son concours au gouvernement, suivant ses convictions... ou ses intérêts. Ce jour-là, son intervention pouvait décider de l'issue de la crise dont il fallait bien finir enfin par reconnaître le danger. Mais cette fois, elle semble décidée à se placer entre les adversaires, comme médiatrice. Elle arrêtera, elle comprimera l'insurrection : mais le roi renverra ses ministres, et la réforme électorale sera accordée... Ses aspirations politiques ne vont pas au-delà......

C'est donc aux cris de : *Vive le réforme! à bas le ministère!* que presque toutes les compagnies s'assemblent. C'est surtout là le cri de la 10ᵉ légion.

Cette légion met l'ambargo sur des fourgons d'artillerie qu'elle rencontre place Bourbon. Elle ne veut pas que les troupes reçoivent de munitions, pas plus que le peuple. Elle veut que partout les adversaires engagés mettent bas les armes devant son intervention pacifique.

Un bataillon de la 2ᵉ légion veut faire entendre au roi, qui, dit-on, les ignore, les vœux des masses. M. Léon de Laborde, le fils d'un glorieux général de Wagram, est à sa tête. Mais les grilles des Tuileries sont closes. Le bataillon déçu doit revenir sur ses pas. Parvenu au boulevart, il empêche un escadron de cuirassiers de charger le peuple.

Dans la rue Montmartre, un fort détachement de la 3ᵉ légion marche en criant : *A bas les ministres! vive la réforme!* Devant l'église des Petits-Pères, les gardes nationaux voient des gardes municipaux aux prises avec la foule; ils se placent entre les soldats et le peuple, et empêchent le sang de couler. De nombreux détachements de cette force médiatrice parcourent ainsi les quais, les boulevarts, les grandes artères, et pas un acte d'hostilité n'a lieu sur leur passage. Les troupes régulières ne répondent point à leurs cris politiques; mais, en les voyant, elles se disent : *Haut les armes!*

On ne tarde point pourtant à connaître, aux Tuileries, la nature de cette médiation pacifique, et sous les réserves de quelles exigences elle est prêtée. Les cris qui formulent ces exigences ont enfin pu être entendus du roi. Louis-Philippe déclare alors qu'il comprend avoir pu être trompé sur les désirs du pays. Une députation de la 3ᵉ légion arrive au général Jacqueminot : elle lui remet une pétition qui demande le renvoi du ministère. Le roi en est instruit. La duchesse d'Orléans présente, le supplie de ne pas compromettre l'héritage de son fils. Le roi interroge les officiers de sa maison, et toutes les personnes de son entourage qui arrivent du dehors, puis il se recueille.

Le palais Bourbon est occupé par des forces imposantes. Les dragons, les cuirassiers, les gardes municipaux, en plus grand nombre ces jours-là qu'on ne les eût soupçonnés d'être, la troupe de ligne enfin, sont échelonnés depuis la rue Royale jusqu'à celle de Bourgogne. Les députés eux-mêmes ne passent qu'en exhibant leurs médailles : cette sorte de permanence, dont nous avons parlé déjà, existe de fait, sinon d'intention; la séance avait été fixée la veille, pour une heure, et cependant depuis l'extrême matin, la Chambre est en nombre. Vers midi, M. Vavin, député de Paris, monte à la tribune. M. Guizot, souvent absent jusque-là, est, ainsi que M. Duchâtel, au banc des ministres, où sont également réunis MM. de Salvandy, Jayr, Dumon, Cunin-Gridaine et Hébert. M. Vavin s'exprime en ces termes, au milieu de l'attention générale. « Depuis vingt-quatre heures des troubles graves désolent la capitale; hier la population a vu avec un douloureux étonnement l'absence de la garde nationale, et cet étonnement était d'autant plus naturel, qu'on savait que l'ordre de la convoquer avait été donné lundi dans la soirée....

« De regrettables collisions ont eu lieu, et, aujourd'hui seulement la garde civique a été réellement convoquée. Ainsi, pendant toute la journée d'hier, la population de Paris a été livrée aux périls qui l'entourent (*murmures*) sans la protection de la garde nationale. Je prie MM. les ministres de nous donner, sur ces faits, quelques explications. »

M. Guizot se lève lentement pour parler de sa place. Il jette sur l'assemblée un regard calme et fier. On croit cependant remarquer qu'il a le teint un peu plus coloré que d'habitude.

« Messieurs,—dit le président du conseil,—je crois qu'il ne serait ni conforme à l'intérêt public, ni à propos d'entrer en ce moment dans un débat sur les interpellations de l'honorable M. Vavin (*rumeurs violentes aux extrémités*); seulement je puis vous dire que le roi, usant de sa prérogative (*Écoutez! écoutez!*), vient de faire appeler M. le comte Molé, pour le charger de former un nouveau cabinet..... »

Cette déclaration était plus espérée encore que prévue par ceux des députés qui jugeaient le mieux le péril de la situation. Elle causa dans l'assemblée une sensation qui se traduisit en bravos et en applaudissements, auxquels prirent même part les tribunes publiques. M. Guizot subit cet affront avec un imperturbable dédain. Les députés du centre restèrent muets. Les plus hardis partisans du ministère s'écrièrent que, repousser celui-ci, c'était rompre avec la majorité qui l'avait soutenu, et donner à l'opposition la victoire. On entend quelqu'un s'écrier que le roi a cédé à *une intrigue*. « A une intrigue dont la France est complice! » répond brutalement M. Dupin.

« Jusqu'au moment où nous aurons résigné nos pouvoirs, nous maintiendrons l'ordre comme nous l'avons fait jusqu'à ce jour! » ajoute M. Guizot, en s'adressant aux applaudisseurs. Des clameurs répondent à ce complément de phrase du fier ministre. Mais celui-ci ne s'en émeut pas davantage. Il semble fait pour braver les tempêtes parlementaires qu'il domina si souvent, et on devine que l'impopularité n'a rien qui l'effraie. On connaît cette phrase célèbre qu'il jeta un jour à la face de l'opposition furieuse qui l'injuriait par des évocations à 1815 : « *Vous pouvez accumuler les calomnies sur les injures! vous ne les élèverez jamais à la hauteur de mon dédain!* » On a dit que M. Guizot avait révélé par son attitude, par l'expression de son visage, les émotions que faisait naître en lui le péril de la situation. D'autres ont certifié qu'il n'en fut rien. L'austérité puritaine et la fierté inébranlable de l'écrivain-homme d'État ne l'abandonnèrent point devant la ruine de son long triomphe ministériel. L'assemblée quitte ses places, et se forme en groupes dans l'hémicycle. M. Guizot est littéralement assiégé à son banc; les mots : *lâcheté! trahison!* sont proférés par les membres les plus exaltés de cette majorité qui se voit privée de son chef.

— *Allons chez le roi!* s'écrie-t-on; et, tout en discutant, en interpellant, en donnant bruyamment cours aux pensées qui se pressent en foule dans les esprits, un grand nombre de députés quittent la salle. La nouvelle que M. Guizot est tombé avec tout le cabinet se répand au dehors; elle se propage de groupe en groupe, puis, de rue en rue, et bientôt de quartier en quartier. Dans peu, toute la ville saura quelle satisfaction le roi a donnée à ce qui semble être l'opinion des masses : l'opposition triomphe. Va-t-elle désormais aider le gouvernement à rétablir l'ordre dans la ville insurgée? On verra. Nous faisons l'histoire des faits : leur éloquence vaut mieux que la nôtre.

Le côté puéril de l'affaire, c'est que M. Sauzet, qui, à la suite des faits que nous venons de décrire, avait cru devoir lever la séance, mit avec sang-froid à l'ordre du jour du lendemain la reprise de la discussion sur le projet de loi relatif à la banque de Bordeaux..... Le lendemain 24 février !

Les dispositions stratégiques que le gouvernement avait prises pour triompher de l'insurrection, s'étaient particulièrement appliquées à tenir libre la double ligne des quais, de la rue de Rivoli, de celle de Saint-Honoré jusqu'aux halles, et les boulevarts. Quelques cavaliers lancés dans ces diverses parallèles, toutes rejointes par les nombreuses rues intérieures, portèrent rapidement partout la nouvelle de la chute du ministère Guizot. C'était la moitié du cri populaire réalisé, et le souhait particulier de la garde nationale qui s'exauçait.

Tandis que les incidents que nous venons de rapporter s'accomplissaient à la Chambre, l'insurrection, qui se développait d'heure en heure, avait gagné ses quartiers les moins familiers, et partout le terrain se disputait pied à pied entre les insurgés et les troupes. La garde nationale avait dû, sur plus d'un point, formuler par les armes sa mission d'intervention. Le sang coulait..... Mille épisodes tragiques, douloureux, révoltants, parfois burlesques même, signalaient les progrès d'une insurrection qui prenait le développement d'une révolution encore mal réprimée. Tout à coup, une nouvelle est lancée dans les masses par des cavaliers qui passent.... et disparaissent! Cette nouvelle court comme un boulet le long des boulevarts et des quais; sa détonation va retentir aux faubourgs, et l'écho en vibre dans toutes les rues adjacentes. On a souvent constaté cette sorte de phénomène physique, qui fait circuler, ou planer, plutôt, une nouvelle sur toute une ville, et l'apprend pour ainsi dire à tous et partout à la fois. Ce fut le cas. L'avis que le ministère était renversé courut d'un bout à l'autre de la capitale en quelques instants, comme vibrant sur un fil électrique. Alors le bras levé s'abaisse sans frapper; le cri de vengeance reste suspendu aux lèvres; la victime que la balle visait ne tombe pas. On combattait ses ennemis; un mot a été dit, et soudain dans cet ennemi on cherche un frère. Ces barricades, qui tout à l'heure séparaient d'égales et homicides fureurs, les voilà devenues comme les autels d'une expansive fraternité! Les armes sont rejetées, la blouse étreint l'uniforme, la main noire du travail serre la main noire de poudre : on s'embrasse, on chante, on rit, on s'exalte! C'est un délire!

Tout s'exagère dans l'expansion, comme dans l'histoire des passions humaines. Quelles étranges révélations seraient celles qui nous diraient au juste où ces passions puisent leur élément impulsif! Chez celui-là, c'est dans l'amour-propre; chez l'autre, dans l'émulation; ici on s'enflamme par la contagion de l'exemple; là, par le vrai ou par le faux point d'honneur. Parfois aussi l'homme s'inspire à des sources moins avouables, il cède à des instincts plus honteux. Ainsi c'est le calcul personnel, l'avidité, l'égoïsme qu'il revêt d'un faux masque de patriotisme et de courage civique. Il parle du pays et ne pense qu'à lui-même. Mais, quel que soit le véhicule des passions, elles vous maîtrisent, elles vous entraînent. On s'anime peu à peu, puis on finit par s'exalter; c'est une ardente fièvre qui s'infiltre chez chacun; un irrésistible magnétisme qui court dans les nerfs de tous; une électrique exaltation qui transporte les âmes. Le timide est devenu téméraire; l'indifférent, passionné; le lâche se sent du courage...., ce courage d'une ébullition factice dont les Espagnols ont fait l'objet d'une maxime. Et c'est ainsi que dix insurgés en créent cent, et que cent en font mille!

Et pourtant (c'est une rude chose à dire, mais qu'importe si elle est vraie?) une partie de ces combattants ignore au juste pourquoi elle verse le sang de ses adversaires, ou pour quel motif coule le sien..... Un mot a été prononcé : *réforme*; un nom a été articulé : *Guizot*; et sur ce mot et sur ce nom, ces gens se sont passionnés. S'il a raisonné, cet homme, il s'est dit : Leur intérêt est le mien.... allons! et par amour-propre il a hésité à s'éclairer sur le vrai sens des choses. Et si, ce qui est plus probable encore, il a tout physiquement obéi à la contagion de l'exemple, à cet élan instinctif qui pousse le Français à se rebeller contre le pouvoir, la loi ou ses agents, il n'en a que plus ardemment cédé encore, et voilà un combattant furieux. Peut-être, bien éclairé sur l'objet du combat, appréciant mieux un intérêt mal défini, passerait-il du côté même où il voyait d'abord des ennemis.... Mais qui est-ce qui raisonne alors? Quel est celui qui réfléchit dans cette exaltation? On regarde les autres, on est lancé comme eux, on est vu de son semblable, on est un anneau de la chaîne de feu, on va! on se bat! on tue.... on meurt!

Ajoutons encore que beaucoup d'indifférents, de modérés, s'animent, s'enflamment, non pas précisément pour la cause de la prise d'armes, mais bien à la simple vue du sang, à l'odeur de la poudre : on est Français.... on subit sa nature guerrière. Ou bien on s'exalte à la vue d'une action injuste, en face d'une répression brutale. Tel garde municipal, tel sergent de ville, ont, par un acte de violence, instantanément causé cent ennemis au gouvernement!

C'est ainsi que le 23 février, on eût dit que la plus grande partie des insurgés, peu pénétrée de la gravité des motifs de la prise d'armes, ne demandait pas mieux que de les mettre bas. Un prétexte pour cela semblait suffire. « Le ministère est renversé! » criait-on. Et aussitôt les combattants acceptaient cette nouvelle sans contrôle. Depuis la veille ils criaient « *à bas Guizot!* » on leur dit que Guizot est à bas.... donc ils ont vaincu, c'est le gouvernement qui cède à la pression populaire; il n'y a plus qu'à remettre triomphalement l'arme au fourreau. Sans doute les adversaires intelligents du gouvernement pensaient qu'en tombant, le ministère entraînerait dans sa chute ce parti conservateur qui pour eux était l'appui et l'arme d'une contre-révolution compressive à l'intérieur, et peu soucieuse au-dehors de la dignité nationale. Sans doute, ceux-là, symbolisant un système, personnifiant une politique dans un nom, aspiraient à sa chute et à l'inauguration d'une politique nouvelle.... Mais la masse, connaît-elle ainsi la portée des choses? Evidemment non. Les écrivains les plus systématiquement voués à l'exaltation du peuple le confessent dans leurs récits de ces journées, et parmi ces gens qui posent les armes devant la nouvelle qu'on leur jette, beaucoup ne savent pas plus pourquoi ils sont joyeux maintenant, qu'ils ne savaient pourquoi ils étaient furieux tout à l'heure!

Le ministre tombé, c'était donc la première victoire remportée contre un homme, contre celui-là même dont l'ordre avait armé ces troupes qu'on avait commencé de combattre. Mais ce n'était encore que la première partie du triomphe. L'homme renversé, il restait à proclamer le principe, c'est-à-dire la réforme. Quelle réforme? Bon nombre ignorent aussi qu'il s'agit de réforme électorale. En quoi consiste, en outre, cette réforme électorale? Il est permis de croire que tous ne le savent pas très-exactement. Mais, peu importe! cent mille voix sur tous les points crient *vive la réforme!* Et c'est avec ce cri, mystérieux pour beaucoup, qu'on va demain renverser le gouvernement de Louis-Philippe, comme c'est au cri non moins incompris de *vive la Charte*, que les masses moutonnières, enflammées par quelques hommes d'énergie et de conviction, ont renversé Charles X. Peut-être, un prochain gouvernement sera-t-il à son tour renversé au cri de *vive la Constitution!*.. Et combien de ceux qui pousseront ce cri, sauront-ils ce que c'est que la Constitution?.... Mais racontons les faits.

Et, pendant que la ville se pacifiait devant l'annonce de la retraite du ministère, le roi, qui avait fait mander le comte Molé aux Tuileries, s'occupait de la formation du cabinet nouveau. Le roi croyait avoir assez fait en sacrifiant M. Guizot et ses collègues. Il combattait les tendances de son nouveau président du conseil, lequel, ayant pu juger par lui-même des aspirations du pays en faveur de la réforme électorale et parlementaire, voulait poser les bases d'une administration rénovatrice, et surtout dégagée des liens de la politique personnelle. Le roi se récria. Il venait, en cédant, d'amoindrir la dignité de la couronne..., que lui demandait-on de plus? Voulait-on, ajoutait-il, faire alliance avec les ennemis de l'Etat et précipiter la ruine de la monarchie? Y avait-il autre chose, dans l'agitation des banquets, que les instigations d'un parti qui voulait des portefeuilles pour ses chefs? Le roi avait consenti à changer son ministère, mais il tenait à son système.

On raconte qu'en 1830, M. d'Haussez, au moment d'apposer sa signature aux fameuses ordonnances, montra mélancoliquement à Charles X le portrait de Strafford par Paul Delaroche, pendu dans le salon. Le roi sourit dédaigneusement à ce pressentiment de son ministre. Le sphinx révolutionnaire dévore ceux qui ne saisissent pas le sens de ces énigmes de l'opinion. Louis-Philippe non plus n'était pas Œdipe. A travers les réticences et les ménagements familiers au langage d'un homme de cour, M. Molé s'efforça vainement de faire comprendre au roi toute la gravité que pouvait brusquement acquérir son duel contre les aspirations publiques. Louis-Philippe se contentait de remuer la tête comme un homme dont l'esprit supérieur et la longue expérience ne se laissent point intimider par les exagérations de la crainte. « C'est une agitation factice qui se calmera, » répondait-il. Et l'ancien serviteur de la royauté aveugle dut se retirer, sans obtenir la promesse de la moindre concession pour un second rendez-vous fixé au soir. M. Molé sortit plein d'inquiétude.

Ce personnage avait jugé tout le poids qu'offrait le périlleux héritage du cabinet Guizot. Il avait cherché à faire comprendre au roi qu'un autre que lui aurait peut-être, en ce moment, une popularité plus proportionnée aux difficultés de la crise; c'était nommer M. Thiers, dont l'attitude, dans l'affaire du banquet du 12e arrondissement, avait été fort énergique. Lorsque Louis-Philippe entendit nommer M. Thiers : — Et l'Europe !—répondit-il. Cette exclamation laissait voir combien le roi redoutait, dans l'ex-président du 1er mars, ces tendances belliqueuses, ces susceptibilités patriotiques, dont les puissances étrangères s'étaient plusieurs fois offusquées chez l'homme d'Etat-historien. En effet, par ses récents discours sur les affaires de Suisse et d'Italie, l'avénement de M. Thiers aux affaires devait impérieusement nécessiter un changement radical dans la politique que Louis-Philippe paraissait s'obstiner à vouloir suivre. Il paraît aussi que M. Thiers refusa d'être le collègue de M. Molé, lorsque celui-ci alla, dans la soirée, lui demander d'entrer dans le nouveau cabinet. On dit que MM. Dufaure, Passy, de Rémusat et quelques autres, refusèrent également.

Au reste, l'événement de l'hôtel des affaires étrangères devait brusquement compliquer la situation, et faire avorter toute tentative de modifications propres à maintenir debout un système dont l'heure fatale avait sonné...

La nuit vint. Persuadée que la chute du ministère n'est que le prélude d'améliorations reconnues nécessaires dans l'administration du pays, la population veut fêter le triomphe d'espérances à la réalisation desquelles elle croit toucher. Soudain Paris s'illumine comme une féerie. Un double cordon de flamme va de la Madeleine à la Bastille. Partout retentissent des chants patriotiques; partout éclate la joie d'un triomphe qui va épargner de sanglants combats. Les patrouilles qui circulent (et la garde nationale les forme en grande partie) portent des torches au bout de leurs fusils. On se précipite sur les journaux encore humides, qu'on se dispute à des prix fabuleux. Sur une foule de points, à l'aide d'une chaise, un lecteur de bonne volonté improvise une tribune. Partout des groupes se forment, des causeries, plutôt que des discussions, s'établissent. On rit, on chante, on se félicite, on est joyeux. Beaucoup d'habitants ont vu avec terreur le sanglant prélude d'une révolution; bon nombre d'entre eux n'en concevaient pas la nécessité; d'autres en redoutaient les conséquences pour leurs convictions ou pour leurs intérêts; car, qui est-ce qui, à défaut d'une opinion, n'a pas au moins un intérêt à défendre dans ces luttes où le pays s'arme contre le gouvernement établi? L'immense majorité de la population parisienne, satisfaite d'un changement ministériel qui répond, soit à son désir, soit à la prudence qui dicte l'obligation de faire des concessions aux partis; la ville, disons-nous, se montre partout confiante et rassurée. Le sang ne coulera plus. Le lendemain verra se formuler en actes les compléments de cette première concession royale.... Le pays est sauvé d'une crise semblable à celle qui, dix-huit ans auparavant, l'a si profondément ébranlé!

Donc, vers neuf heures du soir, Paris offrait le magique aspect d'une ville en liesse. Nul ne semble savoir, dans ces quartiers auxquels l'illumination de chaque maison et de chaque étage rend l'éclat du jour, que dans les rues centrales, théâtre des sanglantes collisions de la journée, la nouvelle qui a réjoui et rasséréné ceux-ci n'a été reçue qu'avec méfiance et dédain. Un ministère Molé ! S'être battu pour un résultat pareil !.... C'est un leurre, une dérision ! On ignore que là, parmi ces hommes passionnés ardents, déjà éprouvés dans maintes luttes avec le pouvoir, la réforme électorale n'était qu'un moyen, et M. Guizot un prétexte. Pour eux, la lutte est plus radicale, plus élevée, plus exigeante. Elle est dans ce principe même, qui, depuis un demi-siècle, combat, sourdement toujours, ouvertement parfois, contre l'état de choses existant : c'est le duel entre le principe républicain et celui de la monarchie. Pour ces citoyens énergiques, la plupart exaltés par la rancune des procès politiques, par l'animosité des persécutions, des longues captivités, des carrières brisées; pour d'autres encore, entraînés par l'exaltation de leurs ardentes convictions, la crise ne peut, ne doit pas se dénouer par la simple chute d'un ministre ! Aussi, là où ils sont, expire l'allégresse que répandent ailleurs autour d'eux les citoyens aux opinions ou aux intérêts desquels il a suffi d'un changement de ministère et de quelques promesses. C'est pourquoi, tandis qu'ici la ville brille étincelante, et retentit des chants d'une population rassurée, là, dans l'ombre suspecte des rues obliques, on repousse le pacte royal, et on se fortifie pour une nouvelle lutte. C'est dans l'espace qui se trouve compris entre la rue Vieille-du-Temple et la rue Saint-Denis, que le parti républicain, armé et résolu, s'isole, dans ses forteresses improvisées, de l'allégresse de la capitale. Enfin, il y a deux Paris dans Paris! et ceux seuls qui le savaient, purent comprendre que cette nuit qui commençait dans les splendeurs d'une illumination, serait la dernière de la monarchie!

Peut-être convient-il qu'avant de raconter le fait terrible qui, providentiel ou criminel, fut la cause brutale de cette révolution consommée, nous jetions un rapide coup d'œil sur l'organisation secrète du parti républicain, à cette heure retranché dans les sombres défilés des rues du centre.

La Société des Droits de l'Homme et des Familles, qui datait de 1830, était une sorte de franc-maçonnerie politique, organisée avec une habileté extrême, et dont les ramifications multiples défiaient la police la plus vigilante. Cette Société, réorganisée après la révolution de juillet, n'était, au reste, qu'un anneau ajouté à cette longue chaine d'opposition libérale, forgée à l'époque de la destruction de la première République par Bonaparte, et que sondaient des rancunes nées des libertés inassouvies, et des traditions du jacobinisme. La République était son but; l'insurrection son moyen. Ses chefs étant inconnus, ou tout au plus soupçonnés, il serait mieux de dire que cette Société obéissait par-dessus tout à une âme, qui était ce souffle invisible des révolutions, cet esprit de sectes qui pousse les hommes à la recherche de perfectibilités possibles ou imaginaires, mais toujours généreuses dans leurs aspirations, bien que souvent coupables dans la mise en œuvre. Cette Société couvrait Paris du réseau d'une vaste association, fractionnée en groupes où quelques hommes à peine se connaissaient, de façon à annuler presque le péril des arrestations. Toutes les professions intelligentes avaient leurs chefs d'ateliers dans l'affiliation. Mais, à côté de cette Société purement politique dans son esprit, conjuration permanente contre la royauté, visant franchement à l'établissement prochain ou éloigné de la République pure, se trouvaient une foule de sociétés philosophiques, organisées sous les auspices de Fourrier, de Saint-Simon, de Cabet, et, dans les derniers temps, de Pierre Leroux, Raspail et Louis Blanc. Ces sociétés, ou plutôt ces sectes, affectaient de penser et d'agir à ciel ouvert, faisant leur propagande par la parole et par les écrits, mettant leurs dogmes en discussion, et déclarant n'en poursuivre le progrès que par les voies pacifiques de la persuasion. Révolutionnaires politiques, les premiers aspiraient à l'établissement, aussi immédiat que possible, de la République; révolutionnaires sociaux, les autres tendaient à répandre sur la terre les bienfaits d'une fraternité chimérique. Les hommes qui opposaient au système gouvernemental et social de véritables moyens d'améliorations pour les classes souffrantes, étaient les plus rares, comme ils eussent été les plus précieux. Toutefois, on comprend que les uns devaient venir en aide aux autres, lorsqu'il s'agirait de renverser la forme établie, pour lui en substituer une nouvelle, où chaque conviction, chaque rêve chercherait un avénement. C'est ainsi que tout en ne partageant point le dogme purement républicain et niveleur que proclamait la Société des Droits de l'Homme et des Familles, il devait nécessairement arriver qu'au jour du combat, les socialistes s'uniraient aux républicains pour renverser l'édifice monarchique dans les ruines duquel ces rêveurs, généreux les uns, insensés les autres, calculateurs enfin, ou convaincus, espéraient trouver la réalisation de leurs rêves ou de leurs désirs. Animés, ceux-ci par la haine de la royauté, ceux-là par d'ardentes aspirations vers le progrès de l'humanité, les premiers rêvant l'égalité, les seconds la fraternité et la rénovation sociale, tous s'unissaient dans une commune impatience contre le système établi, et devaient conséquemment s'unir aussi dans leurs efforts pour abattre, quitte à ne plus s'entendre ensuite quant à la réédification.

C'est ainsi que tandis qu'une immense partie de la population parisienne semblait satisfaite d'une concession souveraine qui modifiait une politique réprouvée, et donnait les premiers gages d'améliorations impérieuses, les révolutionnaires politiques ou sociaux voyaient avec douleur l'insurrection avorter dans un simple changement de ministère.

Aussi les vétérans de la République, les disciples les plus ardents des sociétés secrètes, s'étaient-ils entourés des hommes les plus dévoués à leur cause pour maintenir dans les tortuosités du Paris central le quartier général de la révolte, s'y barricadant au milieu de l'obliquité de rues inabordables. Nous avons insisté sur cet état de choses, parce qu'il nous a semblé que l'opinion qui a considéré l'insurrection comme éteinte à huit heures du soir, et fortuitement rallumée à dix par l'inconcevable affaire du boulevart des Capucines, a pu accuser le seul hasard, une fatalité douloureuse, de ce qui pourrait bien aussi être imputable à quelque machination des révolutionnaires déçus. Nous ne prenons parti ni pour une version, ni pour l'autre; nous avons voulu faire entrevoir les deux bases à offrir à l'opinion, laissant au lecteur le soin de juger où fut la cause possible des grands effets qui sont survenus.

Mais, avant de décrire le tragique et mystérieux événement qui va réveiller la lutte éteinte et lancer la France dans des destinées à cette heure-là encore bien imprévues, rendons-nous compte de l'état des idées dans la soirée du 23, voyons comment s'exprimaient les hommes qui aidaient par la plume les efforts des partis révolutionnaires, se barricadant alors dans leurs quartiers généraux. Nous savons la position physique des soldats de la démocratie, voyons l'attitude morale de leurs chefs ou de leurs inspirateurs.

Voici, à cet effet, le manifeste publié le 23 au soir, par le journal *la Réforme* :

« Le ministère est tombé dans le sang!
Il faut qu'il entraîne avec lui l'odieux et infame système dont il était l'expression.
Le peuple français veut être libre. Il l'a prouvé. Il a été grand comme en 89, en 1830. Il est toujours digne de la liberté.
Mais croit-on que le changement d'un Guizot remplacé par un Molé ou un Thiers puisse le satisfaire?
Si on le croit, on se trompe.
Nous, qui avons le droit de parler en son nom, car nous ne l'avons jamais ni abandonné, ni trompé, nous nous faisons l'écho de ses justes réclamations.
Voici ce que la masse des citoyens demande aujourd'hui :
La mise en liberté des citoyens arrêtés depuis hier ;
La mise en accusation des ministres ;
Le droit de réunion consacré de fait par un banquet pour dimanche ;
La réforme électorale assise sur des bases populaires ;
L'abolition des lois de septembre ;
Le licenciement de la garde municipale ;
L'amnistie générale.
Ces demandes sont justes et modérées.
Comment détenir en prison des hommes qui ont fait hier isolément ce que la garde nationale et le peuple unis ont fait ensemble aujourd'hui ?

La mise en accusation des ministres est trop justifiée par ce qui s'est passé depuis deux jours.
Le conflit s'est engagé entre le ministère et la population sur le droit de réunion : il faut que ce droit soit consacré par le fait. Les citoyens l'ont acheté assez cher !
La réforme électorale a été réclamée pacifiquement par la France entière. Paris la demande aujourd'hui d'une voix plus haute. Il est temps de l'écouter.
La liberté de la presse est la garantie de toutes les autres. Avec elle, la France ne serait jamais tombée dans l'abîme de fange et de sang dont elle veut sortir. Les lois de septembre ont mutilé la liberté de la presse : qu'elles disparaissent.
La garde municipale s'est signalée par des excès ; elle a violé la loi en faisant feu sans sommations : qu'elle cède la place à une institution civique.
Enfin, l'amnistie générale est dans toutes les bouches et dans tous les cœurs;
Avec ces mesures, on rétablira l'ordre promptement. »

D'un autre côté, MM. Guinard, Louis Blanc, David (d'Angers), Martin (de Strasbourg), Félix Pyat, Durant Saint-Amand, Recurt, Goudchaux, Jules Bastide, Victor Masson et un grand nombre de citoyens, tous électeurs, lancèrent au nom du comité électoral démocratique le manifeste suivant, dont les idées coïncidaient parfaitement avec les opinions exprimées par les journaux révolutionnaires du soir :

« Le ministère est renversé : c'est bien.
Mais les derniers événements qui ont agité la capitale appellent sur des mesures, devenues désormais indispensables, l'attention de tous les bons citoyens.
Une manifestation légale, depuis longtemps annoncée, est tombée tout à coup devant une menace liberticide lancée par un ministre du haut de la tribune. On a déployé un immense appareil de guerre, comme si Paris avait eu l'étranger, non pas à ses portes, mais dans son sein. Le peuple, généreusement ému et sans armes, a vu ses rangs divisés par des soldats. Un sang héroïque a coulé.
Dans ces circonstances, nous, membres du comité électoral et démocratique des arrondissements de la Seine, nous nous faisons un devoir de rappeler hautement que c'est sur le patriotisme de tous les citoyens, organisés en garde nationale, que reposent, aux termes mêmes de la Charte, les garanties de la liberté.
Nous avons vu, sur plusieurs points, les soldats s'arrêter avec une noble tristesse, avec une émotion fraternelle, devant le peuple désarmé.
Et, en effet, combien n'est pas douloureuse pour des hommes d'honneur cette alternative de manquer aux lois de la discipline ou de tuer des concitoyens ! La ville de la science, des arts, de l'industrie, de la civilisation, Paris enfin, ne saurait être le champ de bataille rêvé par le courage des soldats français. Leur attitude l'a prouvé et elle condamne le rôle qu'on leur impose.
D'un autre côté, la garde nationale s'est énergiquement prononcée, comme elle le devait, en faveur du mouvement réformiste ; et il est certain que le résultat obtenu aurait été atteint sans effusion de sang s'il n'y avait pas eu de la part du ministère provocation directe, provocation résultant d'un brutal étalage de troupes.
Donc, les membres du Comité électoral démocratique proposent à la signature de tous les citoyens la pétition suivante :
Considérant :
Que l'application de l'armée à la compression des troubles civils est attentatoire à la dignité d'un peuple libre et à la moralité de l'armée elle-même ;
Qu'il y a là renversement de l'ordre véritable et négation permanente de la liberté ;
Que le recours à la force seule est un crime contre le droit ;
Qu'il est injuste et barbare de forcer des hommes de cœur à choisir entre les devoirs du militaire et du citoyen ;
Que la garde nationale a été instituée précisément pour garantir le repos de la cité et sauvegarder les libertés de la nation ;
Qu'à elle seule il appartient de distinguer une révolution d'une émeute ;
Les citoyens soussignés demandent que le peuple entier soit incorporé dans la garde nationale ;
Ils demandent que la garde municipale soit dissoute ;
Ils demandent qu'il soit décidé législativement qu'à l'avenir l'armée ne pourra plus être employée à la compression des troubles civils. »

Certes, cela n'était pas encore la République; mais le point d'arrivée des événements physiques, l'espèce de fête dont la ville était le théâtre, fête qui témoignait de la satisfaction que ressentait le plus grand nombre devant les concessions déjà obtenues, et celles qui étaient aussi prévues, l'attitude enfin qu'avaient, à cette heure-là, les choses, ne permettaient point d'aller au-delà. Des aspirations plus larges ne pouvaient logiquement naître que de faits nouveaux. Devaient-ils se produire? Le hasard ou une préméditation secrète allait se charger de répondre.

Il est environ dix heures. Les boulevarts, on l'a dit, sont illuminés; la foule encombre les trottoirs; on entend chanter et rire; dans les groupes, on cause plutôt qu'on ne discute; les cafés sont pleins, c'est partout un air de fête. Tout à coup, on voit, dans la direction de la Bastille, une épaisse colonne de gens s'avancer avec une sorte de discipline; en tête on porte des torches et des drapeaux tricolores. Un officier de la 8ᵉ légion de la garde nationale, en uniforme, semble le chef de cette colonne, qui marche avec ordre. On y voit des gardes nationaux, des gens de toutes classes, dont quelques-uns portent des armes. On y voit même des femmes et quelques enfants. Tous chantent des hymnes populaires. A la porte Saint-Denis, la colonne rencontre un escadron de cuirassiers qui s'avançait dans la direction inverse. On cria, dit-on, de part et d'autre : *Vive la réforme!* Et chacun continua sa route.

Et pendant que cette nombreuse manifestation au but encore inconnu s'avançait ainsi, semant l'émotion sur son passage, une autre petite colonne de jeunes gens appartenant à diverses classes, arrivait rue Lepelletier, devant les bureaux du *National*, s'y arrêtant comme à un rendez-vous. M. Armand Marrast, rédacteur en chef du *National*, parut à une fenêtre, et échangea d'ardentes paroles avec ces jeunes gens. Peu après, la masse qui venait de la Bastille survint, et, après quelques ovations au journal républicain et à ses rédacteurs, cette dernière se mit en marche derrière la colonne de jeunes gens qui semblait la guider. Quelques autres groupes arrivaient en même temps par d'autres voies, et s'unissaient aux premières colonnes. L'un de ces groupes venait du faubourg Saint-Antoine..., l'autre des bureaux du journal *la Réforme*, dont la protestation, ou, si l'on veut, le manifeste, était en ce moment-là dans toutes les mains. Ces groupes étaient armés sous leurs habits...

La plus grande agglomération de curieux, de flâneurs, de chercheurs d'aventures ou d'émotions, occupait l'espace du boulevart qui va de la rue Richelieu à celle de la Paix. L'illumination sur ce point était plus vive qu'ailleurs, et on y entendait un redoublement de chants, de vivats, d'applaudissements. Les diverses colonnes firent leur jonction vers ces parages encombrés, entraînant dans leur sillage bon nombre de gens étrangers à leurs préméditations. Au bas de la rue de la Paix, la masse mouvante s'augmenta encore d'une autre bande qui avait trouvé plaisant d'aller, place Vendôme, contraindre le ministre de la justice, M. Hébert, à célébrer sa propre déchéance par l'illumination de la chancellerie. L'immense colonne

École Polytechnique.

Février 1848.

ainsi augmentée, et signalant chaque jonction par des chants et des cris qui ne laissaient pas que d'inquiéter le quartier témoin de cette manifestation incomprise, l'immense cortége, disons-nous, continua à marcher vers l'hôtel du ministère des affaires étrangères. Toutefois, on remarqua que, sur ce point, un assez fort détachement se sépara de la colonne, et prit la rue de la Paix pour se rabattre par la rue Neuve-des-Capucines, de façon à contourner le ministère. Le gros de la colonne s'avançait toujours.

« Un homme d'environ quarante ans, — dit un historien, acteur illustre de ces journées, — un homme grand et maigre, les cheveux bouclés et flottants jusque sur le cou, vêtu d'un paletot bleu usé et taché de boue, marchait en tête, au pas militaire. Ses bras étaient croisés sur sa poitrine ; sa tête, un peu penchée en avant, comme celle d'un homme qui va affronter les balles avec réflexion et qui marche à la mort, fier de mourir. Les yeux de cet homme connu de la foule concentraient tout le feu d'une révolution. Sa physionomie était l'expression d'un défi qui brave la force. Ses lèvres, perpétuellement agitées par la parole intérieure, étaient pâles et tremblantes. Cependant, sa figure toute martiale avait, au fond, quelque chose de rêveur, de triste et de compatissant, qui excluait toute idée de cruauté dans le courage. Il y avait plutôt dans sa pose, dans son attitude, dans ses traits, un fanatisme dans le dévouement, un égarement dans l'héroïsme qui rappelait les *Delhys* de l'Orient enivrés d'opium pour se précipiter dans la mort. On disait que son nom était Lagrange. »

L'immense manifestation avançait donc. Mais bientôt le passage lui fut barré. Un bataillon du 14ᵉ de ligne, récemment arrivé de Courbevoie, se trouvait devant l'hôtel de M. Guizot. Voici, suivant un narrateur, la disposition de cette troupe : « Le bataillon formait les trois côtés d'un carré allongé devant l'hôtel du ministre. Un des côtés de ce carré barrait le boulevart dans toute sa largeur, à la hauteur de la rue Neuve-Saint-Augustin, les troupes faisant face à la Bastille ; le côté opposé barrait également le boulevart à l'angle de la rue Neuve-des-Capucines, les troupes faisant face à la Madeleine ; et ces deux ailes étaient reliées entre elles par une longue ligne de soldats placés en bataille parallèlement à la rue Basse-du-Rempart, et lui faisant face au pied du trottoir. Ainsi, tout l'espace compris entre la rue Neuve-Saint-Augustin et la rue Neuve-des-Capucines était libre, et formait une vaste enceinte où se promenaient les officiers. Les soldats forçaient les promeneurs à descendre par la rue Basse-du-Rempart, s'ils voulaient aller, soit à la Madeleine, soit dans la direction contraire. »

La colonne du peuple s'avança jusqu'à ce que son premier rang, formé d'éclaireurs et de porte-drapeaux, se vit en contact avec le front de l'infanterie. En ce moment, la queue de la colonne était encore vers la rue de la Paix. Devant l'obstacle, l'officier de la garde nationale, qui semblait investi de la direction militaire de la manifestation (1), articula le commandement de halte !

(1) Un ouvrage nomme M. Blot.

Alors le commandant du bataillon, qui se tenait à cheval dans le carré, s'avança, et l'officier de la milice marcha droit à lui. Ce dernier demanda le passage, le premier refusa. Sur l'insistance du chef de la colonne populaire, quelques individus se détachèrent de celle-ci pour unir leurs demandes à celles de l'officier-citoyen; alors commence une sorte de confusion. La ligne de soldats perd sa régularité, quelques-uns reculent pour avoir l'espace suffisant à croiser la baïonnette, et barrer ainsi le chemin; mais ces mouvements, forcés ou volontaires, rompent la ligne, et les plus hardis de la tête de colonne, déjà grossie par l'obstacle de sa marche, pénètrent hardiment par cette sorte de brèche, et forment un pêle-mêle de peuple et de soldats... C'est alors qu'un coup de feu retentit!

Est-il parti d'une main cachée et perverse pour raviver l'ardeur de la lutte qui venait de s'éteindre? est-ce l'accident d'une arme chargée à laquelle la foule a communiqué une fatale pression? est-ce un crime? est-ce un hasard? Nul ne peut encore le dire! Ce qui reste, c'est qu'un coup de feu a rallumé toutes les ardeurs de la révolution.....

Nous devons dire que cette explosion préalable a été niée, ou passée sous silence par quelques historiens de ces journées. Il en est qui, dans un parti pris, évidemment passionné, vont jusqu'à écrire que l'officier supérieur qui commandait la ligne, voyant les pourparlers s'échauffer, se serait tout à coup retiré du front de sa troupe, et, sans avertissement préalable, sans sommation aucune, aurait commandé le feu à bout portant sur la foule compacte et sans armes.

Cette version serait trop pénible à croire. Et, pour avoir le droit de la repousser, nous considérerons également comme une calomnie celle qui attribue à un homme politique dont, à propos de ce drame funèbre, M. de Lamartine a minutieusement tracé le portrait, un acte que nous préférons voir imputer à la fatalité.

A cette explosion, la troupe, qui se croit attaquée, n'écoute plus que le soin de sa propre défense; 200 canons de fusils s'abaissent, une ligne de feu déchire l'air, une longue détonation retentit....

L'énorme masse de gens, arrêtée là, et dans laquelle se trouvait un grand nombre d'inoffensifs bourgeois avec leurs femmes et leurs enfants, chancèle et tombe. Ceux-ci sont tués, ceux-là sont blessés, d'autres sont renversés par la commotion. Le sang coule à flots sur le pavé. La foule effrayée, indignée, exaspérée, se précipite dans des directions sans issues; on se bouscule, on marche sur des cadavres et sur le corps des blessés, c'est un spectacle horrible, effrayant, hideux. Hommes, femmes et enfants, tout ce qui n'a pas été couché sanglant par la fusillade, franchit les rampes du boulevart, et se jette pêle-mêle dans la rue Basse-du-Rempart, rue étroite, encaissée, fangeuse, à travers laquelle on tâche de courir en se heurtant, en se renversant, tant chacun est dominé par la crainte d'une nouvelle décharge. En quelques minutes cette partie du boulevart est déserte... il ne reste plus que les morts et les blessés sur le pavé baigné de leur sang... Ils sont cinquante-deux!

Les victimes eussent été en bien plus grand nombre, si un vif instinct de conservation n'avait brusquement porté une foule de gens se jeter ventre à terre au risque d'être étouffés dans la cohue. Un écrivain connu, qui se trouvait là, donnant le bras à deux amis, tomba entraîné par un double fardeau. Lorsqu'il se releva, il secoua ses deux compagnons : l'un était mort, l'autre mourant !

Nous ne saurions nous étendre sur les nombreux et navrants épisodes de cette horrible boucherie. Lorsque les soldats en eurent reconnu la portée, ils en témoignèrent une vive douleur. Le sang inondait leurs pieds, les blessés venaient mourir en leur demandant du secours. Les officiers attendris émoussaient sur le pavé la pointe de leurs sabres ; quant au commandant, il était au désespoir, car il comprenait déjà quel pourrait être le contre-coup de cet événement sur l'esprit de la population. Dans l'espoir de remédier, autant que possible, aux funestes conséquences qu'il prévoyait, cet officier supérieur envoya un de ses lieutenants au café Tortoni porter au peuple quelques explications. Cette mission périlleuse fut accomplie avec un courageux sang-froid. Ce ne fut pas sans de grands efforts que l'officier parvint à se faire écouter. Il expliqua qu'on n'avait donné que le commandement de croiser la baïonnette... mais qu'un des fusils étant armé, était parti dans le mouvement, et que toute la ligne, croyant qu'on avait commandé le feu, avait tiré. Cette explication étant assez mal accueillie, un homme du peuple, armé d'un fusil, mit en joue le lieutenant, et l'eût tué à bout portant, si des gardes nationaux n'eussent pas relevé l'arme. Placé sous leur protection, cet officier put rejoindre son bataillon.

Cependant le bruit de cette vive détonation a retenti au loin dans la ville, et partout on a la conscience de quelque malheur. Bientôt la vérité est connue, puis exagérée; les faits s'amplifient; la foule les accueille aux cris redoublés de vengeance. On accuse M. Guizot, le ministère, le roi. La grande colonne des faubourgs dont la tête a été décimée sous les balles, se disperse en tous sens, et porte partout ses récits passionnés et ses fureurs. Un immense tombereau, venu là, on ne saurait expliquer comment, reçoit les cadavres et se met en marche en traçant par la ville un sillon sanglant. Ceux qui l'escortent se rendent d'abord aux bureaux du *National* en criant *aux armes! on nous assassine! aux armes!* Le lendemain ce journal raconte ainsi les faits : « Bientôt nous avons vu *revenir* (ce tombereau appartenant aux *Messageries nationales*, avait, paraît-il, été vu dans la soirée rue Lepelletier) un tombereau portant des cadavres : il était éclairé par des torches, et entouré de gens dont l'indignation étouffait les larmes, et qui, découvrant les blessures saignantes, montrait ces hommes naguère chantants et joyeux, maintenant inanimés et chauds encore du feu des balles, nous criaient avec fureur : *Ce sont des assassins qui les ont frappés! nous les vengerons! donnez-nous des armes!* » Et les torches jetant leurs lueurs sur les cadavres et sur les hommes du peuple qui les conduisaient, ajoutaient encore aux émotions violentes que causait ce convoi funèbre......

« Le tombereau est reparti ensuite, traîné et éclairé de la même manière. En portant ces morts dans les quartiers éloignés, les assistants ont fait entendre les mêmes accents de douleur virile et de terrible indignation, et partout l'indignation publique répondait à la leur. »

De son côté *la Réforme*, que nous citons à cause du rôle qu'allaient bientôt jouer ses rédacteurs, s'écria : « Les citoyens qu'on massacre ainsi, les citoyens sur lesquels on fait feu sans sommation préalable sont-ils des bêtes fauves, et le peuple de Paris, quand il traverse la ville, inoffensif et sans armes, sera-t-il exposé à tomber sans qu'on daigne même se souvenir, à son égard, des prescriptions d'une aussi triste loi que celle sur les attroupements? »

On voit que *la Réforme* se plaçait au point de vue d'une interprétation extrême des événements.

Le tombereau reprit sa route par le boulevart, après avoir laissé quelques blessés aux bureaux du *National*, où se trouvaient en ce moment MM. Garnier-Pagès et Ledru-Rollin. Il s'avance dans la direction de la Bastille. Un homme monté dessus, soulève et dresse, de temps en temps, le cadavre d'une femme dont la poitrine est couverte de sang. La lumière des torches éclaire hideusement ce funèbre trophée, qui retombe sur un lit de morts, dont les bras et les jambes pendent au dehors. Le char se dirige vers les bureaux de *la Réforme*, fendant à grand'peine la foule qu'il éclabousse de sang. Là, mille cris de vengeance, mille clameurs l'accueillent. L'indignation, la pitié, se traduisent en serments passionnés, en déclamations ardentes. L'appel aux armes retentit au loin, et déjà on voit sortir des maisons voisines un flot d'hommes, le fusil sur l'épaule, le sabre au poing. Le char sanglant se remet en marche au milieu de cette escorte rugissante. Sur la route qu'ils parcourent, ces hommes frappent à toutes les portes, animant les habitants à s'armer pour un nouveau combat. Le tombereau s'enfonce peu à peu dans les rues obscures du centre populeux de Paris, vers ce redoutable carré Saint-Martin qui est comme le mont Aventin des insurrections. Et partout où a passé ce cortége de terreur, de pitié et de vengeance, les combattants s'apprêtent; on sonne les cloches, on dépave les rues, on construit des barricades.... Pour cette population excitée par l'horreur d'un spectacle habile, la nuit n'est désormais qu'un temps consacré à se préparer au combat qu'éclairera le jour. Qu'importe au peuple comment, par quel malentendu déplorable, par quelle mystérieuse provocation peut-être, ont été faites ces victimes! Il voit des cadavres de femmes et d'enfants, et cela suffit pour l'exaspérer. Demain, la royauté paiera le prix de ce sang.

On s'arrange donc pour mettre en œuvre tout ce qui peut offrir un moyen, soit d'attaque, soit de résistance. Cette terrible besogne se fait à la lueur des torches, au bruit du tocsin, dont le glas funèbre va, porté par les raffales, retentir jusqu'aux Tuileries. Bientôt un grand nombre de rues est barré par des barricades gigantesques construites avec des voitures, des meubles, et des pavés consolidant le tout. Bon nombre de maisons s'érige en forteresses. Depuis le boulevart des Italiens jusqu'à la porte Saint-Denis, on abat tous les arbres qui tombent en travers sur la chaussée; l'embouchure de chaque rue offre bientôt une redoute; les rues adjacentes au faubourg Montmartre, partie la plus lente à se mouvoir, ne tardent cependant pas à prendre un caractère d'agitation extraordinaire. Le point du boulevart où aboutissent les rues Montmartre et du faubourg, est fermé dans toute sa largeur par une barricade impénétrable comme un mur.... Une seconde défend l'entrée de la rue qui conduit au centre de la capitale; d'autres s'échelonnent de distance en distance sur le boulevart, jusqu'à la Bastille...

Ajoutons que, depuis la catastrophe de l'hôtel des affaires étrangères, la fusillade n'a guère cessé dans les quartiers Saint-Denis, Saint-Martin, vers les quais et au Marais.

Dans la rue Rambuteau, les troupes restent sur pied pendant toute la nuit. Le centre de la résistance organisée est dans la rue Transnonain, déjà célèbre dans les fastes insurrectionnels. Là, tout le quartier est armé. Les munitions arrivent de mille côtés, sans qu'on sache d'où, ni de qui. Un grand nombre de maisons est transformé en ateliers où l'on fabrique de la poudre, où l'on coule des balles, où l'on fait des cartouches. Les femmes sont, par là, d'une animation extraordinaire; sans doute au souvenir des scènes terribles dont les troupes ont, à une autre époque, ensanglanté leurs demeures. Elles fondent de la graisse, elles préparent l'eau à faire bouillir, elles accumulent tous les projectiles dont peut s'armer leur faiblesse, pour en écraser les troupes.

Un épisode de cette nuit d'ardents préludes mérite d'être cité. Une bande d'insurgés, prise en queue par les chasseurs de Vincennes, attaquée en face par des troupes supérieures, réduite à se défendre à l'arme blanche, faute de munitions, se réfugie dans une boutique. Pendant que ceux des insurgés qui ont encore quelques cartouches protègent la retraite, les autres remplissent un poêle de poudre, et jurent de se faire sauter après avoir laissé entrer les chasseurs dans cette maison, qui doit être leur tombeau à tous. Mais, en ce moment, les chasseurs de Vincennes sont pris en flanc par une autre bande de ces constructeurs de barricades troublés dans leurs opérations, et ils sont obligés de se replier, ce qui sauve les insurgés. — Enfin, dans le quartier du Jardin-des-Plantes, dans la rue Cuvier, les étudiants, aidés des ouvriers de la halle aux vins, érigent, à chaque angle de rue, des constructions qui atteignent les premiers étages. Il est deux heures du matin...

Ce rapide coup d'œil donné dans Paris, voyons ce qui se passait aux Tuileries.

Le roi avait bientôt appris l'effet produit dans les quartiers voisins par la dissolution ministérielle. On assure qu'en voyant la ville illuminée et se réjouir ainsi de la fin de la crise, Louis-Philippe était devenu triste. « J'ai, pour la première fois, cédé devant l'émeute, aurait-il dit. — C'est une abdication morale! » Un peu après, quelques députés conservateurs s'étant présentés pour voir le roi, il refusa de les recevoir : on eût dit qu'il craignait d'eux des reproches à sa faiblesse. L'attitude de la duchesse d'Orléans était toute différente ; elle rayonnait. Voyant les fenêtres s'illuminer en signe de réjouissance, cette noble femme, s'adressant à quelques généraux réunis dans la galerie de Diane, s'écria : « Messieurs..., je suis bien heureuse.... tout est fini... Le sang ne coulera plus ! »—Puis, embrassant le comte de Paris, elle ajouta : « Cher enfant..., on avait compromis ta couronne..., mais Dieu te la rend ! » C'est en ce moment même qu'éclatait le coup de tonnerre du boulevart des Capucines !

Mais, deux heures après, on apporte de toutes parts au château les plus alarmantes nouvelles de la physionomie que prend la ville. L'insurrection redresse partout ses cent têtes d'hydre menaçante...

Le roi commence à entrevoir les difficultés de la situation jusque-là en partie voilée à ses yeux. Ce n'est pas, peut-être, qu'il regrette de céder son trône à la fortune adverse, mais c'est à sa renommée de grand politique qu'il tient. Il tient à ne pas déchoir, aux yeux de l'Europe et de l'histoire implacable, des hauteurs où il se croit placé par l'opinion. Cette pensée l'humilie. En cette heure d'amères inquiétudes, ce vieillard-roi dut bien souffrir ! Car, ayant tout fait, depuis quinze ans, pour établir sa dynastie, il n'avait pas, par ailleurs, cette volonté implacable et sanguinaire qui joue la satisfaction de son orgueil contre des massacres. Le champ de bataille de ce grand esprit, un peu aveuglé dans ces dernières années par les sollicitudes politiques de la famille, n'était pas la rue ensanglantée, mais bien l'opinion. C'est sur elle, a dit un historien sagace, que le roi voulait agir. Il désirait se réconcilier promptement avec lui-même et avec l'opinion, pour obtenir cette réconciliation au moindre détriment possible de son système et de sa dignité. Il croyait avoir bien des degrés de popularité à descendre encore, avant ceux du trône....

Le maréchal Bugeaud appelé, accepte le commandement de Paris. Il rassemble aussitôt les généraux, et assigne à chacun son poste. Le général Bedeau prendra le commandement de la colonne qui parcourra le boulevart ; le général Sébastiani se mettra à la tête de celle qui longera les quais, et le maréchal dirigera lui-même le troisième corps à travers le centre de Paris. Ordre est donné d'enlever les barricades *à la baïonnette*, et d'enfermer l'insurrection dans un cercle de fer et de feu, dont les deux extrémités sont les Tuileries et la Bastille. Mais le général Sébastiani objecte que les troupes sont fatiguées. Le maréchal dispose qu'elles prendront quelque repos jusqu'à cinq heures, et qu'après commencera l'attaque générale.

Mais le roi avait, plusieurs fois déjà, fait appeler M. Molé. Ne le voyant pas revenir, Louis-Philippe se décida à envoyer un de ses aides-de-camp, le général du génie Berthois, chercher M. Thiers. L'ex-président du 1er mars venait à peine de rentrer dans son hôtel de la place Saint-Georges. Il avait voulu juger par lui-même de la physionomie de Paris, et il avait parcouru quelques quartiers voisins des luttes qui préludaient déjà aux grands combats du lendemain. M. Thiers ne fut point étonné du message du roi. Il devait s'attendre à ce qu'on fît un appel *in extremis* à son dévouement, puisqu'il savait les vaines tentatives de M. Molé à former un ministère, aux heures où la situation était loin encore d'avoir acquis toute la gravité que lui avait donnée l'affaire du boulevart des Capucines. M. Thiers trouva le château très-agité. On dit que M. de Montalivet l'arrêta au passage, le priant de ménager les susceptibilités du roi dans les exigences que sa franchise, parfois un peu rude depuis quelques années, allait devoir formuler en acceptant le pouvoir. M. Thiers trouva Louis-Philippe seul dans son cabinet. Il était soucieux ; son teint animé reflétait un douloureux travail de l'esprit. Il reçut, paraît-il, assez sèchement l'ancien président de son conseil. Le roi goûtait plus que personne les hautes qualités de M. Thiers ; il estimait grandement ses écrits, son éloquence ; mais il lui en voulait secrètement de son attitude au sujet de la politique extérieure, et tout particulièrement dans la mémorable discussion au sujet des mariages espagnols, discussion dans laquelle M. Thiers s'était montré un si éloquent écho des susceptibilités et des prudences de l'opinion. Toutefois le roi s'efforça de maîtriser, en cette conjoncture solennelle, le regret qu'il pouvait avoir, en se voyant réduit à recourir, par une rude nécessité, à l'infatigable adversaire de sa politique extérieure. L'examen de la situation commença entre eux.

Le roi montra à M. Thiers l'ordonnance qui donnait au maréchal Bugeaud le commandement de Paris. Cette mesure était le dernier acte de M. Guizot, qui venait de quitter les Tuileries. M. Thiers l'accepta avec quelque hésitation, et refusa de laisser l'impétueux et impopulaire maréchal marcher sur les barricades. Il lui semblait que la présence du duc d'Isly dans ces rues ensanglantées, qu'il avait autrefois parcourues en triomphateur de l'émeute, aurait l'imprudent caractère d'une provocation, et qu'elle passionnerait le combat. M. Thiers voulait tout faire pour obtenir d'abord une trêve, afin d'essayer d'amener les révolutionnaires et le pouvoir nouveau à des explications. Mis en demeure de former son cabinet, M. Thiers nomma M. Odilon Barrot. Ce nom était encore celui d'un adversaire personnel du système : le roi buvait son amer calice. On dit qu'interrogé sur les bases à donner à l'administration nouvelle, le président du conseil exigea carte blanche pour la réforme électorale, la dissolution immédiate de la Chambre des députés, et les incompatibilités. Cette dernière exigence touchait tout le personnel d'aides-de-camp, de généraux, de serviteurs et d'amis qui entouraient le roi.... Il s'y montra sensible. La dissolution était une nécessité de tout nouvel établissement de pouvoir, devant les violences dont avait fait preuve la majorité durant les dernières séances, et, quant à la réforme, c'était la satisfaction impérieuse à donner à l'opinion... la part du feu, si l'on peut dire.

Le roi fit de nombreuses objections ; mais M. Thiers tint bon, déclarant que son concours était à ce prix. Le temps pressait ; Louis-Philippe céda. Alors le ministre rédigea, pour être publiée le matin même au *Moniteur*, en même temps que la nomination du maréchal Bugeaud, la note qui annonçait le ministère Thiers-Barrot. Une proclamation au peuple fut en même temps préparée pour être envoyée à l'imprimerie, et affichée dans tout Paris au point du jour. Rassuré par ces mesures de pacification probable, M. Thiers se retira, afin d'aller s'adjoindre des collègues; le roi chercha à prendre quelque repos sur un canapé, où il se jeta tout habillé.

Le nouveau président du conseil avait bien parlé au roi de MM. de Rémusat, Duvergier de Hauranne et Hippolyte Passy; mais il n'était rien moins que sûr de l'acceptation de ces messieurs. Il les alla trouver. Les deux premiers consentirent à s'unir dans l'intérêt de la royauté qu'on pouvait déjà entrevoir menacée; mais M. Passy se refusa, de même que M. Dufaure, ainsi qu'ils l'avaient déjà fait la veille devant des offres de M. Molé, offres qui avaient précédé l'affaire du boulevart des Capucines. Les ministres consentants se réunirent à quatre heures du matin, chez M. Odilon Barrot, pour rédiger une sorte de programme politique. Le roi eût voulu le maréchal Bugeaud à la guerre; M. Thiers lui avait provisoirement substitué le général de Lamoricière, également destiné au commandement en chef de la garde nationale de Paris.

Nous avons esquissé le tableau ténébreux de l'œuvre menaçante de cette nuit étrange, où une armée de travailleurs résolus dressait une ample stratégie de barricades, au milieu des pavés déchaussés. Les mesures de publicité arrêtées entre le roi et M. Thiers, et de l'exécution matérielle desquelles le premier s'était chargé, avaient sans doute été l'objet d'un regrettable oubli, car le peuple ne trouva, avec le jour, nulle promesse sérieuse qui témoignât du cas que le pouvoir faisait de ses exigences. Les uns ont écrit que la proclamation, affichée pendant la nuit, n'était pas signée, si bien que ceux qui la virent purent croire à une mystification anonyme; d'autres ont dit que, dans sa préoccupation nocturne, le roi avait oublié de l'envoyer au *Moniteur*. Quoi qu'il en soit, le jour éclaire des dispositions terribles. M. Thiers accourt dès sept heures aux Tuileries, en compagnie de MM. Barrot, Duvergier de Hauranne, de Lasteyrie, Crémieux, de Rémusat, de Beaumont, de Lamoricière, du maréchal Gérard et de plusieurs autres membres des deux Chambres, attachés à la liberté par principe, à la royauté par dévouement, et qui, pour la plupart, étaient appelés en ce palais, dont ils n'avaient pas franchi le seuil depuis longtemps, par un honorable, bien qu'impuissant, effort pour soutenir ce qui allait crouler. Ils obtinrent du roi la révocation du maréchal Bugeaud, dont le nom, au commandement de la place de Paris, produit déjà un si terrible effet, que la garde nationale semble se refuser à s'unir sous ses ordres. Le roi dit à ses ministres, avec lesquels il avait d'abord voulu essayer de discuter encore le programme d'une impérieuse politique : « Maintenant, Messieurs, je pense que je puis être tranquille, car je suis couvert par vous ! »

Mais l'œil exercé de M. Thiers avait sondé les immenses préparatifs de l'insurrection; il avait, comme ses collègues, entendu, durant toute la nuit, le tocsin, ce glas funèbre qui jette la fièvre dans les populations, et ne leur laisse de repos ni pour le corps ni pour l'esprit. Comme le médecin appelé trop tard au lit du malade, il secoua la tête, par respect pour une grande infortune, et murmura le mot : trop tard ! qui, deux fois en dix-sept ans, retentit à l'oreille de deux dynasties aveuglées sur la situation du pouvoir vis-à-vis du pays. Les ministres s'étaient informés auprès des princes de l'état des forces que le gouvernement pouvait opposer à l'insurrection. Le chiffre total des soldats faisant partie de la garnison de la capitale, abstraction faite des troupes appelées du dehors, ne s'élevait qu'à 27,000 hommes. 3,500 se trouvaient campés dans la cour des Tuileries, ayant chacun dix cartouches. Le duc de Montpensier parla d'un convoi de munitions demandé à Vincennes, convoi qui, dans la matinée, fut pris par le peuple. M. Thiers et M. Odilon Barrot comprirent plus que jamais la nécessité d'éviter le combat, et, essayant de se confier dans les concessions royales, tout insuffisantes qu'elles leur parussent désormais, ils expédièrent partout des estafettes, afin de faire cesser le feu, sans toutefois ordonner aux troupes d'abandonner leurs positions. Ce fut en ce moment que le commandement en chef des gardes nationales fut définitivement donné au général de Lamoricière, dont le glorieux nom africain semblait de nature à être accueilli des masses, avec tous les avantages de la popularité.

Cependant la physionomie de la ville n'était plus celle d'un état de chose remédiable par de simples modifications de politique et des concessions de cabinet. Chaque heure qui s'écoulait apportait de nouvelles forces à l'insurrection. Le massacre de l'hôtel des affaires étrangères, habilement exploité par les adversaires de la royauté, avait exalté, durant cette nuit de mystère, les passions la veille encore les plus accessibles à la pacification. Les étudiants, ces conducteurs ardents de la force aveugle des masses, quittaient leurs quartiers pour semer partout l'exaltation. Ils fraternisaient avec les gardes nationaux dont ils entraînaient l'indécision; ils conduisaient aux lieux du combat des bandes d'ouvriers, aux chants répétés de *la Marseillaise* et du chœur des *Girondins*. Les élèves de l'École polytechnique, qui avaient réussi à gagner la rue, dirigeaient les insurgés sur les positions militaires qui devaient le plus embarrasser les troupes et assurer le triomphe de la résistance. Pour les plus intelligents, durer c'était vaincre, car nul ne faisait sérieusement au vieux roi l'injure de croire qu'il cherchât à conserver obstinément sa couronne baignée du sang d'une résistance prolongée. Qu'aurait-on après? Nul ne l'entrevoyait. De vagues aspirations vers la république; une régence, soit celle prévue par la loi et appartenant au duc de Nemours, soit quelque modification au statut, improvisée dans la bagarre, et appelant au pouvoir la duchesse d'Orléans ou le prince de Joinville, tous deux très-populaires. Mais tout cela viendrait ensuite, il fallait d'abord persuader le roi de se retirer.

Quelques-uns des nouveaux ministres proposent de monter à cheval, et de parcourir les principaux quartiers pour suppléer, par leur présence, à l'absence des proclamations régulières. M. Odilon Barrot part, accompagné, entre autres personnes, du général de Lamoricière, et de M. Horace Vernet; ce dernier cherchait sans doute à se préparer, par l'étude de la rue, à quelque nouvelle commande de toiles historiques. Mais le chef de la gauche dynastique dut reconnaître que sa présence n'avait pas l'autorité nécessaire pour dompter la révolution. Pour un tel rôle, il ne suffit pas d'être le plus honnête homme d'un parti, il faut être extrêmement populaire. On ne saurait désigner qui l'eût été suffisamment, à cette heure, pour faire mettre bas les armes à ce peuple, qui s'attendait peut-être, et non sans raison, à se voir offrir, le matin venu, quelque grande mesure conciliatrice, et qui ne trouvait d'officiel que la nomination du maréchal Bugeaud pour le combattre. M. Odilon Barrot, respecté comme homme, mais repoussé comme conciliateur, rentra tristement chez lui pour s'apprêter à prendre un pouvoir qu'il jugeait par avance brisé entre les mains du ministère.

La résistance populaire, l'attaque concertée contre le pouvoir, s'établissait sur tant de côtés à la fois, qu'il serait impossible d'en indiquer le développement. On peut cependant, par un coup d'œil jeté, pour ainsi dire, à vol d'oiseau, juger de la stratégie involontaire que l'instinct, plus que les réflexions de la méthode, donnait aux masses.

Après s'être procuré le plus d'armes possibles, en dépouillant les petits postes de soldats, en fouillant les maisons des gardes nationaux, en pillant les armuriers, et même en érigeant en armes tout ce qui était de nature à s'y substituer, le peuple s'avança par les deux rives de la Seine, convergeant par colonnes séparées vers la Chambre des Députés et vers les Tuileries.

Déjà, après une courte résistance des troupes, les insurgés s'étaient rendus maîtres de la place de la Bastille, dont ils firent leur centre d'action, sous les ailes dorées du génie de la Liberté qui plane au sommet de la colonne de Juillet. Étrange et éternelle leçon, toujours donnée, toujours perdue ! Le pouvoir nouveau qui sort d'une révolution, s'empresse de glorifier la victoire populaire à laquelle il doit d'être, par ces monuments symboliques, qui, plus tard, deviendront les quartiers généraux de sa propre défaite !

Les troupes, faibles d'attitude, étonnées et lasses, presque irrésolues faute d'ordres impérieux, se retiraient par le boulevart Bourdon et le pont d'Austerlitz, pour aller prendre position devant le Jardin-des-Plantes, d'où, peu d'instants après, elles virent le pont Louis-Philippe, payant son nom par sa ruine, crouler enflammé dans la Seine...

Et sur tous les points, les barricadeurs perfectionnaient leurs œuvres nocturnes; les femmes montaient des pavés aux étages supérieurs. Le convoi de munitions arrivant de Vincennes, fournit aux insurgés un riche élément de résistance. L'entrée du faubourg Saint-Antoine était impénétrable. Sur la place de la Bastille, deux détachements des 23e et 74e de ligne étant survenus, le peuple voulut les désarmer, ainsi que cela lui avait déjà réussi à la caserne de Reuilly et à celle des Minimes, où les soldats fraternisèrent avec le peuple, en voyant l'indécision des gardes nationaux. Pour cette fois, il y eut du sang versé par une décharge contre les insurgés. Mais des officiers de la garde nationale intervinrent, l'épée haute, et la troupe répondit en mettant la crosse en l'air. On le répète, presque nulle part les soldats n'avaient d'ordre précis, et le soldat qui n'agit pas perd toute sa force. L'immobilité, l'indécision lui ravissent tout enthousiasme et tout élan. On l'a dit : il est plus difficile d'attendre la mort que de la braver !

Et les heures s'écoulaient, et l'impatience de ne rien voir, de ne rien apprendre qui témoignât du désir qu'éprouvait le gouvernement de pacifier la ville, fit place à la colère naissant de ce dédain même. On s'irritait aussi de ne trouver nulle part de résistance sérieuse. Le pouvoir n'attaquait pas, ne se défendait pas, et n'accordait rien ; il était muet et paralysé. Voyant que le combat ne venait pas à lui, le peuple résolut de le provoquer, en s'élançant à sa rencontre. Ce fut alors que, du quartier général concentré au pied de la colonne érigée par le pouvoir à la révolution de Juillet, le peuple s'élança pour mériter un monument glorificateur de Février !

Il prit, comme on l'a dit, les quais pour gagner les Tuileries et la Chambre, ces deux sanctuaires du pouvoir menacé. Une forte colonne s'avança aussi par le boulevart. Chemin faisant, on désarmait les postes, on envahissait les casernes, on occupait tous les points importants. Sur le boulevart du Temple, une sorte d'affaire eut lieu. Le poste du Château-d'Eau venait de tirer, par les meurtrières, sur le peuple assiégeant. Il y avait deux blessés. La foule était furieuse. La colonne survenante répondit par une fusillade qui n'ébrécha que les pierres. En face, dans la rue du Temple, partout sur le boulevart, dans le faubourg enfin, vingt barricades, reliées les unes aux autres, formaient un inexpugnable bastion. La caserne des gardes municipaux, située au faubourg Saint-Martin, avait été protégée durant la nuit par des gardes nationaux ; mais le jour venu, il fut impossible à ces derniers de s'opposer à l'invasion populaire. Le peuple, qui cherchait partout des armes, devinant qu'il y en avait là, fouilla l'édifice. En partie déçu dans son espoir, il se mit à détruire tout ce qu'il put ; vitres, portes, meubles, tout fut brisé. Les cloisons mêmes furent abattues, les toits découverts, la pierre, les tuiles, le fer arraché ; on eût dit qu'un tremblement de terre bouleversait tout. Et cette œuvre de destruction se faisait au bruit des chants, des rires, des hurlements, des huées, d'une assourdissante bacchanale enfin. Quand on eut détruit tout ce qui pouvait être détruit, on s'arma en criant : *Aux Tuileries !* C'était le rendez-vous spontanément indiqué sur une foule de points à la fois.

Dans le même temps, MM. Etienne Arago, Ferdinand Flocon, Ribeyrolles et Bonnias, aidés des employés du journal *la Réforme,* élevaient des barricades dans les rues Jean-Jacques Rousseau et Coquillière, puis ils désarmaient la garde de l'hôtel des Postes. La veille, M. Etienne Arago avait montré beaucoup d'humanité et de dévouement en contribuant à sauver d'une mort certaine les gardes municipaux bloqués dans la maison des frères Lepage, rue Bourg-Labbé. Le soir du 24 devait il rentrer en qualité de directeur général dans cet hôtel, que le matin il ouvrait au peuple.....

Dans le faubourg Poissonnière, la caserne de la Nouvelle-France avait été envahie, et les insurgés s'étaient emparés des armes et des munitions, pour marcher aussi, de là, sur les Tuileries.

« *Aux Tuileries! aux Tuileries!* Telle était l'acclamation générale de l'insurrection parisienne, dans la matinée du 24, — dit, dans une de ses pages les moins partiales, un historien de cette journée. — A l'appel des tambours qui avaient battu la générale, le patriotisme et l'enthousiasme avaient répondu. Aux abords des mairies, dans chaque arrondissement, la milice citoyenne fraternisait avec le peuple, le guidant, l'encourageant et se répandant avec lui par la ville où serpentaient de longues phalanges guerrières. Ouvriers, artistes, bourgeois; blouses, uniformes et habits se trouvaient confondus dans ces macédoines turbulentes. On criait : *A bas Bugeaud! à bas Thiers! à bas Barrot!* Et, enfin, *à bas le système!* Puis on entonnait *la Marseillaise*, le chant des *Girondins*, *le Chant du Départ*. Tout cela se criait, se chantait ensemble, à la fois, sur tous les tons, dans tous les diapasons possibles. Les gestes de la gigantesque armée populaire étaient à l'unisson de sa parole. Des milliers de bras agitaient des milliers de fusils, de bâtons, de sabres, de drapeaux, de barres de fer. »

Le pittoresque du tableau démontre combien le burlesque est souvent voisin du sublime. Chez nous on ne fait rien comme chez les autres peuples. L'Anglais est sérieux et grave jusque dans les plus petites choses, dans les actions les plus insignifiantes. Le Français, au contraire, est léger, futile, plaisant, même, en accomplissant les actes les plus graves, au milieu des faits les plus solennels.

Quoi qu'il en soit, rien n'était moins plaisant que l'œuvre accompli depuis quelques heures par cette foule turbulente. De minuit à cinq heures du matin, plus de seize cents barricades avaient été construites par toute la ville. On a estimé plus tard qu'il y avait eu environ un million quatre cent mille pavés arrachés. Plus de 4,000 arbres furent renversés; on avait brisé 3,700 appareils d'éclairage, brûlé ou détruit 56 corps-de-gardes, 70 bureaux de surveillance des voitures publiques, 40 bureaux d'octroi, 45 guérites, 106 colonnes d'affichages, et 290 bancs, sans parler des constructions particulières qui virent leurs barrières, leurs portes et volets, les meubles des locataires, les poutres, les échafaudages et une immense quantité d'autres objets enfin, apportés bon gré mal gré, aux constructions de la rue. Quant aux voitures publiques ou privées, aux omnibus, aux fiacres, aux équipages, aux charrettes de toutes sortes englobés dans les barricades, le nombre en fut si grand, qu'on ne saurait l'estimer. On s'empara même, chez les épiciers, les droguistes, d'une foule de barils et de marchandises encombrantes.

Dès sept heures du matin, le général Bedeau, comptant avec raison sur l'éclat populaire de ses services africains, parcourait le boulevart pour tenter de calmer les masses. La brigade qu'il commandait était campée devant le Gymnase. Les officiers faisaient connaître autour d'eux la nouvelle de la nomination de MM. Thiers et Barrot au ministère. Cet avis était diversement accueilli. Mais l'annonce du pouvoir militaire confié au maréchal Bugeaud éveillait partout la colère. Une barricade était élevée à l'entrée de la rue Mazagran. Sobrier, le même auquel les événements du lendemain allaient donner un rôle, la commandait. Lui et les siens accueillirent ces nominations aux cris de : *A bas le tyran! vive la France démocratique!* Il y eut comme un mouvement d'attaque contre la troupe de ligne. Les gardes nationaux, groupés par là, regrettaient d'avoir le duc d'Isly à leur tête. La position du général Bedeau, enfermé avec ses troupes au milieu de nombreuses barricades élevées durant la nuit, pouvait, d'un moment à l'autre, devenir fort périlleuse... Quelques officiers de la garde nationale lui offrirent de faciliter sa retraite. « Je suis soldat et ne puis bouger sans ordres! » répondit le brave général. Bientôt après, l'ordre arriva de l'état-major de remettre le quartier à la garde nationale, et de porter la brigade aux Champs-Elysées. Le général Bedeau se mit en marche. Mais arriver aux Champs-Elysées n'était pas chose facile pour une pareille colonne, vu les nombreuses barricades dont la route était jalonnée. Plus d'une fois les ardents gardiens de celles-ci témoignèrent, pour le passage des troupes, un mauvais vouloir que l'intervention active des gardes nationaux réussit seule à détourner de sanglantes collisions. On dérangeait alors quelques pavés, et les soldats passaient un à un. Sur d'autres points, le peuple, enchanté de cette retraite, criait : *vive la ligne!* et les soldats, fraternisant instinctivement avec les insurgés, répondaient à ces pacifiques démonstrations en mettant en l'air la crosse de leurs fusils. La brigade finit par gagner ainsi la rue Royale.

Là un drame sanglant se préparait.....

La colonne du général Bedeau était flanquée, escortée par une masse assez considérable de peuple criant, chantant, heureux de sa victoire. Le général, craignant que cette tumultueuse arrivée ne fût l'objet de quelque méprise de la part des troupes stationnées sur la place de la Concorde (il y avait là une forte division d'infanterie et de cavalerie), envoya un de ses aides-de-camp vers le général Renaud, pour le prévenir que les cris du peuple étaient pacifiques, et que sa brigade s'avançait sur la médiation de la garde nationale. Les troupes, disséminées sur la place de la Concorde, avaient l'arme aux pieds; elles étaient, en partie, destinées à la garde des Tuileries et de la Chambre des Députés.

Au moment où la colonne du général Bedeau déboucha sur la place, on vit un mouvement s'opérer dans la direction du poste qui fait l'angle de l'avenue Gabrielle et du jardin de l'ambassade ottomane. On ne saurait dire sur quelle excitation (et peut-être ne fut-ce qu'en entendant les chants qui annonçaient la venue du peuple), une douzaine de gardes municipaux se rangèrent brusquement en bataille derrière la grille du corps-de-garde. Redoudant quelque malheur, un honorable citoyen, qui se trouvait à même de juger le péril (1), s'élance vers le général Renaud, et s'écrie : « Général! faites rentrer les municipaux.... ou nous allons avoir à déplorer un malheur! »

Et déjà, à la vue de l'uniforme de ces gardes, le peuple, qui précédait la

---

(1) Un ouvrage nomme M. Ch. Robin, auteur d'une estimable Histoire républicaine de ces journées.

brigade du général Bedeau, poussait des cris de fureur : *A bas les municipaux! mort aux municipaux!* Le général Bedeau, prévoyant une collision sanglante, ordonne aux gardes de rentrer dans leur poste, et il cherche en même temps à contenir le peuple. Mais ceux-ci restent fièrement en bataille, et presque aussitôt une décharge retentit. Plusieurs victimes tombent. Les municipaux profitent du premier moment de trouble pour rentrer dans le corps-de-garde où ils s'enferment, et tirent encore quelques coups de fusil par les meurtrières. On dit que des chasseurs de Vincennes, placés en face du poste, ripostèrent à ce feu inattendu qui aurait pu les atteindre. Toutes ces balles, se croisant sur la foule, jetèrent une exaspération facile à concevoir. Le peuple se rua, comme un seul homme, sur le poste, qui croula comme une seule pierre. Ce fut alors un massacre que nous renonçons à décrire! Le corps-de-garde, à moitié abattu, on vit les gardes municipaux adossés sanglants contre les murs croulés, essayant une défense inutile. On les tua à bout portant, à coups de sabre, de baïonnette, de barres de fer et par des décharges d'armes à feu. Le peuple, ivre de rage, se vengea jusqu'à la cruauté.

Ce fut dans ces décharges déplorables, insensées, que M. Jollivet, député, qui se rendait à la Chambre, reçut une balle qui le tua raide. On ne saurait au juste expliquer pourquoi son cadavre fut trouvé plus tard caché sous un tas de gravier, à l'entrée du jardin des Tuileries, tout près de la grille dite *du Pont tournant*. Les blessés se traînaient sanglants dans la foule furieuse ou épouvantée, qui craignait de nouvelles décharges. Un Belge de distinction, le docteur Phillips, qui se trouvait là, se dévoua, sans calculer le danger, à recueillir, puis à panser ces blessés. Le général Bedeau, navré de ce massacre, s'efforça de calmer le peuple, et avança avec sa brigade sur la place. La foule reflua sur les boulevarts. Un cri retentissait partout : *Aux Tuileries ! aux Tuileries!*

Nous ne voudrions pas omettre le trait qui suit. Ailleurs, à la prise d'un poste de la ligne, quelques insurgés, échauffés par le combat autant qu'irrités par la longue résistance de la troupe, voulaient massacrer les vaincus. Un jeune ouvrier, qui se signalait par son exaltation, cherchait à atteindre un soldat. « On a tué mon frère! — s'écriait-il, — il faut bien que je tue quelqu'un à mon tour! — Qui veux-tu tuer qui ne soit pas ton frère aussi? — répliqua un autre. » Cette réflexion sublime arrêta toute représaille.

On cite un autre fait. Dans le quartier Saint-Denis, un bataillon de ligne, passant devant des ouvriers qui construisaient une barricade, s'apprêtait à faire feu. Un citoyen s'élança vers l'officier, et lui dit : « Capitaine, notre barricade n'est pas prête, nous ne pourrions pas nous défendre.... Acceptez rendez-vous dans une heure! » L'officier sourit et fit défiler sa troupe.

Ces faits révèlent, du reste, combien peu le gouvernement avait organisé la répression, et à quel point les ordres précis manquaient aux troupes, surtout le commandement général ayant été retiré au duc d'Isly, avant qu'il eût eu le temps de commencer à l'exercer. Pour achever, enfin, ce rapide examen de l'attitude de la ville dans la matinée du 24, nous dirons que, sur la rive gauche de la Seine, la nomination du maréchal et l'annonce d'un ministère Thiers-Barrot, n'avaient fait que donner plus d'activité à la défense populaire. Les ouvriers et les étudiants avaient couvert de barricades tout le quartier latin. Les élèves de l'Ecole polytechnique, réunis à ceux des écoles, étaient allés se mêler à la garde nationale sur la place du Panthéon, acropole ordinaire de nos révolutions. Toutes les rues qui débouchent dans celles de Saint-Jacques et de la Harpe étaient coupées, de vingt pas en vingt pas, par de hautes barricades témoignant toutes, dans leur construction, d'une véritable aptitude scientifique. Il y eut par là quelques escarmouches avec la ligne, mais rien de bien sérieux. La plus imposante de ces barricades se trouvait rue de Bussy. C'était une véritable forteresse, flanquée d'autres constructions qui la défendaient rue de Seine, rue Mazarine, rue Dauphine, rue Saint-André-des-Arts. Cinq à six cents étudiants et ouvriers bien armés, occupaient ce que nous appellerons cette place de guerre.

Un bataillon de la 10e légion de la garde nationale était échelonné sur le quai Voltaire. Ces gardes nationaux s'étaient procuré des cartouches à la mairie de l'arrondissement. Les prisonniers de la maison d'arrêt de l'Abbaye avaient été mis en liberté, et le peuple commençait à démolir la prison. A la caserne municipale de la rue de Tournon, un détachement de la 11e légion empêcha des tentatives de destruction semblable. Les gardes s'étaient, depuis le matin, retirés avec leurs armes. A la caserne des sapeurs-pompiers, le peuple obtint une cinquantaine de fusils. On pensa au musée d'Artillerie à Saint-Thomas d'Aquin, et la foule y courut. Un poste de la 10e légion gardait ce dépôt d'armes précieuses, antiques, scientifiques. Sur les énergiques représentations du commandant Guiod, le musée fut respecté. Or, le peuple cherchait des armes, et il songea à la caserne de la rue de Babylone. Là encore il fut déçu : la caserne était abandonnée depuis le matin. On se mit de nouveau à assaillir les postes isolés et à fouiller quelques maisons. On obtint aussi une cinquantaine de fusils à la caserne de la rue du Foin, où se trouvait le 7e de ligne. Et, à mesure que les colonnes réussissaient tant bien que mal à s'armer, elles prenaient la route des Tuileries, ce rendez-vous général, instinctif de tous les insurgés que ne retenait pas la garde des barricades.

C'est ainsi que vers onze heures du matin, les troupes échelonnées autour des Tuileries, c'est-à-dire sur les deux flancs du Louvre, sur la place du Palais-Royal et sur celle de la Concorde, entendaient les mille clameurs de cette multitude menaçante qui grossissait de tous les aboutissants, comme se préparant à un multiple assaut. Là aussi se montraient des gardes nationaux, mais inquiets, indécis, et finissant par céder à la pression des masses et à s'y mêler, tout en cherchant à conserver une sorte de rôle médiateur. Plus d'un garde national se vit ainsi, bien que sans défection préméditée, abandonnant son arme à un insurgé, et ce fut particulièrement sur la place du Palais-Royal que le peuple fit, de cette façon, d'importantes conquêtes.

Après avoir, comme nous l'avons dit, désarmé la garde de l'hôtel des Postes, les combattants partis du journal *la Réforme* arrivèrent sur cette place, qui formait un des importants avant-postes de la défense des Tuileries. Il y avait là des noms connus dans le parti républicain : Étienne Arago, Baune, Lagrange, Fargin-Fayolle, Chancel, etc. Ces citoyens cherchèrent à persuader de se rendre le capitaine qui commandait le poste du Château-d'Eau. Celui-ci déclara qu'il ne remettrait le poste que sur l'ordre de ses chefs. Mais la foule augmentait, et on put juger que bientôt la partie allait s'engager résolue et sanglante. On dit qu'un général qui survint, donna ordre aux soldats de laisser le poste. Mais le peuple exigea les armes, et le brave capitaine qui commandait ce poste refusa de consentir à cette humiliation ; il ne voulut partir qu'avec les honneurs de la guerre. La foule s'échauffa. *Désarmons-les!* criait-on de toutes parts. Des gardes nationaux cherchèrent vainement à se glisser entre les soldats et le peuple : eux-mêmes furent en partie désarmés. Tout à coup on entend éclater une fusillade devant le poste opposé, c'est-à-dire à la façade du Palais-Royal. C'étaient les soldats qui, voyant le peuple forcer la grille du palais, se retiraient en déchargeant leurs armes. Les soldats du Château-d'Eau en firent autant, croyant peut-être répondre à une attaque. La place fut un moment balayée ; mais des combattants irrités se tenaient à l'abri d'une barricade élevée à l'angle de la rue de Valois. D'autres vinrent aux coins des rues, et firent un feu nourri sur le poste. Les soldats répondirent, et bientôt ce fut un combat acharné entre le poste du Château-d'Eau et la barricade de la rue de Valois. On tirait comme on pouvait, le plus souvent au hasard, ainsi que l'attestent les nombreuses empreintes de balles restées jusqu'au haut des maisons voisines. Une épaisse atmosphère de fumée ne tarda pas à se condenser dans l'espace qu'enserre la place, et ce ne fut plus qu'aux cris de douleur des victimes qu'on put comprendre qu'on se touchait. On tirait de plus près sur le poste, des rues Saint-Thomas-du-Louvre et du Musée. Une nouvelle barricade, élevée à la hâte au coin de la rue Saint-Honoré, rivalisait avec celle de la rue de Valois, et bientôt, par l'arrivée de nouveaux combattants, débouchant du Louvre par la rue de Chartres, le Château-d'Eau se trouva entouré d'une ardente ceinture d'assaillants, auxquels s'étaient joints une centaine de gardes nationaux des 3e et 5e légions, qui avaient aidé les insurgés à prendre le poste de la Banque. Enfin, le peuple ayant pu faire irruption dans une partie des appartements du Palais-Royal, des fenêtres donnant sur la place le combat se développa avec une incroyable ardeur.

Mais à quoi servait tout ce sang répandu? Le peuple voulait assiéger les Tuileries ; qu'importait le Château-d'Eau? Que de braves soldats, que de citoyens intrépides sont tombés là, dont la vie pouvait être épargnée, puisqu'il est à peu près constant aujourd'hui que la royauté ne se défendait pas... ou qu'on ne la défendait pas...

Les soldats firent plusieurs tentatives de sortie, comme le peuple fit diverses tentatives d'assauts. C'est ainsi que l'on perdit de part et d'autre bien du monde. Les soldats rentrés, on vit des assaillants exaspérés, se glisser dans la fumée du combat, et décharger leurs fusils, au hasard, par les meurtrières étroites de la façade. Il paraît que l'héroïque officier qui commandait ce poste fut tué par une de ces balles hardies. Les soldats tentèrent une nouvelle sortie...; mais, cette fois, visés de tous côtés, ils furent en grande partie abattus. Comme les survivants se retranchaient encore, le peuple résolut d'essayer d'en finir avec cette forteresse inexpugnable en y mettant le feu. On courut aux Écuries du roi, on s'empara de quelques voitures qu'on poussa sur la place, on y joignit une foule de meubles lancés des fenêtres du Palais-Royal, et bientôt une ceinture de feu enveloppa le monument... Et la fusillade continuait toujours.

Un vent violent favorisait l'action de la flamme. Les soldats tiraient encore; les balles se croisaient en tous sens. Ce fut alors que le général de Lamoricière parut à l'angle de la rue Saint-Honoré. Il venait apporter des paroles de pacification. On le reçut mal. Son escorte fut frappée à ses côtés; lui-même reçut deux blessures, dont une au poignet. On l'injuria, on proféra autour de lui des menaces sanglantes. Une balle tua son cheval. Bientôt renversé, assailli, il eût peut-être été tué, sans la fierté de son attitude qui imposa aux insurgés. Grâce à l'intervention de quelques personnes, il put enfin se soustraire à la rage de ceux qu'il était venu essayer de calmer, en leur donnant la nouvelle des concessions royales..... Mais, à ce propos, il est temps de voir ce qui se passait aux Tuileries, où nous avons laissé Louis-Philippe accordant à ses nouveaux ministres le retrait de l'ordonnance qui donnait au maréchal Bugeaud le commandement supérieur des forces destinées à marcher contre l'insurrection.

Vers dix heures, la famille, malgré les vives émotions du jour, s'était réunie pour se mettre à table. Le roi, qui, croyant ses concessions suffisantes, avait donné l'ordre que partout on mît bas les armes, pensait sans doute avoir aussi désarmé l'agression en désarmant la résistance. La reine eut, dit-on, en ces heures anxieuses, où son époux devait choisir entre l'amoindrissement de son pouvoir personnel, et les rigueurs voulues pour sauvegarder sa dynastie, un moment de fiévreuse énergie, puisée sans doute dans un cœur au fond duquel, à travers les plus saintes qualités de l'épouse et de la mère, résidaient quelques gouttes du sang de Marie-Thérèse, de Marie-Antoinette et de la reine de Naples. Elle eut un éclair de ce courage viril qui oublie les prudences de la politique. Elle se rebellait contre ces violences que sa conscience lui disait que le roi n'avait pas méritées. Un moment on eût dit que l'honneur politique des siens lui était plus cher que leur vie. Le roi la calma, persuadé qu'il était d'en avoir suffisamment accordé pour tout pacifier. Quant à la duchesse d'Orléans, pour laquelle ces événements avaient un intérêt singulièrement grandi par les éventualités de l'avenir, elle se montrait, comme toujours, pleine de réserve, dans la constante dignité de son attitude. Dès qu'elle put reconnaître tout ce qu'il y avait de sérieux dans les dispositions populaires, elle fit fermer celles des fenêtres de son appartement qui donnaient sur la rue de Rivoli, et, ses enfants habillés de façon à pouvoir au besoin sortir, elle se rendit dans la galerie de Diane, où la famille se réunissait d'habitude pour déjeûner.

Déjà une sorte de relâchement à l'étiquette du palais témoignait de l'irrégularité de la situation. A peine était-on à table, que survinrent MM. de Rémusat et Duvergier de Hauranne, qui entrèrent sans être annoncés. C'étaient deux des membres du ministère combiné par M. Thiers. Ils désiraient parler en particulier au duc de Montpensier. Le prince, que suivaient les regards brusquement alarmés des membres de sa famille, voulut les rassurer d'un geste, et emmener les deux négociateurs dans une pièce voisine. Mais le roi et la reine se levèrent aussitôt, demandant à M. de Rémusat ce qui se passait.

« Sire, — dit ce dernier, — il faut que le roi sache toute la vérité.... la taire dans un moment pareil, serait se rendre complice des événements. Votre sécurité prouve combien vous êtes trompé... à trois cents pas de votre palais les dragons échangent leurs sabres, et les fantassins leurs fusils avec le peuple...

— C'est impossible! — exclama le roi, avec l'accent du plus vif étonnement.

— Sire! — ajouta un officier d'ordonnance, M. de L'Aubépin, je l'ai vu! »

La vérité n'était point encore apparue à Louis-Philippe avec cette crudité. Et tandis que le roi semblait consterné de cette nouvelle, la reine, au contraire, puisait dans le sentiment du péril une animation insolite.

« Sire, — dit-elle, — montez à cheval.... allez ranimer la fidélité des troupes... et si quelque danger vous menace... votre femme et vos enfants seront là, au balcon des Tuileries.... »

Le roi déclara qu'il était prêt à passer en revue les troupes réunies dans la cour du Carrousel. Mais il se trouvait en habit bourgeois, et, dans sa préoccupation, il n'y songeait pas. Sur l'observation de la reine, on alla lui chercher un uniforme. Le chapeau manquait. Le roi, distrait, troublé, prenait par mégarde un chapeau rond. Enfin il fut équipé, et put monter à cheval, en compagnie des seuls de ses fils qui, par malheur, fussent à Paris : les ducs de Nemours et de Montpensier. Quelques généraux les accompagnaient. Le roi passa lentement en revue la ligne, la cavalerie, l'artillerie (en tout 3,500 hommes) (1) qui se trouvaient là, et auxquels s'étaient jointes quelques compagnies de gardes nationaux. Une partie de la ligne et de la cavalerie cria : *vive le roi!* Mais il n'y avait évidemment dans ces cris nul élan, nul enthousiasme. La garde nationale répéta aussi : *vive le roi!* mais elle y ajouta le cri de : *vive la réforme!* Au reste, si l'attitude des troupes se montra froide, celle des soldats-citoyens était indécise, là comme partout. La reine et les princesses assistaient à ce spectacle, d'un balcon du palais, comme le fit Marie-Antoinette le matin du 10 août. Mais ni la reine ni personne ne put se tromper sur la froideur de cet accueil. Le roi aussi comprit enfin que sa popularité n'était plus à la hauteur de la révolte. En défilant devant les gardes nationaux, un cri plus significatif qu'un simple vœu avait, pour ainsi dire, éclaté comme un obus, aux pieds de son cheval. Le roi rentra consterné, crai-

---

(1) A l'époque où éclata la révolution de février, les forces militaires de la France n'excédaient pas 292,800 combattants, dont 65,000 cavaliers. Dans ce chiffre sont compris 16,000 hommes de gendarmerie et 1,800 gardes municipaux.

gnant également soit de provoquer la lutte, soit de l'attendre. Deux heures plus tard même, lorsque la crise éclata avec toute sa violence, le roi, continuellement indécis, ne trouva même pas ce désespoir qui est souvent le génie sauveur des circonstances désespérées....

M. Thiers attendait le roi dans le cabinet qui communique par un pont volant avec le jardin des Tuileries. M. Thiers venait de parcourir quelques quartiers, et son lucide esprit avait compris que sa popularité s'y trouvait déjà dépassée. Il venait dire au roi que la situation en était arrivée à M. Barrot. M. Odilon Barrot, c'était désormais la limite extrême qu'eût l'opposition dans la monarchie. Et déjà, en se montrant au peuple, le nouveau ministre avait pu, lui aussi, se convaincre de l'impuissance de son nom devant une crise qui ne tenait plus compte de sa popularité de dix-huit ans. S'étant présenté aux barricades pour annoncer sa présidence du cabinet, M. Odilon Barrot avait été repoussé....

Ainsi, après M. Guizot, le roi voyait successivement M. Molé, M. Thiers, M. Barrot, tous ces degrés ascendants du sacrifice, insuffisants pour satisfaire aux passions soulevées....

Et, en ce moment même, le Carrousel était attaqué. Conduisant une colonne de combattants, des élèves de l'Ecole polytechnique arrivaient du quartier latin, et s'étaient mêlés aux masses qui entouraient le palais. Toutes ces phalanges que nous avons vues plus haut s'écriant : *Aux Tuileries! aux Tuileries!* s'étaient enfin concentrées sur le quai, ou répandues dans toutes les rues qui relient celles de Rivoli et de Saint-Honoré, attirées par la sanglante affaire du Château-d'Eau que devait dénouer l'incendie. Les cris du peuple, les détonations d'armes à feu, les chants patriotiques, tout arrivait désormais complétement perceptible à l'oreille enfin désabusée du roi. Entouré de quelques-uns de ses nouveaux, mais impuissants ministres, de la reine, des princes et princesses, le roi eût vainement essayé de ne pas désormais reconnaître toute l'étendue du péril qui menaçait sa couronne. Le cabinet était sans cesse assiégé d'officiers, de serviteurs apportant des informations, des avis, interrompus par de nouveaux avis et de nouvelles informations contraires.

M. Thiers et M. de Rémusat, debout devant la cheminée, causaient à voix basse du péril de la situation, lorsque tout à coup entra M. Emile de Girardin, rédacteur en chef de *la Presse*, avec lequel Louis-Philippe aimait à causer en temps ordinaire. Ayant, comme M. Thiers qu'il avait déjà vu le matin, parcouru les principaux quartiers, il avait pu se rendre un compte exact de la gravité de la situation. La veille au soir, quittant les bureaux de son journal, il passait devant le ministère des affaires étrangères juste au moment où « *la capsule d'une baïonnette inintelligente venait d'allumer une révolution...* »

« M. de Girardin, — dit un historien acteur de ces journées, — naguère député, encore publiciste, moins homme d'opposition qu'homme d'idées, moins homme de révolution qu'homme de crise, s'était précipité dans l'évément où il y avait danger, péripétie, grandeur. Il était du petit nombre de ces caractères qui cherchent toujours l'occasion pour entrer en scène avec le hasard, parce qu'ils ont l'impatience de leur activité, de leur énergie, de leur talent, et qu'ils se sentent à la hauteur des circonstances et des choses. M. de Girardin n'avait ni fanatisme pour la royauté, ni antipathie contre la république. Il n'aimait, de la politique, que l'action. Il était accouru de lui-même, sans autre mandat que celui de sa propre impulsion. Le journal *la Presse*, qu'il rédigeait, lui donnait une notoriété en Europe et une publicité dans Paris, qui le mettaient continuellement en dialogue avec l'opinion. C'était un de ces hommes qui pensent tout haut au milieu d'un peuple, et dont chaque pensée est l'événement et la controverse du jour. L'antiquité n'avait que des orateurs du *Forum*, le journalisme a créé ces orateurs du foyer. »

— Qu'y a-t-il, Monsieur de Girardin? — demanda le roi, étendu dans un grand fauteuil placé près de la fenêtre et tendant la main au survenant.

— Il y a, sire, — répondit avec chaleur l'éminent publiciste, — que l'on vous fait perdre un temps précieux, et que, si le parti le plus énergique n'est pas immédiatement adopté, dans une heure il n'y aura plus de royauté en France !

Et, comme Louis-Philippe semblait étonné de cette brusque déclaration, apercevant là M. Merruau, rédacteur en chef du *Constitutionnel*, M. de Girardin ajouta :

— Interrogez M. Merruau sur l'accueil qu'a reçu la proclamation qui vient d'être imprimée au *Constitutionnel* et à *la Presse*.... ; demandez-lui, sire, si l'on a permis qu'elle fût placardée (1).

M. Merruau confirma pleinement le dire de M. de Girardin.

Après quelques instants de silence, le roi reprit :

— Mais que faire alors?

— Abdiquer, sire! — répondit M. de Girardin d'un accent respectueux, mais bref et convaincu.

Le roi se récria.

— Oui, sire, abdiquer! — reprit résolument M. de Girardin, — et conférer la régence à madame la duchesse d'Orléans, car M. le duc de Nemours ne serait pas accepté...

Le roi se lève de son siége, fait quelques pas, et parle de monter à cheval,

---

(1) Voici cette proclamation, en partie rédigée le matin par M. de Rémusat :
    « Citoyens de Paris,
« L'ordre est donné de suspendre le feu. Nous venons d'être chargés par le roi de compo-
« ser un ministère. La Chambre va être dissoute. Un appel est fait au pays. Le général La-
« moricière est nommé commandant en chef de la garde nationale de Paris. MM. Odilon
« Barrot, Thiers, Lamoricière et Duvergier de Hauranne sont ministres.
        « LIBERTÉ, ORDRE, RÉFORME.
                « *Signé :* ODILON BARROT, THIERS. »
Dans l'extrême difficulté qu'il y avait alors à faire rapidement imprimer cette pièce, on la composa et la tira à *la Presse* et au *Constitutionnel*. Mais vainement essaya-t-on de la placarder. Elle fut huée et déchirée aussitôt que posée. M. Ferdinand Flocon y répondit par cette contre-pièce, sortie des presses de *la Réforme :*
« Louis-Philippe nous fait assassiner comme Charles X ; qu'il aille rejoindre Charles X ! »
On assure que ce fut M. Proudhon, ancien ouvrier typographe, qui composa ce placard à l'imprimerie Vinchon, rue Jean-Jacques-Rousseau, à défaut des ouvriers de *la Réforme*, qui étaient tous aux barricades.

d'aller mourir devant les barricades. Mais personne, parmi les nombreux officiers de tout grade qui étaient présents, ne répond, ne bouge... Alors le duc de Montpensier presse son père de se rendre au conseil de M. de Girardin, qui, lui-même, voyant que la royauté n'est pas défendue, insiste sur ce conseil.

— Et bien... j'abdique! — dit Louis-Philippe. — La régence de la duchesse d'Orléans est acceptée....

En ce moment, les décharges de la fusillade se faisaient entendre plus pressées, l'attaque des Tuileries était imminente.

— Mais qu'on fasse cesser le feu! s'écria le roi. —Partez, Messieurs,... allez partout annoncer ma résolution,... surtout que le feu cesse promptement!... qu'on ne tire plus!

M. Emile de Girardin part sans autre garantie que la parole du roi. Au coin de la rue Richelieu et de celle de Saint-Honoré, il est arrêté par les nombreux gardiens de la barricade. Il leur annonce :

L'abdication du roi,

La régence de la duchesse d'Orléans,

La dissolution de la Chambre,

L'amnistie générale.

On n'y veut pas croire. — Est-ce imprimé? — lui crie-t-on. — Non! — Est-ce écrit? — Non! — Quelles garanties nous apportez-vous donc? — Ma parole! —Qui êtes-vous? — Emile de Girardin.... — Le député qui a donné sa démission? — Oui! — Alors... cela suffit! passez!

Des acclamations se font entendre; on crie avec transport : *Le roi a abdiqué! la Chambre est dissoute!*

C'est au moment où l'affaire de la place du Palais-Royal était la plus chaude, que M. de Girardin s'y présenta. Il essaya vainement de faire cesser le feu. Le général de Lamoricière, qui survint presque aussitôt, comme nous l'avons dit déjà, ne put réussir non plus à se faire écouter, et fut, de plus, renversé, blessé. Toutes les exhortations se perdaient dans le sifflement des balles. Le rédacteur de *la Presse* retourne aux Tuileries. Mais il ne trouve plus ni roi, ni princes, ni ministres dans le cabinet où il les avait laissés. Il repart, et essaie encore de répéter à la foule, qui accroît toujours, les amples concessions desquelles le roi paie la cessation de la guerre civile. Et là aussi, on doute, on l'oblige à les écrire et à les signer. Il rentre dans une salle basse, s'assied à une table, et, en moins d'une heure, il écrit et signe plus de 500 bulletins portant l'abdication et les autres clauses. Ces bulletins se répandirent dans la foule (1).

(1) Au mois d'avril 1848, Sobrier voulant combattre l'élection de M. Émile de Girardin dans la Creuse, fit faire un *fac simile* de ce bulletin, et le répandit par milliers d'exemplaires dans le département. Nous avouons ne pas très-bien saisir la portée d'une hostilité dont l'intention seule était manifeste. *Le 24 à une heure*, M. de Girardin avait obtenu du roi son abdication et la régence de la duchesse d'Orléans, il semble que c'était bien quelque chose, et si certains électeurs, qui avaient déjà sept fois envoyé M. de Girardin à la chambre, trouvaient que ce n'était pas assez, il est probable que d'autres aussi trouvaient que c'était trop.

Il pouvait être une heure environ. Il est juste de dire qu'en ce moment la régence de la duchesse d'Orléans était généralement accueillie très-favorablement, et que, si elle éveillait quelque incrédulité, c'est que cette nouvelle dépassait, pour beaucoup, les espérances qu'ils avaient conçues.

— *Conduisez-nous à la Chambre des députés!* — criait-on autour du célèbre publiciste. Il y consent. Une colonne se forme, précédée par un ancien aide-de-camp de l'empereur, le colonel Dumoulin, qui porte un drapeau tricolore. M. de Girardin marche à ses côtés. Arrivé à la grille de la Chambre, M. de Girardin entre seul, et va reprendre la place abdiquée peu de jours auparavant. Déjà la duchesse d'Orléans était là.... Mais, avant de raconter les faits solennels dont l'enceinte parlementaire devint le théâtre, il convient que, pour leur parfaite intelligence, nous rétrogradions de quelques heures dans les événements, dont une face s'offre encore à décrire.

On a vu qu'à peine investi du commandement de l'armée parisienne, le maréchal Bugeaud s'était vu démis de ces fonctions si graves, en raison de l'irritation que sa nomination avait provoquée le matin même dans le peuple.. On se rappelle qu'en désarmant la résistance avec l'homme qui la personnifiait le plus implacablement, M. Thiers espérait avoir aussi désarmé l'agression. Mais la révolte continuait à prendre les développements d'une révolution s'élevant des personnes aux principes. Au bruit de la fusillade, le maréchal Bugeaud, sans songer aux dangers que son impopularité pouvait faire courir à sa personne, même en dehors de la responsabilité du commandement, voulut monter à cheval pour contribuer à répandre, parmi le peuple, la nouvelle d'une plus grave concession du roi : *l'abdication*. Il part, mais revient peu après, sans avoir pu utiliser, comme il l'avait espéré, les témérités de son zèle. Ce fut alors que le jeune général de Lamoricière, franchissant au milieu des balles les avant-postes de l'insurrection, s'élança vers la place du Palais-Royal dans l'espoir d'y faire entendre la nouvelle qui pouvait encore tout pacifier. Nous avons dit de quelle manière ce brillant officier fut reçu, et comment son sang paya son effort. Un jeune diplomate, M. Charles Baudin (fils de l'illustre amiral), lequel avait aussi voulu s'associer aux périls de cette mission de salut civique, s'était, de son côté, élancé à cheval vers la place de la Révolution, pour y propager les nouvelles de l'abdication; mais ses efforts n'avaient point eu, sur les masses incrédules, le succès qu'avait espéré sa bravoure. Sur ces entrefaites, le maréchal Gérard, qui, dit-on, n'avait point paru aux Tuileries depuis longtemps, était venu trouver le roi, auquel, sans rien perdre de l'indépendance de ses opinions, il était dévoué par le cœur. La venue du vieux et populaire maréchal était, à cette heure, comme l'intervention de la sagesse à l'heure suprême : « Allez au devant des masses, — lui dit le roi, — et annoncez-leur mon abdication! »

Le maréchal Gérard, vêtu en bourgeois, en chapeau rond, monta le cheval que le maréchal Bugeaud venait de laisser dans la cour du Carrousel. Le général Duchant l'accompagne. Ils sortent de la grille, le maréchal est reconnu.... on l'acclame! Mais plus il avance, et plus il trouve de difficultés à se faire écouter, à se faire croire, car sur bien des points la foule ne le connaît pas. Il est certain que, si immédiatement après l'abdication du roi, cette nouvelle avait pu être authentiquement répandue, l'immense majorité des citoyens, la garde nationale et les troupes, qui avaient sur plusieurs points fraternisé, eussent impérieusement arrêté le mouvement. Mais une sorte de fatalité sembla s'attacher à cette heure solennelle; et, par la lenteur même de ses concessions, le roi voulant marchander avec la situation, se perdit....

« Le roi, dit un témoin de ces scènes frappantes, écrivit l'acte de son abdication avec un soin et une symétrie de calligraphe, en lettres majuscules, qui semblaient porter sur le papier la majesté de la main royale. Les ministres de la veille, de la nuit et du jour, les courtisans, les conseillers officieux, les princes, les princesses et les enfants de la famille royale remplissaient de foule, de confusion, de dialogues, de chuchottements, de groupes agités enfin, l'appartement. Les visages portaient l'expression de l'effroi qui précipite les résolutions et qui brise les caractères. On était à une de ces heures suprêmes où les cœurs se révèlent dans leur nudité, où le masque du rang, du titre, de la dignité, tombe des visages et laisse voir la nature souvent dégradée par la peur. On entendait de loin, à travers les rumeurs de la chambre, les coups de feu retentissants déjà à l'extrémité de la cour du Louvre. Une balle siffle distinctement à l'oreille exercée du maréchal; elle va se perdre dans les toits. Le maréchal ne dit pas à ceux qui l'entourent la sinistre signification de ce bruit. Le palais des rois pouvait devenir un champ de bataille, à ses yeux c'était le moment de combattre et non de capituler.

« Eh quoi! sire, dit-il au roi (suivant l'historien que nous citons), on ose
« vous conseiller d'abdiquer au milieu d'un combat? Ignore-t-on donc que
« c'est vous conseiller plus que la ruine, la honte? L'abdication dans le calme
« et dans la liberté de la délibération, c'est quelquefois le salut d'un empire
« et la sagessse d'un roi. L'abdication sous le feu, cela ressemble toujours à
« une faiblesse; et de plus, ajouta-t-il, cette faiblesse que vos ennemis tra-
« duiraient en lâcheté, serait inutile en ce moment. Le combat est engagé,
« il n'y a aucun moyen d'annoncer cette abdication aux masses nombreuses
« qui se lèvent et dont un mot jeté des avant-postes ne saurait arrêter l'im-
« pulsion; rétablissons l'ordre d'abord, et délibérons ensuite. »

Ce conseil, il faut le dire, paraissait plaire à Louis-Philippe. Mais il en revint bientôt à la pensée des flots de sang que ferait verser sa résistance.

« Le duc de Montpensier, lit-on encore, qui paraissait plus dominé que les autres par l'impatience d'un dénoûment, s'attacha de plus près à son père, l'assiégea d'instances et de gestes presque impérieux pour l'engager à se rasseoir et à signer. Cette attitude, ces paroles, restèrent dans la mémoire des assistants comme une des plus vives impressions de cette scène.

« La reine seule dans ce tumulte et dans cet entraînement de conseils timides, conserva la grandeur, le sang-froid et la résolution de son rang d'épouse, de mère et de reine. Après avoir combattu avec le maréchal la pensée d'une abdication précipitée, elle céda à la pression de la foule, elle se retira dans l'embrasure d'une fenêtre d'où elle contemplait le roi avec l'indignation sur les lèvres et de grosses larmes dans les yeux.

« Le roi remit son abdication à ses ministres et rejoignit la reine. Il n'était plus roi ; mais personne n'avait autorité légale pour saisir le règne. Le peuple ne marchait déjà plus au combat contre le roi, mais contre la royauté, en un mot, il était trop tôt ou trop tard.

« Le maréchal Bugeaud en fit encore l'observation respectueuse au roi avant de s'éloigner. « Je le sais, maréchal, dit le roi, mais je ne veux pas que « le sang coule plus longtemps pour ma cause. » Le roi était brave de sa personne. Ce mot n'était donc pas un prétexte dont il couvrait sa fuite ni une lâcheté. Ce mot doit consoler l'exil et attendrir l'histoire. Ce que Dieu approuve, les hommes ne doivent pas le flétrir.

« Le roi ôta son uniforme et ses plaques ; il déposa son épée sur la table ; il revêtit un simple habit noir et donna le bras à la reine pour laisser le palais au règne nouveau.

« Les sanglots étouffés des spectateurs interrompaient seuls le silence de ce dernier moment. Sans prestige éclatant comme roi, ce prince était aimé comme homme. Sa vieille expérience rassurait les esprits ; sa familiarité attentive attachait de près les cœurs. Sa vieillesse abandonnée une seule fois par la fortune remuait la pitié. Une superstition politique s'effrayait de la vue de ce dernier fugitif du trône : on croyait voir s'éloigner avec lui la sagesse de l'empire. La reine suspendue à son bras se montrait fière de tomber à sa place avec l'époux et avec le roi qui avait été et qui restait sans trône et sans patrie sur la terre. Ce couple de vieillards inséparables dans le bonheur et dans l'exil, était plus touchant sous ses cheveux blanchis, qu'un couple de jeunes souverains entrant dans le palais de leur puissance et de leur avenir. L'espérance et le bonheur sont un éclat ; la vieillesse et le malheur sont deux majestés : l'un éblouit, l'autre attendrit...

« Au moment de franchir le seuil de son cabinet, le roi se retournant vers la duchesse d'Orléans qui se levait pour le suivre, lui dit :

« Restez, Hélène ! »

« La princesse se jeta à ses pieds pour le conjurer de l'emmener avec lui. Sans doute, elle oubliait alors la royauté pour ne voir que le père de son mari.

« M. Crémieux, député éloquent et actif de l'opposition, était accouru au château pour donner des avis aux dernières crises et pour s'interposer entre la guerre civile et la couronne. Il se précipita à ces mots sur le roi, et, saisissant son bras : « Sire, dit-il d'un ton d'interrogation qui commande une « réponse, il est bien entendu, n'est-ce pas, que la régence appartient à ma- « dame la duchesse d'Orléans?

« Non, répondit le roi, la loi donne la régence au duc de Nemours, mon « fils ; il ne m'appartient pas de changer une loi ; c'est à la nation de faire à « cet égard ce qui conviendra à sa volonté et à son salut. » Et il continua de marcher en laissant derrière lui un problème.

« La régence décernée à son fils avait été un des soucis de son règne. Il était humilié de laisser après lui le gouvernement de quelques années à une femme étrangère à sa race. Peut-être aussi sa prévision lointaine lui faisait-elle redouter que la différence de religion qui existait entre la duchesse et la nation ne présageât des troubles à l'État et des aversions à son petit-fils. Ce prince, réfléchi par nature, avait eu, de plus, vingt ans de solitude, d'exil et de réflexion sur l'avenir. La prudence était son génie, elle était aussi son défaut. On peut dire avec vérité que trois excès de prudence dynastique furent les trois principales causes de sa perte : les fortifications de Paris qui menacèrent de loin la liberté ; le mariage du duc de Montpensier en Espagne, présage de guerre de succession dans un intérêt dynastique ; enfin, la régence donnée au duc de Nemours, qui enleva à la cause de la monarchie, en ce moment, l'innocence d'une jeune femme, et l'intérêt pour un enfant, ces prestiges infaillibles sur le peuple. »

Le départ du roi étant décidé, on avait fait demander des voitures aux écuries de la rue Saint-Thomas-du-Louvre. Ces équipages reçurent en chemin une décharge qui tua deux chevaux ; le piqueur qui les précédait fut frappé d'une balle dans les reins. Son cheval prit le galop et l'emporta à travers la place du Carrousel, jusqu'à l'arc de triomphe, où le cavalier tomba expirant aux pieds du duc de Nemours ; ce piqueur s'appelait Héron. Les équipages arrêtés par le peuple furent brûlés. Voyant que ce moyen de retraite manquait à son père, le prince chargea le général de Chabannes de faire venir d'autres voitures moins susceptibles d'attirer l'attention, à la grille des Tuileries dite *du Pont-Tournant*. Les premières qu'on trouva furent un petit coupé bleu, l'un de ceux qui servaient aux officiers d'ordonnance, et un cabriolet faisant aussi partie du service du château. On y joignit un second coupé, qui se trouvait là, et qui appartenait à une des personnes venues chez le roi.

Décidé à partir, Louis-Philippe ne retourna même point dans ses appartements. Il croyait, par son abdication, être rentré dans le droit commun, et ne devoir prendre nul souci de ce qu'il abandonnait. Il pensait conduire sa famille au château d'Eu, pour laisser aux choses le temps de s'arranger, et revenir ensuite prendre toutes les mesures qui étaient de sa vie privée et de ses intérêts personnels. Le roi, la reine, le duc de Montpensier, la princesse Clémentine, le duc de Saxe-Cobourg-Gotha son mari, leurs enfants, la duchesse de Nemours et les siens, quittèrent le palais par la porte du pavillon de l'Horloge, et s'avancèrent à travers le jardin par la grande allée du milieu. La famille royale était accompagnée des deux aides-de-camp de service les généraux de Berthois et Dumas, du docteur Pasquier, chirurgien du roi, de quelques officiers d'ordonnance, et de diverses gens du service inférieur. C'est à tort qu'il s'est accrédité dans l'opinion, et que plusieurs écrivains ont dit que le roi s'était retiré par le souterrain que recouvre la terrasse dite du bord de l'eau. La famille traversa le milieu du jardin et gagna ainsi la grille du Pont-Tournant. Le général de Rumigny, qui n'était pas de service ce jour-là, voyant le roi partir, courut prendre un peloton du 5ᵉ léger qui se trouvait de garde au château, et en forma une sorte d'arrière-garde pour protéger, au besoin, la retraite de la famille.

Le général Regnauld de Saint-Jean-d'Angely, que nous avons déjà vu figurer comme commandant des troupes réunies sur la place de la Concorde, ayant été informé du départ du roi, donna ordre au colonel Reibell du 2e cuirassiers, qui se trouvait à la tête de deux escadrons auprès du pont de la Concorde, de se porter à la grille où les voitures venaient d'arriver, pour protéger le départ du roi.

Les cuirassiers accoururent au galop, colonel en tête, au Pont-Tournant, où ils arrivèrent juste au moment où la famille y paraissait. La foule se pressait déjà sur ce point. Le roi ne voulut point monter dans la voiture qui l'attendait depuis quelques instants. Il se dirigea vers l'asphalte du pied de l'obélisque, dans le dessein évident de parler à la foule, de réitérer lui-même la nouvelle de son abdication, et de jeter sa parole royale dans un conflit qu'il croyait désormais sans objet, par son sacrifice personnel.

Arrivé au pied de l'obélisque, Louis-Philippe, parfaitement calme, s'efforça donc de se faire entendre dans le tumulte qu'occasionnait déjà sa présence.

La reine, à laquelle il donnait le bras, était, comme lui, noble et ferme d'attitude :

« Mes amis ! — dit le roi, — que tout soit terminé... j'abdique.... je me retire... plus de sang ! » Et, s'adressant aux personnes de sa suite : « Qu'on aille chercher le général Bedeau... »

Mais la foule augmentait d'instant en instant; les cuirassiers qui enveloppaient la famille royale, et auxquels s'étaient joints quelques gardes nationaux à cheval, commençaient à ne contenir qu'à grand'peine la pression des masses, dont le cercle, sans cesse plus épais, encadrait le roi... Les généraux le supplièrent de monter en voiture, de ne pas attendre quelque événement ou probable ou possible. Le roi réitéra encore plusieurs fois l'expression de son désir de voir le général Bedeau.... Mais chaque minute qui s'écoulait était grosse d'un péril, et Louis-Philippe dut enfin céder aux prières de son entourage. Il monta dans le petit coupé bleu, auquel était attelé un vigoureux cheval. La reine y prit place à ses côtés, et on mit devant eux deux des enfants. Les autres membres de la famille se distribuèrent dans les voitures suivantes, et les cuirassiers, fendant la foule, le tout prit la direction de Passy. Au moment où la voiture qui portait le roi et la reine s'ébranlait, deux gardiens des Tuileries, qui avaient accompagné la famille au départ du château, voulant absolument suivre le roi, le colonel Reibell en mit un en croupe derrière un trompette, et fit grimper l'autre, le nommé Supply, sur le marchepied du siége, au risque de briser les ressorts déjà si chargés. On partit au grand trot. Le général Regnauld de Saint-Jean-d'Angely, et le commandant Pégoult, de l'état-major de la garde nationale, ancien officier de l'armée, lequel avait, en ces crises, témoigné du plus grand dévouement envers la famille royale, se mirent à la portière de gauche, et le colonel Reibell plaça son cheval à celle de droite. 200 cuirassiers du 2e, et une vingtaine de gardes nationaux à cheval formèrent l'escorte. Le peuple, amassé sur la place de la Concorde, ne troubla ce départ suprême par aucune manifestation hostile. L'étonnement seul se voyait sur beaucoup de visages.

Le cortége était parvenu déjà au tiers de la route qui longe la Seine, lorsqu'on vit déboucher des Champs-Elysées, à la rencontre des voitures, une colonne de gens armés de fusils, de sabres, de bâtons, et poussant des cris sinistres. Le colonel Reibell s'élança au galop, suivi de trois ou quatre cuirassiers, à la rencontre de ces gens et les chargeant vigoureusement, les dispersa au milieu des arbres. Il n'y eut pas un coup de feu de tiré. Ce mouvement fut si rapide, que la tête de l'escorte ne s'en aperçut même pas.

Le convoi continua sans encombre sa route jusqu'à Saint-Cloud. Seulement un détachement du 7ᵉ régiment de cuirassiers, qui se trouvait sur la route, se joignit à l'escorte. Arrivée au château, la famille royale mit pied à terre. En ce moment, toute l'escorte cria : *Vive le roi!* Ceux des habitants de Saint-Cloud que la curiosité avait attirés sur ce point, s'unirent à ce cri, le dernier sans doute qui ait été proféré, en opposition avec celui de : *Vive la République!* qui retentissait déjà sur une foule de points de la capitale...

Sur les ordres du général Regnauld, le colonel Reibell s'était empressé de prendre toutes les mesures nécessaires pour assurer, au besoin, la défense du pont de Saint-Cloud. Un officier fut expédié par le chemin de fer de Versailles pour faire préparer des chevaux à Trianon. Le général de Rumigny, aide-de-camp et ami personnel de Louis-Philippe, arriva sur ces entrefaites. Il avait été séparé de la famille dans la cohue qui encombrait la place de la Concorde. Voulant la suivre, il avait d'abord enfourché le cheval d'un trompette pour s'élancer sur la trace des voitures, mais ce cheval se cabra sans vouloir marcher. Bien qu'il fût en bourgeois, le général fut reconnu de la foule, qui lui indiqua la direction qu'avait prise le cortége. Un élève d'état-major lui offrit son cheval, et le général s'élança sur la route de Saint-Cloud. Mais bientôt un groupe d'hommes armés lui barra le passage, criant : *A l'eau! à l'eau!* Le général descendit résolument de cheval, et marcha droit à eux. Cet acte d'audace le sauva. Il rendit sa monture à l'élève d'état-major, et continua sa route à pied. A la barrière il trouva une voiture qui le porta à Saint-Cloud. A dater de ce moment, il ne quitta plus le roi.

Prête à partir pour Versailles, la famille royale congédia l'escorte avec effusion. Le colonel Reibell, ami intime du duc d'Orléans, reçut particulièrement de la reine des adieux affectueux (1). Chacun remarqua combien l'attitude des deux royaux époux était empreinte d'une douleur calme et digne. La reine n'eut, dans tout le cours de cette pénible retraite, aucune des faiblesses de femme que lui prête M. de Lamartine dans son récit. Surexcitée, comme nous l'avons dépeinte lors des scènes du château, elle eut, lorsque tout fut perdu, le noble courage de sa grande infortune. Elle tomba en reine.

(1) Cet officier donna sa démission au mois de mai suivant; mais le général Cavaignac la refusa. Peu après, le colonel Reibell, qui était le plus ancien officier de son grade, fut fait général, et reçut le commandement de la cavalerie de Paris.

Lorsque nous aurons rapporté les événements ardents qui suivirent le départ du roi, nous raconterons quelques épisodes curieux, et encore inconnus, de son voyage à travers les départements pour gagner le rivage, d'où il s'embarqua pour l'Angleterre. Ces détails, puisés aux sources les plus authentiques, verront pour la première fois ici la publicité.

On raconte que, dans le trajet des Tuileries au Pont-Tournant, une jeune femme qui suivait le roi et la reine, s'égara dans son trouble. Pendant que les voitures disparaissaient sur la route de Saint-Cloud, elle errait seule, éperdue, sur la place de la Concorde, au milieu du peuple animé, et des insurgés en armes. Cette jeune femme, qui ne connaissait même pas Paris, c'était la duchesse de Montpensier, cette même princesse dont le mariage avec un fils de France avait tant contribué à la crise qui éclatait alors. On eût dit que le destin injuste punissait son innocence des torts d'une politique condamnée par la partie active de l'opinion, en ces deux pays qu'on avait espéré unir, dans les hypothèses de l'avenir. La duchesse de Montpensier, rejointe par un aide-de-camp du roi, le général Thierry, reçut l'hospitalité chez madame Jules de Lasteyrie.

Mais, avant de suivre la duchesse d'Orléans à la Chambre où elle va assister à la chute de ce pouvoir, qui, un moment, semblait devoir lui être transmis, finissons de raconter les événements dont la pression violente venait de motiver la retraite, ou, disons le mot, la fuite du roi.

Nous avons laissé le peuple affluant de toutes parts vers les Tuileries, et le centre de l'action engagé au Château-d'Eau de la place du Palais-Royal.

Donc, le peuple, pour réduire les soldats qui se défendaient dans ce poste, avec un véritable héroïsme, avait essayé d'y mettre le feu. On tirait toujours soit des barricades, soit des meurtrières. Une jeune femme, bravant les balles qui se croisaient sur cette place déserte, ramassait les blessés, et les recueillait dans sa demeure. Un homme du peuple s'approche d'elle, lui frappe sur l'épaule et lui dit : « Tu es une vraie Romaine ! » Cette jeune femme, qui méritait plus que cet éloge d'un insurgé, c'était mademoiselle Maria Lopez, aujourd'hui artiste au Théâtre-Français, et alors à l'Odéon.

Des médecins, des personnes charitables avaient improvisé une sorte d'ambulance dans la galerie vitrée du Palais-Royal, et à deux pas de la fusillade, on pansait les blessés qu'elle faisait.

Et, malgré l'incendie qui, tourmenté par le vent, entrait par les ouvertures du Château-d'Eau (1), dont les volets étaient charbonnés, le poste ne dis-

---

(1) Depuis on a démoli le Château-d'Eau de la place du Palais-Royal, qui avait été bâti en 1710 par Robert de Cotte; c'était la seule grande construction que nous eussions à Paris de l'époque de la régence. Après février, on l'a condamné, comme si c'eût été une seconde Bastille, parce qu'on s'y était tiré des coups de fusil. A ce compte, on aurait dû, en 1830, ne pas laisser le Louvre debout. Il vaut mieux croire qu'on n'a pas voulu rebâtir ce que l'incendie avait détruit. Mais rien n'empêchait de conserver la fontaine centrale; il eût été si facile d'en numéroter les pierres, de la porter ailleurs, au Luxembourg par exemple, comme pendant à celle de Jacques Desbrosses, ou de la mettre dans une de nos rues; elle était certainement supérieure à plus d'une fontaine nouvelle, notamment la fontaine Cuvier. Et même, si l'on reculait devant une dépense quelconque, il n'eût rien coûté de sauver au moins les

continuait pas de se défendre; les balles passaient à travers la flamme. Pourtant celles des soldats devinrent peu à peu plus rares, puis tout se tut. Alors on vit brusquement s'élancer de la terrasse supérieure une colonne de flammes dans laquelle pétillaient les étincelles de mille débris consumés, et la voûte du corps-de-garde s'affaissa. Tout l'édifice s'écroula... ne laissant que sa façade à la fois noircie par la flamme, et criblée de taches blanches au choc des balles entamant la pierre. Le lendemain on voulut compter les cadavres... on ne trouva que des débris humains sanglants, calcinés... Le capitaine avait été tué des premiers. Un lieutenant qui, avec un petit nombre de soldats, réussit, le combat fini, à se soustraire à une mort inutile, a été décoré depuis.

On dit que ce fut là que retentit, pour la première fois, sous l'initiative de M. Etienne Arago, le cri de : *Vive la République !* La foule victorieuse se précipita vers le Carrousel. C'était un peu après que le roi s'en était retiré.

La place, nous l'avons déjà dit, contenait environ 3,000 hommes d'infanterie, deux escadrons de dragons, six pièces de canon en batterie, un certain nombre de gardes municipaux et quelques adjudants du palais armés. Se renfermant dans la cour des Tuileries, protégée par la grille et ayant du canon pour défendre les passages, cette force eût certainement pu faire une vive résistance. Elle se tenait là, l'arme au pied, écoutant la fusillade de la place du Château-d'Eau.

Un lieutenant dans la 5e légion de la garde nationale, le docteur Aubert-Roche, se présenta comme une sorte de parlementaire à la grille, exprimant, dans un grave intérêt, le désir de parler au commandant des Tuileries. On le laissa entrer, et il rejoignit le duc de Nemours sous le pavillon de l'Horloge.

— Monseigneur, — lui dit-il, — si le château n'est pas remis à l'instant à la garde nationale, un terrible combat va s'engager.

Le prince se consulta un moment avec son état-major, puis se décida à donner l'ordre de retraite. L'artillerie sortit par la grille du Palais-Royal; l'infanterie et la cavalerie suivirent le duc de Nemours par le pavillon de l'Horloge. On eut une peine infinie à faire gravir, puis redescendre, aux chevaux, les degrés du double péristyle; il fallut, pour y réussir, jeter des tapis, des paillassons, sur les escaliers de pierre. On opéra cette retraite avec une telle précipitation, qu'on oublia tous les postes de l'intérieur.

La garde nationale pénétra alors dans la cour des Tuileries, la crosse du fusil en l'air. On doit déplorer que les chefs de cette garde, qui semblait s'être efforcée depuis deux jours de se poser en médiatrice entre le pouvoir et l'insurrection, c'est-à-dire entre les deux partis combattants, n'aient pas eu l'énergie suffisante pour empêcher une foule exaltée, formée de gens de

figures de la Seine et de la Nymphe d'Arcueil, que Coustou le jeune avait gracieusement couchées sur les rampants du fronton; elles eussent été au musée Cluny rejoindre les beaux bas-reliefs de la Seine et de la Marne, derniers débris de la porte Saint-Antoine, qu'on laisse, il est vrai, ronger par la mousse, et qui seront bientôt perdus, si on ne les met à couvert. Ces figures de Coustou étaient charmantes, mais personne ne s'est souvenu d'elles, et on a laissé la pioche stupide des démolisseurs les pulvériser comme la dernière pierre du bâtiment.

toutes sortes : insurgés, combattants, pillards, de pénétrer dans ce palais, dont il eût été si noble et si glorieux à la milice citoyenne de protéger l'inviolabilité. Qui risquait-elle d'avoir pour adversaires, en prenant, au dedans des grilles, la position qu'abandonnaient les troupes, position qu'elle pouvait appuyer au besoin des six pièces d'artillerie? Les voleurs, les pillards, toute la bande de pêcheurs en eau trouble, comptant sur le sac de cette riche demeure, et voilant d'ignobles calculs sous un grossier vernis de patriotisme, de haine contre la royauté. Quant au vrai peuple, à celui qui, conviction ou entraînement, en faisant cette révolution imprévue, ne pouvait souiller sa victoire par une déshonorante solidarité avec la canaille, celui-là, disons-nous, se fût arrêté devant la plus simple représentation de ce qu'il se devait à lui-même !

Mais il n'en fut malheureusement pas ainsi. Les gardes nationaux, au nom desquels la remise du palais avait été demandée, se laissèrent suivre, en dedans des grilles, par une foule au milieu de laquelle se trouvaient un tas de drôles ivres de toutes les ivresses.....

Pour donner une idée de ce qui se passa dès lors dans ce palais, si déplorablement abandonné par ceux qui le pouvaient faire respecter, nous croyons ne pouvoir mieux jouir des avantages de notre éclectisme, qu'en empruntant quelques fragments du récit de ce sac furieux, à l'auteur du meilleur ouvrage qui en ait consacré l'histoire. L'auteur que nous citons est un franc admirateur du peuple, dans les rangs duquel seulement, il ne trace point, suivant nous, assez de catégories. Son récit n'est donc pas suspect d'exagération, et l'on doit croire qu'il a plutôt estompé que forcé le tableau. Voici quelques extraits de ce récit :

« Depuis le 10 août 1792, c'était la troisième fois que le peuple chassait la royauté de la forteresse où elle s'abritait derrière ses courtisans. Des colonnes populaires et des gardes nationaux, à la suite du lieutenant Aubert-Roche, y avaient précédé le torrent qui y fit invasion par toutes les issues, brisant, renversant tout sur son passage. Lambris dorés, glaces, tentures, tapis, cristaux, porcelaines, vases de Chine, meubles de boule, meubles incrustés d'ivoire ou d'agate, tout ce luxe qui était autant de somptueuses insultes à la misère du peuple, tout cet éclat auquel ses yeux n'étaient pas accoutumés, toutes ces magnificences accumulées, réalisant pour lui la royauté extérieure, tout cela fut broyé, déchiré, jeté aux vents par les fenêtres, foulé aux pieds. Livres, albums, dessins, statues, furent mis en pièces. »

Et plus loin :

« Au milieu des drames les plus sévères du peuple français, des scènes comiques viennent toujours contraster avec la partie sérieuse ou tragique. En entrant au palais des Tuileries, quelques minutes après la prise du Château-d'Eau, M. Étienne Arago trouva au rez-de-chaussée un registre où s'inscrivaient naguère les visiteurs de la famille royale. Prendre une plume, ouvrir le registre, y écrire son nom, fut pour M. Arago l'affaire d'un instant; et une multitude de citoyens s'amusèrent à continuer cette innocente plaisanterie.

« Dans l'ivresse de leur triomphe, les combattants se mirent aux fenêtres, et l'air retentit des accents de la victoire.

« Dans la salle du trône deux magnifiques faisceaux de drapeaux tricolores paraient le fauteuil royal sur lequel chaque vainqueur venait s'asseoir. Un homme du peuple essuya sur le velours de ce symbole monarchique ses souliers ferrés et couverts de boue. Du haut de cette tribune improvisée, il y proclama la République. D'unanimes acclamations, des applaudissements, des bravos frénétiques couvrirent la voix de l'orateur. — Nous ne nous sommes pas battus, dit-il, pour nous courber devant le sceptre d'un enfant, sous une régence en quenouille. — Non! non! ni royauté, ni régence! s'écria-t-on. Vive la République! Et, comme consécration de ces paroles, une balle fit voler en éclats le buste de Louis-Philippe : on exécuta la royauté en effigie. Puis le trône fut arraché de son piédestal et porté en triomphe sur la place de la Bastille. On le brûla au pied de la colonne de Juillet.

« De nouvelles masses arrivaient encore, arrivaient toujours aux Tuileries, et il en résulta une agglomération inouïe, des torrents furieux se heurtant, s'entre-choquant dans les corridors, dans les escaliers, sous les péristyles, dans les appartements où chacun écrivait sa pensée à coups de crosses de fusil, à coups de baïonnettes, à coups de sabres, de piques, de pistolets.

« Ce fut un spectacle étrange, une dévastation générale, mais méthodique pourtant. Les portraits du prince de Joinville, du duc et de la duchesse d'Orléans furent épargnés. Ceux des autres membres de la famille royale furent lacérés. Dans la salle des maréchaux on déchira certains portraits qui rappelaient des souvenirs de trahison ou d'odieux servilisme. La figure en pied du maréchal Soult, ainsi que celle du maréchal Bugeaud furent mises en lambeaux.

« Du haut en bas le palais semblait rouler des avalanches humaines, et c'étaient des cris, des chants, des vociférations, des gestes destructeurs, un tumulte assourdissant au milieu duquel s'accomplissaient à la fois des enfantillages et des actes de grandeur, des scènes de bouffonnerie et des actions chevaleresques. Ici un homme du peuple mettait un bandeau sur les yeux d'un buste du roi en disant : — C'est toi qui es aveugle! faisant ainsi allusion au dernier discours de la couronne devant les chambres. Et autour de la dernière table servie pour la royauté, se pressaient des groupes de combattants qui terminaient le repas interrompu par une révolution. Plus loin des hommes, la figure et les mains noircies par la poudre, s'affublaient des délicats vêtements des dames de la cour; ils se couvraient de riches dentelles, d'élégantes fourrures, de chapeaux à plumes ou à fleurs; dans la chambre du roi, un gamin plaçait fièrement sur sa tête le chapeau à cornes de Louis-Philippe; d'autres s'arrachaient des lambeaux d'uniformes, de splendides livrées écarlates, et tous se promenaient dans ces accoutrements bizarres, lançant ensuite par les fenêtres les insignes royaux (1). »

(1) Voici un fait qui peut donner une idée de l'importance des dégâts qui ont été commis,

Plus loin le même écrivain cite ce fait philosophique :

« La minute, la seconde où le château a été pris, fut constatée. Un doigt presque aussi puissant que celui de Dieu a arrêté le temps. Le mouvement du grand horloge fut brisé, et l'aiguille impassible, inexorable, a marqué l'heure de la victoire du peuple, de la chute de la royauté en France : *Une heure et demie !* »

« Quant tout fut mutilé, détruit, pulvérisé, lancé par les fenêtres, — dit un autre narrateur républicain ; — quand la colère du peuple se fut pleinement exercée, assouvie, fatiguée sur cette demeure toute vivante encore de ses hôtes et toute pleine de leur présence ; quand d'immenses bûchers allumés sur la place achevèrent de réduire en cendre ce qui avait échappé à la hache, au marteau ou au sabre dans ce splendide musée qu'avaient peu à peu formé autour d'eux le roi et les princes, une main inconnue écrivit sur un des piliers des Tuileries : *Hôtel des invalides civils !* »

« Le peuple de Paris a une philosophie gouailleuse qui se fait jour dans toutes les occasions, — dit un autre témoin oculaire de ces excès. — Pendant que la foule assouvissait ses fureurs sur tant d'objets précieux, l'auteur de ces lignes, qui était entré dans ce palais en curieux, pour assister de près à ce mélancolique spectacle, aperçut, couché sur la balustrade d'une fenêtre de la salle des maréchaux, un homme en blouse, qui fumait tranquillement sa pipe, sans s'embarrasser autrement de ce qui se passait autour de lui. — Savez-vous pourquoi, me dit-il en me regardant avec un sourire sceptique, je suis venu m'installer sur la balustrade de cette fenêtre ? C'est que je me suis rappelé, en arrivant, que j'avais fumé à la même place en 1830... A tous les branle-bas je viens fumer ici ; c'est mon privilége. Ne le dites pas aux autres... ; à la prochaine révolution des intrigants pourraient me prendre ma place ! »

Le soir, il y eut bal aux Tuileries. Le peuple, après avoir brûlé le trône, déchiré le dais royal, voulut danser sous ces lambris aux sons du piano de la duchesse de Nemours, pendant qu'ailleurs des gens, mieux avisés, montaient à l'assaut des places...

On assure que ce fut le fils d'un ancien ministre de Charles X qui tint le piano... Une justice sommaire fut faite des pillards maladroits. Ceux des révolutionnaires honnêtes qui, venus là dans le seul but politique d'humilier

---

pendant les journées de février, entre les deux palais des Tuileries et du Palais-Royal. On lisait en février dernier, dans divers journaux, l'avis suivant : « La liquidation de l'ancienne liste civile fera vendre le 14 de ce mois, par ministère de commissaire-priseur, *vingt-cinq mille kilogrammes* de débris de glace et de cristaux, provenant du mobilier et des services de l'ancien Palais-Royal. Précédemment on avait vendu pour 6,000 fr. de tessons de porcelaine. »

Celui qui écrit ces lignes, enfin, se trouvant à Londres, quelques mois après la révolution, on vint l'aviser qu'une forte partie de tableaux, d'objets d'art et de mobilier, était à vendre chez des Juifs, le tout provenant du triple sac des chateaux susnommés et de Neuilly. Entraîné par la curiosité, il vit une foule de tableaux des maîtres actuels de l'art, dont les toiles roulées avaient été coupées autour des cadres qui ne se pouvaient transporter.

Il y avait des uniformes des princes, et jusqu'à des déguisements fort riches, faits pour les bals costumés de la cour. Pour emporter une preuve matérielle de ces importants détournements, il crut pouvoir se permettre l'acquisition d'un simple verre de cristal portant gravé, sous la couronne royale, le chiffre L.-P.

École de Saint-Cyr.

25 Février 1848.

la royauté, surprirent les filous les mains dans les meubles, les fusillèrent sur-le-champ. On exposa leurs cadavres avec cet écriteau : *Mort aux voleurs!*

Le fauteuil de velours rouge à crépines d'or qu'on appelle vulgairement le trône, porté triomphalement sur les boulevarts à travers les barricades, et au son des tambours battant la charge, fut escorté d'une foule de combattants, brandissant presque tous quelques oripeaux arrachés aux tentures des salons royaux. Comme on l'a dit, le fauteuil symbolique fut brûlé au pied de la colonne de Juillet aux cris répétés de : *Vive la République!*

Pour abréger ces récits des fureurs populaires, nous dirons que les appartements du Palais-Royal furent dévastés comme ceux des Tuileries. Il nous reste à suivre au palais législatif le cours politique des événements.

Les abords de la Chambre étaient dégarnis de troupes. M. Odilon Barrot avait chargé M. de Courtais de faire retirer les six escadrons de dragons et de hussards, ainsi que le 42e de ligne, qui se trouvaient là le matin. Quelques gardes nationaux seulement étaient restés, seuls protecteurs de la Chambre contre une invasion. Celle-ci était réunie depuis midi ; inquiète, tumultueuse, disséminée par groupes dans la salle des Pas-Perdus ; elle ne savait ni quoi espérer, ni quoi redouter, ni quoi résoudre. L'Etat avait-il encore un chef? y avait-il des ministres? Les troupes étaient-elles commandées? M. Thiers arrive. On l'entoure, on l'accable de questions.

« La marée monte... monte toujours! — dit-il, — que va-t-elle engloutir ? »
M. Thiers, qui cherchait quelqu'un, disparaît bientôt. On demande M. Sauzet pour tenter d'ouvrir la séance ; il arrive enfin. Le banc des ministres est vide. Les centres semblent frappés de stupeur. Il n'y a personne dans les tribunes publiques, d'ordinaire si encombrées. La séance s'ouvre, et M. Charles Laffitte monte à la tribune pour proposer à l'Assemblée de se tenir en permanence devant les graves événements en train de s'accomplir. La Chambre adopte, et la séance est suspendue, faute de travail possible à l'ordre du jour. Bientôt un officier arrive, va parler bas au président, et celui-ci, agitant sa sonnette, se lève et s'écrie :

« Messieurs, je vous annonce l'arrivée de madame la duchesse d'Orléans et des jeunes princes ses fils ! » Il faut dire qu'à cette heure on ignorait encore, à la Chambre, le départ du roi. On s'attendait donc à la régence, et l'on pensait que la princesse venait présenter son fils roi à l'adoption des représentants du pays.

On apporte en hâte des siéges au pied de la tribune ; la porte de l'hémicycle s'ouvre en face du président, et la princesse s'avance, vêtue de noir, suivant sa constante habitude, depuis la mort du prince royal. Elle conduit d'une main le comte de Paris, et de l'autre le duc de Chartres. Son voile, relevé sur son chapeau, laisse voir sa pâleur et l'humidité de son regard. Pourtant sa démarche est ferme, son attitude courageuse ; on voit que la mère, la princesse ont réussi à dominer les émotions de la femme. Le duc de Nemours l'accompagne ; il est en uniforme, ainsi que divers généraux qui suivent. M. Dupin est du cortége. Des gardes nationaux forment l'escorte.

La duchesse d'Orléans va d'abord s'asseoir sur un des premiers bancs du rang inférieur. M. Emile de Girardin, qui se trouve derrière elle, l'invite à monter à la tribune pour lire un papier qu'elle tient à la main. Mais des conseils contraires lui sont donnés, et elle va s'asseoir au pied de la tribune, ses enfants à ses côtés. Ils sont l'un et l'autre en petite veste noire. Leur visage exprime un étonnement curieux, car leur catastrophe est un spectacle pour leur innocence. Le duc de Nemours est debout derrière sa belle-sœur. Il porte tous ses insignes. Son visage est calme. On y lit la satisfaction intérieure d'un acte de dévouement oublieux de l'ambition autant que du péril. Il était resté le dernier aux Tuileries, au moment de l'invasion du peuple, pour protéger la retraite de la princesse, fidèle à la mémoire de son frère, dans la personne de ses neveux.

A cette entrée solennelle, il s'est fait le plus grand silence dans l'assemblée. M. Dupin monte à la tribune, provoqué par M. Lacrosse qui, tout en se défiant de lui-même, sent cependant le prix des instants.

M. Dupin s'était trouvé aux Tuileries auprès de la duchesse d'Orléans, à cette heure critique, en compagnie du général Gourgaud, du duc d'Elchingen, fils du maréchal Ney, de MM. de Montguyon et de Boismilon et de plusieurs autres personnages. M. Dupin s'était présenté à l'heure décisive où la révolution cherchait un drapeau, espérant les trouver dans cette femme et cet enfant. Il avait pensé que la duchesse d'Orléans pouvait en ces conjonctures extrêmes, jouer le rôle de Marie-Thérèse, et il venait demander à la veuve du prince royal si elle était disposée à agir.

— Guidez-moi, monsieur, — avait répondu la princesse, — ma vie appartient à la France et à mes enfants !

Et l'on était parti pour la Chambre législative. En effet, la régence, déjà perdue dans la rue, pouvait se retrouver à l'Assemblée, si des hommes d'autorité et d'énergie s'étaient trouvés là pour diriger la révolution, en l'acceptant nettement, au lieu de la subir. Si un homme populaire, mais neuf pour la situation, M. de Lamartine, par exemple, était monté avec la duchesse d'Orléans et ses enfants dans une calèche découverte, parcourant les boulevarts au milieu de quelques-uns de nos glorieux généraux d'Afrique, il est plus que probable qu'à la présence de cette femme respectée de tous, présentant au peuple ses innocents enfants, cette éloquence en action eût, la pitié aidant, fait acclamer la régence, à laquelle se seraient ralliés du premier coup l'immense quantité de gens qui commençaient à voir que les choses dépassaient leurs prévisions ou leurs désirs. Le reste eût cédé à la contagion, ou à la nécessité. Mais déjà, comme on va le voir, M. de Lamartine se préparait un autre rôle... L'illustre poète ne l'a pas gardé longtemps.

M. Dupin, disions-nous, invité par M. Lacrosse, monte à la tribune. Cet orateur n'était évidemment pas celui de la circonstance. La Chambre, en défiance, comprit qu'elle allait entendre par sa voix la pensée du vieux roi. M. Dupin sentit lui-même l'inopportunité de sa parole, en objectant qu'il ne l'avait pas demandée. Mais nul ne semblait prêt à parler... Il parla.

« Messieurs, — dit-il d'un ton où, suivant l'expression d'un poète, *on sentait trembler la monarchie dans sa voix*, — vous connaissez la situation de la capitale; les manifestations qui ont eu lieu, viennent d'amener l'abdication de S. M. Louis-Philippe, qui a déclaré qu'il déposait le pouvoir et qu'il en laissait la libre transmission sur la tête du comte de Paris…. avec la régence de madame la duchesse d'Orléans. »

De vives acclamations accueillent ces paroles. Les centres font retentir les cris de : *Vive le roi! vive le comte de Paris! vive la régente!*

« Messieurs ! — reprend M. Dupin avec une adresse pleine d'expérience, — vos acclamations, si précieuses pour le nouveau roi et pour madame la régente, ne sont pas les premières qui l'aient saluée; elle a traversé à pied les Tuileries et la place de la Concorde, escortée par le peuple, par la garde nationale, exprimant ce vœu, comme il est au fond de son cœur, de n'administrer qu'avec le sentiment profond de l'intérêt public, du vœu national, de la gloire et de la prospérité de la France. »

M. Dupin descend de la tribune. Plusieurs voix y appellent M. Barrot, qui est toujours absent.

« Je demande, — reprend M. Dupin de sa place, — en attendant l'acte d'abdication, qui nous sera probablement remis par M. Barrot, que la Chambre fasse inscrire au procès-verbal les acclamations qui ont accompagné ici et salué dans cette enceinte le comte de Paris comme roi de France et madame la duchesse d'Orléans comme régente, sous la garantie du vœu national. »

M. Sauzet se lève :

« Il me semble, — s'empresse-t-il de dire, — que la Chambre par ses acclamations unanimes…

Mais de vives protestations interrompent ces paroles. Au même instant l'entrée des couloirs est forcée, et un flot de gens, de gardes nationaux la baïonnette au bout du fusil, d'hommes du peuple armés, pénètrent dans la salle. Les huissiers sont impuissants à contenir cette invasion. Des députés s'empressent de faire comme un rempart de leur corps à la duchesse d'Orléans, voyant que des ouvriers apostrophent le duc de Nemours. Le général Oudinot de Reggio s'élance un des premiers contre ce flot armé, et, le traversant intrépidement, il court réclamer l'appui de la garde nationale campée dans la cour. Mais les gardes nationaux, tout en feignant de se rendre à son appel pour sauvegarder l'inviolabilité de l'assemblée et le respect dû à une femme que menacent des baïonnettes françaises, les gardes nationaux, disons-nous, sont, au fond, décidés à temporiser avec l'événement…

Mais on fait à l'intérieur mille efforts pour reprendre la séance si brusquement interrompue. M. de Lamartine (avoue-t-il lui-même dans le récit qu'il a écrit de ces journées) « sent que la délibération va perdre sa liberté si on discute la régence devant la régente et ses enfants. » C'est dire qu'à cette heure déjà, M. de Lamartine ne voulait pas la régence, et qu'il s'efforçait de la faire repousser. « Je demande, — dit-il habilement, — à M. le président de suspendre la séance, par le double motif du respect dû à la représentation nationale et de celui qu'on doit aussi à l'auguste princesse qui est ici devant nous. »

M. Sauzet, qui se montra, en ces heures solennelles, si au-dessous du rôle immense qu'il avait à y jouer, cède au conseil. Il déclare la séance suspendue jusqu'à ce que la princesse soit retirée. La princesse hésite… Elle sent que, si elle part, elle emporte la régence hors de l'enceinte avec elle…… Le général Oudinot s'élance à la tribune :

« On fait appel à tous les sentiments généreux, — s'écrie le loyal soldat. — La princesse, on vous l'a dit, a traversé les Tuileries et la place de la Concorde, seule, à pied, avec ses enfants, aux acclamations publiques. Si elle désire se retirer, que les issues lui soient ouvertes, que nos respects l'entourent comme elle était entourée tout à l'heure des respects de la ville de Paris. Accompagnons-la où elle veut aller. Si elle demande à rester dans cette enceinte, qu'elle reste, et elle aura raison, car elle sera protégée par notre dévouement. »

Le tumulte grossit aux portes des couloirs; des tribunes envahies tombent des propos indignes de telles oreilles... En ce moment, M. Odilon Barrot entre dans la salle. Le président Sauzet essaie d'obtenir le silence.... M. Marie a succédé à la tribune au général Oudinot, dont le généreux effort semble devoir rester sans effet. Il faut rapporter ici ces divers lambeaux de discours qui furent comme l'oraison funèbre de la monarchie de juillet, afin qu'on y suive le développement, d'abord timide, puis bientôt hardi, de l'idée nouvelle :

« Messieurs! — dit M. Marie, lorsqu'on eut réussi à obtenir un peu de silence, — dans la situation où se trouve Paris, vous n'avez pas un moment à perdre pour prendre des mesures qui puissent avoir autorité sur la population. Depuis ce matin le mal a fait des progrès immenses, par des délibérations inutiles : vous ne savez pas jusqu'à quel point le désordre peut aller. Il est donc urgent de prendre un parti... Mais quel parti prendre? On vient de proclamer la régence de madame la duchesse d'Orléans; vous avez une loi qui a nommé régent le duc de Nemours; vous ne pouvez pas aujourd'hui faire une régence; il faut que vous obéissiez à la loi. Cependant il faut aviser; il faut à la tête de la capitale comme à la tête de tout le royaume, d'abord un gouvernement imposant; *je demande qu'un gouvernement provisoire soit constitué.* Quand ce gouvernement aura été constitué, il avisera; il pourra aviser, concurremment avec les chambres, et il aura autorité dans le pays : ce parti pris à l'instant même, le faire connaître dans Paris, c'est le seul moyen d'y rétablir la tranquillité : il ne faut pas en pareil moment perdre son temps en vains discours.

« Voici, messieurs, ma proposition : je demande que sur-le-champ un gouvernement provisoire soit organisé. »

Les tribunes publiques et celles des journalistes applaudissent à cette motion. M. Marie avait, au milieu de l'incertitude générale des esprits, porté à la régence un coup décisif. Cet exemple est suivi par M. Crémieux.

« Dans un pareil moment, — dit-il, — il est impossible que tout le monde soit d'accord pour proclamer madame la duchesse d'Orléans pour régente et M. le comte de Paris pour roi : la population ne peut pas accepter immédiatement cette proclamation. En 1830, nous nous sommes fort hâtés, et nous voici, en 1848, obligés de recommencer. Nous ne voulons pas, Messieurs, nous hâter en 1848; nous voulons procéder régulièrement, légalement, fortement.

« Le gouvernement provisoire que vous nommerez ne sera pas seulement chargé de maintenir l'ordre, mais de nous apporter ici des institutions qui protégent toutes les parties de la population, ce qui lui avait été promis et ce qu'il n'a pu trouver depuis 1830.

« Quant à moi, je vous le déclare, j'ai le plus profond respect pour madame la duchesse d'Orléans. J'ai conduit tout à l'heure, j'ai eu ce triste honneur, la famille royale jusqu'aux dernières voitures qui l'emportent dans son voyage : je n'ai pas manqué à ce dernier devoir, et j'ajouterai que toutes les populations qui étaient répandues sur la route ont parfaitement accueilli le malheureux roi et sa malheureuse famille. Mais maintenant, Messieurs, la généralité de la population parisienne, la fidèle garde nationale ont manifesté leur opinion légale. Eh bien! la proclamation qui vous est proposée en ce moment violerait la loi qui est déjà portée.

« Nommons un gouvernement provisoire; qu'il soit juste, ferme, vigoureux, ami du pays, auquel il puisse parler, pour lui faire comprendre que, s'il a des droits que tous nous saurons lui donner, il a aussi des droits qu'il doit savoir remplir.

« Croyez-nous un peu, nous vous en supplions; nous sommes arrivés aujourd'hui à ce que devait nous donner la révolution de juillet. Nous n'avons pas voulu le changement de quelques hommes; sachons profiter des événements, et ne laissons pas à nos fils le soin de renouveler cette révolution. Je demande l'institution d'un gouvernement provisoire formé de cinq membres. »

Et chaque instant qui passe, chaque parole qui se dit, enlèvent un fleuron à cette couronne aux trois quarts brisée, qui s'échappe de la tête d'un roi enfant! M. Odilon Barrot va essayer de l'y retenir, en cherchant à atténuer la portée des paroles des deux précédents orateurs :

« Jamais, dit-il, nous n'avons eu plus besoin de sang-froid et de prudence ! Puissiez-vous être tous unis dans un même sentiment, celui de sauver le pays du plus détestable des fléaux, la guerre civile. Les nations ne meurent pas, mais elles peuvent s'affaiblir dans des dissensions intestines, et jamais la France n'a eu plus besoin de toute sa grandeur et de toute sa force.

« Notre devoir est tout tracé. Il a heureusement cette simplicité qui saisit toute une nation ; il s'adresse à ce qu'elle a de plus généreux et de plus intime, à son courage, à son honneur.

« La couronne de juillet repose sur la tête d'un enfant et d'une femme. »

De vives acclamations partent des centres à ces paroles. La duchesse se lève et salue l'assemblée. Elle fait aussi saluer le jeune comte de Paris. Elle semble vouloir parler; mais on crie à M. Barrot de continuer, et elle se rassied.

M. Barrot reprend :

« C'est au nom de la liberté politique dans notre pays, c'est au nom des nécessités de l'ordre surtout, au nom de notre union et de notre accord dans les circonstances si difficiles, que je demande à tout mon pays de se rallier autour de ses représentants de la révolution de juillet. Plus il y a de grandeur et de générosité à maintenir et à relever ainsi la pureté et l'innocence, et plus mon pays s'y dévouera avec courage. Quant à moi, je serai heureux de consacrer mon existence, tout ce que j'ai de facultés dans ce monde, à faire triompher cette cause, qui est celle de la vraie liberté dans mon pays.

« Est-ce que par hasard on prétendrait remettre en question ce que nous avons décidé par la révolution de juillet? Messieurs, la circonstance est difficile, j'en conviens, mais il y a dans ce pays de tels éléments de grandeur, de générosité et de bon sens, que je suis convaincu qu'il suffit de leur faire appel, pour que la population de Paris se lève autour de cet étendard. Il y a là tous les moyens d'assurer toute la liberté à laquelle ce pays a droit de prétendre, de la concilier avec toutes les nécessités de l'ordre qui lui sont si nécessaires, de rallier toutes les forces vives de ce pays et de traverser les épreuves qui lui sont peut-être réservées. Ce devoir est simple, tracé par l'honneur, par les véritables intérêts du pays. Si nous ne savons pas le remplir avec fermeté, persévérance, courage, je ne sais quelles peuvent en être les conséquences ! Mais soyez convaincus, comme je le disais en commençant, que celui qui a le courage de prendre la responsabilité d'une guerre civile, au sein de notre noble France, celui-là est coupable au premier chef, celui-là est criminel envers son pays et envers la liberté de la France et du monde entier. Quant à moi, Messieurs, je ne puis prendre cette responsabilité; la régence de la duchesse d'Orléans, un ministère pris dans les opinions les plus éprouvées, vont donner plus de gages à la liberté, et puisse un appel au pays, à l'opinion publique, dans toute sa liberté, se prononcer alors, et se prononcer sans s'égarer jusqu'à des prétentions rivales de la guerre civile!...

« Se prononcer au nom des intérêts du pays et de la vraie liberté, voilà, quant à moi, quel est mon avis, quelle est mon opinion. Je ne pourrais pas prendre la responsabilité d'une autre situation. »

M. de Larochejacquelein succède à la tribune à l'orateur qui en descend après avoir soutenu la régence.

« Nul plus que moi, —dit le marquis légitimiste,—ne respecte et ne sent profondément ce qu'il y a de beau dans certaines situations, je n'en suis pas à ma première épreuve ; je répondrai à M. Barrot que je n'ai pas la folle prétention de venir élever ici des prétentions contraires; non, mais je crois que M. Barrot n'a pas servi comme il aurait voulu les servir, les intérêts pour lesquels il est monté à cette tribune, en s'avançant autant qu'il l'a fait.

« Messieurs, il appartient peut-être bien à ceux qui, dans le passé, ont toujours servi les rois de parler maintenant du pays et du peuple.

« Aujourd'hui vous n'êtes rien, plus rien ! »

Les centres protestent énergiquement contre ces dernières paroles. Ils ne veulent pas être congédiés du même coup que la monarchie; ils lèvent les bras pour soutenir encore la voûte chancelante de l'édifice qui s'écroule sur leur tête.

M. de Larochejaquelein reprend :

« Quand je dis que vous n'êtes rien, je ne croyais pas soulever tant d'orages. Ce n'est pas moi, député, qui vous dirai que la Chambre des députés n'existe plus comme Chambre...... je dis qu'elle n'existe plus comme.... »

Un grand tumulte empêche de saisir les derniers mots de l'orateur. C'est un nouveau flot de peuple qui fait invasion dans la Chambre. On y voit des étudiants, des ouvriers, des élèves de l'Ecole polytechnique. Le colonel Dumoulin pose un drapeau sur la tribune. Cette invasion s'opère avec une sorte de régularité toute militaire. Seulement on distingue dans la masse un garçon boucher, le tablier taché de sang. Cet homme réussit à se glisser jusqu'au banc des ministres...

Malgré son air pacifique, cette invasion répand cependant une vive émotion dans l'assemblée. Les députés gravissent les bancs les plus élevés. La duchesse d'Orléans reste paisible à sa place. Le duc de Nemours prend des notes à ses côtés. Les enfants regardent avec curiosité....

On dit que, du haut de la tribune des journalistes, M. Armand Marrast, ne comprenant rien à cette invasion aux allures pacifiques, en mit en doute la sincérité. Il apprend bientôt que ces hommes ont été introduits par le général d'Houdetot....

« Ce n'est pas là le vrai peuple! — dit-il, — celui-là vient proclamer la régence... Je vais, moi, chercher le vrai peuple! »

Et il part.

Mais c'est au tour de M. Ledru-Rollin d'apporter à la tribune les aspirations avancées du parti dont il est l'un des chefs :

« Au nom du peuple, partout en armes, — dit-il, — maître de Paris, quoi qu'on fasse, je viens protester contre l'espèce de gouvernement qu'on est venu proposer à cette tribune. Je ne fais pas comme vous une chose nouvelle, car, en 1842, lors de la discussion de la loi de régence, seul dans cette enceinte, j'ai déclaré qu'elle ne pouvait point être faite sans un appel au pays.

« On vient tout à l'heure de vous parler de la glorieuse révolution de 1789. Prenons bien garde que les hommes qui en parlent ainsi n'en connaissent pas le véritable esprit, et ne veuillent pas surtout en respecter la Constitution.

« En 1791, dans le texte même de la Constitution, on a déclaré que l'Assemblée constituante, l'Assemblée constituante, comprenez-le bien, avec des pouvoirs spéciaux, n'avait pas le droit de faire une loi de régence, et qu'il fallait un appel au pays pour la faire.

« Or, Messieurs, depuis deux jours nous nous battons pour le droit. Eh bien ! si vous résistez et si vous prétendez qu'un gouvernement par acclamation, un gouvernement éphémère qu'emporte la colère révolutionnaire, si vous prétendez que ce gouvernement existe, nous nous battrons encore au nom de la Constitution de 1791 qui plane sur le pays, qui plane sur notre histoire, et qui veut qu'il y ait un appel fait à la nation pour qu'une régence soit possible.

« Pas de régence possible, ainsi qu'on vient d'essayer de l'implanter d'une façon que je dirais véritablement singulière et usurpatrice !

« Comment ! tout à coup, sans nous laisser délibérer, vous-même majorité, venir briser la loi que vous avez faite contre nos efforts en 1842 ! Vous ne le voudriez pas. C'est un expédient qui n'a pas de racines dans le pays.

« Au nom même du droit que, dans les révolutions même, il faut savoir respecter, car on n'est fort que par le droit, je proteste, au nom du peuple, contre votre nouvelle usurpation.

« Vous avez parlé d'ordre, d'effusion de sang. Ah ! l'effusion de sang nous touche, car nous l'avons vu d'aussi près que personne... 5,000 hommes sont morts... »

Au moment où M. Ledru-Rollin prononce ces paroles, le garçon boucher, debout au banc des ministres s'élance sur des banquettes en levant le bras vers la duchesse ; les députés lui ferment le passage et le rejettent dans l'hémicycle.

M. Ledru-Rollin reprend :

« Eh bien! nous vous déclarons encore ceci : l'effusion de sang ne peut cesser que quand les principes et le droit seront satisfaits, et ceux-là qui viennent de se battre se battront ce soir, si l'on méconnaît leurs droits.

« Au nom de ce peuple, qui est tout, je vous demande quelle espèce de garanties votre gouvernement qu'on intronisait, qu'on essayait d'introniser tout à l'heure, quelles garanties il nous donne? »

M. Berryer interrompt l'orateur.

« Pressez la question, concluez, un gouvernement provisoire! »

« Messieurs, répond M. Ledru-Rollin, en parlant ainsi au nom du peuple, j'ai la prétention, je le répète, de rester dans le droit, et j'invoque deux souvenirs.

« En 1815, Napoléon a voulu abdiquer en faveur du roi de Rome ; le pays était debout, le pays s'y est refusé. En 1830, Charles X a voulu abdiquer pour son petit-fils, le pays était debout, le pays s'y est refusé! »

« Concluez! nous connaissons l'histoire! » — interrompt M. Berryer.

« Aujourd'hui, — répond M. Ledru-Rollin, — le pays est debout et vous ne pouvez rien faire sans le consulter. Je demande donc, pour me résumer, un gouvernement provisoire, non pas nommé par la Chambre, mais bien par le peuple, un gouvernement provisoire et un appel immédiat à une Convention qui régularise les droits du peuple. »

On voit, par ces discours divers, qu'à ce titre nous avons voulu rapporter, que cette séance offrait le reflet exact des gradations qui s'étaient présentées en dehors, dans les faits. Comparons : dans la rue, c'est un ministre à renverser? il est à bas ; c'est la réforme qu'on veut? on l'a ; de M. Molé on passe à M. Thiers, de M. Thiers à M. Odilon Barrot, de ce dernier à l'abdication. La révolution arrivée à ce point, la Chambre en reprend la gamme ascendante : elle proclame la régence d'abord ; puis traite d'un gouvernement provisoire nommé par elle ; et voilà qu'enfin il s'agit de l'appel au peuple. Ceux qui passaient à ce dernier parti, savaient qu'il leur serait plus aisé de se proclamer par la voix du peuple, que de l'être par l'assemblée. C'est maintenant au tour de M. de Lamartine, le premier qui ait, par une motion adroite, retardé, et conséquemment annulé, la question de la régence.

« M. de Lamartine n'avait qu'à dire à la princesse et à ses fils : « Levez-
« vous! Vous êtes la veuve de ce duc d'Orléans dont le peuple a couronné
« en vous la mort et le souvenir! Vous êtes les enfants privés de ce père et
« adoptés par la nation! Vous êtes les innocents et les victimes des fautes
« du trône, les hôtes et les suppliants du peuple! Vous vous sauvez du trône
« dans une révolution! Cette révolution est juste, elle est généreuse, elle
« est française! Elle ne combat pas des femmes et des enfants! Elle n'hérite
« pas des veuves et orphelins! elle ne dépouille pas ses prisonniers et ses
« hôtes! Allez régner! Elle vous rend par compassion le trône perdu par les
« fautes dont vous n'êtes que les victimes. Les ministres de votre aïeul ont
« dilapidé votre héritage. Le peuple vous le rend, il vous adopte, il sera vo-
« tre aïeul lui-même. Vous n'aviez qu'un prince pour tuteur, vous aurez
« une mère et une nation!... (1). »

(1) C'est M. de Lamartine lui-même, qui parle ainsi dans son livre apologétique sur ces journées.

« La Chambre se serait levée en masse à ces paroles relevées par la vue, par les larmes, par les mots entrecoupés de la duchesse, par l'enfant élevé sur les bras de sa mère et apporté sur la tribune. Lamartine aurait entraîné l'assemblée et quelques gardes nationaux présents au palais à la suite de la princesse sur la plate-forme du péristyle. De là il aurait montré la veuve et l'enfant au peuple indécis, aux troupes fidèles. Les acclamations étaient certaines. Ce cortége, grossi de torrents de gardes nationaux et de peuple dans sa marche, ramenait la duchesse et ses enfants aux Tuileries. Il proclamait la régence. Quelle péripétie ! quel drame ! quel dénoûment ! quel triomphe du cœur sur la raison ! de la nature sur la politique !

« Lamartine avait ces mots sur les lèvres, ce geste dans la main, cet acte dans l'imagination, ces larmes dans les yeux. Il ne céda pas à ces nobles tentations de l'homme d'imagination. Il arracha son cœur de sa poitrine, il le contint sous sa main pour n'écouter que sa raison. Sa raison lui rappelait plus fortement encore ce qu'il venait de dire deux heures avant au conseil des républicains.

« La régence au milieu d'une crise qui avait soulevé le peuple, entraîné la garde nationale, dissous l'armée, renversé le trône, expulsé le roi, provoqué le suffrage universel, suspendu le travail, jeté deux cent mille ouvriers affamés de droits et de pain sur le pavé, n'était pas la paix, c'était une trève courte et agitée. La révolution sanglante n'était pas finie : elle commençait. Terrible, convulsive, insatiable, avec ce faible gouvernement de sentiment et de surprise. Lamartine eût sauvé le jour, perdu l'avenir, soulagé son émotion, ruiné son pays. Il ne se crut pas le droit de satisfaire son cœur aux dépens de son pays et de perdre des milliers de vies pour jouer un beau rôle d'un moment dans le drame efféminé d'une politique de sentiment. Il eût été facile, il lui eût été doux de verser sur la tribune cette larme qu'il avait, comme tout le monde, dans les yeux. Mais cette larme serait devenue un torrent de sang des citoyens. Il la retint. C'est là une des sévérités du cœur qui coûta le plus à la nature. Ce n'est pas une faute de conscience dont il se repente jamais. Il aurait perdu non seulement la République, mais les victimes mêmes de la catastrophe qu'il aurait dévouées en les couronnant (1). »

Voilà donc, selon M. de Lamartine lui-même, ce qu'il aurait pu dire, et, aussi selon lui, ce qui serait advenu de ses paroles ! Il nous reste à rapporter maintenant ce qu'il a réellement dit, au milieu de ces événements si graves qu'il déclare avoir été le maître de diriger dans un sens ou dans l'autre.

« Messieurs, — dit l'auteur de l'*Histoire des Girondins*, — je partage aussi profondément que qui que ce soit parmi vous le double sentiment qui a agité tout à l'heure cette enceinte, en voyant un des spectacles les plus touchants que puissent présenter les annales humaines, celui d'une princesse auguste se défendant avec son fils innocent, et venant se jeter du milieu d'un palais désert, au milieu de la représentation du peuple.

« Je demande à répéter ma phrase, et je prie d'attendre celle qui va la suivre. Je disais, Messieurs, que j'avais partagé aussi profondément que qui que ce soit dans cette enceinte le

(1) Ceci est encore extrait de l'ouvrage précité.

double sentiment qui l'avait agitée tout à l'heure. Et ici je ne fais aucune distinction, car le moment n'en veut pas, entre la représentation nationale et la représentation des citoyens de tout le peuple, et de plus c'est le moment de l'égalité, et cette égalité ne servira, j'en suis sûr, qu'à faire reconnaître la hiérarchie de la mission que des hommes spéciaux ont reçue de leur pays, pour donner non pas l'apaisement, mais le premier signal du rétablissement de la concorde et de la paix publique.

« Mais, Messieurs, si je partage cette émotion, qu'inspire ce spectacle attendrissant des plus grandes catastrophes humaines, si je partage le respect qui vous anime tous à quelque opinion que vous apparteniez dans cette enceinte, je n'ai pas partagé moins vivement le respect pour ce peuple glorieux qui combat, depuis trois jours, pour renverser un gouvernement perfide, et pour rétablir sur une base désormais inébranlable l'empire de l'ordre et l'empire de la liberté.

« Mais, Messieurs, je ne me fais pas l'illusion qu'on se faisait tout à l'heure à cette tribune ; je ne me figure pas qu'une acclamation spontanée arrachée à une émotion et à un sentiment publics puisse constituer un droit solide et inébranlable et un gouvernement de 35 millions d'hommes.

« Je sais que ce qu'une acclamation proclame, une autre acclamation peut l'emporter, et, quel que soit le gouvernement qu'il plaise à la sagesse et aux intérêts de ce pays de se donner, dans la crise où nous sommes, il importe au peuple, à toutes les classes de la population, à ceux qui ont versé quelques gouttes de leur sang dans cette lutte, de cimenter un gouvernement populaire, solide, inébranlable enfin.

« Eh bien! Messieurs, comment le faire? Comment le trouver parmi ces éléments flottants, dans cette tempête où nous sommes tous emportés, et où une vague vient surmonter à l'instant même la vague qui vous a apportés jusque dans cette enceinte? Comment trouver cette base inébranlable? En descendant dans le fond même du pays, en allant extraire pour ainsi dire ce grand mystère du droit national, d'où sort tout ordre, toute vérité, toute liberté; c'est pour cela que, loin d'avoir recours à ces subterfuges, *à ces surprises*, *à ces émotions* dont un pays, vous le voyez, se repent tôt ou tard, lorsque les fictions viennent à s'évanouir, en ne laissant rien de solide, de permanent, de véritablement populaire, et d'inébranlable sous les pas du pays; c'est pour cela que je viens appuyer de toutes mes forces la double demande que j'aurais faite le premier à cette tribune, si on m'y avait laissé monter au commencement de la séance, la demande d'abord d'un gouvernement, je le reconnais, de nécessité, d'ordre public, de circonstance, d'un gouvernement qui étanche le sang qui coule, d'un gouvernement qui arrête la guerre civile entre les citoyens.... d'un gouvernement qui suspende ce malentendu terrible qui existe depuis plusieurs années entre les différentes classes de citoyens, et qui, en nous empêchant de nous reconnaître pour un seul peuple, nous empêche de nous aimer et de nous embrasser.

« Je demande donc que l'on constitue à l'instant, du droit de la paix publique, du droit du sang qui coule, du droit du peuple qui peut être affamé du glorieux travail qu'il accomplit depuis trois jours; je demande que l'on constitue un gouvernement provisoire... un gouvernement qui ne préjuge rien, ni de nos ressentiments, ni de nos sympathies, ni de nos colères, sur le gouvernement définitif qu'il plaira au pays de se donner, quand il aura été consulté (C'est cela ! c'est cela !). Je demande donc un gouvernement provisoire. »

Et de divers côtés on crie :

« Les noms des membres de ce gouvernement? »

M. de Lamartine fait un geste de la main et reprend :

« Attendez! Ce gouvernement provisoire aura pour mission, selon moi, pour première et grande mission, d'établir la trêve indispensable et la paix publique entre les citoyens; deuxièmement, préparer à l'instant les mesures nécessaires pour convoquer le pays tout entier et pour le consulter, pour consulter la garde nationale tout entière, et tout ce qui porte dans son titre d'homme les droits de citoyen.

« Un dernier mot : Les pouvoirs qui se sont succédé depuis cinquante ans..... »

L'orateur n'a pas le temps d'achever sa phrase, qu'on entend une salve de coups de fusils, dont le contre-coup ébranle la tribune et roule dans les corridors; les portes tombent sous les coups de crosses, et un flot d'hommes, dont l'aspect témoigne de l'enivrement du combat, fait irruption dans la salle, en criant à pleins poumons : *A bas la régence! vive la République!*

C'est ce qu'il appelait le *vrai peuple* que M. Marrast est allé chercher. Un de ces hommes ajuste de son arme le président Sauzet, qui n'a que le temps de disparaître sous son bureau; un autre met en joue le duc de Nemours... mais un de ses compagnons relève le canon du fusil.

« C'est une avant-garde d'environ trois cents hommes sortis des Tuileries après le sac du château,—raconte lui-même l'orateur interrompu à la tribune. —Tous échauffés par un combat de trois jours, quelques-uns enivrés par l'odeur de la poudre et par la marche, ils viennent de traverser la place de la Concorde sous les yeux des généraux qui ont fait ouvrir les rangs devant eux. Arrivés aux portes extérieures de l'assemblée, leurs camarades de l'intérieur les ont introduits sur un signe de M. Marrast. Guidés par des complices qui connaissent les avenues secrètes du palais, ils s'étouffent dans les couloirs et se précipitent en poussant des cris de mort dans les tribunes des spectateurs. Leur veste déchirée, leur chemise ouverte, leurs bras nus, leurs poings fermés, semblables à des massues de muscles, leurs cheveux hérissés et brûlés par les cartouches, leurs visages exaltés du délire des révolutions, leurs yeux étonnés de l'aspect inconnu pour eux de cette salle où ils plongent d'en haut sur des milliers de têtes, tout dénote en eux des ouvriers du feu, qui viennent donner le dernier assaut au dernier réduit de la royauté. Ils enjambent les bancs, ils coudoient, ils écrasent les assistants dans les tribunes, ils élèvent d'une main leurs chapeaux ou leurs bonnets de loutre, ils brandissent une arme de rencontre, pique, baïonnette, sabre, fusil, barre de fer ! « *A bas la régence, vive la république, à la porte les corrompus !* » La voûte tremble de ces cris.

« La même irruption éclate et tonne par les larges portes déjà obstruées qui s'ouvrent au pied de la tribune. Le chef de la colonne, le capitaine Dunoyer, agite au-dessus de la tête des orateurs le drapeau tricolore aux franges d'or, trophée du trône renversé aux Tuileries. Les députés consternés pâlissent à ce témoignage de la victoire du peuple. « Ce drapeau, s'écrie le capitaine Dunoyer, « vous atteste qu'il n'y a plus ici d'autre volonté que la nôtre, et au-dehors il « y a cent mille combattants qui ne subiraient plus de rois ni de régence ! »

De nombreux députés se glissent de leurs bancs et se retirent un à un par toutes les issues !

« Place aux traîtres ! honte aux lâches ! » vocifère le peuple des tribunes. La duchesse d'Orléans reste presque découverte et abandonnée, pâle et tremblante pour ses enfants. Le peuple ne la voit pas cachée par un rideau de députés. »

Enfin les députés cèdent à la pression (on doit noter que le dernier qui resta fixe à sa place fut M. Emmanuel Las Cases); ils sont repoussés au milieu d'un flux et d'un reflux de peuple armé qui, comme une mer montante, envahit les banquettes supérieures, et ne laisse d'autre parti à prendre qu'une lutte difficile contre ces hommes armés, ou la retraite par les couloirs. La duchesse d'Orléans, qui voulait courageusement mourir sur son fauteuil, plutôt que d'abdiquer la dernière espérance d'avenir du comte de Paris, se trouve enveloppée dans cette cohue, et finit par chercher instinctivement une issue pour sauver ses enfants. M. de Girardin voyant l'encombrement des couloirs, court à la tribune, et s'empare presque violemment d'un des drapeaux des combattants, pour en protéger la retraite de la princesse. Mais déjà celle-ci se trouve brutalement séparée de ses enfants. Le jeune duc de Chartres, renversé sous les gradins, manque d'être étouffé, foulé aux pieds. Il est relevé par un huissier; un garde national prend aussi dans ses bras le comte de Paris, et les plus calmes parmi ceux des envahisseurs qui encombrent les voies, s'efforcent de laisser passer ces innocents enfants que ne poursuit nulle haine. Dans la pression, le duc de Nemours perd une de ses épaulettes. Échappant ainsi, comme par miracle, à l'insulte, à l'étouffement, à la mort même, la duchesse gagne enfin la salle des Quatre-Colonnes, voisine de celle des Pas-Perdus, où elle trouve la foule, comme partout; mais elle peut cependant arriver jusqu'à la porte-fenêtre qui donne sur le jardin de la Présidence; on la lui ouvre, et elle sort..... Mais ses enfants, où sont-ils? Abrégeons ces scènes violentes. Les enfants sont rapportés, après avoir couru mille périls, volontaires peut-être de la part de quelques exaltés, mais involontaires de celle de tant de gens confondus dans cette cohue que dominaient mille cris. La princesse se retira à la Présidence de la Chambre; puis, le soir venu, elle fut conduite aux Invalides, où elle passa la nuit. Le lendemain, enfin, fuyant comme une coupable sa patrie d'adoption, elle quittait la France pour retourner dans sa première patrie.

Quant au duc de Nemours, il gagna l'un des bureaux; là il changea de costume, puis disparut.

C'est ainsi qu'il avait fallu moins d'une heure pour disperser, comme un tourbillon le fait des feuilles d'une branche, tous les membres de cette famille qui, la veille encore, était une des plus puissantes de l'Europe!

Or, pendant que les législateurs fuyaient de toutes parts, abandonnant leur poste, comme ailleurs tant de militaires avaient abandonné le roi, la foule complétait l'envahissement des tribunes, des banquettes, de l'hémicycle, et M. Dupont (de l'Eure), à l'instigation de ceux de ses amis qui se préparaient déjà à diriger le dénoûment des choses, et à celle de M. de Lamartine surtout, monte au fauteuil de la présidence, d'où M. Sauzet a si brusquement et si déplorablement disparu. Le vacarme est épouvantable. C'est en vain que MM. de Lamartine, Ledru-Rollin et Crémieux essaient de le dominer. Ce dernier réussit enfin à persuader aux envahisseurs de l'hémicycle les plus rapprochés de lui, qu'il faut, sans perdre plus de temps, que M. Dupont (de l'Eure) proclame les noms des membres du *gouvernement provisoire*. Mille cris qui s'élèvent alors pour réclamer le silence, ne servent qu'à augmenter le tumulte. Faute de pouvoir les proclamer, les noms des nouveaux gouvernants, écrits en grosses lettres sur une feuille de papier piquée sur une baïonnette, sont montrés à la foule tumultueuse. Un demi-silence s'obtient enfin, et M. Ledru-Rollin en profite, pour faire retentir dans cette enceinte bruyante les noms des hommes qui se sont choisis eux-mêmes, pour substituer leur pouvoir à celui que le peuple vient de renverser.

Les premiers de ces noms sont ceux de MM. Dupont (de l'Eure), Lamartine, Ledru-Rollin et Arago. Ils passent sans opposition. Les noms de MM. Marie,

Bethmont, Crémieux et Garnier-Pagès, qui viennent ensuite, font renaître un vif tumulte. Un cri parvint cependant à tout dominer :
— A l'Hôtel-de-Ville !

Alors chacun répète : A *l'Hôtel-de-Ville!* et la foule cherche à sortir. En ce moment un coup de feu part, et va frapper le tableau placé au-dessus du fauteuil du président, tableau qui représente le serment de Louis-Philippe à la Charte. Le roi est frappé droit à la poitrine, au milieu du grand cordon....

Aussitôt plusieurs canons de fusils sont dirigés sur le tableau ; des hommes s'élancent pour mettre la toile en pièces... Mais une voix puissante s'écrie : *Respect aux monuments!* — et l'élan est paralysé.

Le nouveau gouvernement part enfin, escorté de cette foule ardente, par l'introduction de laquelle M. Armand Marrast a coupé court à toute discussion dont pouvait encore sortir la régence ; il se dirige vers l'Hôtel-de-Ville, afin de faire sanctionner son pouvoir à cette sorte de Mont-Aventin des séditions.

Le cortége prit le quai. On avança un cabriolet pour le vieux Dupont (de l'Eure). La colonne qui accompagnait les nouveaux gouvernants était formée d'environ 600 hommes, dont la moitié était armée. « Une compagnie ou un escadron lancé sur ce cortége confus et sans ordre (dit M. de Lamartine dans le récit qu'il a consacré à son rôle personnel pendant cette révolution) aurait facilement dispersé ce groupe, et enlevé ce gouvernement d'acclamation. »

En passant devant la caserne du quai d'Orsay, où venait de se retirer un régiment de dragons, M. de Lamartine eut l'idée de se faire apporter un verre de vin par un soldat. Il le but en s'écriant : « Citoyens ! voici le banquet que nous vous avions promis ! » On acclama, puis le cortége continua sa route vers l'Hôtel-de-Ville.

Le peuple en était déjà maître.

Nous avons vu le faubourg Saint-Antoine en armes venir prendre son quartier-général au pied de la colonne de Juillet. Ce furent ces masses, qu'on peut porter à 8,000 hommes, qui, vers midi, s'emparèrent de l'Hôtel-de-Ville. Elles étaient dirigées par le général Piat, qu'on a vu depuis jouer un si grand rôle dans l'élection du 10 décembre. Ce vieux brave, depuis longtemps retiré à Nogent, avait quitté sa résidence, le 17 février, pour assister au banquet réformiste du 12e arrondissement. Le banquet ayant eu les destins qu'on sait, le général Piat, la crise venue, avait endossé son ancien uniforme impérial, et s'était vu acclamer au faubourg par le peuple qu'il s'efforça de contenir, de diriger. L'Hôtel-de-Ville occupé, il prit possession de la salle même du conseil municipal, au moment où M. de Rambuteau s'en retirait. A cette heure, le roi Louis-Philippe était encore aux Tuileries, et dans peu on allait discuter la question de la régence à la Chambre des Députés. Si cette cause avait triomphé, le général Piat pouvait payer de sa tête l'ardeur avec laquelle il avait cédé à ses vieilles convictions politiques. Son grade datait de 1813. Un jeune publiciste, connu par son dévouement à la personne de l'ex-prisonnier de Ham, M. Temblaire, accompagnait le général Piat, auquel il servait en quelque sorte d'aide-de-camp. Bientôt nous retrouverons l'un et l'autre à propos de la double élection de Louis-Napoléon, soit comme représentant du peuple, soit comme président de la République.

De nombreuses barricades fermaient la place. Il y avait çà et là des marres de sang, et l'on heurtait les cadavres abandonnés des chevaux tués sous leurs cavaliers. La foule inquiète, houleuse, encore bouillonnante, venait, de même qu'une vague, battre l'édifice comme pour l'interroger sur l'issue de la crise. Le gouvernement de la Chambre des députés traversa assez aisément la place; mais il lui fallut de grands efforts pour se faire jour dans la cohue de gens armés montant, descendant, criant; cohue tumultueuse et agitée qui encombrait l'escalier menant aux salles. Il y réussit enfin et pénétra en haut...

C'est le moment de dire qu'à cette heure, il n'y avait pas moins de quatre gouvernements provisoires en train de se constituer dans Paris.

D'abord celui que nous connaissons déjà;

Puis un second qui se formait dans les bureaux du *National*, auquel s'étaient joints les rédacteurs de *la Réforme*; là, les hommes de l'ancien parti républicain, réunis sous la présidence de M. Sarrans, jetaient par les fenêtres des noms qu'acclamait la multitude.

Le troisième gouvernement se combinait enfin déjà, entre divers combattants, dans une des salles de l'Hôtel-de-Ville, tandis que les sectionnaires des sociétés secrètes organisaient une sorte de commune dans les bureaux envahis du préfet de police.

Or, ces quatre gouvernements se rencontrèrent face à face sur un même terrain : l'Hôtel-de-Ville. On juge des luttes qui naquirent de ces chocs divers! Après mille conflits et mille hésitations, toutes les listes finirent cependant par se confondre dans un seul projet, fusion qui pourtant ne semblait pas définitive encore, car, tandis que les membres, discutés et admis, cherchaient à se constituer pour délibérer au plus tôt sur l'urgence d'une solution à la crise, un cinquième pouvoir tendait encore de surgir dans une salle voisine.

En effet, tandis que dix hommes, ambitieux sans doute, mais, il faut le reconnaître aussi, animés d'un grand courage, car leur initiative pouvait devenir une immolation, et tandis, disons-nous, que ces citoyens se réunissaient pour tenter de régulariser, de consolider la victoire, une foule d'hommes, inquiets sur un pouvoir qu'ils n'avaient pas élu, que nul n'avait approuvé ni reconnu, s'étaient emparés d'une des vastes salles de l'Hôtel-de-Ville, et à côté même de ce gouvernement venu du palais législatif, qui essayait de fonctionner déjà, ils agitaient le choix d'un autre gouvernement provisoire.

Cette situation était intolérable, pleine de périls, prolongeait la crise et pouvait coûter de nouveau sang. M. de Lamartine, chez lequel il faut admirer l'énergie physique, et ce courage à braver les périls dont il fit fréquemment preuve durant ces péripéties palpitantes, s'offrit pour aller conjurer le danger. Il pénétra hardiment dans cette salle volcanisée, y apportant de sa personne la rivalité du gouvernement déjà formé. Mille imprécations accueillirent d'abord sa présence. Mais quelques hommes plus respectueux envers la popularité du poète, de l'auteur tant lu de l'*Histoire des Girondins*, l'enlevèrent dans leurs bras, et le portèrent sur un point d'où il put dominer la foule mugissante à ses pieds. Longtemps il attendit le silence. L'ayant péniblement obtenu, il trouva dans son éloquence une logique adroite, des accents persuasifs, pour faire comprendre et accepter ce qui avait été fait. Il calma cette foule et la séduisit. On le reporta en triomphateur dans la salle où l'attendaient ses collègues... Mais il fut suivi par une cohue de gens qui, encore méfiants, voulaient assister aux premières délibérations du pouvoir nouveau, que l'habileté d'un orateur heureux venait de consacrer. Le gouvernement lève aussitôt la séance pour se transporter ailleurs. Il cherche longtemps à s'isoler et n'y réussit qu'avec peine. C'est dans un réduit obscur, étroit, perdu au fond d'un couloir du second étage de l'édifice, que les décemvirs, surnageant sur les deux grands pouvoirs renversés, cherchent à en consolider un nouveau. C'est là que sont hardiment, et coup sur coup, frappés les premiers décrets de la République...

Et d'abord le gouvernement s'est constitué par une proclamation au peuple. Voici ses membres, tels qu'ils sortirent de la longue lutte des candidatures soutenues par les quatre premières listes formées, puis fusionnées :

Président, Dupont (de l'Eure), vieillard respectable, qui, par son éclatante probité plus que par ses grands talents peut-être, devait en quelque sorte servir de drapeau, de garantie sur l'opinion, au pouvoir qui tentait de s'ériger. Vétéran du patriotisme, il a vu dix fois se renouveler la société autour de lui, et lui seul est resté inébranlable dans ses vieilles convictions. C'était un de ces hommes antiques devant l'honneur desquels tous les partis s'inclinent, à cause de la générosité de leurs sentiments et la pureté de leur vie.

Affaires étrangères, de Lamartine, poète illustre, orateur prestigieux, âme enthousiaste, homme des exaltations généreuses et communicatives. Il allait rendre à cette révolution qu'il avait déviée de la régence un moment possible, certaine, d'immenses services de tribun. Pendant quelques jours il devait être l'âme et la parole de cette République, qui était en ce moment la séduction de son imagination poétique. Il allait, par son courage et son talent, sauver le pays de plus d'un péril, en contenant le flot devant lequel il avait lui-même abattu la digue, en déviant son cours à l'aide de mots heureux, habiles. Lamartine c'était, comme il se plaît à le dire lui-même, l'ordre dans la liberté.

Marine, François Arago, de l'Institut, grande notabilité scientifique qui, en posant sa propre couronne sur le front de cette naissante République, en garantissait les premiers pas purs de tout excès. Il avait cette vieille probité politique de Dupont (de l'Eure) et cette immuabilité d'opinions qui font que ce sont les événements qui, dans leur rotation, viennent un jour à ces hommes, contrairement à tant d'autres qui courent au-devant des événements. « Arago, — dit un de ses collègues, — prit le ministère de la marine du droit de sa science, de son autorité sur les armes savantes, de sa renommée aussi vaste que le globe où son nom allait flotter. »

Justice, Crémieux. Le rôle honorable qu'il avait joué dans cette journée auprès de la famille déchue, et un talent d'orateur éprouvé par sept années de luttes judiciaires et parlementaires, l'avaient fait comprendre dans la liste définitive, malgré sa qualité d'israélite. Les cultes passèrent au ministère de l'instruction publique.

Intérieur, Ledru-Rollin. C'était la figure la plus saisissante de ce pouvoir nouveau, soit par le profond radicalisme de ses opinions, soit par l'excentricité de sa personne. Théoricien parlementaire brusquement appelé à l'application politique, dans le département le plus délicat à conduire, Ledru-Rollin est celui des hommes de ce pouvoir improvisé qui a le plus contribué à le discréditer plus tard, en faisant accomplir mille bonds impétueux à cette révolution qui, pour réussir sur la plus grande généralité possible de l'opinion, devait impérieusement obéir à une marche sage et progressive. Orateur entraînant, homme de passions à la fois puissant et faible, l'ancien tribun de la gauche s'est perdu lui-même ; en compromettant la cause confiée à son inexpérience pratique des hommes et des choses.

Travaux publics, Marie. Ancien bâtonnier de l'ordre des avocats, nature plus conciliante qu'énergique, il devait représenter dans le gouvernement provisoire cette opinion modérée qui pouvait seule faire accepter les conséquences de cette révolution, à ceux qui allaient trouver qu'elle était entraînée trop loin. Les fonctions dévolues à M. Marie devenaient la dictature du travail du peuple, et devaient conséquemment contribuer puissamment à régulariser l'ordre. Peut-être M. Marie, orateur habile qui comptait de beaux succès au barreau et à la tribune, intelligence antique par le stoïcisme de ses convictions, n'était-il pas complétement propre à se prêter aux menus détails d'un ministère aussi complexe. Il y apportait toutefois une honorabilité parfaite, et son nom était de ceux qui rassurent sur les excès possibles d'une révolution ivre de son succès.

Finances, Goudchaux ; banquier estimé par sa probité et ses lumières, qui fut appelé à ce département pour retenir le crédit qu'effarouchent les crises révolutionnaires.

Guerre, Subervie. La difficulté était de trouver en ce moment un général populaire, qui n'eût pas pris part à la lutte contre le peuple. M. de Lamartine désigna ce vieux soldat, connu par ses convictions profondes, qui accourut et se dévoua, sans tenir compte du peu de durée probable de son mandat.

Enfin l'agriculture et le commerce sont donnés à M. Bethmont, nom honorable du barreau parisien, et l'instruction publique et les cultes confiés à Carnot, fils du fameux conventionnel, et dont le nom était un gage aux républicains, en même temps que son caractère personnel semblait devoir ajouter aux garanties de modération indispensable à offrir au pays, après cette victoire remportée, non pas seulementt sur la royauté, mais aussi sur une très-grande majorité de l'opinion allarmée.

M. Garnier-Pagès, lequel avait précédé à l'Hôtel-de-Ville le gouvernement formé au palais législatif, en compagnie de MM. de Malleville et Gustave de

Beaumont, et qui était venu y proclamer l'abdication du roi, s'était vu porté chef de l'autorité municipale de Paris. Cette création d'une mairie centrale ne devait pas résister à l'expérience des temps si profondément modifiés depuis 89. Porteur d'un nom célèbre, M. Garnier-Pagès s'était fait estimer par sa droiture, son énergie dans les moments qui exigeaient un vrai patriotisme, et une probité digne de présider aux difficultés de toutes sortes qui allaient inévitablement surgir. Il avait été l'un des agents les plus actifs de l'agitation de 1847, et aux derniers jours de la monarchie, l'un des rares députés qui bravèrent l'interdiction ministérielle dans la poursuite du droit qu'ils croyaient garanti par la Constitution. M. Garnier-Pagès avait en outre une certaine réputation comme financier.

Quatre secrétaires furent ajoutés à ce gouvernement, pour enregistrer ses actes, et surtout pour y centraliser toutes les forces actives qui, laissées en dehors de lui, auraient pu lui faire rivalité d'influence. Ces quatre secrétaires furent :

M. Armand Marrast, désigné à ses amis par la haute position qu'il occupait dans la presse républicaine ;

M. Ferdinand Flocon, autre ardent journaliste, dont l'action devait être réunie au faisceau commun, de crainte qu'elle s'isolât ;

M. Pagnerre, éditeur fameux, depuis de longues années, de la propagande républicaine ;

M. Louis Blanc, nom cher aux sectes socialistes, popularisé par son *Histoire de dix ans*, et dont la renommée faisait supposer une capacité qu'il fallait mettre à l'épreuve. Ces quatre secrétaires eurent d'abord voix consultative, puis bientôt délibérative. Ils s'adjoignirent Alexandre Martin, dit *Albert*, ouvrier mécanicien, flatterie à ce peuple qui voyait avec défiance dix députés dans les rangs du pouvoir nouveau érigé sur le triomphe populaire.

Les noms de ces secrétaires, figurant d'abord comme tels au bas des décrets, finirent par se mêler aux noms des membres du gouvernement provisoire lui-même. Nul ne contesta cette usurpation tacitement consentie, par alliance aux hommes qui avaient eux-mêmes usurpé, sur l'anarchie imminente, l'interrègne de pouvoir qui laissait gronder sur la cité, et bientôt peut-être sur tout le pays, la guerre civile. Les secrétaires eurent donc ainsi leur place dans les bénéfices de l'audace, comme ils l'avaient dans le danger.

M. Pagnerre seul resta secrétaire général du conseil. M. Barthélemy-Saint-Hilaire finit par lui être adjoint. MM. Recurt et Buchez organisèrent la mairie de Paris sous M. Garnier-Pagès. M. de Courtais, enfin, député et ancien militaire, reçut le commandement général de la garde nationale de Paris, et devait devenir le protecteur républicain de la nouvelle assemblée législative. Plutôt soldat qu'homme politique, M. de Courtais tomba ensuite, écrasé entre la Chambre et le peuple.

Mais achevons de raconter les scènes dont l'Hôtel-de-Ville fut le théâtre en cette mémorable journée du 24.

Nous avons laissé les membres du gouvernement provisoire gagnant une pièce reculée du second étage de l'Hôtel-de-Ville, pour y délibérer, soustraits à la bruyante pression d'une foule ardente, enthousiasmée, pleine d'exigence et de déraison. Après s'être entendu sur les diverses nominations qui précèdent, le ministère gouvernemental s'occupa au plus vite d'en répandre l'avis dans la capitale au sein de laquelle planaient partout l'inquiétude et l'indécision. La liste des membres de l'autorité provisoire fut lancée dans le public, où elle circula par les journaux du soir. Le peuple n'avait pas encore déposé les armes. Celui qui avait élevé au centre de la ville ces redoutables barricades dont nous avons parlé restait à son poste, exigeant la République pour rançon de son désarmement : Lamartine, appelé par la foule à une des fenêtres de l'Hôtel-de-Ville avait cependant déclaré que le gouvernement qui se constituait, était un gouvernement républicain, bien que provisoire, l'appel au pays devant lui donner sa consécration définitive. Pourtant le parti avancé se défiait encore. L'intérieur de l'Hôtel-de-Ville avait fini par être évacué avec la nuit. Mais la foule qui stationnait sur la place, attendant la communication des actes du gouvernement, se renouvelait sans cesse, apportant la curiosité et remportant quelques noms accolés à quelques emplois. Vers les boulevarts et les Tuileries, les habitants, infiniment moins radicaux que dans le centre, n'étaient pas sans inquiétudes pour la nuit. En effet, on savait que de faux mots d'ordre avaient été répandus, dans le dessein sans doute de provoquer quelque collision. On assure qu'un général, se rappelant un peu tard ses devoirs de reconnaissance envers le roi qui l'avait comblé d'honneurs, essaya de préparer un mouvement contre-révolutionnaire dans le quartier du Palais-Royal, pour dégager les Tuileries. Par son fait, tous les postes de la rue Saint-Honoré reçurent ce faux mot d'ordre : *Havre, havresac*, qui se heurta contre le vrai : *Liberté, égalité, fraternité, maintenez les barricades*, ce qui occasionna quelques conflits. Mais presque partout les noms des membres du gouvernement provisoire réussirent à calmer les passions, comme à rassurer les inquiétudes. Tandis que les républicains ardents se réjouissaient de la présence aux affaires de Ledru-Rollin, de Louis Blanc et de Flocon, les modérés et les timides se rassuraient, ou essayaient de se consoler, en voyant la crise confiée à Lamartine, Arago et Marie. Les autres noms satisfaisaient aussi d'autres variétés de l'opinion. La nuit amena donc son repos pour les habitants de cette capitale, si profondément remuée depuis deux jours, excepté, toutefois, pour le gouvernement provisoire qui commençait alors cette fameuse séance *des 60 heures*, dont les décrets changèrent la face gouvernementale et administrative du pays.

Ainsi s'était écoulée cette journée qui n'a pas son égale dans l'histoire. Elle a vu passer successivement deux ou trois ministères,

Tomber la royauté,

La régence avortée,

Et la proclamation de la République !

CHAPITRE II.

Gouvernement provisoire. — Commission exécutive. — Journées de Juin.

Le 25 février au matin, le peuple de Paris lut partout la proclamation suivante, qu'avait rédigée M. de Lamartine. Le but de cette pièce était d'instruire la nation des événements accomplis, et de lui faire connaître les hommes qui s'étaient jetés à la tête du mouvement pour tenter de le régler, de le contenir et de faire une pacification de la victoire, une institution d'une révolte :

« AU NOM DU PEUPLE FRANÇAIS.

« *Proclamation du gouvernement provisoire au nom du peuple français.*

« Le gouvernement vient de s'enfuir en laissant derrière lui une trace de sang qui lui interdit de revenir jamais sur ses pas.

« Le sang du peuple a coulé comme en juillet; *mais cette fois ce généreux sang ne sera pas trompé*. Il a conquis un gouvernement national et populaire en rapport avec les droits, les progrès et la volonté de ce grand et généreux peuple.

« Un gouvernement provisoire, sorti d'acclamation et d'urgence par la voix du peuple et des députés des départements dans la séance du 24 février, est investi momentanément du soin d'assurer et d'organiser la victoire nationale. Il est composé de :

« MM. Dupont (de l'Eure), Lamartine, Crémieux, Arago (de l'Institut), Ledru-Rollin, Garnier-Pagès, Marie.

« Ce gouvernement a pour secrétaires :

« MM. Armand Marrast, Louis Blanc, Ferdinand Flocon et Albert.

« Ces citoyens n'ont pas hésité un instant à accepter la mission patriotique qui leur était imposée par l'urgence. Quand la capitale de la France est en feu, le mandat du gouvernement provisoire est dans le salut public. La France entière le comprendra et lui prêtera le concours de son patriotisme. Sous le gouvernement populaire que proclame le gouvernement provisoire, tout citoyen est magistrat.

« Français, donnez au monde l'exemple que Paris a donné à la France; préparez-vous, par l'ordre et la confiance en vous-mêmes, aux institutions fortes que vous allez être appelés à vous donner.

« Le gouvernement provisoire veut la *République*, sauf ratification par le peuple, qui sera immédiatement consulté;

« L'unité de la nation formée désormais de toutes les classes de citoyens qui la composent; le gouvernement de la nation par elle-même;

« La liberté, l'égalité et la fraternité pour principes, le peuple pour devise et mot d'ordre, voilà le gouvernement démocratique que la France se doit à elle-même et que nos efforts sauront lui assurer.

« Dupont (de l'Eure), Lamartine, Crémieux, Ledru-Rollin, Garnier-Pagès, Marie, Arago.

« Membres du gouvernement provisoire ;

« Armand Marrast; Louis Blanc,

« Secrétaires. »

LAMARTINE

Membre du Gouvernement provisoire & de la Commission exécutive.

A. Rousseau. Imp. Decan

Il avait été convenu que chacun des sept membres du gouvernement provisoire aurait un portefeuille. Toutefois, M. Garnier-Pagès désirant rester maire de Paris, et les ministères dépassant le nombre des gouvernants, les influences les plus modérées appelèrent dans le conseil leurs amis, et c'est ainsi que MM. Goudchaux, Carnot et Bethmont furent lotis.

Voici comment le ministère et quelques emplois supérieurs furent portés au *Moniteur* du 25, en masse avec d'autres mesures :

« AU NOM DU PEUPLE FRANÇAIS.

« Le gouvernement provisoire arrête :

« MM. Dupont (de l'Eure) est nommé président provisoire du conseil, sans portefeuille;

« De Lamartine, ministre provisoire aux affaires étrangères;

« Crémieux, ministre provisoire à la justice;

« Ledru-Rollin, ministre provisoire à l'intérieur;

« Michel Goudchaux, ministre provisoire aux finances;

« François Arago, ministre provisoire à la marine;

« Le général Bedeau, ministre provisoire à la guerre (1);

« Carnot, ministre provisoire à l'instruction publique (les cultes formeront une division de ce ministère) (2);

« Bethmont au commerce;

« Marie aux travaux publics;

« Le général Cavaignac, gouverneur général de l'Algérie;

« Garnier-Pagès, maire de Paris;

« Guinard (3) et Recurt, adjoints au maire de Paris (ce dernier, délégué du maire près la préfecture de la Seine);

« Flotard, secrétaire général.

« Tous les autres maires de Paris, ainsi que les maires adjoints, sont provisoirement maintenus comme maires et adjoints d'arrondissements.

« La garde municipale est dissoute.

« La préfecture de police est sous la dépendance du maire de Paris.

« Le maintien de la sûreté de Paris est confié au patriotisme de la garde nationale, sous le commandement général donné à M. le général de Courtais.

« A la garde nationale se réuniront les troupes qui appartiennent à la 1re division militaire. »

Une remarque à faire sur cette répartition des ministères, c'est que les trois journalistes et l'ouvrier déjà évincés du gouvernement provisoire, en furent exclus : ils finirent par faire partie du gouvernement provisoire lui-même.

Ces proclamations furent immédiatement suivies d'une autre à l'armée dont il était urgent de fixer le sort, en préparant sa réconciliation avec le peuple.

« Généraux, officiers et soldats,

« Le pouvoir, par ses attentats contre la liberté, le peuple de Paris par sa victoire, ont amené la chute du gouvernement auquel vous aviez prêté serment. Une fatale collision a ensanglanté la capitale. Le sang de la guerre civile est celui qui répugne le plus à la France. Le peuple oublie tout en serrant les mains de ses frères qui portent l'épée de la France.

« Un gouvernement provisoire a été créé; il est sorti de l'impérieuse nécessité de préserver

---

(1) M. le général Bedeau refusa, eut le commandement de la 1re division militaire, et fut remplacé à la guerre par M. le général Subervie.

(2) C'est M. Crémieux qui ajouta la phrase relative à la réunion des cultes à l'instruction publique. On avait parlé d'abord de les joindre à l'intérieur. « Non, dit quelqu'un, ce serait mettre les questions religieuses au rang des affaires de police; leur place légitime est à l'instruction publique. »

(3) M. Guinard refusa cette fonction et fut nommé chef d'état-major-général de la garde nationale.

la capitale, de rétablir l'ordre, et de préparer à la France des institutions populaires analogues à celles sous lesquelles la République française a tant grandi la France et son armée.

« Vous saluerez, nous n'en doutons pas, ce drapeau de la patrie, remis dans les mains du même pouvoir qui l'avait arboré le premier. Vous sentirez que les nouvelles et fortes institutions populaires qui vont émaner de l'Assemblée nationale, ouvrent à l'armée une carrière de dévouement et de service que la nation, libre, appréciera et récompensera mieux que les rois.

« Il faut rétablir l'unité de l'armée et du peuple, un moment altérée.

« Jurez amour au peuple, où sont vos pères et vos frères ! jurez fidélité à ses nouvelles institutions, et tout sera oublié, excepté votre courage et votre discipline. La liberté ne vous demandera plus d'autres services que ceux dont vous aurez à vous réjouir devant elle et à vous glorifier devant ses ennemis!

« *Les membres du gouvernement provisoire.* »

Nous devons dire que les principaux chefs de l'armée, quel que fût le parti auquel ils appartinssent précédemment, et un grand nombre de serviteurs de la dynastie d'Orléans, firent leur soumission, verbalement ou par lettre, à la République. De la part de beaucoup, ces adhésions furent un véritable scandale. On eût surtout préféré, pour l'honneur de son caractère, ne pas compter le maréchal Bugeaud parmi les plus empressés à faire cette soumission.

A mesure qu'une nomination était décidée à l'Hôtel-de-Ville, l'agent militaire ou civil partait avec quelques instructions sommaires, infiltré de l'esprit du conseil, et, si l'on peut dire, du feu de l'urgence. La préfecture de police, d'abord offerte à M. Baune, échut à M. Marc Caussidière, qui s'adjoignit un de ses amis, M. Sobrier. Au moment où le gouvernement lançait les pièces précédentes, M. Caussidière faisait, de son côté, afficher celle qui suit :

« Citoyens,

« Un gouvernement provisoire vient d'être installé, choisi par la volonté du peuple. Pour veiller à l'exécution des mesures qui seront prises par ce gouvernement, la volonté du peuple a aussi choisi, pour ses délégués au département de la police, les citoyens Caussidière et Sobrier.

« La même volonté souveraine du peuple a désigné le citoyen Etienne Arago à la direction générale des postes.

« Comme première exécution des ordres du gouvernement provisoire, il est ordonné à tous les boulangers et fournisseurs de vivres de tenir leurs magasins ouverts à tous ceux qui en auraient besoin.

« Il est expressément recommandé au peuple de ne point quitter ses armes, ses positions, ni son attitude révolutionnaire. Il a été trop souvent trompé par la trahison : il importe de ne pas laisser de possibilité à d'aussi terribles et d'aussi criminels attentats.

« Pour satisfaire au vœu général du peuple souverain, le gouvernement provisoire a décidé et effectué, avec l'aide de la garde nationale, la mise en liberté de tous nos frères détenus politiques; mais en même temps il a conservé dans les prisons, toujours avec l'assistance honorable de la garde nationale, les détenus constitués en prison pour crimes ou délits contre les personnes et les propriétés.

« Les familles des citoyens morts ou blessés pour la défense des droits du peuple souverain sont invités à faire parvenir, aussitôt que possible, aux délégués du département de la police, les noms des victimes de leur dévouement à la chose publique, afin qu'il soit pourvu aux besoins les plus pressants.

« Les délégués au département de la police,

« Caussidière et Sobrier. »

Nommé la veille à la direction générale des postes, M. Etienne Arago, l'un des héros de la bataille, avait prié M. Dejean de lui céder la place, ce qui s'était fait avec une sorte de courtoisie voisine du comique. M. Dejean avait seulement réclamé de son successeur de par la République, la délivrance d'une pièce quelconque, signée et propre à figurer dans les archives. M. Etienne

Arago apposa sa signature au bas de quelques lignes qui contenaient à la fois la destitution de M. Dejean et sa propre nomination. M. Etienne Arago débuta dans ses fonctions par un véritable tour de force. A sept heures du soir, malgré mille barricades qui coupaient toutes les rues, les malles-postes partirent, emportant dans toute la France anxieuse la nouvelle de la chute du roi, et la proclamation de la République étayée des noms du gouvernement provisoire formé dans l'après-midi du 24.

Mais l'histoire des premiers actes du gouvernement provisoire ne saurait être mieux faite que par la production de l'analyse ou des pièces officielles qui résumèrent sa pensée et ses travaux. Machiavel l'a dit : *L'histoire des faits sera toujours la plus utile comme la plus éloquente des histoires.* A ce titre, nous ne saurions mieux faire que de céder la place aux formules des mesures par lesquelles les hommes que la fortune de la rue et leur audace (et qui dit audace, dit à la fois ambition et courage) portèrent à les prendre des premiers en main, et conduisirent les destinées du pays bouleversé. Enregistrons donc les plus significatives d'entre les réformes, les nominations, d'entre les mesures enfin, qui devaient servir à l'édification du nouveau pouvoir sorti des barricades de février 1848.

Tous les actes qui suivent furent faits sous cette évocation : AU NOM DU PEUPLE FRANÇAIS, et précédés de cette formule : *Le gouvernement provisoire arrête.*

Nous trouvons donc, après les nominations déjà mentionnées, les arrêtés suivants, signés des membres du gouvernement provisoire ou du ministre spécial.

Du 24 :

— La Chambre des Députés est dissoute.

— Il est interdit à la Chambre des Pairs de se réunir.

— Une assemblée nationale sera convoquée aussitôt que le gouvernement provisoire aura réglé les mesures d'ordre et de police nécessaires pour le vote *de tous les citoyens.*

— Le colonel Dumoulin, ancien aide-de-camp de l'Empereur (nous l'avons vu jouer un rôle actif dans les évécements de la matinée, à la Chambre surtout) est chargé du commandement supérieur du Louvre et de la surveillance particulière de la bibliothèque du Louvre et du Musée national. M. Félix Bouvier lui est adjoint.

— M. Saint-Amand, capitaine dans la 1re légion, est nommé commandant du palais des Tuileries.

— Les objets engagés au Mont-de-Piété depuis le 1er février, et consistant en linge, vêtements, hardes, etc., dont le prêt ne dépassera pas 10 fr., seront rendus aux déposants.

— Les Tuileries serviront d'asile aux invalides du travail.

— Nouvelle proclamation à l'armée pour empêcher la désertion et l'abandon des armes.

Du 25 :

— Les tribunaux rendront la justice au nom du peuple français.

— Proclamation annonçant que tous les forts qui environnent Paris ont reconnu le gouvernement provisoire, et que les approvisionnements de Paris sont assurés.

— Les fonctionnaires de l'ordre civil, militaire, judiciaire et administratif sont déliés de leur serment.

— Les gardes nationales dissoutes par le précédent gouvernement sont réorganisées de droit; elles reprendront immédiatement leur service dans toute l'étendue de la République.

— 24 bataillons de garde nationale *mobile* seront immédiatement recrutés dans la ville de Paris.

— L'enrôlement commence dès le jour même du décret, dans les douze mairies d'arrondissement. Les gardes nationaux mobiles recevront une solde de *un franc cinquante centimes* par jour, et seront habillés et armés aux frais de la patrie.

— Le général Duvivier est chargé de l'organisation de la garde mobile dont il est nommé commandant.

— Le gouvernement s'engage à garantir l'existence de l'ouvrier par le travail.

Il s'engage à garantir du travail à tous les citoyens.

Il reconnaît que les ouvriers doivent s'associer entre eux pour jouir du bénéfice de leur travail (le *Moniteur* porte : du bénéfice *légitime* de leur travail).

— Le gouvernement provisoire rend *aux ouvriers, auquel il appartient,* le million qui va échoir de la liste civile.

— Les boulangers de Paris sont requis de mettre à la disposition des chefs de poste de la garde nationale jusqu'à concurrence d'un cinquième de leur fabrication, et en échange de bons de paiement qui leur seront remboursés à l'Hôtel-de-Ville, le pain destiné à la nourriture des citoyens armés.

— La garde municipale est licenciée.

— Proclamation annonçant le retour de la sécurité publique, de l'ordre, de la confiance... en voici la teneur :

« Citoyens de Paris,

« L'émotion qui agite la capitale compromettrait, non la victoire, mais la prospérité du peuple : elle retarderait le bénéfice des conquêtes qu'il a faites dans ces deux immortelles journées.

« Cette émotion se calmera dans peu de temps, car elle n'a plus de cause réelle dans les faits. Le gouvernement renversé le 22 s'est enfui. L'armée revient d'heure en heure à son devoir envers le peuple et à sa gloire : le dévouement à la nation seule. La circulation, suspendue par les barricades, se rétablit prudemment, mais rapidement; les subsistances sont assurées; les boulangers, que nous avons entendus, sont pourvus de farine pour trente-cinq jours. Les généraux nous apportent les adhésions les plus spontanées et les plus complètes. Une seule chose retarde encore le sentiment de la sécurité publique : c'est l'agitation du peuple qui manque d'ouvrage, et la défiance mal fondée qui fait fermer les boutiques et arrête les transactions.

« Demain, l'agitation inquiète d'une partie souffrante de la population se calmera sous l'impression des travaux qui vont reprendre, et des enrôlements soldés que le gouvernement provisoire a décrétés aujourd'hui.

« Ce ne sont plus des semaines que nous demandons à la capitale et au peuple pour avoir réorganisé un pouvoir populaire et retrouvé le calme qui produit le travail. Encore deux jours, et la paix publique sera complétement rétablie! Encore deux jours, et la liberté sera inébranlablement assise! Encore deux jours, et le peuple aura son gouvernement!

« *Les membres du gouvernement provisoire.* »

Les autorités déjà en fonctions prirent dans leurs spécialités les arrêtés suivants :

— Tout ce qui concerne la direction des beaux-arts et des musées, autrefois dans les attributions de la liste civile, constituera une division du ministère de l'intérieur. Le jury chargé de recevoir les tableaux aux expositions annuelles sera nommé par élection (excellentes mesures, qui devaient mettre fin à de grands scandales de favoritisme aveugle et d'exclusions révoltantes). Signé : *Ledru-Rollin.*

— Le maire de Paris, instruit qu'on songe à détruire les résidences qui ont appartenu à la royauté déchue, proclame que ces édifices appartiennent désormais à l'Etat;

Qu'ils doivent être vendus pour que leur prix soit affecté au soulagement des victimes de la révolution et aux dédommagements que réclament le commerce et le travail.

Du 26 :

— Le gouvernement provisoire déclare que le gouvernement actuel de la France est le gouvernement républicain, et que la nation sera appelée immédiatement à ratifier par son vote la révolution du gouvernement provisoire et du peuple de Paris.

— Les enfants des citoyens morts en combattant sont adoptés par la patrie.

La République se charge de tous les secours à donner aux blessés et aux familles des victimes du gouvernement monarchique.

La royauté, sous quelque forme que ce soit, est abolie.

Plus de légitimisme, plus de bonapartisme, pas de régence.

Le gouvernement provisoire a pris toutes les mesures nécessaires pour rendre impossible le retour de l'ancienne dynastie, et l'avénement d'une dynastie nouvelle.

La République est proclamée; — le peuple est uni; — tous les forts qui entourent la capitale sont rendus.

« Conservons avec respect, — dit le décret, — ce vieux drapeau républicain dont les trois couleurs ont fait avec nos pères le tour du monde.

« Montrons que ce symbole d'égalité, de liberté et de fraternité, est en même temps le symbole de l'ordre, et de l'ordre le plus réel, le plus durable, puisque la justice en est la base et le peuple entier l'instrument.

« Le peuple a déjà compris que l'approvisionnement de Paris exigeait une plus libre circulation dans les rues de Paris, et les mains qui ont élevé les barricades ont, dans plusieurs endroits, fait dans ces barricades une ouverture assez large pour le libre passage des voitures de transport.

« Que cet exemple soit suivi partout; que Paris reprenne son aspect accoutumé; le commerce, son activité et sa confiance; que le peuple veille à la fois au maintien de ses droits, et qu'il continue d'assurer, comme il l'a fait jusqu'ici, la tranquillité et la sécurité publiques.

« *Les membres du gouvernement provisoire.* »

— Établissement immédiat d'ateliers nationaux.

— Abolissement de la peine de mort en matière politique.

« Convaincu, — dit le décret, — que la grandeur d'âme est la suprême politique, et que chaque révolution opérée par le peuple français doit au monde la consécration d'une vérité philosophique de plus ;

« Considérant qu'il n'y a pas de plus sublime principe que l'inviolabilité de la vie humaine ;

« Considérant que, dans les mémorables journées où nous sommes, le gouvernement provisoire a constaté avec orgueil que pas un cri de vengeance ou de mort n'est sorti de la bouche du peuple ;

« Déclare :

« Que, dans sa pensée, la peine de mort est abolie en matière politique, et qu'il présentera ce vœu à la ratification définitive de l'Assemblée nationale.

« Le gouvernement provisoire a une si ferme conviction de la vérité qu'il proclame, au nom du peuple français, que, si les hommes coupables qui viennent de faire couler le sang de la France étaient dans les mains du peuple, il y aurait à ses yeux un châtiment plus exemplaire à les dégrader qu'à les frapper.

« *Les membres du gouvernement provisoire.* »

— Le ministre de la justice ordonne de surseoir à toutes les exécutions capitales.

— Le drapeau national est le *drapeau tricolore* dont les couleurs seront rétablies dans l'ordre qu'avait adopté la République française (c'est-à-dire : bleu, rouge, blanc) : sur ce drapeau sont écrits ces mots : RÉPUBLIQUE FRANÇAISE : *Liberté, égalité, fraternité,* « trois mots, — dit assez plaisamment le décret,
« — qui expliquent le sens le plus étendu des doctrines démocratiques dont
« ce drapeau est le symbole, en même temps que ses couleurs en contiennent
« les traditions. »

Comme signe de ralliement, et comme souvenir de reconnaissance pour le dernier acte de la révolution populaire, les membres du gouvernement provisoire et les autres autorités porteront la *rosette rouge*, laquelle sera placée aussi à la hampe du drapeau.

— Les échéances des effets de commerce payables du 22 février au 15 mars, protêts, recours, etc., sont suspendus et prorogés de dix jours, à Paris.

Du 27 :

— Avis qui fixe l'inauguration devant la nation de la liberté reconquise, par une cérémonie au pied de la colonne de Juillet.

— Dispositions relatives à la formation de la garde nationale mobile ;

24 bataillons correspondant deux par deux dans leurs numéros d'ordre (1 à 24) aux douze arrondissements de Paris ;

Chaque bataillon, 8 compagnies ;

Chaque compagnie, 131 hommes ;

La force totale de chaque bataillon 1,058 hommes, savoir :

Etat-major.	10
8 compagnies à 131 hommes.	1,048
Total égal.	1,058

Composition de la garde mobile :

« Les gardes nationaux seront pris dans les volontaires de 16 à 30 ans,

« Les tambours seront pris dans les mêmes volontaires ;

« Au début, les caporaux et les sergents seront pour moitié pris dans la ligne, dont ils seront momentanément détachés, afin d'organiser l'instruction ;

Garde mobile à cheval.
1848.

« L'autre moitié sera prise parmi les volontaires ;

« Les sergents-fourriers seront pris parmi les volontaires sachant bien écrire et calculer.

« Les sergents-majors seront pris provisoirement dans les sergents-majors ou fourriers de la ligne, dont ils seront momentanément détachés pour instruire administrativement les fourriers volontaires destinés à les remplacer.

« Les sous-officiers et caporaux volontaires seront élus par les volontaires dans chaque compagnie. On procédera à l'élection dès que la compagnie présentera un effectif d'au moins 60 hommes.

« Les capitaines, les lieutenants et les sous-lieutenants seront pris parmi les citoyens volontaires ; cette élection aura lieu, dans chaque bataillon, par les volontaires qui le composent, sous la présidence du maire de l'arrondissement du bataillon, conformément à la loi réglant les élections dans la garde nationale fixe.

« Le capitaine adjudant-major et le capitaine-major seront empruntés provisoirement aux lieutenants de la ligne.

« Le lieutenant officier payeur sera emprunté momentanément aux sous-lieutenants de la ligne.

« L'adjudant sous-officier, pivot du service du bataillon, sera provisoirement emprunté à la ligne.

« Le sergent-vaguemestre sera élu par la compagnie.

« Les chefs de bataillon seront pris parmi les citoyens volontaires, et nommé par eux, en se conformant à la loi relative aux élections dans la garde nationale fixe.

Solde.

« La solde journalière d'un simple volontaire est fixée à 1 fr. 50 c.

« Cette solde sera la même pour les caporaux et sous-officiers, vu qu'elle est une indemnité et non le paiement d'un emploi.

« A chaque volontaire non gradé ou gradé sera allouée une indemnité de première mise de 20 fr., tenue en réserve à sa masse de linge et chaussure.

« Les tambours recevront, en outre, l'indemnité journalière affectée dans la ligne à l'entretien de leur caisse.

« La solde des officiers, tant volontaires que ceux détachés de la ligne, sera celle allouée, par les lois et ordonnances concernant l'infanterie de ligne, au grade dont ils exerceront les fonctions dans les bataillons de la garde nationale mobile.

« Les caporaux et sous-officiers détachés de la ligne jouiront de la même solde que les volontaires.

Habillement, équipement, armement.

« L'habillement sera celui de la garde nationale fixe.

« L'armement sera celui de la ligne.

« L'uniforme des officiers sera celui de la garde nationale fixe.

« Les officiers de tout grade recevront une indemnité de première mise de 300 fr.

« Les officiers et sous-officiers détachés momentanément de la ligne conserveront leur uniforme spécial.

Service.

« La garde nationale mobile doit, comme l'indique son nom, pouvoir à chaque instant être immédiatement mobilisée ; cela exige que ses bataillons soient toujours à peu près réunis. Par conséquent, les bataillons seront établis dans divers bâtiments qui leur serviront de logement. Ces bâtiments seront situés dans les divers quartiers de Paris ; ce sont, soit des bâtiments appartenant à l'Etat ou à la ville, soit des bâtiments appartenant à des particuliers et concédés par location.

« La garde nationale mobile étant l'avant-garde de la garde nationale fixe, et pouvant devenir l'avant-garde de l'armée parisienne si une guerre étrangère l'exigeait, étend son service journalier jusqu'à mille mètres au-delà des forts détachés. Elle ne pourrait être portée au-delà de cette limite que par une décision du gouvernement.

« La sûreté et la confiance générales pourront exiger que la garde des forts soit confiée au patriotisme de la garde nationale mobile ; les bataillons alterneraient à tour de rôle dans ce service, de manière à ne pas les tenir plus d'un mois éloignés de l'intérieur de Paris et de leur famille.

« Le gouvernement, en avisant à se procurer des locaux pour loger la garde nationale mobile, avisera aussi à les faire garnir de fournitures de couchage.

« Il avisera aussi à y favoriser, par des fourneaux et de grandes marmites, la préparation de la nourriture en commun et par association, si économique pour chaque personne.

« Un certain nombre d'exemptions de résider dans les bâtiments communs pourra être accordée aux volontaires dont l'état de famille l'exigerait.

Discipline.

« La discipline sera sauvegardée par les gardes nationaux eux-mêmes.

« Il y aura dans chaque compagnie, pour toute punition excédant vingt-quatre heures de salle de police, un conseil de discipline composé de cinq membres.

« Il y aura, par bataillon, un conseil de discipline composé de sept membres.

« Les membres seront désignés par le sort, et renouvelés chaque mois, par moitié, par le sort.

« Les décisions seront prises à la simple majorité ; les punitions prononcées dans ces décisions seront basées sur le code disciplinaire de la garde nationale fixe.

« Le garde national inculpé sera d'abord jugé par le conseil de sa compagnie. Si ce conseil prononce une punition, l'inculpé sera de nouveau soumis au conseil de discipline du bataillon, qui infirmera, diminuera ou confirmera.

« Ces conseils se réuniront, quand besoin sera, à l'heure du rapport, et prononceront immédiatement, sans formalité de procédure, sur la plainte verbale du chef qui réclamera une punition.

« Ces décisions et répressions correctionnelles ne regardent que les fautes de simple discipline. Pour des fautes plus graves, les gardes pourront être expulsés et rayés des contrôles. Cette radiation sera prononcée, à la simple majorité, par la compagnie. Dans ce cas, la compagnie devra présenter au vote les deux tiers, plus un, de son effectif du jour.

Engagement.

« Les volontaires, pour être inscrits sur les contrôles de la garde nationale mobile, devront signer un engagement par lequel ils seront tenus de servir pendant un an et un jour, à dater du jour de leur signature donnée. Avant ce terme les engagements ne pourront être annulés que par une décision législative du gouvernement, qui diminuerait ou licencierait la garde nationale mobile.

« La formalité de l'engagement se bornera à la signature de l'engagé, sur un registre tenu par le corps, à ce disposé, et l'engagement ne sera reçu qu'après visite préalable de l'officier de santé.

« Ne pourra être reçu à s'engager tout citoyen ayant subi une condamnation afflictive et infamante.

Etat-major général.

« L'état-major général destiné à centraliser toutes les dispositions de service relatives aux 24 bataillons, sera composé de :

« 1 chef d'escadron d'état-major, chef ;

« 4 officiers d'état-major, ou plus s'il est nécessaire.

« L'état-major devant occuper une position centrale, sera établi dans le palais ci-devant Royal, redevenu propriété de l'Etat ; le reste du bâtiment sera occupé par une fraction de la garde nationale mobile.

« Le général chargé de l'organisation est autorisé à prendre deux aides-de-camp.

« Le gouvernement provisoire de la République, reconnaissant des services qu'auront rendus à la patrie les officiers, sous-officiers et caporaux détachés motanément des régiments de ligne, pour l'instruction et l'organisation des bataillons de la garde nationale mobile, s'engage à en faire un titre puissant pour l'avancement de ces officiers et sous-officiers dans leurs régiments respectifs. »

— M. Dumoulin est remplacé dans le commandement du Louvre par M. Servient, de l'Ecole polytechnique, désigné par ses camarades.

— Déclaration tendant à imposer au peuple le respect des propriétés publiques et privées.

— Arrêté qui établit des ateliers de terrassement.

— Dissolution du conseil municipal de Paris.

Du 28 :

— Proclamation créant une commission pour les travailleurs. Nous reproduisons cette pièce à cause de l'intérêt qu'il y a à conserver la trace du point où en étaient alors les idées qu'elle consacre. Toute pièce qui résume un genre d'étude analogue, doit impérieusement trouver sa place dans ce livre.

« Considérant que la révolution faite par le peuple doit être faite pour lui ;
« Qu'il est temps de mettre un terme aux longues et iniques souffrances des travailleurs ;
« Que la question du travail est d'une importance suprême;
« Qu'il n'en est pas de plus haute, de plus digne des préoccupations d'un gouvernement républicain ;
« Qu'il appartient surtout à la France d'étudier ardemment et de résoudre un problème posé aujourd'hui chez toutes les nations industrielles de l'Europe;
« Qu'il faut aviser sans le moindre retard à garantir au peuple les fruits légitimes de son travail,
« Le gouvernement provisoire de la République arrête :
« Une commission permanente, qui s'appellera *Commission de gouvernement pour les travailleurs*, va être nommée avec mission expresse et spéciale de s'occuper de leur sort.
« Pour montrer quelle importance le gouvernement provisoire de la République attache à la solution de ce grand problème, il nomme président de la *Commission de gouvernement pour les travailleurs* un de ses membres, M. Louis Blanc, et pour vice-président un autre de ses membres, M. Albert, ouvrier.
« Des ouvriers seront appelés à faire partie de la commission.
« Le siége de la commission sera au palais du Luxembourg. »

— Décret concernant les améliorations à introduire dans le régime alimentaire des équipages des bâtiments de la République.

— Décret rétablissant les titres de général de division et de général de brigade.

— Décret portant que les échéances des effets de commerce payables dans les départements de la Seine et de la Seine-Inférieure du 22 février au 15 mars, protêts, recours, etc., sont prorogés de dix jours.

— Arrêté du ministre provisoire de l'instruction publique changeant les noms des colléges de Paris :

« Les ci-devant colléges royaux porteront désormais le nom de lycées.
« Les lycées de Paris prendront les noms ci-après désignés, savoir :
« Le collége Louis-le-Grand, lycée *Descartes*.
« Le collége Henri IV, lycée *Corneille*.
« Le collége Saint-Louis, lycée *Monge*.
« Le collége Bourbon, lycée *Bonaparte* (son ancien nom).
« Le collége Charlemagne, lycée *Charlemagne*. »

— Arrêté du délégué au département de la police (Caussidière) pour faire rétablir sur les monuments publics la devise de la République : LIBERTÉ, EGALITÉ, FRATERNITÉ.

— Arrêté du ministre des travaux publics concernant la reprise des travaux aux édifices publics, ceux des forts exceptés. Voici la proclamation publiée à cet effet :

« Ouvriers !

« Par décision en date de ce jour, 27 février 1848, le ministre des travaux publics a ordonné que les travaux en cours d'exécution seraient immédiatement repris.
« A partir de mercredi, 1er mars, des travaux importants seront organisés sur divers points.
« Tous les travailleurs qui voudront y prendre part devront s'adresser à l'un des maires de Paris, qui recevront leurs demandes et les dirigeront, sans retard, vers les chantiers. »

« Ouvriers de Paris !

« Vous voulez vivre honorablement par le travail, tous les efforts du gouvernement provisoire tendront, soyez-en sûrs, à vous aider à l'accomplissement de cette volonté.
« La République a le droit d'attendre, et elle attend du patriotisme de tous ses citoyens, que l'exemple qu'elle donne soit suivi. De cette manière, la somme des travaux sera augmentée.

« Que partout donc les travaux reprennent leur activité. Ouvriers! après la victoire, le travail, c'est encore un bel exemple que vous avez à donner au monde, et vous le donnerez.

« *Le ministre des travaux publics,* Marie. »

— Lettre du ministre de l'instruction publique aux présidents des quatre classes de l'Institut, concernant les voyages annuels dans l'intérêt des sciences et de l'agriculture.

— Circulaire du même aux recteurs des académies, afin d'améliorer la condition des instituteurs primaires. Nous reproduisons ce texte important, point de départ de tant de perturbations profondes.

« Monsieur le recteur, la condition des instituteurs primaires est un des objets principaux de ma sollicitude. Ce sont les membres de la hiérarchie universitaire qui touchent le plus directement à tout le peuple; c'est à eux que sont confiées les bases de l'éducation nationale.

« Il n'importe pas seulement d'élever leur condition par une juste augmentation de leurs appointements; il faut que la dignité de leur fonction soit rehaussée de toutes manières; et, dans ce but, je veux que le principe de l'émulation et de la récompense soit introduit parmi eux.

« Il faut qu'au lieu de s'en tenir à l'instruction qu'ils ont reçue dans les écoles normales primaires, ils soient constamment sollicités à l'accroître.

« Il faut que les progrès qu'il leur sera possible de réaliser dans cette éducation solitaire, soient constatés comme ceux qu'ils avaient accomplis dans les écoles où ils se sont formés.

« Il faut que ces progrès leur deviennent profitables ainsi qu'à la République.

« Rien n'empêche que ceux qui en seront capables ne s'élèvent jusqu'aux plus hautes sommités de notre hiérarchie. Leur sort, quant à l'avancement, ne saurait être inférieur à celui des soldats; leur mérite a droit aussi de conquérir des grades.

« Il suffit de quelques livres de mathématiques, de physique, d'histoire naturelle, d'agriculture, pour que ceux qui ont reçu les dons du génie parviennent par leurs méditations jusque dans les rangs les plus élevés de la science. Mais, pour que tous soient animés dans une voie d'émulation si glorieuse, il est nécessaire que des positions intermédiaires leur soient assurées. Elles le seront naturellement par l'extension que doit recevoir dans les écoles primaires supérieures l'enseignement des mathématiques, de la physique, de l'histoire naturelle, de l'agriculture.

« Les instituteurs primaires seront donc invités, dans toute l'étendue de la République, à se préparer à servir au recrutement du personnel de ces écoles. Tel est un des compléments de l'établissement des écoles normales primaires. L'intérêt de la République est que les portes de la hiérarchie universitaire soient ouvertes aussi largement que possible devant ces magistrats populaires.

« Portez dès à présent, monsieur le recteur, à la connaissance des instituteurs primaires et de l'école normale de votre ressort ces vues du gouvernement à leur égard.

« Recevez, monsieur le recteur, l'assurance de ma considération distinguée.

« *Le ministre provisoire de l'instruction publique et des cultes,* Carnot. »

La circulaire de M. Carnot aux recteurs d'académies, sur l'ensemble et les principes de l'instruction à donner à la nation, n'a pas une moindre importance. Ce grave document doit également être mis sous les yeux des lecteurs, en raison des graves conséquences qu'il a eues depuis dans la polémique des partis.

« Monsieur le recteur,

« Il vous a été facile de pressentir que ma lettre d'hier, touchant le recrutement de l'Ecole polytechnique, n'était qu'un détail d'un vaste ensemble. Je l'ai détaché et mis en avant pour faire honneur à cette école qui, en 1848, comme en 1830 et en 1815, a su remplir si héroïquement ses devoirs envers le peuple.

« Il suffit d'ailleurs de remonter aux principes qui ont inspiré à nos pères la création de l'Ecole polytechnique, pour trouver les sources générales qu'il importe aujourd'hui de faire jaillir dans toutes les branches de l'instruction publique.

« Cette école n'est pas seulement chère au peuple français par le patriotisme qui l'a toujours distinguée, mais par son institution qui est essentiellement démocratique. La main puissante de la Convention nationale y est empreinte.

« Ici, comme sur tant d'autres points, il nous reste seulement à développer et à pratiquer ce que nous a indiqué le génie de nos pères. Il faut que toutes les branches du service national aient aujourd'hui leur école polytechnique.

« Je ne mettrais pas tant de promptitude, monsieur le recteur, à vous communiquer ces vues générales du gouvernement, si je ne prenais en considération la position particulière dans laquelle vous devez vous trouver en présence de l'animation que la proclamation de la République cause en ce moment dans toute la masse du peuple français.

« Les conséquences d'une révolution faite au profit de tous par une cité généreuse, ne sont nulle part mieux à découvert que dans le domaine de l'instruction publique.

« Le coup d'œil sûr et rapide du peuple n'a eu besoin que d'un instant pour les apercevoir, et il importe que vous soyez en mesure de faire connaître autour de vous que le gouvernement, sur ce point comme sur tous les autres, est à la hauteur de la République et ne saurait être devancée par personne.

« Les populations ne peuvent sentir aussi clairement qu'il le faut combien la France est intéressée à la constitution républicaine, qu'en sachant tout ce que cette constitution lui assure. Il ne s'agit pas seulement dans notre révolution d'un déplacement du principe de la souveraineté, mais de toutes les conséquences légitimes de ce changement radical.

« Il ne peut être question, en ce moment, des moyens d'organisation. Ces moyens doivent être mis à l'étude, et je prends des mesures pour qu'ils le soient dès à présent. Ma lettre n'est relative qu'aux principes. Ce sont ces principes qui forment aujourd'hui tous les gages de notre avenir, et le gouvernement, plein de la force de ses intentions, n'hésite point à les donner hautement.

« Les lois de l'instruction primaire nous sont toutes tracées dans les immortelles déclarations de nos pères. L'instruction primaire embrasse toutes les connaissances nécessaires au développement de l'homme et du citoyen.

« La définir ainsi, c'est assez dire combien elle doit s'élever au-dessus de son état actuel. C'est assez dire aussi que la République ne saurait souffrir sans dommage qu'un seul de ses enfants en soit privé. Elle est donc gratuite dans toute son étendue.

« Si l'on ne considérait que l'individu, cette instruction primaire devrait suffire. Mais la conservation et le perfectionnement d'une société qui, malgré tant de progrès accomplis, en voit encore tant devant elle, imposent au ministère de l'instruction publique d'autres devoirs.

« Il est nécessaire, dans l'intérêt de la société, qu'un certain nombre de citoyens reçoivent des connaissances plus étendues que celles qui suffisent pour assurer le développement de l'homme. Ces connaissances sont indispensables au service de la société dans les directions nombreuses où leur besoin se fait sentir. C'est à quoi répondra, dans la République française, l'établissement de l'instruction secondaire.

« La civilisation ne peut que gagner à ce que le nombre de ces hommes instruits soit aussi grand que les conditions générales de la société le permettent. Mais le gouvernement ne peut se proposer, dans la distribution de cette instruction, que d'assurer à la République tous les hommes de ce mérite qui sont réclamés par les exigences de son service.

« C'est pour atteindre ce but le plus parfaitement possible, que le gouvernement républicain, appliqué dans toutes ses actions à l'intérêt général, se propose de recruter ces agents si essentiels dans toute la masse du peuple.

« C'est le seul moyen de donner à la République le personnel le plus capable auquel elle puisse prétendre.

« C'est aussi le seul moyen d'assurer la vérité du principe que les fonctions publiques sont également accessibles à tous les citoyens ; c'est un principe illusoire, si les moyens de s'élever à ces fonctions ne sont pas assurés à tous les enfants également.

« Il faut donc veiller à ce que les portes de l'instruction secondaire ne soient fermées à aucun des élèves d'élite qui se produisent dans les établissements primaires. Toutes les mesures nécessaires à cet égard seront prises.

« On ne saurait sans doute se dispenser de prévoir dans les programmes de l'instruction secondaire la diversité des fonctions auxquelles les élèves sont destinés. Mais le gouvernement n'ignore pas combien il est essentiel à la France que tous soient liés par la solidarité d'une éducation commune, aussi libérale que le veut le caractère de généralité qui distingue le génie de la nation. Il tiendra la main à ce que les droits de l'unité soient maintenus aussi bien que ceux de la variété.

« C'est dans les écoles supérieures seulement que le principe de la spécialité, prudemment préparé dans les autres, doit se dessiner tout à fait. L'accès aux leçons de ces écoles ne peut être défendu à personne ; mais c'est en vue des élèves dignes de servir aux intérêts généraux de la société qu'elles doivent être instituées. Il n'y a que la décision des examens qui puisse y conférer tous les droits.

« Il serait superflu, monsieur le recteur, d'entrer ici dans le détail de mes vues sur ces diverses écoles, mon dessein n'étant en ce moment que de vous entretenir des principes les plus généraux de l'instruction publique. Je ne saurais cependant terminer cette lettre sans vous signaler un des devoirs nouveaux les plus considérables que la révolution qui vient de s'accomplir impose désormais à notre ministère.

« C'est la formation des administrateurs et des homme d'État. S'il est essentiel à la République de se créer des professeurs, des médecins, des artistes, des légistes, des officiers, des ingénieurs, il ne lui importe pas moins que ces hommes d'État et ses administrateurs, dans toutes les branches, soient formés aussi par une éducation spéciale.

« D'ailleurs, sous le régime de l'égalité, il ne saurait y avoir d'autre titre aux fonctions publiques que le mérite. Il faut donc que ce mérite soit mis en demeure de se produire dès l'ouverture de la carrière, et qu'il en soit justifié publiquement par des examens.

« Méditez ces principes, monsieur le recteur, faites-les connaître comme étant ceux que proclame le nouveau gouvernement, et qu'il s'occupe de faire triompher. Je vous consulterai prochainement sur leur application. Elle est le sujet le plus instant de ma sollicitude, car il importe que la France soit aussi éclairée que possible à cet égard, au moment où elle entre dans la nouvelle voie constitutive qui s'ouvre devant elle.

« Recevez, etc.

« *Le ministre provisoire de l'instruction publique et des cultes*, CARNOT. »

La création d'une haute commission des études scientifiques et littéraires fut un des compléments de ces circulaires, dont le retentissement survécut de beaucoup au pouvoir spécial de leur signataire.

Du 29 :

— Arrêté du gouvernement provisoire portant que tous les impôts, sans exception, continueront à être perçus.

— Décret portant abolition des titres de noblesse. En voici la teneur :

« Considérant que l'égalité est un des trois grands principes de la République française, qu'il doit en conséquence recevoir une application immédiate :

« Tous les titres de noblesse sont abolis ; les qualifications qui s'y rattachaient sont interdites : elles ne peuvent être prises publiquement, ni figurer dans un acte public quelconque. »

— Décret portant annulation des condamnations rendues sous le dernier règne pour faits politiques ou de presse.

— Décret qui engage l'archevêque de Paris et tous les évêques de la République à substituer à l'ancienne formule de prière les mots : *Domine, salvam fac Rempublicam*.

— Arrêté qui nomme M. Armand Barbès gouverneur du palais du Luxembourg. (Un mois après on lit au *Moniteur* : L'état de santé de M. Barbès ne lui permet pas d'accepter les fonctions de gouverneur du Luxembourg.)

— Décret portant que les fonctionnaires publics de l'ordre administratif et judiciaire ne prêteront pas de serment.

— Arrêté qui charge provisoirement M. Armand Marrast de l'administration des biens de la liste civile et du domaine privé des princes et princesses de l'ancienne famille royale.

Arrêtons-nous à cette date qui termine le mois, et revenons sur les particularités relatives aux nombreux décrets et arrêtés, aux proclamations et pièces de diverses natures dont nous avons offert, soit le résumé, soit la teneur même, suivant leur importance au point de vue historique.

Toutes ces mesures étaient, on l'a vu, prises au nom du *gouvernement provisoire* qui s'était élu dans l'interrègne légal. La royauté personnelle renversée avec Louis-Philippe ; la régence, selon la loi, brisée dans la personne du duc de Nemours ; une seconde régence d'acclamation, dressée sur deux déchéances et abattue aux pieds de la duchesse d'Orléans, n'avaient, en quelques instants, laissé debout que la nation, en partie émancipée déjà sous le régime constitutionnel, électif. La nation régnait donc *en droit* sur elle-même, si l'on peut dire ; mais *en fait* les maîtres étaient ceux qui, se déclarant les mandataires provisoires du pays, parlaient et agissaient en vertu de leur audace ou de leur dévouement. Le moyen de justifier leur élection d'impulsion personnelle, au milieu de cette absence momentanée de lois constitutives, dans ce néant d'autorités légales, c'était de plaire au peuple, le souverain du moment, en proclamant en son nom tous les arrêtés, toutes les mesures les plus propres à exciter son enthousiasme. On a vu comment nos gouvernants d'interrègne avaient commencé à y procéder. Revenons sur les plus importantes de ces mesures.

La première, la plus grave de toutes, la plus hardie, fut sans contredit la proclamation de la République. Voici en quels termes l'homme qui, en repoussant énergiquement la régence, avait le plus énergiquement contribué à acculer la France, ou plutôt la capitale, dans cette impasse dont la République était désormais la seule issue, s'exprime pour expliquer la situation :

« Dire au peuple nous ne proclamons aucun gouvernement, c'était évidemment dire à tous les partis soulevés pour ou contre tel ou tel gouvernement, continuez à verser votre sang et celui de la France, à recruter vos forces, à aiguiser vos armes, et donnez des assauts continuels à l'ordre provisoire et désarmé que nous établissons pour lui arracher le triomphe de votre faction.

« Ne rien proclamer du tout, c'était donc en fait proclamer l'anarchie, la sédition, la guerre civile en permanence ; mieux valait mille fois que ces hommes fussent restés immobiles et muets dans les rangs des députés, que d'en être sortis au nom du salut public pour la perte de tous.

« Proclamer la monarchie devant trois cent mille hommes soulevés pour la combattre, devant la garde nationale désorganisée ou complice, devant l'armée étonnée et dissoute, devant le trône vide, devant le roi absent, devant la régence en fuite, devant les Chambres expulsées par la capitale, c'était évidemment proclamer la division à la face du peuple, ou plutôt c'était déserter le poste du péril et de direction où l'on s'était précipité, et remettre à l'instant le gouvernement de cette tempête, non plus aux hommes modérateurs dont elle reconnaissait par miracle l'autorité, mais aux vents et aux foudres de cette tempête même. C'était livrer la France aux hommes de désordre, d'anarchie et de sang. C'était pousser de ses propres mains la nation au fond de l'abîme des partis extrêmes, sanguinaires, désespérés, au lieu de la retenir au risque d'être écrasés sur les pentes modérées de la liberté et sous l'empire du suffrage universel, dernier appel à la société sans loi et sans chef.

« Proclamer la république provisoire, sauf la ratification du pays immédiatement convoqué dans son assemblée nationale, c'était donc la seule chose à la fois révolutionnaire et préservatrice à faire. Car d'un côté la République tentée avec unanimité et modération pendant un espace de temps quelconque, était un progrès immense acquis dans l'ordre des gouvernements rationnels et des intérêts populaires. D'un autre côté, si cette seconde République, conçue comme un contraste heureux et éclatant aux excès et aux crimes de la première, devait être répudiée plus tard par la nation rassemblée, elle donnait pour le moment du moins au gouvernement chargé de sauver l'interrègne, l'enthousiasme du peuple, le concours actif de tous les républicains, la satisfaction aux opinions remuantes, l'étonnement de l'Europe, en un mot l'élan, l'impulsion et la force de traverser, jusqu'au gouvernement définitif, l'abîme sans fond d'une révolution. »

Nous acceptons la situation ainsi définie d'urgence. Le gouvernement provisoire proclamant la République, sauf ratification du pays, par le vote universel d'une assemblée, son émanation et sa mandataire, c'était donc arrêter la guerre civile, et là était le plus impérieux devoir du moment. L'avenir ainsi réservé au vouloir de la nation, on comprend la nécessité de donner une forme au gouvernement qui devait succéder à tout ce qui avait fui ou échoué. En s'érigeant les plénipotentiaires du peuple parisien, les membres du gouvernement provisoire avaient soin de bien spécifier au pays entier que leur initiative n'était qu'une proposition soumise au nom de leur dictature de hasard. La République n'était encore que la forme temporaire du gouvernement qu'ils allaient régir, forme que le pays pouvait modifier ou changer à son gré, en désavouant ces gouvernants révolutionnaires. Il est de toute justice de dire que les membres du gouvernement provisoire ne manquèrent point de bien expliquer ce sens dans les proclamations, arrêtés, discours ou allocutions qui signalèrent leur prise du pouvoir. Si leur but fut, comme on peut le croire, d'étouffer l'anarchie imminente sous l'enthousiasme du peuple, il est juste de dire qu'ils ont rendu un immense service au pays; et, oubliant leur ambition, il ne faut plus voir que leur courage. Mais comme la République était leur aspiration, fruit de la conviction chez les uns, mirage de l'imagination chez les autres, les membres du gouvernement provisoire, tout en réservant au peuple le droit de ratification au projet d'acte proposé, eurent soin de tant faire pour que l'appel au peuple, agrandi par l'octroi du suffrage universel, ne laissât à ce même peuple d'autre option que celle de la forme de gouvernement au nom duquel se succédaient les mesures les mieux faites pour provoquer son enthousiasme, au jour où la République était ainsi proposée, disons-nous, la question approbative était déjà résolue.

Le décret abolissant la peine de mort en matière politique, décret dont la pensée première est due à M. de Lamartine, fut voté par acclamation dans les premières séances du gouvernement provisoire (1). C'est aussi au poète

---

(1) M. de Lamartine prononça en cette occasion de belles paroles; nous nous plaisons à les rapporter : « Les révolutions aussi ont un immense progrès à faire, un généreux tribut à apporter enfin à l'humanité. Je suis si convaincu que ce progrès est commandé par Dieu, et « serait compris et béni des hommes, que si j'étais seul dictateur et révélateur de cette révo-

Garde-Marine mobile
(Sous-Lieutenant).
1848.

politique qu'on dut la pensée de la formation des gardes nationales mobiles. Cette pensée lui vint en voyant 25,000 jeunes gens jetés hors des ateliers, des chantiers, de l'apprentissage, livrés, par la secousse de ces journées, à toutes les exaltations dangereuses, et qui, enrôlés par le gouvernement, ralliés sous la discipline, feraient, dans le péril encore menaçant, une différence réelle de 50,000 hommes pour la cause de l'ordre contre les éventualités de l'anarchie, cette fille de la faim, du dénûment, du désœuvrement. C'est ainsi que la force destinée à contenir la révolution, fut habilement extraite de la révolution elle-même.

La modification temporairement apportée dans l'ordre des couleurs du drapeau tricolore fut une concession à l'ardeur des masses encore animées, qui, se séparant des couleurs de la royauté, voulaient le drapeau rouge pour inaugurer la révolution nouvelle. Le peuple savait, par de vagues traditions, que le rouge était son antique couleur, et il tenait à le reprendre. On lui avait dit sans doute que le vieux drapeau de Normandie était de cette teinte, sang et flamme (le drapeau blanc date de Charles VII). M. de Lamartine eut, comme tant de fois déjà et depuis, une phrase heureuse, plus heureuse que vraie, pour repousser ce drapeau, qu'on voulait imposer au gouvernement nouveau. Le ministre des affaires étrangères fut sans doute dominé par la crainte que l'Europe ne vît, sous cet emblème, la révolution acquise à un parti, et il rappela à la foule ardente que le drapeau tricolore avait fait le tour du monde avec nos gloires, tandis que le rouge n'avait fait que celui du Champ-de-Mars, baigné dans le sang. Il est curieux d'observer combien en France, avec des mots heureux, de l'audace, de la présence d'esprit, on peut aisément se passer de logique et de vérité. Certes nous louons M. de Lamartine de son intention, de son bonheur en cette circonstance ; mais encore nous sera-t-il permis de sourire à la pensée de ce peuple abusé et acclamant l'orateur qui lui fait accepter ces mots *égalité, fraternité*, écrits sur un drapeau où l'assemblage des couleurs symbolise précisément la différence des classes sous l'empire desquelles sa combinaison a été conçue. Et, quant à l'affaire du Champ-

---

« lution, je n'hésiterais pas à faire de ce décret le premier décret de la République. Et par
« ce seul décret, je lui conquerrais plus de cœurs libres en France et en Europe que des cen-
« taines de lois répressives, d'exil, de proscriptions, de confiscations et de supplices ne lui
« rattacheront jamais de fidélité forcée. J'abolirais la peine de mort.

« Je l'abolirais pour toute cause, car la société n'en a plus besoin ; son exemple, en frappant
« de mort le criminel, pervertit plus qu'il n'intimide. Le sang appelle le sang. Le principe
« de l'inviolabilité de la vie humaine serait mieux défendu quand la société elle-même
« reconnaîtrait cette inviolabilité de la vie même dans le scélérat. Mais si ce grand progrès
« dans votre législation criminelle doit être réservé à l'Assemblée nationale, seule maîtresse
« de ses lois sociales, je l'abolirais du moins immédiatement en politique. Je désarmerais ainsi
« le peuple d'une arme qu'il a sans cesse dans toutes les révolutions tournée contre lui-même.
« Je rassurerais les imaginations craintives qui redoutent dans la République l'ère de nou-
« velles proscriptions. Je mettrais le sang humain hors de cause. J'inaugurerais le règne de
« la démocratie par la plus divine amnistie et par la plus habile témérité de cœur qui ait
« jamais été proclamée par un peuple vainqueur les pieds encore dans le sang. Je jetterais
« hardiment ce défi de générosité aux ennemis de la démocratie ; et, si jamais la République
« succombait, elle ne succomberait pas du moins par son propre crime, et elle renaîtrait bien-
« tôt de l'admiration qu'elle aurait inspirée au monde. »

de-Mars, il est inutile de rappeler ici quelles mains y traînèrent dans le sang ce drapeau que repoussait éloquemment l'orateur.....

On a vu, par le décret relatif au maintien du drapeau tricolore, qu'on fit à la fièvre du moment la concession d'en replacer les couleurs dans l'ordre déterminé en 93 (bleu à la hampe, rouge au milieu et blanc flottant); mais nous devons ajouter que, peu de jours après la date du décret, ces couleurs reprirent l'ordre qu'elles avaient à Austerlitz, et qu'elles ont encore aujourd'hui.

M. Ledru-Rollin proposa, dès la nuit du 24 au 25, l'abolition de l'impôt du sel, et la substitution d'un impôt progressif sur le revenu à celui qui frappe les boissons. Ces mesures, qui touchaient à toute l'organisation fiscale du pays, durent être ajournées. Il réclama aussi l'abolition immédiate de l'esclavage, qu'il avait plaidée avec éloquence quelque temps avant la révolution (1). Ce fut également lui qui fit installer aux Tuileries les blessés de la bataille, flatterie dangereuse faite au peuple, mesure absurde qui fut condamnée par le bon sens public. Il fit aussi décréter que les biens de la famille déchue, les dots des femmes exceptées, seraient réunis aux domaines de l'État.

Les objets engagés au Mont-de-Piété pour une somme inférieure à 10 fr., rendus gratuitement aux déposants, était en elle-même une mesure louable, mais qui bientôt conduisit insensiblement à une autre infiniment dangereuse, nous voulons parler de la création des *ateliers nationaux*, conséquence de l'imprudent décret par lequel le gouvernement provisoire s'engagea à réaliser la plus insurmontable des difficultés : celle de garantir l'existence de l'ouvrier par le travail, et conséquemment du travail à tous les citoyens. Cette mesure d'*ateliers nationaux*, à laquelle on eut déjà recours à diverses époques de commotions politiques, devait vider le trésor au profit presque exclusif de la paresse pour finir ensuite dans le sang des citoyens.....

Le fameux décret relatif à *la commission du gouvernement pour les travailleurs* fut rendu dans des circonstances de luttes et de résistances qui doivent d'autant plus être expliquées, que l'effet de cette impuissante tentative de l'organisation du travail a été, pour le peuple, une cause de perturbations regrettables et de leurres profonds.

Le 29 février, le gouvernement reçut, à l'Hôtel-de-Ville, une pétition demandant la plus prompte création possible d'un ministère du progrès, chargé de préparer cette organisation du travail qui venait d'être garantie à tous les citoyens. Divers corps d'état arrivèrent sur la place, portant des bannières sur lesquelles on lisait : *Abolition de l'exploitation de l'homme par l'homme!* Une grande foule armée accompagnait les porteurs de la pétition,

---

(1) On rapporte que quelques créoles résidant à Paris, effrayés alors de l'effet produit par le discours de M. Ledru-Rollin, vinrent lui parler de la question d'indemnité. « Hâtez-vous d'accepter, dit l'orateur, car si le parti démocratique arrive au pouvoir, il résoudra la question par un trait de plume. » M. Ledru-Rollin ne croyait évidemment pas être aussi près de la réalisation de cette menace.

lesquels furent introduits auprès du gouvernement assemblé, et qui, du reste, consommait la moitié de son temps à recevoir des délégués, des députations et des adresses, depuis les plus sérieuses jusqu'aux plus burlesques.

Cette démarche alarma le gouvernement. La discussion dont elle devint l'objet eut ses orages. On put alors, mieux qu'à propos de toutes les précédentes affaires, reconnaître les profonds dissentiments qui séparaient, dans leurs aspirations, ces dictateurs que la révolution venait d'improviser. Les exigences des travailleurs furent violemment combattues par MM. de Lamartine et Garnier-Pagès, se fondant, au reste, sur l'impossibilité où se trouvait le gouvernement provisoire de faire face à d'aussi graves questions, de nature à être plus efficacement résolues ou examinées par la nouvelle assemblée à élire. Peut-être, en s'exprimant ainsi, M. de Lamartine oubliait-il qu'il ne s'était pas montré aussi soucieux des prérogatives de la future assemblée dans une question bien autrement grave, c'est-à-dire en proclamant, bien que sous toutes réserves de ratifications, que la forme nouvelle du gouvernement était la République.

L'adversaire naturel de MM. de Lamartine et Garnier-Pagès, dans cette question, devait nécessairement être celui-là même que le peuple appelait au poste dont la création était demandée : nous avons nommé M. Louis Blanc. Il s'agissait, pour ce dernier, de mettre désormais en pratique les théories exposées dans ses livres. M. Louis Blanc fut très-opiniâtre à soutenir, dans cette discussion, les exigences du peuple, et il déclara net quesi le *ministère du travail* n'était pas créé, il se retirerait du gouvernement, ainsi que son collègue Martin, plus connu depuis sous le nom d'Albert. L'alternative était grave, car le gouvernement ne se dissimulait pas que la retraite des deux hommes qui personnifiaient dans son sein les aspirations du peuple, pouvait entraîner une révolution nouvelle que la dispersion de la force publique ne permettrait pas de réprimer. Il fallait absolument une transaction ; on parla, au lieu de la création d'un ministère, de la formation préalable d'une commission d'étude, destinée à approfondir la question et à faire patienter le peuple. La présidence de cette commission était naturellement dévolue à M. Louis Blanc. Il refusa d'abord. On pensa relever ces fonctions en destinant un palais à leurs séances, le Luxembourg, et dans le même but M. Arago s'offrit comme vice-président. M. Louis Blanc finit par céder ; mais ce fut, non pas à M. Arago, mais bien à M. Albert, qu'échut la vice-présidence de cette commission du gouvernement pour les travailleurs. On sait que le but qu'on s'en était proposé n'a pas été atteint, et que M. Louis Blanc a fini par rencontrer de nombreux adversaires parmi ceux-là même dont il cherchait à améliorer la condition.

Le résultat de cette grave délibération du gouvernement provisoire fut transmis au peuple, qui parut s'en contenter. On rapporte qu'en prenant la plume pour signer ce décret révolutionnaire, M. Marrast ne put s'empêcher de s'exclamer : *C'est bien fort !*

Les arrêtés que nous avons mentionnés, et qui sont relatifs à divers travaux de déblais et de terrassement, furent une conséquence provisoire de la discussion que nous venons d'analyser. Le ministère de la guerre ouvrit, de son côté, au Champ-de-Mars, des ateliers sous la direction du génie. Mais le travail, même en partie inutile et créé pour l'occasion, devait bientôt manquer pour tant de bras inoccupés ; de sorte que, l'existence de l'ouvrier étant garantie par un premier décret d'enthousiasme révolutionnaire, il fallut nourrir ceux qu'on ne pouvait employer. Les mairies furent donc autorisées à donner 1 fr. 50 c. par jour aux travailleurs oisifs. Les bons ouvriers se sentirent blessés de voir la promesse d'un labeur honorable changée en un secours humiliant; et encore, ce secours était-il difficilement distribué, vu les accablants travaux dont les employés des mairies étaient surchargés au milieu des enrôlements de la garde mobile, des préparatifs pour les élections générales et de la réorganisation de la garde nationale. Ne pouvant matériellement pas suffire à tant de services divers, les employés faisaient perdre, dans l'attente, de longues heures aux ouvriers, et il naissait, de cet état de choses, des plaintes, des menaces, parfois même des violences. Bref, le mécontentement du peuple augmentait de jour en jour, et comme il n'avait été, par ailleurs, donné qu'une demi-satisfaction aux députations de l'Hôtel-de-Ville au sujet de *l'organisation du travail* annoncée, le mal prenait, de jour en jour, des proportions plus inquiétantes. Ce fut alors que naquit la pensée des ateliers nationaux, organisation semi-militaire, soumise, par M. Émile Thomas, à MM. Garnier-Pagès et Marie. Ce projet eut l'assentiment immédiat de la fraction que nous appellerons conservatrice du gouvernement provisoire, fraction trop empressée de se débarrasser d'un danger présent pour calculer ses développements probables dans l'avenir. M. Émile Thomas eut la mission d'organiser cet exutoire de la misère populaire.....

Si nous remontions, du fait même, à la pensée secrète qui motiva sa réalisation, nous y trouverions la trace d'un antagonisme de personnes que le plan de cet ouvrage ne nous permet que de rapidement indiquer. Il est constant que la partie modérée du gouvernement provisoire, MM. Marie et Garnier-Pagès surtout (emporté par son imagination ardente, M. de Lamartine s'est plusieurs fois séparé de ceux que nous appelons ici les modérés); il est constant, disons-nous, que cette fraction cherchait à neutraliser l'ascendant que la partie républicaine de ce même gouvernement prenait sur les masses, à l'aide de la commission du Luxembourg particulièrement. M. Louis Blanc agissant sur une immense fraction du peuple par le rôle qu'il jouait à la commission dite du droit au travail, on voulut évidemment contrebalancer cette influence, en embrigadant une armée de travailleurs, ou prétendus tels, que la reconnaissance lierait à la partie du gouvernement qui versait dans leurs mains les trésors de l'Etat.

Quant à cette grave question, elliptiquement formulée par ces mots : *droit au travail*, elle réaliserait évidemment le premier *devoir* que Dieu ait imposé à l'homme, comme inhérent à son existence même. Mais mal définie par son titre, mal comprise des masses, par suite de la première erreur qui a mis le *droit* à la place du *devoir*, cette question n'a pu, malgré l'ardente recherche de toutes les solutions possibles, prendre sa place dans nos Codes, et est ainsi restée une pure logomachie. Mais ce n'est pas à dire pour cela que la question, pour avoir été mal posée, et conséquemment l'objet d'appréciations impuissantes, ne mérite pas, sous une autre forme, une vive sollicitude. Il s'agit seulement de bien faire comprendre au peuple que ce qu'on lui a dit être un droit, est plutôt un devoir, et que la société ne peut secourir l'homme valide qui n'apporte aucun concours à l'œuvre de tous.

Quant à la pratique de ce droit, corrélatif du devoir, il faut, pensons-nous, la demander, non pas à des articles de lois, ou aux formules de l'empirisme social, comme on le fit en février, mais bien à une série de mesures, de réformes soigneusement coordonnées, graduellement mises en œuvre, et dont l'ensemble constitue la science du gouvernement appliquée aux nécessités d'une époque. Le gouvernement provisoire décréta : décréter n'est pas résoudre. Plus tard, en omettant le droit au travail dans la Constitution, les législateurs ont prouvé leur impuissance à en faire l'application ; ils ont ainsi épargné à ce document un mensonge, comme au peuple une déception. Mais nulle prescription ne saurait pour cela atteindre le principe qui subsiste toujours, et il n'en incombe pas moins à tout gouvernement l'étroite obligation de résoudre, autant qu'il peut être résolu, ce grand problème : *donner du pain à celui qui en manque, et le lui donner par le travail.*

Nous croyons qu'il n'y aura de stable que le gouvernement qui s'approchera le plus près possible de cet immense résultat. Déjà de nos jours il semble qu'il ne serait pas impossible d'ajouter à la série existante et notoirement insuffisante des institutions de bienfaisance et de secours 1° un moyen *régulier* de fournir du travail à l'ouvrier en temps de crise ; 2° une assistance *régulière* aux ouvriers invalides et aux vieillards sans ressources et sans famille. Plus tard on pourrait faire davantage encore, en trouvant quelque combinaison nouvelle d'ateliers nationaux, où l'artisan fût toujours sûr de trouver la solde nécessaire à l'achat de sa nourriture, cette solde étant soigneusement basée de manière à ne porter aucun préjudice à l'industrie privée. En effet, l'ouvrier qui gagne quatre francs par jour chez un entrepreneur, chez un patron, et qui, en cas de chômage, se verrait réduit à deux francs dans les ateliers du gouvernement, ferait nécessairement tous ses efforts pour rentrer dans l'atelier privé, et cependant en tous temps son existence serait garantie par un digne usage de ses bras, sans risque de tomber dans les dégradations de la charité....

Sans doute de pareils résultats seraient assez difficiles à obtenir, et ils ne se peuvent poursuivre qu'à l'abri d'un pouvoir fort et d'une société rassurée. Mais rien ne saurait faire obstacle, lorsqu'il s'agit de résoudre d'aussi graves questions de justice, d'humanité, de vraie fraternité, et ajoutons aussi, de politique et de salut.

Avant de reprendre la série des principaux actes et décrets qui forment l'histoire législative et philosophique à la fois, de cette époque brûlante, avant d'arrêter notre attention sur ceux de ces documents qui sont les plus dignes d'examen ou de commentaires, il convient que nous jetions un coup d'œil sur l'attitude physique et morale de Paris, durant les premiers jours qui suivirent la victoire populaire.

Une fois la République proclamée, une partie du peuple se retira des abords de l'Hôtel-de-Ville pour aller répandre partout les premières nouvelles, les premières conquêtes. Ceux des membres du gouvernement provisoire qui étaient en même temps ministres, se rendirent à leurs départements. MM. de Lamartine et Marie restèrent cependant à l'Hôtel-de-Ville. Les premiers venaient les rejoindre de temps en temps, pour s'unir aux délibérations importantes.

« Les premières heures de ces réunions, — dit un auteur de l'époque, — furent un tumulte plutôt qu'un conseil. Il fallait se lever à chaque bruit du dehors, soutenir du poids de ses épaules les portes ébranlées par les coups de crosses de fusils ou par des bras impatients de résistance, se faire jour à travers les armes nues, haranguer, conjurer, subjuguer ces détachements de la multitude, les refouler moitié par l'éloquence, moitié par la force, toujours par le calme du front, par la cordialité du geste, par l'énergie de l'attitude; en détacher ainsi une partie pour combattre l'autre. Puis, le tumulte réprimé, rentrer au milieu des acclamations qui assourdissaient l'oreille, des froissements qui brisaient les membres, des embrassements qui étouffaient la respiration; essuyer sa sueur, et reprendre sa place de sang-froid à la table du conseil pour rédiger des proclamations et des décrets, jusqu'à ce qu'un nouvel assaut vînt ébranler les voûtes, secouer les portes, refouler les sentinelles, tordre les baïonnettes et rappeler les citoyens groupés autour du gouvernement, et ses membres eux-mêmes aux mêmes luttes et aux mêmes harangues, aux mêmes efforts, aux mêmes dangers.

« M. de Lamartine était presque toujours provoqué par son nom. Sa taille élevée et sa voix sonore le rendaient plus apte à ces conflits avec la foule. Il avait ses vêtements en lambeaux, le cou nu, les cheveux ruisselants de sueur, souillés de la poussière et de la fumée. Il sortait, il rentrait, plus porté qu'escorté par des groupes de citoyens, de gardes nationaux, d'élèves des écoles, qui s'étaient attachés à ses pas sans qu'il les connût, comme l'état-major du dévouement autour d'un chef sur le champ d'une révolution. »

La nuit venue, Paris sembla donc s'endormir dans une sorte de confiance. L'agitation des trois jours précédents était dans ce besoin de calme, de repos. Content ou déçu, rassuré ou inquiet, chacun vit, avec un degré différent dans la satisfaction, l'issue de la crise. Le 25 au matin, *la Presse*, le journal le plus lu aux derniers temps du gouvernement de Louis-Philippe, publiait un article portant pour titre : *Confiance! confiance!* tendant à rassurer les esprits, à faire accepter aux uns le fait consommé, et à demander aux autres la modération dans la victoire.

« Ce n'est pas à ceux à qui dix-sept ans de durée n'ont pas suffi pour fonder la stabilité, à se montrer trop sévères! — disait aux uns M. de Girardin. — Organisez la victoire! — disait-il aux autres. — Que les transactions ne s'interrompent point, que les boutiques s'ouvrent, que les caisses du commerce et de la banque ne se ferment pas, que la bourse reprenne ses opérations! C'est le moment d'acheter de la rente, et non d'en vendre; pour l'honneur de notre pays, il faut soutenir nos cours. C'est ainsi que la haute banque acquerra des titres qui ramèneront à elle l'opinion populaire. En agissant ainsi avec ensemble et persévérance, elle n'y perdra rien, elle sauvera ce qu'elle possède; il faut savoir risquer pour acquérir, il faut savoir risquer pour conserver. Il faut que le crédit se montre brave.

« Les barricades maintenant ne sont plus une garantie, elles sont une entrave à la circulation.

« Il importe que la circulation se rétablisse au plus tôt : cela importe à la facilité et à l'abondance des approvisionnements. Paris est un gouffre qui a un million de bouches, et les bouches les plus grandes sont celles du peuple.

« Pour un péril imaginaire, il ne faut donc pas créer un danger réel.

« Que tout homme sensé, qui lira ces lignes, se donne pour mission de répandre autour de lui la vérité et la sécurité.

« Tout est fini. Nul ne songe à disputer au peuple sa victoire. La victoire n'est plus à disputer : elle est à organiser.

« *Organiser la victoire!* Ce doit être le mot d'ordre de tous les citoyens, leur crie de ralliement.

« Il faut que le peuple prouve à ses détracteurs qu'entre ses mains la liberté n'est pas un instrument de destruction de l'ordre, mais une semence féconde jetée dans un sillon péniblement labouré, et plus d'une fois arrosé de son sang.

« *Organiser la victoire!* Cela veut dire que tout le monde doit venir en aide à ceux qui ont accepté la responsabilité du gouvernement provisoire.

« Il faut que le riche consomme, pour que le pauvre travaille; il faut que le pauvre travaille, pour que la victoire reste glorieuse et ne se déshonore pas par le pillage. »

C'étaient là de prudentes et sages paroles. Mais elles ne pouvaient être qu'en partie écoutées. C'est qu'en effet, pendant qu'une fraction de la population se reposait des fatigues, des inquiétudes des journées précédentes, tandis que ceux-ci, acceptant cette brusque révolution, espéraient ne pas l'acheter au prix de leurs intérêts, et que ceux-là, résignés à faire la part du feu, se félicitaient de ne pas devoir agrandir le sacrifice, les partis qui avaient entrepris cette révolution, et qui désiraient nécessairement qu'elle leur profitât, veillaient encore à l'ombre de leurs barricades.

Ces partis, dont il nous faut rapidement examiner la composition pour compléter ce qui a déjà été dit pages 37 et et 38 sur cette matière, étaient au nombre de trois : le parti appelé libéral par l'ancien mot, national par le nouveau, composé des hommes qui désiraient que le progrès des institutions étendît ses bienfaits sur toutes les classes de la société indistinctement.

Le parti socialiste, formé d'une armée assez confuse des sectaires des diverses écoles réformatrices, lesquels prétendaient, et prétendent aujourd'hui plus que jamais, à une rénovation plus ou moins radicale de la société, par une nouvelle entente du travail et de la propriété.

Le troisième de ces partis, enfin, ne saurait être mieux défini peut-être qu'en disant que ce qu'il recherche dans les révolutions, ce sont les révolutions elles-mêmes. Ce qui n'est que le moyen pour les autres, est le but chez lui. Un historien, qu'on eût pu soupçonner de plus d'indulgence pour cette minime fraction du parti républicain auquel il s'est brusquement rallié, dépeint ainsi ces révolutionnaires purs : « Hommes insoucieux de tout amour philosophique du progrès, indifférents aux rêves d'amélioration radicale, se précipitant dans les révolutions pour leurs vertiges, n'ayant dans l'âme ni la moralité dévouée de ceux qui considèrent les gouvernements comme des instruments du bien des peuples; ni dans l'imagination les chimères de ceux qui croient qu'on peut rénover en entier un ordre social sans ensevelir l'homme sous ses débris; ces révolutionnaires sans foi, sans idée, mais pleins de passions et de tumultes en eux-mêmes, veulent des convulsions à leur image, et ils trouvent dans les convulsions prolongées leur seul idéal. Ils aspirent pour toute théorie à des gouvernements révolutionnaires sans foi, sans loi, sans fin, sans paix, sans trêve et sans moralité comme eux. »

La République inclusivement était le but extrême de celui des partis que nous avons placé le premier, et qui avait fomenté les banquets réformistes, demandant aux hasards des agitations politiques, des révoltes de la rue, ces améliorations qu'on refusait à la discussion parlementaire. Adversaire du roi dans les Chambres, non à cause de sa personne, mais bien en raison de son intrusion inconstitutionnelle dans les affaires du gouvernement, ce parti n'était certes pas unanime la veille à désirer la République; mais il s'y soumit sincèrement dès qu'elle s'offrit, mettant son courage, son ambition et aussi sa gloire, à lui faire franchir l'anarchie dans son élan. Il désirait une République civilisée, et il voulait impérieusement contenir, régulariser cette révolution, qu'il n'avait pas faite toute, mais qu'il acceptait dans l'espoir de la contenir dans le cadre des grands intérêts généraux. Les représentants de ce parti, lequel, on peut le dire, a sauvé la France en février 1848, étaient Arago, Marie, Lamartine, Garnier-Pagès, et, dans la portée de ses facultés affaiblies, le vieux Dupont (de l'Eure). Rendons à M. de Lamartine cette justice de dire que, par son heureuse éloquence, l'honorabilité de son caractère, le prestige de sa personne et le courage physique qu'il a déployé durant ces premières journées, il a, plus que personne, énergiquement contribué à conjurer les périls dont les deux autres partis menaçaient le pays, aux premières heures turbulentes et passionnées qui suivirent la victoire de l'insurrection sur la royauté, si peu, si mal défendue.

Le parti dit *socialiste* était une sorte de Babel des idées. Les écoles qui le composaient alors étaient toutes, avec plus ou moins d'ardeur, rivales décla-

LEDRU-ROLLIN.
Membre du Gouvernement provisoire & de la Commission exécutive.

rées. Elles ne s'entendaient guère que sur un point : renverser ce qui existait. A peu près unanimes aussi dans l'ensemble de leurs aspirations : une nouvelle répartition des bénéfices et des charges, la suppression de la propriété personnelle, et, pour les extrêmes aussi, la communauté des biens; elles étaient, au contraire, en complète dissidence sur le choix des moyens, sur les procédés à mettre en vigueur pour obtenir ce chimérique nivellement de la société actuelle, ou de l'humanité.

Le troisième parti, enfin, était formé de ces hommes ardents, toujours inassouvis et inquiets, dévorés d'un feu sombre, en recherche continuelle d'un mieux idéal qu'ils demandent aux puissantes émotions des trames secrètes, de la bataille enfin ; natures maladives, dont le désordre est l'élément, le danger l'attraction, et qui sont les premiers conspirateurs contre leur triomphe même. Ce parti fatal, inguérissable, écume des peuples, qui a perdu la première République, et qui songeait déjà à conspirer contre la seconde, a laissé dans l'histoire sa sanglante trace : c'est le terrorisme...

Dangereux par son intraitable fanatisme, ce parti s'augmentait nécessairement, en ces jours fiévreux, de cette portion ignorante de la population qui croit volontiers à celui qui crie le plus fort. Résidu souffrant d'une société imparfaite, ces malheureux puisent leurs vices dans leur misère, comme on voit se corrompre tout ce qui croupit. Si, comme on l'a dit, le crime est un miasme de l'indigence, un des premiers besoins des gouvernements ne doit-il pas être d'assainir ces bas-fonds d'où s'élèvent, en des jours donnés, la rebellion et la vengeance instinctives ?

C'est ce dernier parti qui avait tenté d'élever le drapeau rouge sur la victoire des trois partis réunis; c'est lui qui, collaborateur dans cette victoire, ne tarda point à se considérer comme défait par la tentative de consolidation dont le triomphe commun était l'objet. Grossi des malfaiteurs en rupture de ban, des libérés revomis par les bagnes, de ces êtres immondes qui vivent des plus honteux commerces dans une capitale corrompue, de ces misérables, enfin, que leur affreux passé mettent en guerre ouverte avec la société, tourbe fatale qui se mêle au peuple et tente d'y répandre sa funeste contagion, le parti de la terreur considéra bientôt comme ses ennemis ceux-là même à côtés desquels il venait de combattre et de vaincre. C'est lui qui, passant cette première nuit républicaine dans ses repaires des quartiers restés sous les armes, s'élança le lendemain à Puteaux, à Suresnes, à Neuilly, dévastant et pillant la demeure privée du roi, et la villa de la famille Rothschild, à l'heure même où un subside considérable, et tout volontaire, était envoyé par le chef de cette maison aux ouvriers blessés ou affamés. La trace de ces misérables était depuis la veille aux Tuileries, au Palais-Royal; elle allait se montrer aussi aux gares des chemins de fer, aux ponts de la Seine, à Asnières, à Rueil, à Besons, à Chatou, partout enfin où une démence aveugle pouvait porter l'incendie, le ravage, la destruction, le pillage, les plus sauvages fureurs....

C'est cet affreux élément, formé de criminels et d'aveugles, qui devait rester dans un continuel qui-vive, toujours armé et avide de précipiter des

luttes nouvelles pour s'y plonger avec une horrible joie. Tous les obstacles qui vinrent entraver la pacification de la cité et l'établissement des pouvoirs nouveaux, furent son œuvre. Nous devons le retrouver bientôt, fanatisant les faibles, se grossir de malheureux égarés, et livrant à la société, à la civilisation, peut-on dire, une nouvelle bataille, la plus pénible qui soit à écrire pour une plume française....

Le gouvernement provisoire avait, dès les premières heures, été contraint de reconnaître combien de dangereux adversaires allait avoir l'établissement d'une république modérée, qui repoussait les lois d'ostracisme, et proclamait le respect dû à la propriété individuelle. Le parti symbolisé par le drapeau rouge vaincu par d'heureuses paroles à l'Hôtel-de-Ville, il importait de savoir sur quelles forces le jeune gouvernement pouvait compter, dans le cas où le parti maîtrisé tenterait un effort désespéré contre l'ordre renaissant. On décida qu'une cérémonie publique aurait lieu sur la place de la Bastille, pour la proclamation ou plutôt l'acclamation de la République. Peut-être pensera-t-on que c'était là un démenti donné à la promesse d'attendre la ratification du pays par son vote; mais, après quarante-huit heures, le gouvernement provisoire n'en était déjà plus à douter des moyens qu'il aurait d'entraîner, le moment venu, un résultat proclamé d'avance. La question principale fut couverte par les deux mesures politiques du moment : constater par une solennité publique la défaite des partisans du drapeau rouge, — passer en revue la garde nationale de Paris et des environs, pour s'assurer du chiffre de la force civique à opposer au besoin aux factieux; car n'était-ce pas une sorte de problème, que de deviner l'esprit de la garde nationale depuis les événements qu'elle venait de laisser accomplir, en abandonnant la royauté à l'insurrection? La bourgeoisie, si bien représentée par ce gouvernement croulé, se laisserait-elle défaire avec lui devant les anarchistes encore sur pied? Cette garde nationale, qui s'était unie à la révolution pendant trois jours, se rallierait-elle à la république sortie de la lutte qu'elle avait favorisée? Devait-elle désormais s'unir franchement au peuple qui semblait le vrai vainqueur du moment? C'est là ce qu'il importait de savoir; c'est cette alliance espérée qu'il s'agissait de montrer aux agitateurs, pour déconcerter leurs projets et propager l'ordre dans les développements donnés, depuis la veille, à la liberté.

Ce fut donc le 27 février qu'eut lieu la cérémonie arrêtée par le gouvernement provisoire. Deux bataillons par chaque légion de la garde nationale avaient été convoqués la veille au soir ; ils arrivèrent assez nombreux. Une grande quantité de gens du peuple, encore armés de la lutte, et qui partageaient, avec la milice, les divers services d'ordre et de sécurité publique, s'unirent aux premiers. Pour la première fois depuis le 24, les membres du gouvernement provisoire quittèrent en masse l'asile de leurs délibérations, et descendirent le grand escalier de l'Hôtel-de-Ville, devant la garde qui porta les armes et battit aux champs. Une immense multitude couvrait la place de Grève, et criait *vive la République!* Le cortége passa dans l'ordre suivant : D'abord un détachement de la garde nationale à cheval; puis les élèves de l'école d'état-major. Une masse de gardes nationaux et de citoyens de tous rangs, qui venaient ensuite, symbolisait, par la diversité des costumes, la révolution accomplie. La jeunesse des écoles s'unissait à cette masse, qui précédait les membres du gouvernement provisoire lui-même. Ils étaient à pied, en simple habit noir, ne portant, pour tout signe distinctif sur leur costume de simples citoyens, qu'une écharpe tricolore en sautoir, et une rosette rouge à la boutonnière. Ce pouvoir de nécessité et de raison personnifiait mieux le peuple, ainsi vêtu comme lui. Les ministres de la guerre, du commerce, des finances et de l'instruction publique, les adjoints aux maires de Paris, le directeur général des postes, et divers autres hauts fonctionnaires, s'étaient joints au cortége. Des officiers de Saint-Cyr et des élèves de l'École polytechnique, l'épée nue à la main, formaient immédiatement la haie. Une masse de peuple, que le trajet grossit sans cesse, terminait le cortége. Les cris de *vive le gouvernement provisoire!* retentissaient sur son passage, mêlés à ceux de *vive la République!*

Déjà une foule immense occupait la place de la Bastille. Là s'étaient aussi rendues bon nombre d'autorités des ordres divers : les Cours de cassation et d'appel, le général Bedeau, commandant la 1re division militaire, une certaine quantité d'officiers des armées de terre et de mer et quelques fonctionnaires des départements. Tout ce personnel était échelonné sur les degrés de la colonne de Juillet, au sommet de laquelle flottaient des étendards aux trois couleurs. Le temps, pluvieux pendant toute la matinée, s'éclaircit, et laissa filtrer à travers les nuages quelques rayons d'un pâle soleil, qui égayèrent cette fête, à laquelle présidaient tant de visages soucieux.....

Le gouvernement se plaça au pied de la colonne. Dupont (de l'Eure) et Arago faisaient front au défilé, et se trouvaient en plus directe communication avec la foule. Un roulement de tambours fit taire les musiques qui jouaient des airs patriotiques. Alors M. François Arago, qui, peu de jours auparavant, discutait encore l'opportunité d'établir la République, le front découvert et le geste solennel, prononça d'une voix forte les paroles suivantes : « Citoyens ! le gouvernement provisoire a cru répondre au vœu de l'héroïque population de Paris, en proclamant la République... Votre acclamation spontanée a ratifié cette détermination... Si la sanction de la France entière lui manque encore, nous espérons qu'elle ne tardera pas à ratifier ce vœu du peuple parisien, qui a donné un nouvel et magnifique exemple de son courage, de sa puissance, de sa modération. Citoyens ! — ajouta l'illustre savant d'une voix plus forte, — répétez avec moi ce cri populaire : *Vive la République !* »

Tous les membres du gouvernement provisoire se découvrirent, les drapeaux s'inclinèrent, et au bruit des tambours battant aux champs, au son des trompettes, de la musique, une immense acclamation retentit : *Vive la République !*

Le président du conseil, M. Dupont (de l'Eure), remercia ensuite la population de Paris de la conquête qu'elle venait d'accomplir, de l'ordre qu'elle avait su maintenir... Sa faible voix ajouta encore quelques mots, bientôt couverts par de nouveaux cris.

« Citoyens ! — reprit M. Arago, — ce sont quatre-vingts ans d'une vie pure et patriotique qui vous parlent... » *Vive Dupont (de l'Eure) !*

Et la foule joignit ce cri à celui répété de *vive la République !*

M. Crémieux prit la parole à son tour :

« Rendons hommage, — dit-il, — aux mânes de nos frères de juillet ! Que devaient-ils penser en nous voyant perdre une à une ces libertés conquises par leur sang ? Qu'ils ont dû tressaillir aux échos de notre révolution, plus grande encore que la leur, puisqu'elle nous donne la vraie liberté !

« La République est la mère de tous les citoyens, qui sont tous frères ; elle les rend fils d'une grande patrie. Quand cette patrie s'appelle la France, on doit être fier et heureux d'être républicain français... *Vive la République ! vive la France !*

Et ce cri, volant de proche en proche, circula tout le long du boulevart et alla vibrer jusqu'à la Madeleine, répercuté par les façades des maisons, aux fenêtres desquelles se pressaient les curieux mêlés aux enthousiastes...

Car, s'il avait été possible de lire dans les consciences et dans les cœurs, combien n'aurait-on pas trouvé d'hommes auxquels ce cri nouveau : vive la République ! était arraché, soit par la crainte, soit par le calcul, soit par la contagion, soit enfin par l'enivrement du jour, sans que la conviction fût complice d'un apparent, ou d'un passager enthousiasme ! Une seule histoire contient à la fois celle de toutes les palinodies, de toutes les lâchetés, de tous les égoïsmes, de toutes les défections et de toutes les peurs..... cette histoire, c'est celle de la politique !

Le général Courtais, commandant supérieur de la garde nationale, ordonna le défilé de la 1re et de la 2e légions. Ce défilé, auquel se mêlait la foule, qui désirait approcher les membres du gouvernement, se fit au pas de charge, et ne dura pas moins d'une heure. Les représentants du pouvoir se mirent ensuite en marche, afin de passer devant le front des autres légions développées le long des boulevarts jusqu'au faubourg Poissonnière. Derrière le gouvernement provisoire, s'avançait une masse de citoyens énorme, immense, qui remplissait la grande voie dans toute sa largeur, et s'étendait à perte de vue. C'était un imposant spectacle !

On dit que, voulant se soustraire à la prolongation démesurée de cette cérémonie, M. de Lamartine, épuisé de fatigue, était parvenu, après s'être dépouillé de ses insignes, à s'échapper par la place Royale, d'où il comptait regagner incognito sa demeure. Mais il avait, durant ces derniers jours, subi trop de contacts avec la foule, pour n'être pas bientôt reconnu. Il le fut, en effet, peut-être par quelqu'un de ceux à qui sa parole avait, la veille, arraché le drapeau rouge. On l'acclama, et la foule commençait à s'amasser sur son passage, lorsqu'il parvint à se réfugier dans la maison qu'habitait alors, sur la place, M. Victor Hugo. Pendant que la foule frappait aux portes, il parvint à quitter l'hôtel par les jardins ; et, trouvant un cabriolet errant, il y monta pour gagner, à travers les quartiers les plus déserts, son domicile de la rue de l'Université. Il paraît que le cocher qui conduisit le poète, en ce moment si populaire, avait, la surveille, porté hors Paris un des ministres en fuite de la royauté renversée. Rapprochement étrange! qui fait qu'à deux jours de distance, le hasard jette dans la même voiture deux hommes politiques, l'un pour fuir la colère du peuple, l'autre pour échapper à son ovation!

Enregistrons maintenant quelques-uns des faits saillants de ces premières journées, si fertiles en événements, et dont un grand nombre déjà seraient aujourd'hui effacés, si l'histoire n'en gardait la trace.

Dans les journées du 26 et du 29, le gouvernement provisoire reçut les lettres suivantes du frère et de deux neveux de l'empereur Napoléon :

« Messieurs,

« La nation vient de déchirer les traités de 1815. Le vieux soldat de Waterloo, le dernier frère de Napoléon, rentre dès ce moment au sein de la grande famille.

« Le temps des dynasties est passé pour la France!

« La loi de proscription qui me frappait est tombée avec le dernier des Bourbons. Je demande que le gouvernement de la République prenne un arrêté qui déclare que ma proscription était une injure à la France, et a disparu avec tout ce qui nous a été imposé par l'étranger.

« Recevez, Messieurs les membres du gouvernement provisoire de la République, l'expression de mon respect et de mon dévouement.   « JÉRÔME BONAPARTE. »

Paris, ce 26 février 1848.

« Messieurs,

« Au moment même de la victoire du peuple, je me suis rendu à l'Hôtel-de-Ville. Le devoir de tout bon citoyen est de se réunir autour du gouvernement provisoire de la République, et je tiens à être un des premiers à le faire, heureux si mon patriotisme peut être utilement employé.

« Recevez, Messieurs, l'expression des sentiments de respect et de dévouement de votre concitoyen.   « NAPOLÉON BONAPARTE. »

Paris, ce 26 février 1848.

« Messieurs,

« Fils de Lucien Bonaparte, nourri de ses opinions républicaines, idolâtre, comme lui, de la grandeur et du bonheur de la France, j'accours, enfant de la patrie, me mettre à la disposition des éminents citoyens qui forment le gouvernement provisoire. Le sentiment qui me domine, c'est un patriotique enthousiasme, et la conviction que la prospérité et l'avenir de la République ont été résolus le jour où le peuple vous a mis à sa tête. Comme mon père, qui n'a jamais trahi son serment, j'engage le mien entre vos mains à la République française.

« Recevez, Messieurs, cet acte de profonde sympathie et d'un dévouement qui ne demande que d'être mis à l'épreuve.   « PIERRE-NAPOLÉON BONAPARTE. »

Paris, ce 29 février 1848.

Un autre neveu de l'empereur, le plus connu de tous, par le retentissement des affaires de Strasbourg et de Boulogne, s'était, le 25 mai 1846, échappé de la forteresse de Ham, d'où le ministère lui avait refusé de s'absenter sur parole, pour aller recevoir le dernier soupir de son vieux père, l'ex-roi de Hollande. Louis-Napoléon habitait Londres lorsqu'il apprit les événements du 24 février. Il se mit immédiatement en route pour Paris, où il serait arrivé dès le 26, si une tempête ne l'avait retenu trente-six heures sur le littoral anglais. A peine dans la capitale, il adressa, à son tour, la lettre suivante au gouvernement provisoire :

« Messieurs,

« Le peuple de Paris ayant détruit, par son héroïsme, les derniers vestiges de l'invasion étrangère, j'accours de l'exil pour me ranger sous le drapeau de la République qu'on vient de proclamer.

« Sans autre ambition que celle de servir mon pays, je viens annoncer mon arrivée aux membres du gouvernement provisoire, et les assurer de mon dévouement à la cause qu'ils représentent, comme de ma sympathie pour leurs personnes.

« Recevez, Messieurs, l'assurance de ces sentiments.   « NAPOLÉON-LOUIS BONAPARTE. »

Paris, le 28 février 1848.

Mais la présence à Paris d'un prétendant, conspirateur du dernier règne, alarma le gouvernement en train de constituer la République. Le prestige du nom de l'empereur pouvait être un danger pour elle, au milieu de l'incertitude qui régnait encore dans les esprits. Le gouvernement provisoire fit prier le prince Louis de s'éloigner momentanément de la capitale et du pays même. Voici la réponse qu'il fit à cette injonction :

« Messieurs,

« Après trente-trois années d'exil et de persécution, je crois avoir acquis le droit de retrouver un foyer sur le sol de la patrie.

« Vous pensez que ma présence à Paris est maintenant un sujet d'embarras. Je m'éloigne donc momentanément; vous verrez dans ce sacrifice la pureté de mes intentions et la sincérité de mon patriotisme.

« Recevez, Messieurs, l'assurance de mes sentiments de haute estime et de sympathie.

« NAPOLÉON-LOUIS BONAPARTE. »

Paris, le 29 février 1848.

Nous verrons plus tard les conséquences de cette habile résignation.

Autres faits.

Voici le chiffre exact des sommes dont put disposer l'Etat, le lendemain de la révolution :

Il y avait, à la Banque, 135 millions ; au trésor, 55 millions; en tout : 190 millions.

Le 25 au matin, l'or se vendait, chez les changeurs, chez les banquiers, le 1,000, prime 100 fr., puis 80 fr., puis 60 fr., puis 50 fr., puis 40 fr., et, enfin, 25 fr. seulement par 1,000 fr. le 28 février.

Ordre fut expédié d'envoyer à Alger un bateau à vapeur pour signifier au prince de Joinville et au duc d'Aumale la déchéance de leur maison, la proclamation de la République, et le remplacement du dernier de ces princes au gouvernement de l'Algérie, par le général Cavaignac. Nous verrons plus tard de quelle noble façon ils répondirent à la signification républicaine.

Voici l'état des blessés entrés dans les hôpitaux de Paris les 22, 23, 24 et 25 février :

Hôtel-Dieu. — 84 hommes, 2 femmes, 34 militaires. — Total, 120.

Pitié. — 8 hommes, 1 militaire. — Total, 9.

Charité. — 89 hommes, 2 femmes, 28 militaires. — Total, 119.

Saint-Antoine. — 27 hommes, 9 militaires. — Total, 36.

Cochin. — Une femme.

Necker. — 3 hommes, 2 militaires. — Total, 5.

Bon-Secours. — 3 hommes.
Saint-Louis. — 45 hommes, 3 femmes, 1 militaire. — Total, 49.
Clinique. — 5 hommes, 1 militaire. — Total, 6.
Maison de santé. — 9 hommes.
Incurables (hommes). — 2 hommes.
Hôtel-Dieu (annexe). — 5 hommes, 2 militaires. — Total, 7.
Beaujon. — 62 hommes.

Ce qui fait un total de 428 blessés, dont 350 civils et 78 militaires (officiel).
L'acte d'accusation des ex-ministres est publié. Le bruit de leur départ est accrédité (1); les adhésions à la République commencent à arriver de toutes parts. Il s'en produit des mains les plus inattendues. Bon nombre de ces adhésions furent scandaleuses. Passé oblige. Celle du maréchal Bugeaud, nous l'avons dit, surprit les uns, attrista les autres. Voici en quels termes habiles, prudents, bibliques, enfin, pour tout dire, le *Journal des Débats* adhéra aux événements; ces documents sont curieux :

« Au milieu des tempêtes par lesquelles Dieu et les peuples manifestent leur colère et leur puissance, au milieu du naufrage des illusions et des rêves, au-dessus des débris des espérances et des regrets, l'arche sainte de la patrie surnage et poursuit sa marche mystérieuse. C'est sur elle que nos yeux sont fixés; c'est elle que nos craintes, nos vœux, notre anxiété, mais toujours notre impérissable amour, suivent et accompagnent. Si ceux qui la conduisent au milieu des orages du présent et des ténèbres de l'avenir la sauvent des écueils et la mènent vers le port, nous ne leur refuserons point notre part de reconnaissance, et ils auront bien mérité de la France, de l'humanité et de la civilisation. »

L'Univers, journal religieux, publiait, à son tour, divers articles dont voici un extrait (nous choisissons nécessairement le plus significatif). La Providence y joue également son rôle :

« Dieu parle par la voix des événements. La révolution de 1848 est une notification de la Providence. A la facilité avec laquelle ces grandes choses s'accomplissent, et lorsque l'on considère combien, au fond, la volonté des hommes y a peu contribué, il faut reconnaître que les temps étaient venus. Ce ne sont pas les conspirations qui peuvent de la sorte bouleverser de fond en comble et en si peu de temps les sociétés humaines. Une conspiration qui réussit allume instantanément la guerre civile. Le principe politique attaqué et renversé par surprise cherche immédiatement à se défendre. *Qui songe aujourd'hui en France à défendre la monarchie? qui peut y songer? La France croyait encore être monarchique, et elle était déjà républicaine.* Elle s'en étonnait hier, elle n'en est point surprise aujourd'hui Revenue d'un premier mouvement de trouble, elle s'appliquera sagement, courageusement, invinciblement, à se donner des institutions en rapport avec les doctrines qu'elle a depuis longtemps définitivement acceptées.

(1) « M. de Lamartine se chargea, sous sa responsabilité personnelle et à ses risques et périls devant le peuple, de laisser évader les ministres si on venait à les saisir dans leur retraite; il se chargea aussi de faire suivre la trace du roi, de la reine, des princesses, de leurs enfants; d'envoyer des commissaires accrédités par lui, pour protéger au besoin leur sortie du territoire français, pour leur porter les sommes indispensables à leur existence, et pour les entourer jusqu'aux frontières, non seulement de sécurité, mais de ces respects qui honorent le peuple qui les rend, autant qu'ils consolent les victimes des catastrophes humaines.
« Le ministre des finances fut autorisé à lui remettre, à titre de fonds secrets, sur sa demande, une somme de trois cent mille francs pour cette sauvegarde des personnes royales. Il en prit cinquante mille seulement, qu'il fit verser au crédit des affaires étrangères, afin de les remettre aux commissaires à leur départ. Cette précaution fut inutile, aucune somme ne fut dépensée. »
En effet, on verra bientôt de quelle façon romanesque la famille royale divisée put gagner la terre d'exil.

« La monarchie succombe sous le poids de ses fautes. Personne n'a autant qu'elle-même travaillé à sa ruine. Immorale avec Louis XIV, scandaleuse avec Louis XV, despotique avec Napoléon, inintelligente jusqu'à 1830, astucieuse, pour ne rien dire de plus, jusqu'en 1848, elle a vu successivement décroître le nombre et l'énergie de ceux qui la croyaient encore nécessaire. *Elle n'a plus aujourd'hui de partisans.* Charles X avait encore des amis personnels et des serviteurs dévoués.

« De nobles cœurs ont porté son deuil., son héritier a pu pendant un temps trouver des soldats. Louis-Philippe n'a été reconduit que jusqu'à la porte de sa demeure. On a protégé sa vie, mais pas sa couronne, et on l'a laissé se sauver sans lui faire l'honneur de le croire dangereux. Jamais trône n'a croulé d'une façon plus humiliante. C'est que ce trône n'était plus un trône.

« *Il n'y aura pas de meilleurs et de plus sincères républicains que les catholiques français.*

« Parmi les principes sociaux qui viennent de triompher et qui vont se formuler en institutions, quels sont ceux que l'Eglise repousse? quels sont ceux que sa voix n'ait pas fait retentir depuis dix-huit siècles à l'oreille des peuples et des rois? Nous n'en voyons aucun. »

De telles paroles durent étonner. On en lut bien d'autres encore qu'il nous coûterait de citer, car, fidèles à leur égoïsme, à leur lâcheté et à leur ingratitude, maints apostats épuisèrent avec empressement toutes les injures contre ceux qu'ils flattaient encore si peu de jours auparavant. Les journaux de l'ancienne opposition chantaient victoire, et c'était tout naturel. Quant à *la Presse*, elle n'insulta pas les vaincus, mais elle prit assez philosophiquement son parti de leur défaite. Dans ces premiers jours d'épouvante, d'anxiétés, d'aspirations vagues vers l'avenir, de regrets vers le passé ou de résignation devant le présent, tous sentiments qui se partageaient le pays dominé par une impression presque générale (chez les vainqueurs eux-mêmes), la surprise..., M. Émile de Girardin publia une série d'articles qui contribuèrent au retour de l'ordre et à rendre le calme aux esprits. Pour clore ces citations nécessaires à l'exécution de notre plan d'éclectisme, d'indépendance, nous reproduirons celui de ces articles où le célèbre publiciste s'adresse au peuple, dans cette forme vive et saisissante qui lui est propre. Voici ce que *la Presse* publiait le 26 février, après son article intitulé *Confiance*, qui datait de la veille :

« Il faut que tu le saches, peuple, et que tes vrais amis ne craignent pas de te dire la vérité !

« Nous l'avons dite au roi que tu viens de renverser ; comme à lui, nous te la dirons, sans être retenus par la crainte ni de ta colère, ni de ta défiance abusée par la calomnie.

« Nous n'avons jamais su flatter. Nous ne commencerons pas aujourd'hui ; car te flatter, ce serait t'égarer et te perdre.

« Le gouvernement déchu ne fût pas tombé, s'il ne s'était entouré que d'hommes qui fussent des hommes ; que d'hommes qui lui tinssent le langage que nous lui avons constamment fait entendre. En nous exprimant avec une entière franchise, nous n'encourions, il est vrai, que sa disgrâce; aujourd'hui, nous le savons, nous nous exposons à un danger plus grand.

« Ce n'est pas un motif pour que nous hésitions.

« La vérité qui s'ennoblit par le péril est la sœur aînée de la gloire, car elle a, sur celle-ci, l'avantage de donner son sang et de n'en pas faire couler.

« Après tout, l'homme qui assure son honneur, en risquant sa vie, ne fait qu'échapper à la caducité. C'est ce qu'il doit se dire.

« Un admirable exemple nous est donné à nous tous, tes amis sincères, c'est celui de Lamartine, que rien ne fait reculer au-delà des limites connues de ses convictions ; ni le flux de la popularité, ni le reflux de l'impopularité, ni l'adulation, ni la menace.

« Il a élevé son caractère à la hauteur de son génie.

« Oui, peuple, il faut que tu le saches ; tes détracteurs, et toi, non plus, tu n'en manques pas ! tes détracteurs déjà se réjouissent de quelques excès que tu sauras effacer, en multipliant les traits d'héroïsme, les actes de courage, les preuves de probité, les témoignages de désintéressement, toutes les actions qui ont la noblesse de la démocratie!

« Ils disent :

« Le palais des Tuileries n'a pas été pillé; mais il a été dévasté!

« Le château de Neuilly a été incendié; deux propriétés particulières ont été saccagées!

« Les chemins de fer, si utiles pour l'approvisionnement de Paris, n'ont pas été respectés!

« Ce n'est que le commencement.

« Le gouvernement de 1830 est tombé, parce qu'il n'a pas su allier la liberté avec l'ordre ;

« le gouvernement de 1848 tombera; parce qu'à son tour il ne pourra allier l'ordre avec la liberté.

« L'ordre et la liberté sont incompatibles! C'est une utopie, c'est un songe.

« La liberté a la guerre pour cercueil.

« L'ordre a la révolution pour tombeau.

« Les gouvernements n'ont que le choix entre deux mausolées. »

« Ainsi, peuple, s'expriment tes détracteurs; il faut les faire mentir.

« La révolution de 1830 fut glorieuse et stérile; il faut que la révolution de 1848 soit féconde sans être moins glorieuse;

« Cela dépend de toi. Exiger des garanties, et se préserver des excès; voilà le but dont tu ne dois jamais t'écarter.

« Toute autre voie te mènerait à la guerre, à la ruine, à la banqueroute, à la famine, à la perte de ta nationalité!

« C'en est fait de la royauté et de l'aristocratie en Europe, si tu sais prouver qu'elles ne sont pas nécessaires au maintien de l'ordre ; c'en est fait, au contraire, de la liberté et de la démocratie, si elles donnent raison à leurs détracteurs, qui prétendent qu'elles ne sauraient, au moins dans les sociétés anciennes, fonder l'ordre durable sur des bases affermies.

« Sur toi, peuple français, pèse une immense responsabilité! N'oublie pas que tous les peuples sont solidaires devant le pouvoir, comme les hommes sont frères devant l'éternité.

« Chaque excès que tu commettras serait une chaîne plus lourde, que tu riverais aux mains des peuples pour lesquels n'a pas encore sonné l'heure de la liberté. La liberté chez eux, peuple français, dépendra de l'ordre que tu fonderas chez toi. »

Mais reprenons le récit des faits.

A dater du 1er mars, le gouvernement provisoire et les divers ministères prirent les mesures ou publièrent les documents dont nous analysons les plus significatifs.

— Proclamation pour annoncer aux ouvriers que la commission du gouvernement pour les travailleurs s'occupe de leurs intérêts, et pour les engager à reprendre leurs travaux. Ce document débute ainsi :

« Citoyens,

« La *commission de gouvernement pour les travailleurs* est entrée en fonctions aujourd'hui même. Sur ces bancs où siégeaient naguère les législateurs du privilége, les pairs de France, le peuple est venu s'asseoir à son tour, comme pour prendre matériellement possession de son droit, et marquer la place de sa souveraineté. »

— Décision du gouvernement provisoire, qui met sous le séquestre tous les biens du domaine privé et les biens particuliers des princes et princesses de l'ancienne famille royale.

— Proclamation aux colons de l'Algérie, leur promettant l'assimilation progressive de leurs institutions à celles de la métropole.

— Arrêté portant suppression de l'impôt du timbre sur les journaux dix jours avant la convocation des assemblées électorales.

— Décret diminuant d'une heure la journée de travail, et portant abolition du marchandage pour les ouvriers.

— Décret qui institue une commission des récompenses nationales.

— Décret sur le paiement des rentes par anticipation, l'établissement d'un comptoir d'escompte et la suppression du timbre sur les écrits périodiques.

— Décret qui institue une commission pour l'émancipation des esclaves dans toutes les colonies de la République.

— Décret qui convoque les assemblées électorales, décide le mode d'élection et fixe le nombre des députés.

— M. Garnier-Pagès est nommé ministre des finances en remplacement de M. Goudchaux, sur la demande expresse de ce dernier, qui n'avait accepté ces fonctions que temporairement.

— Décret qui porte abrogation des *lois de septembre* 1835 sur la presse, et de divers articles du Code d'instruction criminelle.

— Arrêté qui abroge celui du 26 février, en rétablissant le drapeau national dans l'ordre des couleurs fixé par le décret de la Convention nationale du 27 pluviôse an II, sur les dessins du peintre David, c'est-à-dire le bleu à la hampe, le blanc au milieu et le rouge flottant.

— Décret qui crée des comptoirs nationaux d'escompte dans toutes les villes industrielles et commerciales. — Autre création analogue pour Paris, au capital de 20 millions.

— Arrêté qui fixe à 5 pour 100 l'intérêt de l'argent déposé dans les caisses d'épargne.

— Proclamation pour engager les citoyens à payer par avance leurs contributions de l'année.

— Arrêté portant que tous les gardes nationaux seront habillés.

— Décret autorisant le ministre des finances à aliéner les diamants de la couronne et l'argenterie des différentes résidences royales.

— Décret autorisant le ministre des finances à aliéner les biens de l'ancienne liste civile.

— Décret autorisant le même à aliéner une partie des bois de l'État, jusqu'à concurrence de 100 millions.

— Décret autorisant le même à émettre, sous titre d'emprunt national, la somme de 100 millions qui reste à user sur l'emprunt créé par la loi du 8 août.

— M. Armand Marrast est nommé maire de Paris, en remplacement de M. Garnier-Pagès, nommé ministre des finances.

— Décret qui abolit la contrainte par corps.

— M. Pagnerre est nommé directeur du comptoir national d'escompte.

— Arrêté portant création d'une légion polonaise.

— Décret qui abolit la peine de la bouline, de la cale et des coups de corde en marine, et les remplace par l'emprisonnement au cachot de quatre jours à un mois.

— Circulaire du ministre de la guerre aux généraux commandant les divisions militaires, concernant l'adhésion à la République. Voici un extrait de cette circulaire :

« Ainsi que je vous y ai invité par mon ordre du 25 février, vous avez dû déjà proclamer la République.

« En ce qui concerne les corps de troupes, les garnisons seront réunies dans les villes qu'elles occupent. L'officier le plus élevé en grade fera lire à haute voix, devant le front des troupes, la proclamation suivante, qui sera ensuite mise à l'ordre et lue à trois appels consécutifs :

« Officiers, sous-officiers, caporaux ou brigadiers et soldats, la République française est
« proclamée.

« Enfants de la France, avant tout, vous êtes désormais les serviteurs de la République.

« C'est au nom de la République qu'à l'avenir vos devoirs vous seront imposés.

« Ils n'en seront que plus impérieux, ils n'en devront être que mieux observés.

« Notre premier devoir, vous le savez, c'est l'oubli de nos intérêts particuliers sacrifiés
« aux intérêts de la patrie.

« C'est donc une nouvelle protestation de dévouement et d'obéissance que doit vous rap-
« peler chaque nouveau cri de : *vive la République!* »

« Des procès-verbaux dressés par les soins de l'intendance constateront cette solennité. Les listes d'adhésion seront signées par tous les officiers; elles seront collectives par état-major et par corps; vous resterez chargé de les réunir et de me les transmettre au fur et à mesure qu'elles vous parviendront avec les procès-verbaux.

« Votre conduite, général, devra, ainsi que celle des chefs de corps et de service, tendre à développer et à appliquer les principes énoncés dans la proclamation ci-dessus. »

—Proclamation du commandant général de la garde nationale, de Courtais, pour engager au calme, à l'ordre, à l'union; ce document débute ainsi :

« L'ennemi n'a pu nous vaincre, il veut déshonorer notre victoire!

« Des malfaiteurs sèment autour de Paris la dévastation et l'incendie.

« Que le peuple armé se lève tout entier pour les faire disparaître.

« L'union de la garde nationale et des héroïques citoyens qui étaient derrière les barricades à foudroyer la tyrannie, que cette union écrase l'anarchie. »

Le document le plus important, le plus solennel de ceux que nous avons à citer ou à analyser, serait, sans contredit, le fameux manifeste à l'Europe rédigé par M. de Lamartine. Voici un paragraphe qui résume la pensée entière de ces belles pages, que leur étendue nous prive de citer au complet :

« La République a traversé de son premier pas l'ère des proscriptions et des dictatures; elle est décidée à ne jamais voiler la liberté au dedans; elle est décidée également à ne jamais voiler son principe démocratique au dehors. Elle ne laissera mettre la main de personne entre le rayonnement pacifique de sa liberté et le regard des peuples. Elle se proclame l'alliée intellectuelle et cordiale de tous les droits, de tous les progrès, de tous les développements légitimes d'institutions des nations qui veulent vivre du même principe que le sien. Elle ne fera pas de propagande sourde ou incendiaire chez ses voisins; elle sait qu'il n'y a de libertés durables que celles qui naissent d'elles-mêmes sur leur propre sol. Mais elle exercera, par la lueur de ses idées, par le spectacle d'ordre et de paix qu'elle espère donner au monde, le seul et honnête prosélytisme : le prosélytisme de l'estime et de la sympathie. Ce n'est point là la guerre, c'est la nature. Ce n'est point là l'agitation de l'Europe, c'est la vie. Ce n'est point là incendier le monde, c'est briller de sa place sur l'horizon des peuples pour les devancer et les guider à la fois. »

Voici en quels termes M. Louis Blanc, déjà aux prises avec les immenses difficultés de la tâche qu'il s'était inopinément vu mis en demeure de réaliser, engageait les travailleurs à prendre patience et à avoir confiance dans la commission qu'il présidait au Luxembourg :

« Citoyens travailleurs,

« La commission du gouvernement, instituée pour préparer la solution des grands problèmes qui vous intéressent, s'étudie à bien remplir sa mission avec une infatigable ardeur. Mais, quelque légitime que soit votre impatience, elle vous conjure de ne pas faire aller vos exigences plus vite que ses recherches.

« Toutes les questions qui touchent à l'organisation du travail sont complexes de leur nature. Elles embrassent une foule d'intérêts qui sont opposés l'un à l'autre, sinon en réalité, du moins en apparence. Elles veulent donc être abordées avec calme, et approfondies avec maturité.

« Trop d'impatience de votre part, trop de précipitation de la nôtre n'aboutirait qu'à tout compromettre.

« L'Assemblée nationale va être incessamment convoquée. Nous présenterons à ses délibérations les projets de lois que nous élaborons en ce moment, avec la ferme volonté d'améliorer moralement et matériellement votre sort, projets de lois d'ailleurs sur lesquels vos délégués vont être appelés à donner leur avis.

« Or, cette Assemblée nationale ne sera plus une chambre de privilégiés; elle sera, grâce au suffrage universel, un vivant résumé de la société tout entière.

Donc, ayez bon courage et bon espoir; mais, dans votre intérêt même, ne mettez pas obstacle à l'action de ceux qui sont bien décidés à faire triompher la cause de la justice ou à mourir pour elle. »

— Le général Thiard est nommé ambassadeur de la République en Suisse.

— M. Lherbette ayant décliné les fonctions de liquidateur de la liste civile, M. Vavin, ancien député, accepte la liquidation générale et l'administration provisoire de ces biens et de ceux du domaine privé, à la condition que ces fonctions seront gratuites.

— Déclaration du gouvernement provisoire pour expliquer la nécessité de faire rentrer dans la masse générale de la garde nationale les compagnies de grenadiers et de voltigeurs. Le document indique que cette mesure est prise au nom du sentiment de *l'égalité*.

— Arrêté du gouvernement pour faire rentrer divers musées et objets d'art dans les attributions du ministère de l'intérieur, et les manufactures de Sèvres, des Gobelins et de Beauvais dans le département de l'agriculture et du commerce.

— Décret relatif à un monument à élever à la mémoire du maréchal Ney, sur le lieu même où il a été fusillé. On sait que, condamné à mort par arrêt de la Chambre des pairs, en date du 6 décembre 1815, le maréchal prince de la Moskowa fut exécuté par les armes, place de l'Observatoire, devant le mur qui est aujourd'hui celui du jardin public de la Grande-Chartreuse, le 7 décembre 1815, à neuf heures du matin. Le décret du gouvernement provisoire n'a pas eu de suites. La pensée en a été reprise en mars 1850, par M. Ferdinand Barrot, ministre de l'intérieur. Le monument a été commandé à un artiste en renom.

— Le général Subervie, ministre de la guerre (19 mars), est nommé grand-chancelier de la Légion-d'Honneur, en remplacement du maréchal Gérard.

— M. Arago, ministre de la marine, prend l'intérim du ministère de la guerre.

— Le citoyen Jacques-Alexandre Bixio, né à Chiavari (Sardaigne), est tenu et réputé naturel de la France. Voici un passage du décret :

« Attendu qu'il a rendu à l'Etat des services importants par les ouvrages

Gardien de Paris.

1848.

qu'il a publiés sur l'agriculture et les sciences; qu'il a surtout pris la part la plus honorable à la révolution glorieuse qui vient de rendre au peuple français tous ses droits; qu'il a reçu son éducation en France, n'a pas cessé de l'habiter; qu'il a supporté toutes les charges et contributions publiques; qu'il y a formé des établissements, etc. »

Nous verrons plus tard la belle conduite de M. Bixio lors des déplorables affaires de juin.

— Le général Eugène Cavaignac est nommé ministre de la guerre (20 mars).

— Un crédit extraordinaire de 250,000 fr. est ouvert pour la construction d'une salle provisoire destinée à l'Assemblée nationale.

— Décret qui crée un corps spécial sous le titre de gardiens de Paris, en substitution aux sergents de ville (22 mars). Ces gardiens ne seront point armés.

— Décret qui suspend le travail des prisons.

— Décret portant annulation des ordonnances qui ont paru au *Moniteur* les 22, 23 et 24 février 1848. En voici la teneur :

« Considérant que les ordonnances insérées au *Moniteur* le 22, le 23 et le 24 février, pendant le cours de la glorieuse insurrection qui a délivré la France d'un gouvernement corrupteur et fondé la République, ne sauraient conférer aucun droit et sont frappées d'une nullité radicale,

« Décrète :

« Les ordonnances qui ont paru au *Moniteur* le 22, le 23 et le 24 février 1848 sont annulées; toutes nominations dans l'ordre judiciaire ou administratif constatées par ces ordonnances sont nulles, et aucune suite n'a pu être donnée à leur exécution. »

Voici un document qui mérite d'être rapporté en son entier : il est relatif aux dons patriotiques :

« Citoyens.

« Les dons patriotiques affluent à l'Hôtel-de-Ville. Chaque jour tous les corps d'état rivalisent d'abnégation et de générosité. Des ouvriers qui peuvent à peine, par de trop rares travaux, nourrir leurs familles, savent encore prélever de civiques offrandes sur un salaire insuffisant. La pauvreté même, oubliant ses besoins, se fait un devoir et un bonheur d'une privation nouvelle, quand il s'agit de subvenir aux besoins de la République, notre mère commune.

« Citoyens, vous donnez au monde un sublime exemple! L'Hôtel-de-Ville, ce palais du peuple, en est tous les jours le silencieux témoin; mais si votre modestie veut cacher ces héroïques vertus, le gouvernement provisoire doit les révéler à la France et à l'Europe, qui vous contemplent!

« La monarchie, brisée par vous en février, avait corrompu bien des âmes; mais le mal n'a point pénétré jusqu'au cœur de la nation. Citoyens, vous le prouvez tous les jours, il est beau de combattre et de vaincre pour la liberté; il est encore plus beau de fonder la liberté sur l'inébranlable base d'un désintéressement et d'un patriotisme que ne découragent point les épreuves les plus poignantes.

« Citoyens, le gouvernement provisoire doit le proclamer hautement : la France est fière de vous; et la République, appuyée sur des cœurs tels que les vôtres, peut regarder sans crainte son avenir!

« Citoyens, au nom de la patrie, au nom de la France, au nom de l'humanité, le gouvernement provisoire vous remercie.

« Le gouvernement provisoire,

« Considérant qu'il importe de régulariser les dons volontaires offerts spontanément par les citoyens généreux ;

« Qu'il est nécessaire de donner à cette œuvre patriotique toute la solennité qu'inspirent à la fois et la situation présente et la reconnaissance méritée par le dévouement,

« Arrête :

« 1° Une commission est instituée pour recevoir et organiser les dons volontaires et patriotiques offerts à la patrie ;

« 2° Cette commission sera l'organe de la reconnaissance publique envers les citoyens qui ont déjà donné l'exemple des sacrifices ;

« 3° Elle prendra toutes les mesures nécessaires pour que ces sacrifices soient connus et honorés ;

« 4° La commission est composée comme il suit :

« Le citoyen *Lamennais*, président ;

« Les citoyens :

« *Béranger*, poète, vice-président ;

« *Littré*, membre de l'Institut ;

« *Ch. Thomas*, secrétaire.

« Ils pourront s'adjoindre d'autres citoyens pour compléter la commission.

« *Les membres du gouvernement provisoire.* »

— Décret qui supprime (à partir du 15 avril suivant) la perception des droits de circulation et de détail sur les vins, cidres, poirés, hydromels, ainsi que le droit de détail sur les alcools, esprits et liqueurs. Cette suppression est remplacée par un droit général de consommation, payé à l'enlèvement.

— Décret qui exempte de la loi de recrutement les frères des citoyens morts ou blessés de février.

— Avis concernant le mandat et la composition de la commission des récompenses nationales. En voici un extrait :

« La commission des récompenses nationales a pour mission de signaler au gouvernement les citoyens qui ont bien mérité de la patrie, et de déterminer la nature des récompenses auxquelles ils pourront avoir droit.

« *Ces récompenses appartiendront à tous ceux qui, depuis 1830 ou 1848, ont combattu ou souffert pour la cause républicaine ou socialiste.* »

On sait les scandales qui ont signalé la publication de certaines parties du travail de cette commission, qui pensionnait les parents des régicides.

— Rapport du ministre des affaires étrangères au gouvernement provisoire, sur les titres à donner aux agents diplomatiques de la République. On y lit :

« Le titre d'ambassadeur est supprimé, sauf les cas exceptionnels où il conviendrait à la République de donner à son représentant un caractère plus général et plus solennel, comme par exemple pour la signature d'un traité européen, ou pour représenter la République dans un congrès.

« Les agents extérieurs de la République seront désormais :

« 1° Les envoyés extraordinaires, ministres plénipotentiaires de la République ;

« 2° Les chargés d'affaires ;

« 3° Les secrétaires de légation ;

« 4° Enfin, les aspirants diplomatiques qui remplaceront les attachés, les attachés payés et les attachés indemnisés actuels. »

— Rapport de M. Garnier-Pagès, ministre des finances, sur la nécessité de frapper la propriété d'un impôt direct immédiat de 45 centimes.

— Notes insérées au *Moniteur*, concernant un concours pour la composition des figures symboliques de la République, une médaille commémorative et un médaillon emblématique.

Le directeur des beaux arts qui prit cette mesure était M. F. Garraud. L'épreuve n'a produit que de médiocres résultats.

— Arrêté qui nomme définitivement préfet de police de la Seine le citoyen Caussidière, et le citoyen Monnier secrétaire général (17 mars).

— Avis du préfet de police qui repousse de Paris les ouvriers étrangers.

— Arrêté qui classe la salle du Jeu de Paume, à Versailles, parmi les monuments historiques.

— Arrêté qui autorise le commissaire du gouvernement près le théâtre de la République (le citoyen Lockroy) à donner des représentations gratuites.

— Proclamation du maire de Paris, Armand Marrast, concernant la plantation d'un arbre de la liberté sur la place de l'Hôtel-de-Ville. Voici ce dispositif :

« L'arbre de la liberté ne peut trouver nulle part un sol plus nourricier que sur cette terre arrosée, le 22 septembre 1822, du sang de Bories, Pommier, Raoulx et Goubin, dont l'histoire nationale a enregistré le martyre patriotique sous le nom des *Sergents de la Rochelle.*

« Leurs amis,

« Le maire de Paris, ses adjoints et le secrétaire général de la mairie de Paris,

« ARMAND MARRAST, *maire de Paris ;*

« RECURT, ED. ADAM, BUCHEZ, *adjoints ;* FLOTTARD, *secrétaire général.* »

On conçoit que nous ne signalons ici que les mesures, proclamations et arrêtés qui ont un caractère véritablement significatif, et que nous laissons de côté une foule de documents émanant, soit du gouvernement provisoire, soit des divers ministres ou des fonctionnaires supérieurs, ayant pour objet des mesures financières, réglementaires, administratives résultant du nouvel engrenage imprimé à toutes la machine gouvernementale. On trouverait parmi ces pièces, que le défaut d'espace contraint à négliger, un nombre considérable d'avis au peuple, de proclamations pour conseiller ou obtenir la concorde, l'ordre public, la confiance dans le gouvernement. Les proclamations militaires, les pièces relatives aux formations de corps nouveaux, les dispositions de finances, les circulaires électorales, les arrêtés de police forment une multiplicité de documents qui remplissent les colonnes du *Moniteur*, et dans lesquels nous avons dû nous borner à faire un choix restreint, et tendant le plus particulièrement à faire apprécier la nature des idées, des entraînements qu'éprouvait alors l'autorité. Il convient qu'ayant ainsi indiqué les principaux actes de l'administration nouvelle, pendant le mois de mars, nous revenions sur nos pas, pour reprendre l'histoire proprement dite, ou l'examen des actes ci-dessus énoncés.

Dans les premiers jours qui suivirent la révolution, on éprouva quelques inquiétudes pour l'approvisionnement de Paris, mais il ne tarda pas à être constaté que la ville avait pour plus d'un mois de farine, et le prix du pain de première qualité put être, le 1er mars, fixé à 32 c. le kilogramme. Le prix moyen de l'hectolitre de grain était alors de 19 fr. 17 c.

A la même date, les tribunaux reprirent leur cours. Le premier acte du procureur général près la Cour d'appel, M. A. Portalis, fut une instruction sur les faits d'attaque dirigés contre les lignes de chemin de fer de Saint-Germain, de Versailles et de Rouen, et aussi sur de nombreux faits d'incendies imputés à des individus arrêtés par les gardes nationaux de la banlieue.

Interpellé à la chambre des communes par M. Hume, sur le rôle que l'Angleterre comptait prendre vis-à-vis des nouvelles affaires de la France, lord John Russell répondit que le gouvernement de la reine n'avait aucune intention de s'immiscer dans le choix que la nation française entendait faire de son gouvernement, ni de se mêler en quoi que ce soit des affaires du pays. Le noble lord ajouta :

« On me permettra de dire encore que l'Angleterre ne doit pas refuser aujourd'hui de remplir ces devoirs sacrés de l'hospitalité qu'elle a pratiqués en tous temps à l'égard des vaincus, quels qu'ils fussent, royalistes, modérés, radicaux. L'Angleterre est, par là, devenue l'asile du malheur, et elle ne renoncera pas aujourd'hui à cette gloire. »

Voici ce qu'on lisait le même jour dans le *Morning-Hérald* :

Arrivée du duc de Nemours et d'une partie de l'ex-famille royale à Londres.

« La scène qui vient de se passer à la station du chemin de fer du sud-est a eu un caractère émouvant : M. de Jarnac, ex-secrétaire de l'ambassade française, était là, attendant depuis quelques heures l'arrivée du convoi. Un peu avant que ce convoi ne parût, le duc de Saxe-Cobourg et le colonel Philips, écuyer du prince, sont arrivés du palais de Buckingham, et ont rejoint M. Mac-Gregor, président de la compagnie du chemin de fer, et M. Pritchard, membre du comité de la même administration.

« Personne n'avait été admis dans la gare, afin de ne pas troubler la réunion des exilés qui allaient arriver.

« Le train a touché la station du pont de Londres environ à six heures et demie. Les membres de la famille de Louis-Philippe qui sont arrivés par ce train sont :

« Le duc de Nemours,
« La princesse Clémentine,
« Quatre enfants et des serviteurs.

« Ils ont été conduits immédiatement dans la salle des directeurs. Les enfants ne semblaient pas comprendre le trouble de leurs parents, et regardaient tout ce qui se passait autour d'eux avec l'indifférence de leur âge.

Autre correspondance :

« Le duc de Nemours est arrivé à l'ambassade de France hier au soir, à huit heures moins vingt minutes. Le duc, en entrant à Hertford-House, paraissait fort abattu, et souffrait visiblement d'une fatigue excessive. La fuite de France avait été si prompte, qu'on n'a pas apporté le moindre bagage, et qu'aucun membre de la famille n'a de quoi changer d'habits.

« La comtesse de Jarnac, le comte Louis de Noailles et M. de Rabaudy étaient réunis sous le vestibule pour recevoir le duc de Nemours et les personnes qui l'accompagnaient.

« Le duc a été immédiatement rejoint par le duc et la duchesse de Saxe-Cobourg, et le prince Albert, accompagné du baron Fritsch et du lieutenant-colonel Wilde.

« Ces personnages ont été conduits dans le salon de l'ambassade. La réunion a été déchirante. On remarquait surtout le désespoir de la duchesse de Saxe-Cobourg. M. et madame de Jarnac ont été seuls présents à l'entrevue. Les personnes de la suite étaient restées dans une pièce à côté.

« On disait à l'ambassade que la duchesse de Nemours s'était perdue dans les rues de Paris. Mais nous ignorons si ce bruit est exact.

« L'ex-préfet de la Seine est arrivé hier à Londres.

« Le duc de Montebello, ex-ministre de la marine et des colonies, est également arrivé et est descendu chez M. Francis Charteris, membre du parlement, dans Chesham-Place. M. de Montebello n'a eu que peu de difficultés à s'évader; mais il n'a emporté, lui non plus, le moindre vêtement.

« La baronne James Rothschild avec sa jeune famille est arrivée samedi chez M. Lionel de Rothschild, dans Peccadily, et s'est ensuite retirée à l'hôtel Miwart.

« A l'ambassade de France on ignore jusqu'à présent (il faut remarquer que le journal qui parle est daté du 28) la route suivie par Louis-Philippe. On ne croit pas, comme on l'a dit, que l'ex-roi se soit dirigé sur Eu en quittant Paris. On pense plutôt qu'il se sera fait conduire en Belgique.

« M. Duchâtel, ex-ministre de l'intérieur, s'est aussi, dit-on, dirigé sur Bruxelles; d'autres prétendent qu'il aurait fui dans la direction de l'Italie.

« La duchesse de Coigny, qui est Ecossaise, est arrivée samedi dans Doverstreet. Elle s'est échappée de Paris, à travers les barricades, sous le déguisement d'une servante.

« D'après ce qui a transpiré cet après-midi, il y a toute raison de croire que le gouvernement s'attend à voir l'ex-roi de France débarquer à Portsmouth dans la journée de demain.

« Il faut ajouter le nom de la duchesse de Montpensier à ceux des membres de la famille de Louis-Philippe qui sont déjà arrivés à Londres.

« Il paraîtrait que le voyage de la duchesse aurait été très-pénible. Séparée, à Dreux, du reste de la famille, elle se dirigea sur Boulogne, accompagnée d'une seule personne. Mais elle fut reconnue à Abbeville, et dut se réfugier dans une maison particulière. Parvenue à s'échapper de nouveau, elle arriva à Boulogne lundi soir, et le lendemain à Londres. »

Bientôt nous dirons les vicissitudes qui signalèrent le voyage du roi.

Le 2 mars une grande affluence de peuple se porta à Saint-Mandé, pour assister à une cérémonie provoquée par les élèves de l'école militaire de Saint-Cyr, au tombeau d'Armand Carrel, qui avait appartenu à cette école en 1820. Nommé sous-lieutenant au 29e de ligne, il se trouvait en garnison à Neuf-Brisach à l'époque de la conspiration de Béfort dont il faisait partie. Cet hommage à la mémoire du célèbre publiciste, dont se réalisait l'aspiration républicaine, était présidé par son ancien collaborateur, M. Armand Marrast. M. Emile de Girardin, adversaire de Carrel dans le duel où il succomba, avait voulu y assister. Il y eut, en cette circonstance, une apparente réconciliation entre les anciens amis d'Armand Carrel et le rédacteur en chef de *la Presse*. M. Marrast et M. de Girardin se pressèrent la main à l'ombre du tombeau. Voici les paroles que ce dernier prononça en cette délicate situation. Elles honorent assurément celui dont, depuis douze ans, *le National* se montrait l'adversaire infatigable et acharné :

« Citoyens,

« En venant me mêler à cette grave et douloureuse solennité, nul de vous ne se méprendra sur le sentiment qui m'y amène.

« Je réponds à un noble appel qui m'a été adressé.

« Un tel appel n'a pu que m'honorer, car ce n'était pas assurément traiter mon cœur en cœur vulgaire.

« C'était me dire qu'on ne doutait ni de la sincérité, ni de la durée du deuil que, dans une autre circonstance, je n'avais pas hésité à rendre public.

« Si les regrets que j'éprouve de la perte fatale et prématurée du citoyen éminent qui avait donné à ses croyances républicaines le double éclat d'un rare talent et d'un courage éprouvé, si ces regrets avaient pu être accrus, ils l'auraient été par les événements qui viennent de s'accomplir.

« Dire que le citoyen Armand Carrel manque à ces événements, c'est rendre à sa mémoire l'hommage le plus flatteur.

« Je me trompe ; il est un hommage plus digne d'elle que nous pouvons lui rendre, c'est de demander au gouvernement provisoire, qui vient de se glorifier en abolissant la peine de mort, qu'il complète son œuvre en proscrivant le duel. »

La garde nationale montante fut singulièrement émue, le même jour, par une scène que nous rapporterons. En passant l'inspection, le général Courtais remarqua un garde national en bonne tenue, mais le sabre à la main. — Vous n'avez donc pas de fusil ? lui dit le général. — Non... et je n'en porterai pas. — Pourquoi donc ? — Eh ! ne vois-tu pas que je n'ai qu'un bras ? — Et où donc avez-vous perdu l'autre ? — A Leipsick.... Nous y étions ensemble ! Le général regarda fixement le garde national... et lui sauta au cou : il venait de reconnaître son ancien camarade, le général Baraguay-d'Hilliers. Le général de Courtais complimenta la compagnie d'avoir dans ses rangs un tel soldat. Nommé depuis représentant du peuple, le général Baraguay-d'Hilliers devait, par un brusque revirement de fortune, tel qu'en montrent fréquemment les révolutions, après avoir joué un certain rôle parlementaire, prendre le commandement des forces françaises à Rome, alors que son camarade de Courtais tombait de sa position révolutionnaire sur les bancs des accusés de Bourges !

Une fête mortuaire est organisée en l'honneur des victimes de la révolution. Un décret en prescrit la forme. Elle est célébrée le 4 mars par un service funèbre dans toutes les églises de Paris, et les corps sont déposés dans les caveaux de la colonne de Juillet. Voici un aperçu de la marche du cortége. Un escadron de la garde nationale à cheval ; un autre de dragons ; un escadron de cuirassiers et une compagnie d'artillerie ; — les maîtres de cérémonie des pompes funèbres ; — la musique des six premières légions de la garde nationale, tambours en tête ; — une compagnie des premier et second bataillons de chaque légion, composée de gardes nationaux habillés ou non, commandés par leur colonel; entre chaque légion, une compagnie de l'armée; — les orphéonistes; — au milieu d'eux, le symbole de la République sur un char traîné par huit chevaux et entouré de plusieurs représentants des ouvriers, de la presse, de l'armée, de l'Institut, des écoles, etc.; — le clergé de la Madeleine; — les corps des victimes précédés des ordonnateurs; — le gouvernement provisoire et les ministres, précédés et suivis des *faisceaux de la République;* — les municipalités des arrondissements conduites par la municipalité centrale; — en tête les familles des victimes, hommes, femmes, enfants; — des députations d'ouvriers de tous les corps d'état, de la presse et de toutes les écoles, avec des bannières garnies de crêpes; — une députation de tous les corps constitués; — les états-majors de la garde nationale, et de la 1re division militaire de la place; — une compagnie des 3e et 4e bataillons de chaque légion, composée de gardes nationaux habillés ou non, commandés par le lieutenant-colonel; — entre chaque légion une compagnie de la ligne; — un escadron de la garde nationale à cheval et un escadron de cavalerie de l'armée. Les blessés déjà valides de février, les décorés de juillet, et les condamnés politiques de la royauté déchue; les représentants présents à Paris de tous les peuples, faisaient aussi partie du cortège. Les journalistes y avaient également leur rang.

Les chœurs des divers théâtres de Paris ajoutèrent à la solennité de la cérémonie; les gardes nationaux qui ne faisaient point partie du cortége, formaient une double haie, depuis la Madeleine jusqu'à la colonne de Juillet, place de la Bastille.

Un immense voile de crêpe noir, étoilé d'argent, flottait du haut de cette colonne, dont la destination première semblait se retremper dans une nouvelle inauguration. Au pied du monument, des candelabres et des pilones portaient des cassolettes funèbres. Un drap immense, lamé d'argent, tombait sur la façade de la Madeleine. On y lisait : *Aux citoyens morts pour la liberté!* Voici, enfin, quelques passages de l'ordre du jour du général de Courtais :

« Honneur et respect aux mânes de tous ces citoyens, vos frères, qui ont payé de leur sang le triomphe de la République; ils ont combattu la poitrine découverte, et ils sont morts comme savent mourir les hommes qui se battent pour les principes éternels de la démocratie!

« Honneur à ce cortége de cadavres frappés au cœur par les balles de la tyrannie; ils avaient rêvé le beau soleil de la République, ils se sont endormis dans l'immortalité! »

Cent trente-huit cercueils avaient, durant la matinée, été déposés dans les caveaux de la colonne : le cortége en accompagnait quinze autres.

En rentrant à l'Hôtel-de-Ville, la cérémonie terminée aux cris de *vive la République,* M. Marie s'adressa, en ces termes, à la population assemblée sur le passage du gouvernement provisoire :

« Nous venons d'accomplir une belle et grande journée. Aujourd'hui, nous avons assis sur des bases inébranlables la République, que vous avez conquise par votre force, par votre courage. Après avoir honoré ceux qui sont morts pour la sainte cause de la liberté, songeons à rendre grande, puissante, notre patrie républicaine.

« Citoyens, nous rentrons dans cet Hôtel-de-Ville, témoin fidèle des révolutions qui ont agité la France, siége de la révolution nouvelle : désormais il réunira à la grandeur des souvenirs la majesté d'une révolution faite par le peuple et pour le peuple.

« Maintenant, citoyens, séparons-nous; recevez nos remercîments. Le calme, la grandeur de notre réunion d'aujourd'hui, seront un nouveau gage de ces principes d'ordre qui sont le fondement solide et durable de la République nouvelle. »

La journée du lendemain fut signalée, entre autres faits, par une lettre de M. de Larochejacquelein au gouvernement provisoire; cette pièce est curieuse, nous la citons comme une sorte de manifeste de l'opinion un moment découragée à laquelle appartenait le célèbre marquis :

« Messieurs,

« Un immense mouvement vient de s'opérer.

« Un grand appel est fait à la nation tout entière.

« Nous devons y répondre unanimement.

« Le spectacle admirable que présente la population de Paris, les efforts de tous pour le maintien de l'ordre et de la liberté, nous donnent l'assurance que la nation s'élèvera, par l'accord de tous ses enfants, à la hauteur de ses plus beaux jours et de ses plus grandes gloires. Respect aux croyances religieuses, respect à la propriété, respect aux personnes!

« Honneur et bien-être aux travailleurs!

« Ordre et liberté pour tous!

« Cordialité entre tous et sans arrière-pensée!

« Le pays avant tout!

« C'est aujourd'hui le cri de ralliement de la France!

« Comptez sur moi.

« Recevez, etc. « DE LAROCHEJAQUELEIN. »

Bou-Maza, qui s'était enfui dans la bagarre, est arrêté à Brest.

Les adhésions des fonctionnaires arrivent en foule...; mais les ministres n'en opèrent pas moins de nombreux changements dans le personnel civil et militaire.

La suspension de paiement de la maison Gouin fait une vive sensation. Cette maison, qui possédait un capital de 17 millions, ayant immobilisé 34 millions de valeurs, se vit alors dans l'impossibilité immédiate de faire face aux demandes de remboursement qui lui arrivaient de toutes parts.

M. Ledru-Rollin, qui avait sur-le-champ substitué à la presque totalité des préfets et sous-préfets, des commissaires généraux, de simples commissaires et des sous-commissaires du gouvernement, leur adressa, le 8 mars, une circulaire qui causa dans le pays une émotion profonde. C'est ici le cas d'examiner la situation du nouveau ministre de l'intérieur, M. Ledru-Rollin, devant les impérieuses exigences, les accablantes prétentions, la curée des places, enfin, qui vint l'assaillir dès qu'il eut son portefeuille.

C'est qu'en effet, comme l'observe avec raison un historien républicain de ces journées, la République ne découragea pas les solliciteurs. On retrouva bientôt, encombrant toutes les issues du pouvoir, les mêmes masques et les mêmes figures; on entendit, pour la République, les mêmes protestations que l'on faisait, avant le 24 février, à M. Duchâtel et à M. Guizot.....

« Au point de vue politique, le gouvernement provisoire ne devait admettre aux emplois que des hommes à la fois capables de remplir la tâche qui leur était dévolue, et bien connus par leurs convictions, dit cet historien ; il fallait, en effet, que la République fût gouvernée par des républicains et non par des conservateurs travestis. C'était le seul moyen d'inspirer confiance aux citoyens. Mais, dans la plupart des administrations, les places furent envahies par les solliciteurs de l'ancien régime, ou conservées en partie par les titulaires de la monarchie constitutionnelle. Pour compléter par des économies le vide fait au trésor par l'abolition de divers impôts, il était urgent de diminuer les emplois, d'émonder, de tailler et défricher cette forêt épaisse de la démocratie. Mais si des déplacements eurent lieu, ce fut pour satisfaire aux exigences exorbitantes d'une foule de parasites d'un patriotisme douteux et d'une intelligence insuffisante. Donc, indépendamment des solliciteurs de profession, tout ce qui, de loin ou de près, avait eu la moindre accointance avec le parti vainqueur, réclama et obtint sa part du festin. On vit alors d'étranges choses ! L'incapacité régna souverainement dans toutes les régions, tandis que le mérite, fier et modeste, que le gouvernement ne sut pas découvrir, gémissait en secret des embarras que se créait la République par le mauvais choix de ses fonctionnaires.

« Mais, pour être juste, disons qu'au milieu du tumulte d'une révolution encore bouillonnante, entouré qu'il était des ambitions qu'elle avait fait naître, M. Ledru-Rollin dut se tromper et être trompé sur les centaines de nominations, qu'il fit en quelques jours, de commissaires extraordinaires et de sous-commissaires destinés à remplacer dans les départements les préfets et les sous-préfets. Les premiers commissaires, il est bon de le répéter, furent nommés par le gouvernement provisoire, et, dans plusieurs départements, l'administration monarchique fut transformée en administration républicaine avant l'arrivée des ordres de Paris, par les soins même des notables du parti démocratique. M. Ledru-Rollin confirma la plupart de ces choix de commissaires, faits par les populations des départements, pour les attacher à la République par l'estime et la confiance que devaient naturellement leur inspirer les fonctionnaires qu'ils appelaient à les administrer. Quant aux commissaires envoyés de Paris par le ministre de l'intérieur, ce fut d'abord un composé assez hétérogène d'hommes influents de tous les partis. M. Ledru-Rollin nomma indistinctement d'anciens députés de l'opposition, des rédacteurs ou gérants de journaux démocratiques, des médecins, des avocats, des membres des sociétés secrètes, d'anciens condamnés politiques, des clients de la presse républicaine, et même des représentants de l'idée socialiste. Ces choix reflétaient assez exactement l'entourage, sinon la composition mixte du gouvernement provisoire. Ainsi les clients du *National*, si prépondérants à l'Hôtel-de-Ville, l'étaient également dans l'administration des départements.

« Mais, dans sa précipitation à pourvoir les départements de fonctionnaires républicains à 40 et à 20 fr. par jour, M. Ledru-Rollin, au lieu de s'adresser à la véritable force populaire de la révolution, d'où il serait peut-être sorti quelque chose de fort et de supérieur, se laissa circonvenir par la camaraderie du combat et de la victoire. Il nomma à ces importantes fonctions de commissaires de la République, des avocats sans causes, des journalistes de troisième ordre, des médecins sans malades, des êtres ignorants ou incapables, qui produisirent un déplorable effet dans les départements, où les habitudes morales et les existences de chacun sont soumises à un sévère examen. Ces hommes, aigris par des luttes incessantes contre la société, épuisés par de longues années d'abstinence ou de misère, s'exagérèrent le rôle que le hasard les appelait à jouer, et oublièrent que le seul moyen de faire respecter la République nouvelle était de donner l'exemple de toutes les vertus. Quelques-uns, par leurs excentricités ou par leur inintelligence, par une absence absolue de toute dignité, n'eurent bientôt plus de milieu possible entre l'odieux et le ridicule.....

« Dans l'origine, les commissaires reçurent simplement des instructions verbales que leur donnait M. Ledru-Rollin, soit dans son cabinet, soit dans la cour de l'hôtel du ministère, en les faisant monter en chaise de poste. Fidèle à la pensée du gouvernement provisoire, il leur délivrait une espèce de firman qui les investissait des pouvoirs les plus étendus pour inaugurer la République et faire cesser toute résistance. Il fallait à tout prix prévenir les conflits d'opinions qui, à cette époque de combustion, pouvaient faire naître des guerres civiles. C'est dans ce sens que M. Ledru-Rollin indiqua à ses agents l'esprit de l'importante mission dont il les chargeait.

« Mais les instructions verbales du ministre furent diversement suivies ou interprétées. Alors vinrent les instructions écrites, rédigées sous forme de circulaires par M. Jules Favre, et la manière dont le ministre de l'intérieur sembla vouloir comprendre et pratiquer la nouvelle République suscita des ressentiments, éleva des ombrages et réveilla de vieilles haines qui éclatèrent terribles le jour où elles purent se manifester impunément. Voici le début de la première circulaire qui fit accuser M. Ledru-Rollin de chercher à entraîner la politique intérieure dans la voie de l'épuration et de l'intimidation révolutionnaire :

« Citoyen commissaire, la République que nous avons inaugurée n'est pas le résultat fortuit d'un mouvement passionné ; elle n'est pas davantage le fruit d'une sainte et légitime colère. Sortie toute frémissante du combat inégal engagé entre tout un peuple et une poignée d'insensés, elle s'était constituée lentement par les progrès de la raison populaire. A mesure que la faction placée à la tête du pouvoir devenait plus violente et plus oppressive, la nation se fortifiait dans le sentiment de son droit et dans la résolution d'en proclamer, à la première grande occasion, l'irrésistible souveraineté. »

Et plus loin, parlant des destinées du pays à confier aux représentants sortis sans fictions du sein du peuple tout entier :

« A cette Assemblée est réservée la grande œuvre. La nôtre sera complète si, pendant la transition nécessaire, nous donnons à notre patrie ce qu'elle attend de nous, l'ordre, la sécurité, la confiance au gouvernement républicain. Pénétré de cette vérité, vous ferez exécuter les lois existantes en ce qu'elles n'ont rien de contraire au régime nouveau. Les pouvoirs qui vous sont conférés ne vous mettent au-dessus de leur action qu'en ce qui touche l'organisation politique dont vous devez être les instruments actifs et dévoués. N'oubliez pas non plus que vous agissez d'urgence et provisoirement, et que je dois avoir immédiatement connaissance des mesures prises par vous. C'est à cette condition seulement que nous pourrons les uns et les autres maintenir la paix publique, et conduire la France sans secousses nouvelles jusqu'à la réunion de ses mandataires. »

Et enfin, pour conclure, M. Ledru-Rollin ajoutait :

« Donner au monde l'exemple du calme, après une éclatante victoire, en appeler à la puissance des idées et de la raison, accepter courageusement les rudes épreuves du présent, s'unir pour les traverser et les vaincre, c'est là vraiment ce qui caractérise, ce qui doit immortaliser une grande nation. Tel est le but de nos communs efforts. Pour que les miens aient quelque efficacité, j'ai besoin de votre concours, citoyen commissaire, et votre patriotisme me permet d'y compter sans réserve. »

Nous aurons à revenir sur ces circulaires, et surtout sur ces fameux *bulletins de la République*, dont l'effet fut le plus souvent si éloigné du but qu'on voulait atteindre.

En prenant le portefeuille de la marine, M. François Arago avait immédiatement nommé au commandement de l'escadre d'évolutions de la Méditerranée le vice-amiral Charles Baudin, une de nos plus pures illustrations maritimes. On vit également d'un bon œil que le ministre plaçât à côté de lui, comme secrétaire-général, le directeur du personnel de la marine, M. Marec, notabilité spéciale, homme d'une entière probité, d'une activité presque fiévreuse, et recommandable dans l'arme comme dans l'administration, par d'excellents travaux sur l'inscription maritime. Ce fut aussi M. Arago qui, par une lettre digne et touchante, annonça aux jeunes princes, alors en Afrique, la proclamation de la République. Le prince de Joinville, ancien élève de M. François Arago, était alors exilé, dit-on, auprès de son frère le duc d'Aumale, gouverneur-général de l'Algérie, à cause de la tendance de ses opinions, et de la franchise de son langage. Le prince de Joinville, extrêmement populaire dans le pays, chéri des marins, avait une flotte à sa disposition; le duc d'Aumale, également fort aimé du soldat, et entouré d'officiers à la fortune desquels il avait beaucoup contribué, commandait à 100,000 soldats..... Le midi de la France était royaliste, la flotte pouvait aller prendre une forte partie de l'armée et jeter en peu de jours 60,000 hommes à Toulon. Il est probable que si les choses avaient pu être concertées, une résistance imposante, mais hâtons-nous de le dire, à laquelle personne n'a songé, pouvait s'organiser, soit par le midi, soit à Lille, où le roi, en appelant à lui l'armée de Paris, celle du Rhin, celle du nord, pouvait, menaçant la France d'une double guerre civile, jeter une effrayante responsabilité aux membres du gouvernement provisoire. Mais rien de tout cela ne fut tenté; le roi prit la route que nous dirons, et, quant aux jeunes princes alors en Algérie, leur conduite fut la plus noble et la plus patriotique que puissent honorer même des ennemis. A cet égard, toutes les opinions, et jusqu'aux plus extrêmes, leur ont rendu une justice qui a dû consoler leur exil. Les aveux de nos ennemis sont notre gloire.

Voici en quels termes *le Moniteur algérien* informait l'Algérie des premiers événements, connus par une dépêche télégraphique du 24 au soir adressée au jeune gouverneur général :

« Le roi a abdiqué.

« Madame la duchesse d'Orléans est nommée régente.

« Le gouverneur général, connaissant le patriotisme de tous, n'ajoute rien à ces nouvelles. *Rien ne saurait changer nos devoirs, ni altérer notre dévouement envers la France.*

« Alger, le 27 février 1848, à dix heures du soir. *Signé*, H. D'ORLÉANS »

La dépêche qui vint ensuite, annonçant simplement la nomination du gouvernement provisoire, fut publiée suivie de cette seule phrase :

« Le gouverneur général ne peut que répéter ce qu'il disait hier : rien n'est changé à nos devoirs envers la France. La population et *l'armée attendront dans le plus grand calme les ordres de la mère-patrie.*

« Alger, 28 février 1848, à dix heures du soir. H. D'ORLÉANS. »

En apprenant ensuite la déchéance de son père, le duc d'Aumale adressa à l'armée la proclamation suivante, dont le ton digne et résigné rappelle ces temps antiques où l'homme savait s'effacer devant la patrie.

Alger, 3 mars 1848.

« Habitants de l'Algérie,

« Fidèle à mes devoirs de citoyen et de soldat, je suis resté à mon poste tant que j'ai pu croire ma présence utile au service du pays.

« Cette situation n'existe plus; M. le général Cavaignac est nommé gouverneur général de l'Algérie. Jusqu'à son arrivée à Alger, les fonctions de gouverneur général de l'Algérie par intérim seront remplies par M. le général Changarnier.

« Soumis à la volonté nationale, je m'éloigne; mais, du fond de l'exil, tous mes vœux seront pour votre prospérité et pour la gloire de la France que j'aurais voulu servir plus longtemps. » *Signé*, H. D'ORLÉANS. »

« M. le général Changarnier remplira par intérim les fonctions de gouverneur général, jusqu'à l'arrivée à Alger de M. le général Cavaignac, nommé gouverneur général de l'Algérie.

« En me séparant d'une armée modèle d'honneur et de courage, dans les rangs de laquelle j'ai passé les plus beaux jours de ma vie, je ne puis que lui souhaiter de nouveaux succès. Une nouvelle carrière va peut-être s'ouvrir à sa valeur : elle la remplira sérieusement, j'en ai la ferme croyance.

« Officiers, sous-officiers et soldats, j'avais espéré combattre encore avec vous pour la patrie !.... Cet honneur m'est refusé, mais, du fond de l'exil, mon cœur vous suivra partout où vous appellera la volonté nationale, il triomphera de vos succès, tous ses vœux seront toujours pour la gloire et le bonheur de la France. » *Signé*, H. D'ORLÉANS. »

RÉVOLUTION DE FÉVRIER.

Au moment où le duc d'Aumale publiait cet ordre du jour, le général Changarnier, usant de son pouvoir intérimaire, faisait expédier par la voie télégraphique la lettre suivante, qu'il faisait suivre, le lendemain, des deux proclamations que nous donnons également :

Le lieutenant-général Changarnier au ministre de la guerre.

« Je prie le gouvernement républicain d'utiliser mon dévouement à la France.

« Je sollicite le commandement de la frontière la plus menacée. L'habitude de manier les troupes, la confiance qu'elles m'accordent, une expérience éclairée par des études sérieuses, l'amour passionné de la gloire, la volonté et l'habitude de vaincre, me permettront sans doute de remplir avec succès tous les devoirs qui pourront m'être imposés.

« Dans ce que j'ose dire de moi ne cherchez pas l'expression d'une vanité puérile, mais plutôt celle du désir ardent de dévouer toutes mes facultés au salut de la patrie.

« CHANGARNIER. »

« Au quartier-général, à Alger, le 4 mars 1848.

« Trop peu de temps s'est écoulé hier entre ma prise de possession du gouvernement par intérim et le départ du courrier, pour que je pusse réunir MM. les officiers-généraux, commandants supérieurs d'armes spéciales et de services, afin de conférer avec eux au sujet de l'adhésion à donner au nouveau gouvernement qui vient d'être institué en France.

« J'ai cru me rendre le fidèle organe des sentiments de l'armée en exprimant que, liée aux intérêts de la nation, instrument de ses volontés, elle était prête à se dévouer, comme toujours, à la cause de l'indépendance nationale, et qu'elle attendait, pleine d'ardeur, fidèle aux lois de la discipline et de l'honneur militaire, les ordres du gouvernement provisoire.

« Le lieutenant général, gouverneur général par intérim, CHANGARNIER. »

« Citoyens d'Alger,

« Le gouvernement républicain de la France a nommé gouverneur général de l'Algérie le général Cavaignac.

« Le général Cavaignac est déjà en Algérie. Il est attendu à Alger d'un moment à l'autre.

« Il a reçu directement les instructions de la République. Seul, il a la mission de les faire exécuter.

« Remise va lui être faite de toute l'autorité.

« Félicitez-vous-en, bons citoyens ; que cet accomplissement en Algérie de la révolution terminée en France ait lieu sans que la paix publique puisse être troublée.

« Tous les gouvernements ont besoin d'ordre : c'est ce qui les constitue, les honore, les affermit.

« Le premier soin du gouvernement provisoire a été de prescrire aux autorités existantes le maintien de la tranquillité publique.

« C'est en vertu de ces prescriptions mêmes du gouvernement républicain, et dans l'intérêt de tous, que, momentanément investi des fonctions de gouverneur général, j'ai à veiller au bon ordre.

« C'est mon devoir, et je le remplirai jusqu'à l'arrivée prochaine du général Cavaignac.

« Alger, 4 mars 1848.

« Le lieutenant général, gouverneur général par intérim, CHANGARNIER. »

La nomination du général Eugène Cavaignac au gouvernement général de l'Algérie fut comme un hommage rendu à la mémoire de son frère Godefroid Cavaignac, publiciste éminent qui avait laissé dans le parti un nom honoré par les convictions et le dévouement avec lesquels il avait lutté contre les obstacles que le gouvernement d'alors opposait nécessairement au développement de l'idée républicaine. Le général Eugène Cavaignac justifiait du reste parfaitement de sa personne l'élévation dont les nouveaux gouvernants le faisaient l'objet, car il avait un renom de bravoure et de mérite incontesté. Il témoigna son sentiment sur l'appui que donnait à son rôle nouveau le nom de Godefroid, par la proclamation que voici :

« Soldats, disait-il, le gouvernement provisoire m'a appelé à votre tête. Je ne m'y trompe pas ; si la nation n'avait eu besoin que d'un homme dévoué, son gouvernement pouvait presque jeter au hasard parmi vous le bâton de commandement.

« Le gouvernement a voulu autre chose : il a voulu répondre à la pensée du pays tout entier. En me désignant, il a voulu honorer, au nom de la nation, la mémoire d'un citoyen vertueux, d'un martyr de la liberté ! »

Et, dans une autre proclamation, le général Cavaignac terminait ainsi sa harangue aux habitants de l'Algérie :

« Vous aurez compris comme moi que la mémoire de mon noble frère est vivante parmi les grands citoyens qui m'ont choisi pour présider à vos affaires. En me désignant, ils ont voulu faire comprendre que la nation entend que le gouvernement de cette colonie soit établi sur des bases dignes de la République. »

Peu de jours après la date de ces pièces, on lisait dans les journaux de Paris la note suivante :

« Le gouvernement provisoire a reçu aujourd'hui deux lettres de MM. Henri et François d'Orléans (d'Aumale et Joinville), dans lesquelles ils assurent qu'ils ont quitté la terre française, et remis le commandement aux officiers nommés par le gouvernement provisoire. »

Puis on apprit que les deux princes étaient arrivés à Carthagène le 5 mars, et que, conservant le plus strict incognito, ils y cherchaient un passage pour l'Angleterre. Une autre version circula : on lut dans les journaux que les princes avaient quitté le territoire algérien sur le bateau à vapeur *le Solon*, et qu'ayant touché à Cadix et à Lisbonne, ils avaient fini par débarquer à Darmouth. Ce fut tout. Ils ne firent plus parler d'eux.

Quant aux autres membres de la famille royale, voici comment ils gagnèrent la terre étrangère :

Nous avons laissé le roi et la reine à Saint-Cloud, congédiant leur escorte, et se disposant à gagner Trianon. Arrivés dans cette résidence, les augustes fuyards trouvèrent de bons chevaux préparés par le maître de postes de Versailles, bien différent de celui qui, retenant jadis Louis XVI à Sainte-Menehould, fit trancher la tête à cet infortuné monarque et à toute sa famille.

Le roi prit la route de Dreux, où il arriva au commencement de la nuit. On ignorait encore, dans cette localité, les derniers événements de la capitale. Le sous-préfet de Dreux, M. Maréchal, croyant recevoir quelques princesses effrayées des agitations de la capitale, fut bien étonné de trouver le roi et la reine au château, où il s'était rendu. Le roi, qui avait foi en l'effet de son abdication, s'imaginait encore qu'il laissait derrière lui la régence. Il déclara, au sous-préfet et au maire, que son intention était de s'arrêter quelques jours à Dreux pour y attendre l'issue de la crise, et ce qui serait décidé par les chambres touchant sa nouvelle situation personnelle. Le roi était si confiant dans son rêve, qu'il voulut aller examiner les constructions précédemment commandées à l'architecte du château. Ce château se trouvait, au reste, peu en état de recevoir ses hôtes, n'étant pas de ceux où la famille du roi faisait des séjours. Nous avons dit que Louis-Philippe était parti sans argent, et qu'il avait oublié ou négligé d'emporter même les papiers les plus indispensables, les plus précieux. Sa tournée faite dans le château, il se mit à écrire longuement à M. de Montalivet, pour lui donner des instructions relativement à divers intérêts privés, et il ne se coucha que fort avant dans la nuit.

Mais peu d'heures après, la nouvelle de l'insuccès de la régence et de la proclamation de la République arrive à Dreux, et le duc de Montpensier l'apprend à son père. Il faut partir, s'éloigner de la capitale, d'où, dans l'ivresse du triomphe, peut être lancé quelque ordre fatal. Il est prudent de se séparer. Rendez-vous est pris sur la côte d'Honfleur, dans un petit pavillon isolé que possède sur ce point M. de Perthuis, aide-de-camp du roi, et frère d'un officier de marine. Le général de Rumigny écrit à son collègue pour l'aviser de prendre au plus vite les dispositions nécessaires pour favoriser l'embarquement du roi.

M. Maréchal pensant que les voitures de la cour attireraient l'attention d'une façon dangereuse, en procura d'autres, sans armoiries. Des vêtements simples sont également mis à la disposition des fugitifs. Le roi fait raser ses favoris, remplace sa perruque par un petit bonnet de soie noire, et se pose des lunettes vertes. La reine Amélie, simplement vêtue, comme toujours, n'a pas à se déguiser. Le duc de Montpensier et la duchesse de Nemours montent dans une calèche qui prend la route d'Avranches; le roi, la reine, le général de Rumigny et deux personnes du service (M. Thuret, valet de chambre, et une des femmes de la reine) montent dans une voiture fermée. Le sous-préfet de Dreux s'installe sur le siége pour faire respecter l'équipage, et l'on prend la route d'Anet et Louviers.

Au premier relais de poste (Anet) le roi est reconnu..... On le salue avec respect. M. Maréchal s'est procuré une dizaine de mille francs en or, et des passeports sous des noms d'emprunt. On passe.

Mais, au relais suivant, les chevaux se font attendre; c'est jour de marché, et la foule curieuse se groupe autour de la voiture. Cette curiosité n'est pas précisément bienveillante..... Un cri s'élève : *C'est Guizot!* Qu'a fait Guizot? Ces paysans le savent-ils? N'importe! c'est le nom en ce moment frappé d'ostracisme... On leur dit qu'il est là : *A bas Guizot! mort à Guizot!* L'émotion se propage; elle devient menaçante. Le sous-préfet s'efforce de calmer cette agitation, de détromper cette multitude, pensant bien que le nom du roi même, et l'autorité du malheur, évoqueront des respects qu'on refuse au soupçon de la présence du ministre impopulaire. Cependant quelques hommes, plus ardents, mettent leurs têtes dans la voiture, et deux gendarmes étant survenus, les passeports sont demandés. Le sous-préfet dit qu'il les a...; il entraîne à part un des gendarmes, tandis que l'autre contient la foule. M. Maréchal révèle au dépositaire de la force et de la sûreté publique quels sont les véritables voyageurs qu'il accompagne..... Le gendarme feint d'examiner les passeports, les déclare hautement en règle, et la voiture part!

On roula tout le jour sans rencontre. Le danger semblait être à Evreux, ville trop voisine de Paris pour ne pas subir le contre-coup de ses agitations. M. Maréchal voulut éviter le péril, et, se rappelant qu'un de ses amis possédait une maison de campagne dans les environs, il résolut d'y conduire le roi et la reine. Un chemin de traverse conduisit à cette maison, qui se trouva vide. Les fermiers reçurent les voyageurs sans les connaître encore. Pendant que les illustres fugitifs se reposent, M. Maréchal court à Évreux informer son ami du nom des hôtes qu'il a placés en sa demeure, et se consulte avec lui sur les moyens d'éviter la cité; que, selon ses prévisions, le sous-préfet de Dreux trouva toute en ébullition aux nouvelles passionnées que chaque heure apportait de Paris. On revient à la maison de campagne, et le paysan, instruit par son maître du rang des personnages auxquels son toit sert d'abri, se dévoue à les conduire par des chemins détournés. On part au petit jour, et on arrive enfin, sans nouvel encombre, à la maison de M. Perthuis, retraite voilée dans les arbres de la côte de Grâce, et située à une petite demi-lieue d'Honfleur. M. de Perthuis était absent, mais ses gens livrent le logis, où l'on s'installe le moins mal possible, car ce pavillon n'était qu'une construction provisoire, marquant la place où plus tard devait s'élever une maison plus importante.

C'était le 26 février qu'on arriva. Le roi et la reine durent passer là quelques jours dans un incognito que favorisèrent l'intelligence et le dévouement du jardinier et de sa femme. Les volets furent à peine ouverts, pour ne pas solliciter la curiosité des passants, et on se résigna même à ne faire de feu que la nuit, afin que la fumée n'éveillât point de soupçon à la ville si prochaine. Le temps de ce difficile séjour fut activement employé par les généraux de Rumigny et Dumas, ainsi que par quelques autres personnes affiliées au secret de cette fuite, à en préparer les moyens. Si, comme on doit le croire, ce qu'a écrit à cet égard M. de Lamartine est exact, il est curieux de faire observer que le roi et ses amis ne mettaient pas moins de soin et de mystère à préparer ce départ pour la côte anglaise, que le gouvernement provisoire ne mettait lui-même de bonne volonté à le faciliter. Il est vrai que le péril n'était point redouté de la part des hommes qui avaient en ce moment l'autorité suprême, mais plutôt de celle des agents inférieurs, des charlatans de zèle, des populations étourdies par un triomphe inattendu, et si aisées à lancer alors dans quelque excès irréfléchi.

Il eût été dangereux d'aller au Havre, dont pourtant les communications avec l'Angleterre sont quotidiennes. Tout bien examiné, il fut décidé qu'on gagnerait Trouville. C'est pendant ces jours d'incertitudes et d'hésitations que les journaux de Paris, en général assez indifférents, il faut tout dire, sur le sort de la famille royale, mirent cependant en circulation quelques brèves nouvelles qui, par la contradiction qui résultait des unes et des autres, jetèrent le doute dans l'opinion au sujet de la route suivie par le roi. Ce fut à Trouville qu'il fut enfin décidé qu'il se rendrait. Là, un habitant donna asile au roi, qui était parti sans la reine, pour diminuer les difficultés de l'embarquement. Un domestique de M. de Perthuis, qui avait pris les devants, venait de conclure le marché relatif au passage avec un certain Halley, patron de barque, lequel, moyennant 5,000 fr., ne s'inquiétait pas de savoir qui il passerait, bien qu'on lui eût parlé d'un vieil Américain effrayé par les luttes dont Paris était le théâtre.

Le temps n'était pas bon. L'hôte du roi fut d'avis qu'il ne se hasardât point à partir sans consulter un autre patron de barque, très-expérimenté, nommé Victor Barbet. En effet, le vent venant du large, la mer battait en côte avec un grand fracas. Barbet, consulté sur la possibilité du départ (la fable de l'Américain avait été reproduite), répondit que ce départ pouvait avoir lieu si le pilote était hardi et prudent à la fois. Le roi ayant voulu voir cet homme, on le lui amena. — « Je ne vous demande pas votre secret, — dit-il au roi ; — mais je serais tout prêt à vous conduire sûrement en Angleterre... Voilà tout. — Vous êtes un trop brave homme pour que je me déguise plus longtemps, — répondit Louis-Philippe; — je suis le roi. — Je vous avais reconnu, sire ! — répond simplement Barbet. — Je ne veux pas exposer un brave homme tel que vous ; informez-vous seulement si le bateau que j'ai frété peut partir. — Cela dépend de l'endroit où il se trouve..... S'il est sur la plage, il peut prendre la mer ; mais s'il est dans la Touque, il n'en sortira pas ! » Cette Touque est une petite rivière qui passe à Trouville, et qui se jette dans la mer à cent pas du village. Barbet alla vérifier les faits, et rentra disant que là où était le bateau de Halley, l'appareillage était impossible. D'ailleurs le vent grossissait d'instant en instant..... Le roi se trouvait ainsi entre deux tempêtes : la Révolution et l'Océan !

Mais Victor Barbet avait une barque à la côte; ce n'était pas un yack, mais il la mit à la disposition du roi, s'offrant à la diriger lui-même malgré le mauvais temps... Il déclare qu'il répond de tout ; seulement il faut résilier de gré à gré le premier marché contracté avec Halley, car ce dernier, voyant son Américain partir avec un autre, pouvait devenir dangereux. On envoie vers le premier patron le serviteur qui a fait le contrat, pour offrir le désistement à moitié prix, c'est-à-dire moyennant l'abandon de 2,500 fr..... Mais Halley ne veut pas entendre raison; il veut les 5,000 fr. On augmente l'offre. « Ah! on marchande! dit-il, je vois que c'est bien le roi ! » Le serviteur revient tout alarmé des mauvaises dispositions de Halley. En effet, à peine l'a-t-on quitté, que celui-ci court chez le commissaire, et bientôt une vingtaine de Trouvillois s'échelonnent pour garder la côte. Le roi, informé de ce contre-temps, prend immédiatement une autre résolution. Il remonte secrètement en voiture, et se décide à revenir sur Honfleur. M. de Perthuis reste dans la maison, pour dévoyer les soupçons durant les premiers instants du départ du roi. La précaution était bonne, car, à peine ce dernier était-il parti, qu'on vient faire une perquisition. Cet acte n'aboutissant à rien, l'autorité se retire, et M. de Perthuis peut, bientôt après, se mettre en route pour rejoindre le roi sur la route de Honfleur ; bientôt Louis-Philippe rejoint, dans la maisonnette où elle est restée, la reine Amélie.

Sur ces entrefaites, lord Palmerston avait été informé du service que pourrait rendre à la famille royale de France un *steamer* qui croiserait sur la côte du Havre, prêt à recueillir une barque détachée du rivage. Le vice-consul anglais, dans cette dernière ville, ayant été secrètement instruit de la résidence du roi dans le voisinage, y accourut pour lui faire ses offres de service. Un autre moyen de transport fut proposé : le bateau anglais qui porte régulièrement d'un côté à l'autre des bestiaux et des vivres. Mais une tempête incessante retint encore une fois ce nouveau roi Léar, proscrit et fugitif. Louis-Philippe perdait patience; il se décida à brusquer les choses en se rendant auprès de Rouen, pour prendre le bateau à vapeur qui descend la Seine, spéculant sur ce que le bâtiment arrivant de nuit au Havre, il pourrait s'embarquer sur *le steamer* anglais, parmi les voyageurs qui, arrivant de Paris, sont immédiatement transportés en Angleterre.

Et, pour conjurer tous ces dangers (imaginaires, paraît-il, en ce qui regardait le gouvernement) par une précaution nouvelle, Louis-Philippe se déguise sous le nom de *Théodore Lebrun*. Le vice-consul anglais donne le bras à la reine, et l'on va chercher passage sur le vapeur de la Seine. On dit qu'en y prenant place, les deux vieillards reconnurent le bâtiment qu'ils avaient frété, un an auparavant, pour leurs promenades en mer, pendant leur séjour de plaisir au château d'Eu... Quelques-uns des matelots faisaient encore partie de l'équipage, et celui qui vient à chaque voyageur pour recevoir le prix du passage, reconnut le roi... Mais, par un pieux mouvement, il se hâta de détourner sa lanterne et passa outre.

Arrivé au Havre, il n'y avait que la largeur d'un quai à traverser pour passer du paquebot de la Seine sur *le steamer* de Southampton. Précédés du général de Rumigny et du génal Dumas, le roi et la reine débarquent, franchissent le quai, et s'embarquent sur le bâtiment anglais. Au moment où Louis-Philippe a mis pied sur l'échelle, une femme du peuple s'approche et crie : *C'est le roi qui se sauve!* Un officier survient pour s'assurer de l'identité du personnage, d'autres gens accourent..... on crie : *Le roi! le roi!...* Peut-être tout est-il perdu !... « Il est trop tard ! — répond le vice-consul britannique, — S. M. est ici sous le pavillon de l'Angleterre! » Et l'échelle qui liait le navire à la terre est retirée.

On prit immédiatement le large. La nuit fut horrible; mer et vent déchaînés. Le roi, la reine et leur suite fidèle gagnèrent fort tard Southampton, et bientôt le château de Claremont, non loin de Londres, où les attendait la double hospitalité de la reine Victoria et du roi des Belges.

Voici en quels termes *le Times*, de Londres, annonça le débarquement du roi sur la côte étrangère :

« *L'Express* était en vue de New-Haven ce matin (3 mars), à sept heures; mais il n'a pu entrer dans le port qu'à midi. Toutefois, le général Dumas et le général de Rumigny vinrent à terre de bonne heure dans des embarcations. Le général Dumas se rendit tout droit à Londres, pour annoncer l'arrivée de Louis-Philippe. Quant au général de Rumigny, il s'occupa de faire préparer des appartements à l'hôtel du Pont. Le général avait annoncé des hôtes illustres, sans dire leur qualité. Mais on sut bientôt de qui il s'agissait, et toutes sortes de préparatifs furent faits pour leur assurer la réception la plus confortable.

« C'est à midi environ, comme nous l'avons dit, que l'ex-roi et sa suite sont descendus à terre. En mettant le pied sur le rivage, il s'écria à haute voix : *Dieu merci, me voici sur le sol anglais !* Pendant qu'il se rendait à l'hôtel préparé pour le recevoir, les habitants l'entouraient et le félicitaient de le voir arriver sain et sauf. Louis-Philippe leur distribuait cordialement des poignées de main. Il paraissait très-fatigué, tout mouillé, et sa barbe n'avait pas été faite depuis plusieurs jours.

« Peu après son arrivée, M. Catt lui fut présenté. M. Catt avait été reçu, il y a deux ans, aux Tuileries, sous les auspices de M. Packam. Il offrit à l'ex-roi l'hospitalité dans sa maison. Louis-Philippe refusa, en le remerciant beaucoup. Il demanda où était M. Packam. « A Brighton, lui répondit-on. — Je désire le voir. »

« Un messager fut dépêché à M. Packam, qui ne tarda pas à arriver en compagnie d'un nommé White, qui a été, autrefois, attaché à la maison de Louis-Philippe.

« Le bruit du débarquement qui venait d'avoir lieu se répandit promptement. Il était parvenu à Brighton à une heure de l'après-midi. Aussitôt un train spécial fut expédié sous la conduite du capitaine Hotham, un des directeurs du chemin de fer de Brighton à Londres. Notre correspondant eut l'honneur d'être admis dans ce train, qui arriva à New-Haven sur les quatre heures. Le capitaine Hotham arrêta immédiatement avec Louis-Philippe les arrangements nécessaires pour le départ.

« Notre correspondant, apprenant que M. Packam, qu'il connaissait, était dans l'hôtel, le fit appeler, et il fut, par lui, introduit près de l'ex-roi.

« Louis-Philippe était occupé à lire un journal anglais; il se leva immédiatement, et dit : « Je vous remercie, Messieurs, ainsi que toutes les per-
« sonnes que j'ai déjà rencontrées en Angleterre, pour les félicitations et
« l'hospitalité dont j'ai été l'objet. » A ce moment, Louis-Philippe avait quitté son déguisement. Il était entièrement vêtu de noir. Il semblait avoir repris ses forces, et les traces d'inquiétude qu'on avait, un peu auparavant, remarquées sur son visage, avaient disparu. L'ex-reine était dans la même chambre, occupée à écrire, et paraissait abîmée dans ses pensées. A peine s'aperçut-elle de la présence des deux étrangers.

« Plusieurs autres personnes furent introduites dans la journée. Louis-Philippe leur a paru avoir repris sa sérénité, il leur a parlé avec une grande liberté d'esprit, quelquefois en plaisantant.

« M. Packam offrit d'accompagner l'ex-roi et l'ex-reine à Brighton. — « Non, monsieur Packam, lui fut-il répondu. Je vous suis fort obligé; mais
« les braves gens de cet hôtel m'ont si bien accueilli et traité, que je dé-
« sire m'y arrêter. D'ailleurs, j'attends la réponse du messager que j'ai
« envoyé à Londres. »

« Au moment où M. Packam allait se retirer, l'ex-roi lui remit tout l'argent qu'il avait, en le priant de le changer contre de l'or anglais, et de lui acheter des vêtements, *attendu*, dit-il en souriant, *que je suis fort à court*.

« Toute la famille royale a été conduite à la résidence princière de Claremont, propriété particulière du roi Léopold.

« La duchesse d'Orléans et ses deux enfants n'ont pas encore rejoint Louis-Philippe. »

Nous dirons quelques mots des vicissitudes qui signalèrent la fuite des autres membres de la famille royale, avant d'en revenir à la partie politique de nos récits.

Il a été raconté comment la duchesse d'Orléans avait dû quitter presque violemment la Chambre des députés envahie par ce qu'on avait appelé le *vrai peuple*. M. de Mornay avait protégé la retraite de la princesse et du comte de Paris sur l'Hôtel-des-Invalides. Le vieux maréchal Molitor reçut ses hôtes du mieux qu'il lui fut possible (le duc de Nemours avait aussi rejoint). Mais il ne put leur dissimuler ses doutes sur les dispositions des invalides, et conséquemment sur la sûreté de l'asile cherché. La duchesse d'Orléans, qui songeait peut-être à la captivité du Temple et à l'imagination de laquelle put se présenter l'image de son fils entre les mains d'un autre Simon..., ne voulut point passer la nuit aux Invalides. Le soir venu, elle se mit sous la conduite de M. Anatole de Montesquiou, ancien aide-de-camp de l'empereur, depuis attaché à la cour de la reine Amélie, et prit la route du château de Lagny, malgré les anxiétés de son cœur de mère, au sujet du petit duc de Chartres, qui ne lui avait pas encore été ramené.

Car on se rappelle qu'au moment où la princesse fuyait de la Chambre, elle avait été séparée de ses enfants par les flots du peuple sous les pieds duquel avait, pour ainsi dire, disparu le duc de Chartres. On avait contraint la mère à ne pas se perdre elle-même et à ne pas compromettre son fils, en s'obstinant à rester dans cette confusion périlleuse, où elle pouvait finir par être retenue captive....

Le second fils de la duchesse d'Orléans avait été recueilli par un huissier de la Chambre, un Alsacien, nommé Jacob Lipmann, qui l'avait emporté dans son logement situé dans le palais même. Il s'était ensuite empressé d'informer du fait M. de l'Espée, questeur de la Chambre, et à huit heures du soir ce dernier, qui croyait encore la duchesse aux Invalides, prit l'enfant pour le rendre à sa mère. Mais celle-ci était partie. M. et madame de Mornay recueillirent alors le jeune prince, qui dut être gardé deux jours malade, et qu'on put ensuite, le premier mouvement de l'effervescence passé, reconduire à sa mère en alarmes, au château de Lagny.

La duchesse, son fils retrouvé, voulut quitter le pays. Elle se fit secrètement conduire à Versailles, rejoignit une station du chemin de fer de Lille, et, en proie à toutes les terreurs d'une nouvelle Marie-Antoinette, non pour elle, courageuse et résignée, mais pour les dépôts précieux confiés à sa vigilante maternité, elle ne se sentit un peu rassurée que lorsqu'elle se vit dans cette ville, parmi les autorités de laquelle se trouvaient plusieurs personnages qu'elle avait lieu de croire de ses amis. En effet les souvenirs du duc d'Orléans eussent protégé là, parmi les chefs de l'armée, cette noble femme si digne de respect pour elle-même. L'armée nombreuse qui formait la garnison de cette place de guerre, pouvait être tentée par sa présence, ainsi que l'observe M. de Lamartine, et enlevée à la République par son enthousiasme envers une femme et un enfant. Elle eut, paraît-il, un moment la pensée de se montrer aux troupes, et de revendiquer le trône pour son fils. Le crime de la guerre civile lui apparut ensuite entre le trône et cette pensée.... elle recula. Elle quitta Lille, et gagna les rives du Rhin sous le nom de comtesse de Dreux. Ayant trouvé sa mère à Ems, la princesse se réfugia dans les souvenirs tout purs de son bonheur passager en France, de son deuil, de sa disgrâce, de l'écroulement de sa destinée sous les fautes d'autrui, et dans sa résignation, enfin, aux volontés de sa seconde patrie, pays où son nom n'inspira jamais aux hommes de tous les partis que l'admiration, l'attendrissement et le respect.

« Le duc de Nemours, ajoute l'historien cité, sortit de France sans obstacle, aussitôt que ses devoirs envers son père, sa belle-sœur et son neveu furent accomplis. Il s'était montré plus digne de sa popularité dans l'infortune que dans la prospérité. Intrépide, désintéressé, il n'avait marchandé ni sa vie ni ses droits à la régence pour sauver la couronne au fils de son frère. L'histoire lui doit la justice que l'opinion ne lui rendait pas. »

Au moment du départ, la princesse Clémentine, épouse du duc de Saxe-Cobourg-Gotha, et la duchesse de Montpensier, s'étaient trouvées séparées du roi et de la reine. Le duc de Montpensier, en accompagnant son père aux voitures qui attendaient sur la place de la Concorde, s'était imaginé pouvoir revenir facilement aux Tuileries pour veiller sur la retraite de sa femme, que son prochain état de maternité retenait dans ses appartements. Mais la foule qui inonda bientôt le jardin et le palais lui ferma tout passage. Confiant à la sollicitude de M. Jules de Lasteyrie un soin qui lui était désormais impossible de prendre, le jeune prince s'était jeté sur un cheval, et avait pris la route de Saint-Cloud. C'est en se retirant avec la duchesse de Montpensier à travers la foule confuse, que M. Jules de Lasteyrie rencontra par hasard la princesse Clémentine abandonnée, errante. Ces deux jeunes femmes trouvèrent d'abord un asile chez l'honorable mère du député; mais la princesse Clémentine ne tarda pas à en sortir pour rejoindre le roi qu'elle trouva à Trianon. La duchesse de Montpensier, au contraire, resta quelques jours au foyer de madame de Lasteyrie, maison que protégeait la double popularité de son nom et de celui de Lafayette. Le duc avait fait dire à sa femme par le général Thierry, son aide-de-camp, de rejoindre la famille à Eu, où l'on croyait alors pouvoir s'arrêter. Mais la fortune en avait autrement disposé. Lorsqu'elle arriva à Eu, la jeune princesse trouva le château vide..... et des bruits alarmants annonçaient que des bandes de gens arrivaient de Rouen ravager cette demeure, comme on avait fait à Neuilly. La duchesse quitta donc ce château, d'où le général Thierry l'accompagna sur Bruxelles, où ils n'arrivèrent qu'après une foule d'encombres, de transes, de périls, de fatigues surtout, pour l'état critique de la princesse. Ce voyage fut notamment signalé par des épisodes peu honorables pour des personnages invoqués dans leur appui, et dont les noms mériteraient la flétrissure de l'histoire. Le duc de Wurtemberg, enfin, époux de cette charmante princesse Marie dont les arts pleurèrent la perte, était le dernier resté à Paris de cette famille si brusquement dispersée. M. de Lamartine lui fit remettre des passeports pour passer en Allemagne.

Telle fut l'émigration de cette maison grandie par une révolution, expulsée par une autre révolution, venue de l'exil pour monter sur le trône, et retournant dans l'exil !

Reprenons le récit des faits :

Abd-el-Kader écrit au gouvernement provisoire pour réclamer l'exécution de la promesse faite par le général Lamoricière. Le duc d'Aumale n'est pas nommé dans cette lettre de l'illustre prisonnier ; il termine ainsi :

« Je crains que quelques-uns de vous ne puissent penser qu'en retournant aux choses de ce monde et en revenant en Algérie, j'y fasse renaître des troubles. C'est une chose impossible et qui ne pourra jamais arriver : n'ayez aucun doute sur moi à cet égard, pas plus que vous n'en auriez, en pareille circonstance, de la part d'un homme qui est mort ; car je me place au nombre des morts. Mon seul désir est de me rendre à la Mecque et Médine pour y étudier et adorer Dieu jusqu'à mon dernier jour. Salut. »

Un des neveux de l'empereur Napoléon, fils de Jérôme Bonaparte, adresse aux citoyens de la Corse une circulaire dans laquelle il déclare qu'il considère comme un devoir pour lui de demander à cette île l'honneur d'être un de ses représentants. Cette circulaire finit comme il suit :

« En aimant la République et en me dévouant à elle, j'obéis à Napoléon, qui, sur le rocher de Sainte-Hélène, où la haine des rois l'avait attaché, prédit qu'*avant cinquante années l'Europe serait républicaine ou cosaque*. Grâce à Dieu et au peuple français, c'est la République qui triomphe ! »

« Dans une république où un citoyen se fait donner un pouvoir exorbitant, — dit Montesquieu, — l'abus de ce pouvoir est plus grand, parce que les lois qui ne l'ont pas prévu, n'ont rien fait pour l'arrêter. »

Cette réflexion peut s'appliquer à l'humeur que témoigna la population parisienne devant la mesure qui supprima les compagnies d'élite des bataillons de la garde nationale. Des protestations arrivèrent de toutes parts, et cet arrêté fut jugé comme un attentat à la liberté des élections. Aux plaintes de la capitale se joignirent en même temps celles des provinces où les commissaires de M. Ledru-Rollin se présentaient pour la plupart en proconsuls, ce qui froissait partout les susceptibilités du pays, peu fait pour plier sous l'intimidation.

On ajourne les élections générales des Représentants ; un nouveau décret les fixe au dimanche 23 avril, pour que l'Assemblée puisse se réunir le 4 mai. (Etait-ce un souvenir des Etats généraux de 1789 ?) La première circulaire importante du ministère sur les élections produisit dans le pays une sensation profonde. « Cette circulaire, — avoue M. de Lamartine dans l'ouvrage qu'il a consacré à son administration, — fut un coup de tocsin pour le pays réveillé en sursaut du rêve de concorde et de paix que le gouvernement voulait prolonger. Cette pièce, à la suite de beaucoup de conseils utiles, contenait des coups violents de paroles, destinés à produire des contre-coups violents aussi dans les opinions menacées.

« Vos pouvoirs sont illimités, » disait le ministre à ses agents ; c'était rappeler le mandat dictatorial des commissaires de la Convention. Tout souvenir de cette nature répandait un frisson sur le pays. « Nous voulons tous hommes de la veille et point du lendemain dans l'Assemblée nationale ; » c'était proscrire l'opinion elle-même de sa propre souveraineté. C'était l'ostracisme politique de la nation presque entière ; car si le nombre des républicains de raison était immense, le nombre des républicains de faction était bien petit. C'était en un mot un 18 fructidor de paroles contre la France. L'impression fut plus sinistre encore que l'intention.

« Cette circulaire, acte important du gouvernement, puisqu'elle était destinée à en promulguer l'esprit à la nation, n'avait point été soumise au gouvernement ni délibérée par lui. Elle était l'œuvre et l'abus de pouvoir des bureaux envahisseurs du ministère de l'intérieur. La multiplicité des affaires et le tourbillon des événements qui ne laissaient ni le jour ni la nuit une minute de loisir aux membres du gouvernement continuellement à l'œuvre à l'Hôtel-de-Ville, sur la place publique, en dialogue avec les colonnes du peuple et les députations des départements ou des nations étrangères, avaient soustrait la connaissance de cette circulaire à Lamartine. Il n'en connut l'existence que par la rumeur de trouble et d'irritation qu'elle soulevait dans Paris. »

Cependant l'arrêté du ministère de l'intérieur qui licenciait les compagnies d'élite de la garde nationale a porté ses fruits. Les légions se rendent à l'Hôtel-de-Ville pour y déposer une protestation unanime. Dès le matin des groupes nombreux se forment sur les boulevarts et dans les principales rues. Le gouvernement vient de faire afficher une proclamation dans laquelle il prêche l'union, la patience et l'espoir.

« Nous demandons, — disent les membres du gouvernement provisoire, — encore quelques jours de magnanimité, de dévouement, de patience, et l'Assemblée nationale recevra de nos mains la République naissante. De ce jour-là, tout sera sauvé ! Quand la nation, par les mains de ses représentants, aura saisi la République, la République sera forte et grande comme la nation, sainte comme l'idée du peuple, impérissable comme la patrie. »

A midi une partie des diverses légions de la garde nationale n'en est pas moins réunie sur la place de la Madelaine, les quais et le boulevart. De nombreux détachements de la banlieue viennent se joindre à la manifestation qui, à une heure et demie (16 mars), se forme en pelotons, sans armes, les voltigeurs et les grenadiers ayant remplacé le bonnet à poil par le képi, et marche vers l'Hôtel-de-Ville par la place de la Concorde et les quais. Une foule considérable encombre la place de l'édilité parisienne. Le général Courtais arrive, harangue quelques pelotons, et cherche à persuader les gardes de retourner chacun chez soi. Mais des délégués ont été nommés ; ils sont reçus par un des membres du gouvernement provisoire, qui leur répond que le décret rendu ne peut être modifié.....

Et presque aussitôt la proclamation, résumée par la phrase suivante, est affichée :

« Le gouvernement provisoire est accessible à toutes les réclamations; il s'éclaire des vœux, des lumières des citoyens dont son pouvoir provisoire est l'expression : il n'a d'autre force que ce concours, mais ce concours est d'autant plus puissant qu'il est plus calme, et son action légitimement influente, quand elle se produit sous la forme de conseil, rend la résistance du gouvernement nécessaire quand elle ressemble à une menace ou à une force. »

Cette manifestation fit un profond effet dans la capitale. Le peuple crut-il y voir une menace de violence contre ceux qu'il avait acceptés comme ses gouvernants jusqu'au jour où l'Assemblée nationale serait constituée, ou bien le gouvernement lui-même sentit-il la nécessité de provoquer une contre-manifestation propre à affermir son autorité en quelque façon contestée ? Quoi qu'il en soit, le 17 mars, dès neuf heures du matin, d'innombrables députations d'ouvriers, précédées du drapeau aux couleurs nationales, se réunirent sur les places du Louvre et de la Concorde, et, s'étant formées en colonnes, elles prirent à leur tour le chemin de l'Hôtel-de-Ville. Lorsque la masse se fut concentrée sur la place, MM. Lamartine, Garnier-Pagès, Ledru-Rollin, Louis Blanc, Crémieux et Marie, membres du gouvernement provisoire, s'avancèrent sur le perron du Palais; ils furent accueillis par de nombreux cris de *vive la République! vive le gouvernement provisoire!*

Après ce que nous appellerons cette visite au pouvoir que le peuple semblait ainsi défendre contre toute pression de la bourgeoisie, la manifestation voulut, avant de se dissiper, aller défiler devant la colonne de Juillet. Aucun désordre ne signala le passage de cette immense foule, et l'on doit dire que le résultat de cette manifestation fut d'un heureux effet sur l'esprit de la capitale.

Une ovation populaire accueillit M. Louis Blanc au début des séances qu'il présidait au Luxembourg, au milieu des délégués des divers corps d'état. On y procéda par la voie du sort à l'élection des membres du comité. Les noms qui sortirent de l'urne furent les suivants : — MM. Ottman-Duplaney, relieur de luxe; Renard, entrepreneur de charronnage; Frégier, entrepreneur de gravure sur bois; Eck, fondeur en bronze; Pechiney, fabricant de couverts métalliques; Rieussec, entrepreneur de voitures publiques; Chapelle, mécanicien; Vilatte, vétérinaire et maréchal-ferrant; Lechatelier, ingénieur des mines; Charpentier, ciseleur en bronze.

La vive réprobation qui a frappé la circulaire Ledru-Rollin aux commissaires extraordinaires, les démissions nombreuses de citoyens honorables appartenant à l'armée, à l'administration, à la magistrature qui ont été la conséquence de cette circulaire, ont ouvert les yeux aux membres du gouvernement provisoire. La décision suivante fut prise dans les ministères de l'intérieur et de la justice :

Garde républicaine à cheval

sous le gouvernement provisoire.

1848.

« Aucune suspension ne sera prononcée directement à l'avenir contre la magistrature assise, par les commissaires du gouvernement. Si les plus impérieuses nécessités d'ordre public semblent à un de MM. les commissaires commander la suspension, il s'adressera à M. le ministre de l'intérieur, qui en référera lui-même à M. le ministre de la justice, chargé de statuer. Les commissaires n'ont d'ailleurs pas reçu le pouvoir de révoquer les magistrats. »

On apprend que des troubles ont lieu à Lille; une lutte est engagée entre les ouvriers et la garde nationale. Les nouvelles des autres points du pays sont, au contraire, assez bonnes, malgré l'irritation que répand dans les classes hautes et moyennes l'arrivée des commissaires.

On rend le décret suivant, sur le rapport de la commission du gouvernement pour les travailleurs :

« Toute exploitation de l'ouvrier par voie de marchandage sera punie d'une amende de 50 à 100 fr., pour la première fois; de 100 à 200 fr. en cas de récidive ; et, s'il y avait double récidive, d'un emprisonnement qui pourrait aller de un à six mois. Le produit des amendes sera destiné à secourir les invalides du travail. »

M. de Lamartine reçoit de diverses puissances étrangères l'assurance des dispositions pacifiques qui les animent à l'égard de la République française.

Le bruit ayant couru que M. de Rothschild avait voulu quitter Paris, le riche banquier est allé personnellement démentir ce bruit auprès de l'autorité. La préfecture de police lui offre une garde pour son hôtel; il la refuse, en disant qu'ayant confiance dans le gouvernement, il désire au contraire que l'on ait aussi confiance en lui. Et, à ce propos, M. de Rothschild distribue de nouvelles sommes aux familles des blessés de Février et aux ouvriers sans ouvrage.

Paris s'amuse à planter sur une foule de points des arbres de la liberté, qui sont le prétexte de cérémonies populaires, de bénédictions, de quêtes et de quelques repas.....

Une émotion assez vive se répandit le 24 dans le quartier Montmartre, au sujet d'une manifestation annoncée contre le journal *la Presse*. L'attitude énergique de M. de Girardin et la protection de l'autorité, ont sauvé la liberté de la presse de cette épreuve où elle pouvait périr sous la violence. Mais un fait plus grave ne tarda pas à solliciter toute l'attention, non pas seulement de la capitale, mais du pays. Un corps d'hommes sans mandat, sans autorité, sans chef avoué, tenta d'aller proclamer la République dans le royaume de Léopold, le sage et habile voisin de la France. Voici le compte-rendu exact de cette expédition avortée :

« Hier matin, à six heures, un convoi spécial, portant environ 900 individus, venant de Paris, est arrivé à Quiévrain. L'autorité belge avait été avertie. Une colonne mobile de troupe de ligne occupait la station; beaucoup d'habitants, armés de fusils de chasse, s'étaient spontanément joints à la troupe. Lorsque le convoi est arrivé en vue des soldats, une centaine d'individus, parmi lesquels on suppose que se trouvaient les principaux chefs, se sont précipités hors les voitures en marche et se sont dispersés.

« Le convoi a été entouré par les troupes. Les individus qui n'avaient pas de papiers ont été conduits, sous escorte, à Mons et remis à la disposition du parquet. 90 Français environ ont été renvoyés en France par les voitures qui les avaient amenés.

« On a trouvé dans les wagons des cartouches, des pistolets, des proclamations et un drapeau sur lequel était écrit : *Appel aux Belges!*

« Quatre individus, porteurs d'armes, ont été arrêtés et mis à la disposition du procureur du roi.

« Les autres ont été dirigés, sous escorte, dans leurs communes respectives.

« D'après les nouvelles d'hier soir, un second convoi de 800 individus, commandés par le sieur Fosse, était arrivé à Valenciennes.

« Ces hommes, apprenant que la station de Quiévrain était gardée par les troupes, se sont arrêtés. Ils disaient qu'ils attendraient un nouveau convoi pour entrer en Belgique.

« Des rapports parvenus à la station de Quiévrain assurent qu'une grande démoralisation règne parmi eux, et qu'ils se plaignent d'avoir été trompés par ceux qui les ont conduits. »

On sait que l'instigateur de cette expédition était M. Charles Delécluze, rédacteur d'un journal publié dans le Nord, puis commissaire général à Lille, et, plus tard, directeur d'un nouveau journal d'opinions très-avancées, publié à Paris. La responsabilité morale de cette échauffourée a généralement été rejetée, par l'opinion, sur M. Ledru-Rollin.

Rouen, Lyon, Poitiers, Avignon, Marseille, sont le théâtre de désordres de diverses natures : à Rouen, ils sont causés par les conflits qui naissent des ateliers communaux; à Lyon, par un pillage de fusils; à Poitiers, par une insurrection militaire; à Avignon, par l'expulsion des jésuites; à Marseille, par une insurrection d'ouvriers typographes.

Cependant chaque jour amène un degré dans l'ébullition de la fièvre électorale, soit pour la nouvelle représentation à donner au pays, soit pour les gardes civiques. Les émissaires agitateurs partis de l'hôtel de la rue de Grenelle ne servaient qu'à montrer que le suffrage universel et direct peut, habilement dirigé, n'aboutir qu'à la dictature indirecte et effective d'un commissaire-grand-électeur, lequel, restant éligible, malgré son mandat spécial, impose sa nomination au département qu'il administre, ou indique le représentant à nommer.

Paris offre la députation à Béranger, le poète illustre, le chansonnier frondeur. Béranger refuse la candidature et demande qu'on le laisse à sa solitude. Sa lettre, empreinte de cette modestie si bien appréciée par tous ceux qui connaissent M. Béranger, se termine par ces mots :

« Laissez-moi donc achever de mourir comme j'ai vécu, et ne transformez pas en législateur inutile votre ami, le bon et vieux chansonnier.

« A vous de cœur, chers concitoyens. BÉRANGER. »

M. Béranger, comme Bossuet, « *veut réserver le peu de voix qui lui reste pour le peuple*, si celui-ci avait encore besoin *qu'on relevât son courage et ranimât son espérance.* »

Le général Cavaignac, gouverneur général de l'Algérie, a refusé le ministère de la guerre. C'est le général Changarnier que le gouvernement provisoire se propose d'appeler à Paris pour remplacer M. François Arago. Il est temps que l'on s'occupe un peu de l'avenir de l'armée, qui n'a pas trouvé dans le savant directeur de l'Observatoire un défenseur bien sérieux de ses intérêts. Il est vrai que la flotte n'est pas plus heureuse que l'armée de terre, bien que M. Arago soit ministre titulaire de la marine. Un décret substitue au titre d'*élève de la marine* l'ancienne appellation républicaine *aspirant*.

La province s'agite à l'approche des élections. A Paris on est las de la suspension du travail et des théories déjà reconnues impuissantes, et chacun semble résolu à protéger énergiquement l'Assemblée nommée par le peuple entier.

L'archevêque de Paris entraîne le clergé parisien dans l'initiative des dons patriotiques à l'Hôtel-de-Ville. Voici sa lettre aux commissaires. L'héroïque fin de ce martyr donne à ces lignes un intérêt historique :

« Messieurs,

« Voici ma faible offrande, ce sont quelques couverts d'argent, les seuls qui m'appartiennent.

« Je me serais empressé beaucoup plus tôt de les apporter au trésor de la République, si je n'avais dû m'occuper avant tout de satisfaire aux obligations de justice et de charité qui, cette année, sont plus étendues que toutes les ressources dont je puis disposer.

« Agréez, je vous prie, l'assurance de ma haute considération.

« Denis, *archevêque de Paris.* »

Dans les premiers jours d'avril, M. Louis Blanc, organisateur du travail, et la commission qu'il présidait au Luxembourg, développèrent leur plan. Ce système, auquel M. Louis Blanc devait sa position dans le pouvoir, a paru pécher totalement par la base, dès qu'il s'est agi d'application. Laissant en dehors l'industrie agricole, il annihilait ainsi toute espèce de concurrence au sein d'une des plus réelles fortunes de la nation. La question d'*égalité des salaires* parut, aux ouvriers eux-mêmes, une utopie sans consistance, détruisant le fameux principe : « A chacun selon sa capacité, à chaque capacité selon ses œuvres. »

Les manifestations bruyantes continuent dans Paris et prolongent ainsi la crise dont le crédit et le travail souffrent cruellement. Le maire de Paris, M. Armand Marrast, lance des circulaires et des proclamations de peu d'effet.

On travaille activement à la construction de la salle de la nouvelle Assemblée nationale; on décore l'hôtel du président.

On organise les *gardiens* de la ville de Paris. Ils seront 1,500 à pied et 300 à cheval. Le décret dit que leur costume sera déterminé de façon à se rapprocher le plus que possible de celui de l'ouvrier.

130,000 écharpes et 43,000 drapeaux tricolores sont commandés par le gouvernement provisoire à la fabrique de Lyon.

— Un décrét abolit la peine de l'exposition publique (art. 22 du Code pénal).

— Un autre abolit, à partir du 1er janvier 1849, l'impôt du sel, impôt contre lequel des propositions et des pétitions nombreuses avaient été faites aux Chambres pendant les dernières années, particulièrement en 1845 (proposition Demesmay).

— Arrêté du ministre de l'intérieur réglant la forme des élections de la garde nationale des départements.

— Arrêté du même portant division de la direction des beaux-arts en bureaux des musées, des beaux-arts et de la librairie.

— Arrêté du même portant création d'inspecteurs attachés à la direction des Musées nationaux, pour la réintégration au Musée central des objets d'art disséminés dans les résidences royales et édifices quelconques, et pour relier les Musées des départements avec celui de la capitale.

Les *Bulletins de la République*, enfants perdus dont la paternité n'est pas encore très-légalement avouée, acquirent vers cette époque tout leur retentissement. Emanés du ministère de l'intérieur, répandus à profusion dans les villes et surtout dans les campagnes par les soins des commissaires de départements, ils portaient un cachet officiel, un caractère d'authenticité qui faisait que, bon gré mal gré, le gouvernement provisoire dut en subir la responsabilité. C'est à M. Jules Favre, alors sous-secrétaire d'Etat, qu'on a attribué la rédaction de ces *Bulletins*. M. Jules Favre, qui avait été longtemps sans protester contre ce qu'on peut appeler une accusation, l'a cependant fait à la tribune de l'Assemblée législative (avril 1850), lors de la discussion du budget de l'intérieur, discussion qui ranima les diverses récriminations dont le gouvernement provisoire a été l'objet. M. Jules Favre déclina la responsabilité de rédacteur de ces trop fameuses pièces, et dit qu'il n'en avait été que le secrétaire. En effet, il est parfaitement acquis aujourd'hui que plusieurs de ces *Bulletins* ont des origines qui exonèrent M. Jules Favre; le douzième, entre autres, qui fit dans le pays une si profonde sensation, et à propos duquel il ne peut pas être indifférent d'enregistrer, soit les opinions, soit les aveux de M. de Lamartine lui-même :

« Une femme exceptionnelle par le style, et un orateur d'élite, madame Sand et M. Jules Favre, prêtaient alors l'assistance de leur talent à la politique du ministère de l'intérieur, — dit l'historien homme d'Etat.

« Madame Sand, accourue au vent de la révolution, avait vu M. de Lamartine à son arrivée à Paris. Le ministre des affaires étrangères s'était efforcé de conquérir à ses vues ce génie viril par la forme, féminin par la mobilité des convictions. Il avait eu un entretien de plusieurs heures avec cette femme importante dans une crise où la tempête populaire ne pouvait être gouvernée que par les vents qu'on ferait souffler sur ces vagues. Il avait convaincu madame Sand que le salut des institutions nouvelles ne pouvait être que dans la répudiation soudaine, énergique et complète des excès et des crimes qui avaient déshonoré et perdu la première révolution. Il l'avait conjurée de prêter la force dont Dieu l'avait douée à la cause de l'ordre et de la moralisation du peuple. Elle le lui avait promis avec cet accent d'enthousiasme passionné qui révèle la sincérité des convictions. Elle lui avait demandé quelques jours seulement pour aller dans le Berry mettre ordre à ses affaires. Elle devait à son retour rédiger une feuille populaire qui sèmerait dans l'esprit des masses les principes de paix, de discipline et de fraternité auxquels sa plume et son nom auraient donné le prestige et l'éclat de sa popularité.

« Elle partit dans cette intention. A son retour, les anciennes prédilections de son esprit pour les théories aventurées de socialisme, la rattachèrent, par Louis Blanc, à un centre de politique opposée. Lamartine apprit qu'elle rédigeait au ministère de l'intérieur une feuille officielle intitulée le *Bulletin de la République*. Cette feuille, *incendiée des inspirations du communisme*, rappelait par les termes les souvenirs néfastes de la première république ; elle fanatisait les uns d'impatience, les autres de terreur.

« La majorité du conseil, informée de l'existence de ce *Bulletin*, gémit de cette déviation d'un talent de premier ordre, qui plaçait ainsi sous la responsabilité du gouvernement des paroles et des doctrines en contradiction ouverte avec son esprit. Le ministre de l'intérieur n'avait pas le loisir de surveiller lui-même cet écrit émané de ses bureaux. Il n'en défendit pas les *exagérations malfaisantes*. Il fut convenu qu'aucun de ces *Bulletins* ne partirait plus pour les départements avant d'avoir passé par l'examen d'un des membres du gouvernement. Ils se partagèrent les jours de la semaine pour cette surveillance. Les innombrables détails dont ils étaient surchargés et les incidents d'urgence sans cesse renaissants avec les jours, leur firent souvent négliger ce devoir. Quelques *Bulletins* se glissèrent encore à la faveur de ces négligences et portèrent des scandales et des brandons d'opinions dans les départements. Quelques commissaires prirent sagement sur eux d'en interdire l'affiche et la publication dans les communes. »

Les *Bulletins de la République* n'ont été insérés ni au *Moniteur* ni au *Bulletin des lois*. Ils ont paru régulièrement tous les deux jours, du 13 mars au 6 mai 1848, et l'autorité les faisait placarder sur les murs. Chacun d'eux portait en tête : RÉPUBLIQUE FRANÇAISE, MINISTÈRE DE L'INTÉRIEUR. Leur collection se compose de 25 numéros, dont les affiches originales sont devenues assez rares. Ce qui vient d'être rapporté de l'opinion de M. de Lamartine sur la participation de madame Sand à ces pièces, est la préface naturelle d'une citation empruntée au plus curieux, au plus retentissant de ces *Bulletins*, celui qui traitait de la condition des femmes dans notre société. Voici comment s'exprimait en débutant l'illustre auteur de *Lélia* :

« Au moment d'examiner les plus grands principes de la justice et de l'humanité, au moment de trouver à ces principes une formule nouvelle dans une constitution vaste, généreuse, ouverte au progrès, il importe que vous pesiez avec attention dans votre raison, dans votre conscience et dans votre cœur, les injustices dont tous les membres de la famille humaine sont victimes depuis tant de siècles. »

Après ce début, l'auteur entre dans l'appréciation des charges que la famille fait peser sur l'ouvrier pauvre ; elle examine la question des salaires et en arrive à démontrer la lourde part d'oppression que la misère exerce sur l'âme et sur le corps de la femme de l'ouvrier. Elle la peint comme condamnée par la nature à la douleur physique, au travail terrible et sacré de la maternité, et constate la protection et le respect patriotique dont la première république entoura les femmes, en laissant librement se développer ces héroïnes populaires qu'aujourd'hui l'on serait plutôt tenté de tourner en ridicule. Arrivant ensuite au temps présent, l'auteur de *Consuelo* constate que plusieurs femmes, encouragées par l'esprit de secte, ont élevé la voix pour réclamer, au nom de l'intelligence, les priviléges dus à l'intelligence, et en ceci la pensée de l'auteur ne peut évidemment que se retourner sur elle-même. Et, à ce propos, elle s'exprime ainsi dans un langage dont la simplicité va bien au sujet qui porte en soi son éloquence ; car, là aussi est un mal, un état de choses oppressif et souvent révoltant, auquel l'humanité exigerait qu'on pût apporter remède, nous en convenons de grand cœur :

« En admettant que la société eût beaucoup gagné à l'admission de quelques capacités du sexe dans l'administration des affaires publiques, la masse des femmes pauvres et privées d'éducation n'y eût rien gagné. Ces réclamations personnelles n'ont point ému la société. La société qui va se reconstruire sera émue profondément des pétitions simples et touchantes qui se formuleront au nom du sexe entier, et qui auront pour but de détruire le manque d'instruction, l'abandon, la dépravation, la misère, qui pèsent sur la femme, en général, encore plus que sur l'homme.

« Nous ne craignons pas de le dire, les tentatives de la *femme libre* dans le saint-simonisme ont eu un caractère aristocratique. L'homme n'étant pas libre, comment la femme pouvait-elle sagement aspirer à l'être plus que lui ? — Aujourd'hui la question doit changer de face. L'homme est en train de s'affranchir du joug de l'ignorance et de la misère. Il ne s'agit plus d'ouvrir un temple à quelques élus d'une théocratie déguisée. Il s'agit d'ouvrir un monde à tous les êtres qui composent l'humanité ; qu'ils soient hommes ou femmes, ils doivent échapper à l'esclavage de la misère et de l'ignorance.

C'est maintenant ou jamais que les femmes instruites, qui prétendent au titre de *bons citoyens*, doivent oublier leur personnalité ; et si elles veulent prouver leur mérite, c'est en faisant abnégation d'elles-mêmes pour ne s'occuper que des pauvres femmes et des pauvres filles du peuple.

« Il est affreux, il fait horreur à Dieu et honte à l'humanité, le sort de la malheureuse enfant qui voit sa mère abandonnée ou son père infirme, ses frères et ses sœurs mourant de faim. Elle ignore le mal, elle voudrait travailler pour nourrir et sauver ceux qu'elle aime ; elle cherche de l'ouvrage ; peu de travaux sont à sa portée, et ceux dont elle peut se charger sont souvent confiés à des hommes. Il a été démontré, prouvé par des chiffres, que les travaux confiés au plus grand nombre des femmes ont une rétribution tellement dérisoire qu'il leur est matériellement impossible d'en vivre personnellement. Qu'est-ce donc, quand une fille dévouée, une femme généreuse, une mère désespérée ont à partager l'obole de chaque jour une famille sans ressources ?

« Mais quoi ! la société ne leur offre-t-elle aucun moyen d'échapper au suicide ? Aucun autre que la prostitution. Le vice est là qui invite le désespoir et qui se fait une *arme* des instincts les plus sacrés de la femme. Le vice ne fait pas l'aumône, il la vend ; il ne donne pas, il achète. La virginité est un objet de trafic coté à la bourse de l'infamie. On l'a vu trop souvent, c'est le dévouement enthousiaste de l'enfant qui a sauvé sa famille au prix d'une flétrissure indélébile. De saintes filles ont marché, les yeux fermés, à ce martyre, abandonnant leur corps à l'outrage et recommandant leur âme à un Dieu vengeur. »

Madame Sand expose ensuite que, lorsque ce n'est pas l'excès de la misère qui précipite la fille du pauvre dans cet abîme, ce sont des tentations puissantes dont la société, suivant elle, devrait être également responsable. Elle constate que la femme a des instincts particuliers dont la société ne tient aucun compte. Ce désir de plaire, qui n'est autre chose, au fond, que le besoin d'être aimée, et qui prouve que la femme vit exclusivement par le cœur, elle peint comme il devient une passion funeste, lorsqu'il ne trouve pas ses aliments légitimes, et comment, pour que l'instinct de la femme s'élevât au-dessus de cette passion comprimée, il faudrait qu'elle trouvât dans la société, de deux choses l'une, ou le moyen de satisfaire modestement ses goûts, ou une éducation forte et sérieuse qui l'élevât au-dessus de toutes les faiblesses de la nature. Or, la société ne donnant ni la satisfaction ni le préservatif, il en résulte que la femme se trouve abandonnée à elle-même et livrée sans défense à la tentation.

Enfin, l'avocat pénétré de la cause des femmes, termine ce document hardi, perturbateur même dans sa vérité émouvante et dangereuse, par ce mouvement plein d'éloquence :

« Honte et désolation ! Pauvres femmes, fleurs flétries avant d'éclore, martyres d'une civilisation menteuse et d'une société impie ! lamentez-vous comme les filles de Sion, car il n'y aura pas assez de larmes pour laver les affronts que vous avez subis. Mères infortunées qui avez vu vos enfants, pâles et sombres, rentrer le soir, après l'heure, et tomber dans vos bras avec le frisson convulsif de l'horreur et de l'épouvante ! parlez à vos époux, à vos frères, à vos fils. C'est une grande prédication que celle de l'*affranchissement* sérieux et moralisateur de la femme. C'est vous qu'elle concerne, et il n'est pas besoin de bouches éloquentes qui se fassent vos interprètes. Vous serez tous de grands orateurs au foyer domestique, et il n'est point d'hommes dont les entrailles ne s'émeuvent au récit de vos poignantes douleurs. »

On conçoit que de telles publications avaient leur danger, et que les placer sous la responsabilité officielle du gouvernement, c'était causer des perturbations contre lesquelles nul remède n'était préparé. Celui des *Bulletins* qui, dans l'ordre purement politique, fit de son côté le plus de scandale, est le seizième. On a dit que la plume précédente n'y était pas non plus étrangère. En voici, pour finir, quelques passages. Il s'agit de la question ardente, vitale, du moment, les élections :

« Nous n'avons pu passer du régime de la corruption au régime du droit dans un jour, dans une heure. Une heure d'inspiration et d'héroïsme a suffi au peuple pour consacrer le principe de la vérité. Mais dix-huit ans de mensonge opposent au régime de la vérité des obstacles qu'un souffle ne renverse pas ; les élections, si elles ne font pas triompher la vérité sociale, si elles sont l'expression des intérêts d'une caste, arrachée à la confiante loyauté du peuple, les élections, qui devaient être le salut de la République, seront sa perte, il n'en faut pas douter. *Il n'y aurait alors qu'une voie de salut pour le peuple qui a fait les barricades, ce serait de manifester une seconde fois sa volonté, et d'ajourner les décisions d'une fausse représentation nationale.*

« Ce remède extrême, déplorable, la France voudrait-elle forcer Paris à y recourir ? A Dieu ne plaise ! Non ; la France a confié à Paris une grande mission, le peuple français ne voudra pas rendre cette mission incompatible avec l'ordre et le calme nécessaires aux délibérations du corps constituant. Paris se regarde, avec raison, comme le mandataire de toute la population du territoire national ; Paris est le poste avancé de l'armée qui combat pour l'idée républicaine ; Paris est le rendez-vous, à certaines heures, de toutes les volontés généreuses, de toutes les forces morales de la France ; Paris ne séparera pas sa cause de la cause du peuple qui souffre, attend, et réclame d'une extrémité à l'autre du pays. Si l'anarchie travaille au loin, si les influences sociales pervertissent le jugement ou trahissent le vœu des masses dispersées et trompées par l'éloignement, le peuple de Paris se croit et se déclare solidaire des intérêts de toute la nation.

« Sur quelques points, on abuse, on égare les populations ; sur quelques points la richesse réclame ses priviléges à main armée. Ceux qui agissent ainsi commettent un grand crime, et nous menacent de la douleur de vaincre quand nous aurions voulu seulement persuader.

Que, de toutes parts, le peuple des campagnes se rallie au peuple des villes, et que le peuple des villes s'unisse à celui qui, au nom de tous et pour la commune gloire, a conquis le principe d'un heureux et noble avenir. Partout la cause du peuple est la même ; partout les intérêts du pauvre et de l'opprimé sont solidaires. Si la République succombait à Paris, elle succomberait non seulement en France, mais dans tout l'univers qui, les yeux fixés sur nous, s'agite héroïquement pour sa délivrance.

« Citoyens, il ne faut pas que vous en veniez à être forcés de violer vous-mêmes le principe de votre propre souveraineté. Entre le danger de perdre cette conquête par le fait d'une assemblée incapable, ou par celui d'un mouvement d'indignation populaire, le gouvernement provisoire ne peut que vous avertir et vous montrer le péril qui vous menace. Il n'a pas le droit de violenter les esprits et de porter atteinte au principe du droit public. Élu par vous, il ne peut ni empêcher le mal que produirait l'exercice mal compris d'un droit sacré, ni arrêter votre élan, *le jour où, vous apercevant vous-mêmes de vos méprises, vous voudriez changer, dans sa forme, l'exercice de ce droit.* »

On comprend l'émotion du pays à de pareilles lectures, imposées par le gouvernement lui-même! Nous n'insistons pas, et reprenons la mention chronologique des faits.

— L'état-major de l'armée des Alpes appelée à observer les mouvements de l'Autriche, et son rapprochement possible de notre frontière par son armée, en cas de victoire sur le Piémont, fut composé ainsi qu'il suit :

1re Division d'infanterie. Général de division, Bedeau. — 1re brigade. Général de brigade, Gueswillers. — 2e brigade. Général Saleyx.

2e Division d'infanterie. Général de division, Baraguay-d'Hilliers. — 1re brigade. Général de brigade, Talandie. — 2e brigade, Duhol.

3e Division d'infanterie. Général de division, Magnan. — 1re brigade. Général de brigade, Guillabert. — 2e brigade, Renault.

Cavalerie. Général de division, Oudinot. — 1re brigade de cavalerie légère. Général de brigade, Regnault de Saint-Jean-d'Angely. — 2e brigade de cavalerie de ligne, général Tartas. — 3e brigade de cavalerie de réserve, général Lebon des Mottes.

Artillerie. — Général de brigade, Legendre.

Génie. — Général de brigade, Morvan.

Intendant. — L'intendant en chef, Denniée.

Le plus ancien général de division prendra *provisoirement* le commandement en chef de l'armée des Alpes.

A ce titre, le général de division Oudinot de Reggio prit ce commandement, qu'il a conservé jusqu'au licenciement de ce corps d'armée.

— Le 7 avril eut lieu la première représentation gratuite au *Théâtre de la République* (Théâtre-Français); le plus grand ordre régna à cette solennité offerte au peuple, et d'énergiques applaudissements accueillirent tour à tour le *Champ du départ*, *Le roi attend*, petit impromptu scénique de Georges Sand, et des vers d'*Horace*. Mademoiselle Rachel produisit aussi une immense sensation dans la *Marseillaise*, qu'elle déclama, ou chanta avec la sauvage énergie d'une Euménide et l'inspiration d'une Muse. L'illustre artiste trouva des effets imprévus dans la poésie de Rouget de Lisle, et tout Paris courut l'entendre. Ce n'était pas tout à fait du chant; c'était pourtant plus que de la déclamation, et comme une mélopée, cet accent noté des anciens, où les modulations de la tonalité venaient ajouter à la force d'expression de la poésie. Mademoiselle Rachel donnait à ces stances une passion actuelle, nerveuse et toute réelle, qui s'arrêtait juste au degré au-delà duquel un génie inférieur au sien, s'il eût osé aborder ce que nous appellerons cette création, serait tombé dans le vulgaire. C'était splendide et saisissant!

Mais nous avons à mentionner, à cette date, un pendant à la tentative d'invasion de la Belgique, dirigée par M. Delécluze, et dont il a été parlé plus haut. Une colonne de volontaires, formée d'environ 2,000 hommes, Français et Savoisiens, agissant, le fait semble acquis, en dehors de toute impulsion du gouvernement provisoire, entra brusquement à Chambéry le 3 avril, à huit heures du matin, ayant à sa tête MM. Peyssard, Burnet, Thiard et Guillermet. Cette colonne s'empara des postes et des casernes, après quoi les chefs se rendirent à l'hôtel-de-ville, où, par proclamations, ils constituèrent la république et un gouvernement provisoire. Bientôt des rassemblements hostiles à cet état de choses républicain se formèrent sur divers points de la ville; mais la colonne d'invasion se mit en devoir de dissoudre ces rassemblements, en menaçant de faire feu, après quoi les républicains se portèrent sur le château royal et sur divers autres édifices, où ils commirent de regrettables dégâts. Le tocsin sonnait, les habitants des campagnes voisines accoururent armés de pioches et de faulx; les citadins s'unirent à eux, et un combat s'engagea avec la colonne d'invasion. Les postes furent repris, on fit le siége des casernes occupées depuis la veille par les volontaires républicains, qui tous furent faits prisonniers; le combat dura deux heures. Les journaux de Lyon ont porté à 18 ou 20 le nombre des morts, et au triple celui des blessés. Parmi ces volontaires se trouvaient un certain nombre de Français. Les royalistes, vainqueurs de l'invasion, ont séparé les Savoisiens des Français, renvoyant ces derniers en France. 3,000 hommes de troupes sardes, en route pour le Piémont, sont rentrés à Chambéry aux acclamations du peuple. Le gouverneur de Chambéry, qui prit lâchement la fuite à la première nouvelle de cette échauffourée démagogique, s'est couvert de ridicule et de honte, ce qui n'empêcha point, plus tard, les triomphateurs d'un moment, à Turin, de lui donner une importante mission dans les duchés, un moment soumis au Piémont.

— On ne saurait trop louer l'esprit qui dicta la proclamation suivante, dont les considérants étaient pleins de sagesse et de générosité :

« Le gouvernement provisoire place sous la sauvegarde des travailleurs français les travailleurs étrangers qu'emploie la France, et il confie l'honneur de la République hospitalière à la générosité du peuple.

« Paris, le 8 avril 1848.

« *Les membres du gouvernement provisoire.* »

— A la date du 10 avril, l'organisation du travail par M. Louis Blanc, avec la direction des ateliers nationaux par M. Emile Thomas, coûtaient déjà au gouvernement 112,550 fr. par jour, soit 3,375,000 fr. par mois.

— Un décret du 14 supprime le cadre de réserve pour les officiers-généraux de terre et de mer. Ce décret, qui privait le pays de la haute et vieille expérience d'un grand nombre d'officiers éminents dont la jeune République pouvait avoir besoin, produisit un très-fâcheux effet.

— Le moment des élections approche, toutes les sollicitudes se portent vers cette solennelle fonction. *Le National* présente au pays une liste de candidats à la députation. Dans cette liste, qui remplit dix-huit colonnes, les rédacteurs du journal sont tous portés, et on demande leur admission dans les quatre-vingt-six départements. Un grand nombre d'autres rédacteurs de feuilles de toutes couleurs se portent également. M. L. Blanc publie un manifeste pour faire nommer 20 ouvriers, parmi les 34 représentants de Paris.

— Un fait assez curieux eut lieu le 15 à l'entrée du faubourg Saint-Antoine. Le 61e régiment de ligne arrivait à Paris, des groupes nombreux s'étaient placés à la barrière comme pour s'opposer à son entrée. Le colonel fut entouré. — « Citoyens, — dit celui-ci avec beaucoup de sang froid, — est-ce que le gouvernement provisoire est renversé? — Non, certes! — Eh bien donc, laissez-nous passer, car voici ses ordres! »

Et la foule s'inclina devant l'autorité populaire, et cria : *vive le colonel!*

— A la même date, le gouvernement refuse à lord Brougham le titre de citoyen français, que le pair d'Angleterre prétendait unir à sa position de sujet de la reine Victoria.

— Décret du 18 avril qui supprime les droits d'octroi sur la viande de boucherie. Le service extraordinaire du Conseil d'État est supprimé.

— Décret du gouvernement provisoire qui admet des généraux de division et de brigade, des colonels et des lieutenants-colonels d'état-major, et des colonels de divers corps à faire valoir leurs droits à la retraite. Les officiers de divers grades frappés par cette mesure, sur laquelle il a fallu revenir plus tard, furent les suivants :

Généraux de division : d'Anthouard, Flahault, Fezensac, Mortemart, Sébastiani, Castellane, Voirol, Rapatel, Gourgaud, Guéhéneuc, Rullière, Tholosé, Jacqueminot, Marbot, Fabvier, Duchand, Rumygny, Castelbajac, Atthalin, d'Hautpoul, Dampierre, Lawoestine, Saint-Simon, d'Houdetot, d'Astorg (Eugène), Daullé, Berthois, d'André, Boileau, de Bar, Moline de Saint-Yon, Tugnot de Lanoye, d'Astorg (Adrien), Gazan, Meslin, Boyer, Bellonet, Tarlé.

Généraux de brigade : Rochechouart, Rigny, Montesquiou-Fezensac, Brack, Feisthamel, Garraube, Lauthonnet, Saint-Aldegonde, Locqueneux, Franquetot de Coigny, Varaigne, Duffourc d'Antist, Hupais de Salienne, Paillot, Delarue, Closmadeac, Charon, Chabannes, Gaja, de la Coste, Espéronnier, Polignac, Vast-Vimieux, Dumas, Girod, Carel, Thiéry.

Les colonels d'état-major La Rochefoucault, Montguyon, Gorrant, Brès.

Les lieutenants-colonels d'état-major Tessières, d'Escrivieux, Cabour-Duhay, Lecacheux, Baymé.

Les colonels Amoros, Apchié, Barthélemy, Beaufort, Chambon, Lebas, Macors, Marengo, Lusset, Bilfeldt, Deselles, Chivand, Meynard, Boërio, Cornille, Chesnou de Champmorin, Berghoune, Havelaine, Ortoli, Baligaud, de Foulque d'Oraison.

— La journée du 16 avril ramena quelques perturbations dans l'ordre que les bons citoyens et une partie des autorités s'efforçaient de faire régner.

Voici le fait : En réorganisant la garde nationale, le gouvernement avait décidé que tous les emplois seraient donnés à l'élection et que les places d'officiers d'état-major seraient réparties entre les différentes écoles et les corporations d'ouvriers. Les travailleurs de Paris et de la banlieue se réunirent pour procéder à ces élections, et se rendirent au Champ-de-Mars avec un drapeau et un tambour. Le bruit ne tarda pas à se répandre que des gens mal intentionnés, des députés des clubs les plus exaltés, des membres, enfin, des sociétés communistes, s'étaient glissés parmi les ouvriers, et cherchaient à fomenter des désordres. La lecture du fameux 16e *Bulletin de la République* (en partie cité plus haut) donnait quelque vraisemblance à ces bruits, qui semèrent l'émotion dans la ville. Le rappel fut battu et bientôt un nombre considérable de gardes nationaux fut sous les armes. A une heure les ouvriers quittèrent le Champ-de-Mars, marchant en colonnes par corporations, précédés d'une bannière sur laquelle on lisait : *Abolition de l'exploitation de l'homme par l'homme; organisation du travail.* A la hauteur du pont Notre-Dame, la garde nationale barra le passage à cette colonne. Le général Duvivier avait électrisé la garde mobile par une énergique allocution, accueillie par des vivats d'enthousiasme. Un seul passage s'ouvrit pour le défilé des ouvriers devant MM. de Lamartine et Marrast ; puis la garde nationale passa à son tour aux cris de *vive le gouvernement provisoire! vive la République! à bas les communistes, les fauteurs de désordre!* A la rentrée des légions, le calme le plus parfait régnait dans la capitale.

Une cérémonie suivit de près cette manifestation avortée. Le 20 avril, à six heures du matin, le tambour battit le rappel dans tous les quartiers de Paris. Trois cent mille hommes armés devaient recevoir des mains du gouvernement provisoire le drapeau républicain. A dix heures, les chefs de l'Etat, les ministres, le Conseil d'Etat, les députations, les cours et tribunaux, les généraux de différentes armes et toutes les autorités quelconques, voient défiler devant eux les légions de la banlieue, puis celles de la capitale, et chaque bataillon vient recevoir l'étendard qu'il jure de défendre. Au milieu de cette masse de citoyens de tout âge et de toute condition, qu'une même pensée, celle de l'ordre, qu'un seul désir, celui du bonheur public, qu'un seul vœu, celui de la fraternité, animent, on remarque un groupe devant le passage duquel tous s'inclinent. C'est un peloton de vétérans de l'empire, portant cet ancien uniforme avec lequel ils ont parcouru le monde..... Le défilé a duré douze heures. Cette fête fut inaugurée par une amnistie aux réfractaires.

— A la date du 23, un rapport de M. Edouard Charton, secrétaire général au ministère de l'instruction publique et des cultes, établit une nouvelle organisation du système des pensions et indemnités littéraires. Ce rapport, approuvé par le ministre, consacre la fin d'un état de choses révoltant, abusif, inique, qui faisait des fonds dont le ministre dispose en faveur des lettres, la proie du favoritisme politique ou privé, le plus souvent complétement en dehors de toute considération littéraire. Désormais les pensions régulières seront remplacées par des indemnités annuelles ou éventuelles, qui ne pourront s'élever au-dessus de 2,400 fr., et les noms des bénéficiaires seront officiellement publiés.

Les scrutins électoraux s'ouvrirent à la même date, au milieu du calme le plus complet. Les électeurs de Paris furent partagés en 350 sections. On peut signaler quelques tentatives opérées pour écarter certaines listes, et y substituer celles préparées au Luxembourg; mais ces machinations échouèrent. M. Caussidière, préfet de police, pour faire cesser ces menées, fit afficher l'art. 113 du Code pénal, qui rappelle les dispositions prises contre les citoyens convaincus d'avoir trafiqué des votes dans les élections. Ce rappel s'adressait plus particulièrement au 12e arrondissement, où la fraude avait revêtu des formes très-scandaleuses.

— Il fut décidé à cette époque que la troupe de ligne qui avait été écartée de Paris à la suite des événements y rentrerait. La garde mobile vit aussi plusieurs de ses bataillons occuper les forts de l'enceinte.

— La pièce suivante, dans laquelle M. Ledru-Rollin reconnaît comme son œuvre les fameux *Bulletins de la République*, reçut une tardive publicité :

MINISTÈRE DE L'INTÉRIEUR.

Paris, le 26 mars 1848.

Au commissaire du gouvernement de la République dans le département de la Gironde.

« Citoyen commissaire,

« Je crois devoir vous faire connaître que le journal, sous forme d'affiche, intitulé : *Bulletin de la République*, qui est adressé depuis quelques jours aux maires de votre département, émane de mes bureaux.

« Je vous invite, en conséquence, citoyen commissaire, à recommander, par la voie du *Recueil des actes administratifs*, de donner au *Bulletin de la République* la plus grande publicité possible.

« Il appartient aux fonctionnaires de faire disparaître toute affiche anonyme ou signée par des particuliers, qui leur paraîtrait de nature à troubler l'ordre ou à agiter les esprits. Ils devront, toutefois, faire une exception en faveur de celles de ces affiches qui auraient pour but de recommander ou de combattre des candidatures politiques.

« Salut et fraternité.

« Pour le ministre de l'intérieur, le secrétaire-général,   JULES FAVRE. »

— La *garde républicaine* de l'Hôtel-de-Ville, composée de six cents hommes, est instituée en un bataillon spécial.

— Le ministre de la guerre propose, et le gouvernement provisoire décrète, qu'à dater du 15 mai, les nouvelles divisions et subdivisions militaires seront constituées conformément à la teneur qui suit :

Le gouvernement provisoire, considérant qu'il y a nécessité d'apporter dans les dépenses du département de la guerre les économies conciliables avec les convenances du commandement, et d'établir, par division militaire et par subdivision, une circonscription mieux appropriée aux intérêts de la défense du territoire,

« Décrète ce qui suit :

« ART. 1er. Le nombre des divisions militaires est réduit à dix-sept, savoir :

1re, Paris; 2e, Lille; 3e, Metz; 4e, Strasbourg; 5e, Besançon; 6e, Lyon; 7e, Marseille; 8e, Montpellier; 9e, Perpignan; 10e, Toulouse; 11e, Bayonne; 12e, Bordeaux; 13e, Clermont; 14e, Nantes; 15e, Rennes; 16e, Caen; 17e, Bastia.

2. Le nombre des subdivisions militaires mis en rapport avec les circonscriptions territoriales des divisions est fixé à quarante-trois.

— Un décret, ajouté à bien d'autres de diverses dates irréalisés, porte que le

Garde Républicaine à pied
sous le Gouvernement provisoire.
1848.

palais du Louvre sera achevé, et qu'il prendra cette fois le nom de *Palais du peuple*. Ces constructions sont, de plus, déclarées d'utilité publique.

On apprend de toutes parts que les commissaires et sous-commissaires extraordinaires exercent une active pression sur les élections. Dans bon nombre de localités, les listes des candidats sont répandues sous le couvert de l'administration.

M. Carnot, ministre de l'instruction publique, évoquant les traditions de son illustre père, organisateur de quatorze armées républicaines, donne à tous les lycées, pensions et écoles des tuniques, des fracs, des képis et des armes....

Les menées électorales des partis extrêmes répandent un peu d'agitation dans le pays. A Paris on craignait que quelques tentatives ne soient faites pour enlever les urnes qui recèlent les votes. Pourtant, le dépouillement a pu avoir lieu sans que la vigilance de la garde nationale ait eu à réprimer. C'est ici le lieu de remarquer que si le reproche continuel adressé par l'opposition au gouvernement déchu était l'admission des fonctionnaires publics à la députation, la République ne changea dès l'abord rien à cette avidité des emplois de l'Etat. Les scrutins de *la Constituante* offrant 900 représentants, le département de la guerre eut 209 candidats, celui de la justice 342, l'intérieur 202, les finances 228, l'instruction publique 55, les travaux publics 38, la marine 65, et les affaires étrangères 3. Le seul département du commerce s'abstint. Ainsi, c'étaient 1,140 aspirants fonctionnaires pour 900 places.... Ce détail est curieux.

Les noms de MM. de Lamartine, Arago, Dupont (de l'Eure) furent ceux qui, dès les premiers jours, réunirent la majorité des suffrages. — MM. Ledru-Rollin, Flocon, Louis Blanc et Albert furent loin d'atteindre le chiffre de leurs collègues du gouvernement provisoire. Pour appuyer sa candidature, M. Proudhon publia dans son journal, *le Représentant du peuple*, une lettre sur cette question : *Qu'est-ce que la propriété ?* ne voulant pas, disait-il, répéter sa formule : *la propriété c'est le vol*. Mais, dans cette lettre, il défiait qu'on fît rien pour l'amélioration de la classe ouvrière, *sans abolir de fait et de droit la propriété*. Et l'on était à la veille des élections. Le gouvernement avait laissé arriver ce grand jour sans préparer le projet de *Constitution* qui devait régir le pays. Le gouvernement, trop divisé d'opinions, dut laisser ce labeur à la future assemblée. Le parti socialiste, le parti conventionnel et le parti républicain constitutionnel, qui représentaient dans ce gouvernement d'incompatibles diversités d'intentions et d'opinions sur l'avenir, n'eussent évidemment pu s'entendre sur la forme à donner aux nouvelles institutions destinées à consolider l'état républicain. Le gouvernement réserva donc la question aux pouvoirs qui allaient lui succéder, par le vote populaire une première fois exprimé. Le jour fixé avait été le 27, fête de Pâques, solennité religieuse servant ainsi de baptême à la grande émancipation de toutes les individualités politiques. Ce patronage semblait aussi donner, au premier usage de la liberté de conscience élective, la sainteté d'une religion.

L'élection se fit à Paris avec plus d'ordre qu'on n'avait osé l'espérer. Il n'en fut pas précisément de même dans les départements : sur plusieurs points, se manifestèrent de graves collisions, à Nîmes, à Rouen, surtout, où il y eut des blessés et des morts. Elbeuf, Brignolle, Castel-Sarrazin et Agonac, dans la Dordogne, furent aussi le théâtre de déplorables désordres à propos de ces élections.

Nous croyons devoir placer ici une liste authentique du résultat de ces votes, qui étaient l'inauguration de toute une situation nouvelle pour le pays. Il est curieux d'y étudier la part faite à chacune des idées du passé, du présent ou de l'avenir, qui se disputaient alors, comme aujourd'hui, comme toujours, la direction des affaires, les influences et les intérêts généraux ou privés. Cette liste est d'ailleurs complétement à sa place dans un livre de faits. On trouvera, après chaque élu, sa qualité ou sa profession au jour de l'élection.

Ain. — Maissat, médecin, professeur agrégé à la Faculté de médecine de Paris. — Regembal, sculpteur. — Bouvet (Francisque), homme de lettres. — Quinet (Edgar), homme de lettres, professeur au Collége de France. — Bodin, propriétaire agriculteur. — Bochard, avocat. — Tendret, avocat. — Guignes de Champvans, homme de lettres. — Charassin, avocat.

Aisne. — Lherbette, ancien magistrat. — Quinette, chargé d'affaires en Belgique. — Baudelot, président du tribunal de Vervins. — Barrot (Odilon), ancien préfet de la Seine. — Nachet, premier avocat général à la Cour de cassation. — Vivien, ancien ministre. — Dufour (Théophile), publiciste. — De Tillancourt, avocat. — Lemaire, agriculteur. — Plocq, avocat. — Bauchard, avocat. — Desabes, ancien notaire. — Leproux (Jules), avocat. — Debrotonne, agriculteur.

Allier. — De Courtais, ancien officier supérieur, commandant supérieur de la garde nationale de Paris. — Tourret, agriculteur. — Bureaux de Pusy, ancien préfet. — Terrier, médecin. — Mathé (Félix), propriétaire. — Laussedat, médecin. — Madet, agriculteur. — Fargin-Fayolle, avocat.

Alpes (Basses-). — Laidet, général de division retraité. — Duchaffault, conseiller de préfecture. — Chaix (Auguste), ancien procureur général. — Fortoul (Hippolyte), homme de lettres et professeur (1).

Alpes (Hautes-). — Allier, statuaire, ancien officier. — De Bellegarde, propriétaire. — Faure, avocat.

Ardèche. — Valladier aîné, agriculteur. — Champanhet, vice-président du tribunal de Privas. — Dautheville, colonel d'artillerie. — Chazallon, ingénieur-hydrographe. — Laurent, juge. — Royol, président du tribunal de Tournon. — Rouveure, mégissier. — Sibour, grand-vicaire. — Mathieu, président du tribunal de l'Argentière.

Ardennes. — Talon, ancien officier d'artillerie. — Blanchard, avocat. — Payer, professeur de minéralogie à l'école Normale. — Ternaux (Mortimer),

(1) A remplacé M. Denoize, démissionnaire.

maître des requêtes. — Toupet des Vignes, propriétaire. — Drappier, notaire. — Tranchart, président du tribunal de Vouziers. — Robert (Léon), propriétaire.

Ariége. — Anglade, avocat. — Darnaud, conseiller à la Cour d'appel de Toulouse. — Durrieu (Xavier), homme de lettres. — Arnaud (Frédéric), avocat. — Casse, ancien officier du génie. — Vignes (Th.), avocat. — Galy-Cazalat, ingénieur, ancien professeur.

Aube. — Lignier, avocat. — Millard, ancien négociant. — Gayot, avocat. — Stourm, avocat, ancien magistrat. — Gerdy, professeur à la Faculté de médecine de Paris. — Blavoyer, avocat, agriculteur. — Delaporte, chimiste.

Aude. — Barbès, propriétaire. — Sarrans, homme de lettres. — Trinchant, avocat. — Raynal, journaliste. — Joly fils, avocat. — Solier, avocat. — Anduze-Faris, manufacturier.

Aveyron. — Grandet, avocat. — Vésin, ancien magistrat. — Abbal, grand-vicaire. — Affre, avocat. — Rodat, avocat. — Pradié, notaire. — Dalbis de Salze, ancien magistrat. — Dubruel, propriétaire. — Vernhette, avocat. — Médal, cultivateur.

Bouches-du-Rhône. — Barthélemy, ancien courtier de commerce. — Ollivier (Démosthène), négociant. — Berryer, avocat. — Sauvaire-Barthélemy, ex-pair de France. — Astouin, portefaix. — Laboulie, ancien avocat général. — Pascal, avocat. — Poujoulat (1), homme de lettres. — Reybaud (Louis) (2), homme de lettres. — Rey (Alexandre) (3), homme de lettres.

Calvados. — Deslongrais, ancien négociant. — Bellencontre, ancien colonel. — Lebarillier, agriculteur. — Marie (Auguste), banquier. — Desclais, curé. — Person, ancien militaire. — Demorteux, président du tribunal de Lisieux. — Douesnel, banquier, ancien magistrat. — Besnard, homme d'affaires. — Hervieu, propriétaire. — Lemonnier, serrurier. — Thomine-Desmazures, avocat (4).

Cantal. — Delzons, avocat. — De Parieu, avocat. — Murat-Sistrières, ancien officier d'artillerie. — Daude, avocat. — Teilhard-Latérisse, médecin. — Richard, médecin. — Durieu (Paulin), propriétaire.

Charente. — Planat, propriétaire. — Garnier-Laboissière, maître de forges. — Hennessy, négociant. — De Girardin (Ernest), propriétaire. — Babaud-Laribière, journaliste. — Pougeard, avocat. — Rateau, avocat. — Mathieu-Bodet, avocat à la Cour de cassation. — Lavallée, avocat.

Charente-Inférieure. — Renou de Ballon, manufacturier. — Baroche, avocat. — Gaudin, avocat. — Dufaure, avocat, ancien ministre. — Brard, médecin. — Target, ouvrier du port de Rochefort. — Debain, chef d'institution. — Audry de Puyraveau, ancien négociant. — Dupont de Bussac, avocat. —

---

(1) A remplacé M. de Lamartine (option).
(2) A remplacé l'abbé de Lacordaire, démissionnaire.
(3) A remplacé M. Cormenin (option).
(4) A remplacé M. Durand, démissionnaire.

Dargenteuil, médecin. — Bugeaud d'Isly, maréchal de France (1). — Regnault de Saint-Jean-d'Angely, général de brigade (2).

Cher. — Bouzigue, avocat. — Bidault, avocat. — Duvergier de Hauranne, publiciste. — Pyat (Félix), homme de lettres. — De Vogüé, ancien officier. — Duplan, avocat. — Poisle-Desgranges, avoué.

Corrèze. — Ceyras, juge au tribunal de Tulle. — Latrade, publiciste. — Madesclaire, négociant. — Bourzat, avocat. — Pénières, propriétaire. — Favard, avocat. — Dubousquet-Laborderie, ancien sous-préfet. — Lebraly, ancien sous-préfet.

Corse. — Bonaparte (Napoléon). — Conti, procureur général. — Pietri, avocat. — Casabianca, avocat. — Bonaparte (Pierre-Napoléon), chef de bataillon. — N... (3).

Côtes-d'Or. — Monnet, ancien notaire. — Maire, négociant. — Mauguin, avocat. — Magnin-Philippon, maître de forges. — Bouguéret (Edouard), maître de forges. — Godard-Poussignol, avocat. — James Demontry, ancien négociant. — Joignaux, journaliste. — Maréchal, avocat. — Perrenet (4), ancien magistrat.

Côtes-du-Nord. — Morhéry, médecin. — Perret, cultivateur. — Carré (Félix), agriculteur. — Tréveneuc, avocat. — Glais-Bizoin, avocat. — Loyer, notaire. — Legorrec, avocat. — Tassel (Yves), ancien notaire. — Depasse, ancien notaire. — Simon (Jules), professeur à la Faculté des lettres de Paris. — Ledru, juge de paix. — Marie, armateur. — Houvenagle, avocat. — Michel, ancien négociant. — Racinet, médecin. — Denis, armateur.

Creuse. — Fayolle, avocat. — Guizard, médecin. — Leyraud, ancien magistrat. — Leclerc (Félix), avocat. — Sallandrouze, manufacturier. — Desaincthorrent, propriétaire. — Lasarre, ancien magistrat.

Dordogne. — Dezeimeris, médecin, bibliothécaire de la Faculté de médecine de Paris. — Dusolier, avocat. — Dupont (Auguste), journaliste. — Lacrouzille, médecin. — Taillefer, médecin, ancien sous-préfet. — Grolhier-Desbrousses, avocat. — Savy, avocat. — Goubie, négociant. — Delbetz, médecin. — Ducluseau, médecin. — Chavoix, médecin. — Barailler (5), avocat. — Mie (Auguste) (6), ancien imprimeur à Paris.

Doubs. — Demesmay, négociant. — Convers, ingénieur. — Tanchard, ancien magistrat. — Mauvais, membre de l'Institut. — Baraguay-d'Hilliers, général de division. — Bixio, chargé d'affaires à Turin. — De Montalembert, ex-pair de France.

Drôme. — Bonjean, avocat à la Cour de cassation. — Mathieu, avocat. — Bajard, médecin. — Sautayra, propriétaire. — Rey, propriétaire — Curnier, avocat. — Morin, manufacturier. — Belin, avocat.

(1) A remplacé M. Bethmont, démissionnaire.
(2) A remplacé M. Coutanceau, démissionnaire.
(3) A remplacé M. Louis Blanc (option).
(4) A remplacé M. Lamartine (option).
(5) A remplacé M. Lamartine (option).
(6) A remplacé M. Latrade (option).

Eure. — Dupont (de l'Eure), ancien ministre, membre du gouvernement provisoire. — Picard, ancien avoué. — Dumont, avocat. — Davy, ancien avoué. — Sevaistre, manufacturier. — Alcan, ingénieur. — Legendre, avocat. — Canel, avocat. — Langlois, avocat. — De Montreuil, propriétaire. — Demante (1), professeur à la Faculté de droit de Paris.

Eure-et-Loir. — Marescal, avocat. — Raimbault, ancien notaire. — Subervie, général de division, ancien ministre de la guerre, grand-chancelier de la Légion-d'Honneur. — Barthélemy, ancien imprimeur. — Lebreton, général de brigade. — Trousseau, professeur à la Faculté de médecine de Paris. — Isambert, conseiller à la Cour de cassation.

Finistère. — Graveran, évêque de Quimper. — Rossel (Victor), menuisier de la marine. — Decouvrant, avocat. — Lebreton (Louis), médecin. — Brunel, président du tribunal de Brest. — Kersauson, ancien magistrat. — Lacrosse, ancien officier. — Tassel, avocat. — Fauveau, ingénieur de la marine. — Kéranflech, ancien magistrat. — De Fournas, ancien officier de marine. — Mège, ancien magistrat. — Rivérieulx (Émile), propriétaire. — Soubigou, cultivateur. — Le Flô, général de brigade, chargé d'affaires en Russie (2).

Gard. — Teulon, premier président de la Cour de Nîmes. — Favand, chef de bataillon. — Béchard, avocat à la Cour de cassation. — Larcy, ancien magistrat. — Demians, avocat général à la Cour d'appel. — Roux-Carbonnel, négociant. — Reboul, boulanger-poète. — Labrugnière, ancien officier. — Bousquet, avocat. — Chapot, avocat.

Garonne (Haute-). — Pagès (de l'Ariége), homme de lettres, ancien magistrat. — Joly (Henry), ancien procureur général. — Marrast (Armand), publiciste, membre du gouvernement provisoire, maire de Paris. — Gatien-Arnoult, professeur à la Faculté de Toulouse. — Dabeaux, avocat. — Calès, médecin. — Pégot-Ogier, cultivateur. — Mulé, négociant. — Malbois, agriculteur, ancien officier. — De Rémusat, ancien ministre, membre de l'Institut. — De l'Espinasse, ancien colonel. — Azerm, agriculteur.

Gers. — Gavarret, avocat. — Alem-Rousseau, avocat. — Boubée, ancien pharmacien. — Gounon, négociant. — Aylies, président à la Cour d'appel de Paris. — David, avocat. — Carbonneau, avocat. — De Panat, ancien préfet (3).

Gironde. — Billaudel, ingénieur en chef. — Lubbert, capitaine de navire. — Richier, agriculteur. — Ducos (Théodore), négociant. — Servière, avocat. — Lagarde, avocat. — Denjoy, ancien sous-préfet. — Simiot, propriétaire. — Hovyn-Tranchère, agriculteur. — Hubert-Delisle, propriétaire. — Desèze, ancien magistrat. — Earrieu (Amédée), négociant. — Thomas (Clément), colonel de la 2e légion de la garde nationale de Paris. — Feuilhade-Chauvin, conseiller à la Cour de cassation. — Molé, ancien président du conseil (4).

(1) A remplacé M. Garnier-Pagès (option).
(2) A remplacé M. Lamartine (option).
(3) A remplacé M. Subervie (option).
(4) A remplacé M. Thiers, qui avait remplacé M. Lamartine (option).

HÉRAULT. — André (Jules), négociant. — Reboul-Coste, ancien officier d'artillerie. — Charamaule, avocat. — Vidal, ancien magistrat. — Renouvier, homme de lettres. — Carion-Nisas, homme de lettres. — Bertrand-Toussaint, professeur à la Faculté de médecine de Montpellier. — Cazelles, ancien officier. — Brives, avocat. — Laissac (1), procureur général.

ILLE-ET-VILAINE. — Legraverend, avocat. — Bertin, ancien sous-préfet, médecin. — Marion (Jean-Louis), propriétaire. — Fresnau, avocat. — Jouin (Pierre), avocat. — Trédern, ancien officier. — Kerdrel, journaliste. — Garnier-Kerdault, ancien officier d'artillerie. — Legeard de la Diriays, président de chambre à la Cour d'appel de Rennes. — Bidard, professeur à l'école de droit de Rennes. — Dandigné de la Chasse, ancien officier. — Roux-Lavergne, professeur à la Faculté de Rennes. — Paul Rabuan, avocat. — Méaulle (2), avocat.

INDRE. — Charlemagne, ancien magistrat. — Bertrand (Henri), chef d'escadron d'artillerie. — Bethmont, avocat, ministre du commerce. — Grillon, avocat. — Delavau, médecin. — Fleury, banquier. — Rollinat, avocat.

INDRE-ET-LOIRE. — Crémieux, avocat, ministre de la justice, membre du gouvernement provisoire. — Jullien, avocat. — Bacot (César), ancien officier supérieur. — Taschereau, ancien secrétaire général de la préfecture de la Seine. — Luminais, agriculteur. — Foucqueteau, avocat. — Gouin, banquier, ancien ministre. — Julien (Amable), mécanicien.

ISÈRE. — Saint-Romme, procureur général. — Farconnet, avocat. — Marion, conseiller à la Cour d'appel de Grenoble. — Tranchard, président du tribunal de Bourgoing. — Bertholon, publiciste. — Crépu, avocat, publiciste. — Froussard, chef d'institution. — Blanc (Alphonse), ingénieur-mécanicien. — Chollat, officier d'artillerie. — Clément (Auguste), ancien magistrat. — Répellin, avocat. — Durand-Savoyat, cultivateur. — Ronjat, avocat. — Renaud, ferblantier. — Brillier, avocat.

JURA. — Grévy (Jules), avocat. — Cordier, ingénieur divisionnaire en retraite. — Chevassu, notaire. — Valette, professeur à la Faculté de droit de Paris. — Tamisier, commandant d'artillerie. — Huot, avocat. — Gréa, avocat. — Jobez, maître de forges.

LANDES. — Dampierre, avocat. — Bastiat (Frédéric), économiste. — Lefranc (Victor), avocat. — Duclerc, sous-secrétaire d'Etat des finances. — Pascal-Duprat, homme de lettres. — Vergnes, propriétaire. — Marrast (François), médecin.

LOIR-ET-CHER. — Ducoux, médecin. — Durand de Romorantin, avocat. — Normant, fabricant de draps. — Sarrut, homme de lettres. — Gérard (Léon), avocat. — Salvat, chirurgien.

LOIRE. — Alcock, procureur général à Lyon. — Baune, journaliste. — Martin-Bernard, typographe. — Callet, journaliste. — Chavassieu, proprié-

---

(1) A remplacé M. de Larcy (option).
(2) A remplacé M. Lamartine (option).

taire. — Devillaine, propriétaire. — Favre (Jules), avocat, sous-secrétaire d'État à l'intérieur. — Fourneyron, ingénieur. — Levet, conseiller de préfecture. — Point, juge au tribunal de Saint-Etienne. — Verpilleux, mécanicien.

Loire (Haute-). — Breymand, ancien officier. — Grellet, avocat. — Lafayette (Edmond), avocat. — Laurent, avocat. — Badon, médecin. — Avond (Auguste), avocat. — Lagrevol, avocat. — Rullières (1), général de division.

Loire-Inférieure. — Lanjuinais, ancien magistrat. — Braheix, négociant. — Bedeau, général de division. — Billault, avocat, ancien sous-secrétaire d'État. — Waldeck-Rousseau, avocat. — De Sesmaisons, agriculteur. — Favre (Ferdinand), ancien négociant. — Fournier, curé de Saint-Nicolas de Nantes. — Desmars, avocat. — De Grandville, ancien officier. — De la Rochette, propriétaire. — Favreau, avoué. — Camus de la Guibourgère, propriétaire.

Loiret. — Roger, ancien gouverneur du Sénégal. — Rondeau, avocat. — Martin (Alexandre), négociant. — Abbatucci, conseiller à la Cour de cassation. — Arbey, avocat. — Péan, avoué à la Cour d'appel de Paris. — Michot, menuisier. — Considérant, ancien officier du génie, publiciste.

Lot. — Murat (Lucien), propriétaire. — Cavaignac (Eugène), général de division, gouverneur général de l'Algérie. — Rolland, agriculteur. — Carlat, notaire. — Ambert, lieutenant-colonel de cavalerie. — De Saint-Priest (Félix), propriétaire. — Labrousse, ancien professeur.

Lot-et-Garonne. — Vergnes (Paul), propriétaire. — Dubruel, agent de change. — Mispoulet, propriétaire. — Tartas, général de brigade. — Baze, avocat. — De Luppé, propriétaire. — Radoult-Lafosse, général de brigade. — Boissié, propriétaire. — Bérard, lieutenant d'artillerie.

Lozère. — Fayet, évêque d'Orléans. — Desmolles, agronome. — Comandré, avocat. — Renouard, ancien conseiller de préfecture.

Maine-et-Loire. — Guillier de Latouche, médecin. — Tessié de la Motte, ancien officier — Bineau, ingénieur en chef des mines. — Farran, négociant. — Dutier, avocat. — Oudinot de Reggio, général de division. — Louvet, banquier. — David (d'Angers), statuaire, membre de l'Institut. — Freslon, procureur général à Angers. — Lefrançois, médecin. — Jounaulx, médecin. — Cesbron-Lavau, négociant. — De Falloux, homme de lettres.

Manche. — Havin, ancien magistrat. — Vieillard, ancien officier d'artillerie. — De Tocqueville, membre de l'Institut. — Laumondais, juge de paix. — Dudouy, avocat. — Demézange, président du tribunal de Mortain. — Abraham Dubois, référendaire à la Cour des comptes. — Boulatignier, conseiller d'État. — Reibel, ingénieur en chef à Cherbourg. — Diguet, président du tribunal de Saint-Lô. — Delouche, avocat. — Lempereur (de Saint-Pierre), propriétaire. — Gaslonde, professeur à la Faculté de droit de Dijon. — Perrée, avocat, directeur du *Siècle*. — Des Essarts, conseiller à la Cour d'appel de Caen.

(1) A remplacé M. Charbonnel, décédé.

MARNE. — Faucher (Léon), homme de lettres. — Pérignon, conseiller à la Cour d'appel de Paris. — Bertrand, propriétaire. — Bailly, propriétaire. — Dérodé, avocat. — Aubertin, négociant. — Ferrand, ouvrier tisseur. — Leblond, substitut à la Cour d'appel de Paris. — Soullié, avocat.

MARNE (HAUTE-). — Montrol, journaliste. — Chauchard, sous-chef à l'instruction publique. — Toupot de Bévaux, ancien sous-préfet. — Walferdin, ancien chef de bureau aux douanes. — Delarbre, maître de forges. — Milhoux, avocat. — Couvreux, banquier.

MAYENNE. — Bigot, maître de forges. — Jamet (Émile), propriétaire. — Goyet-Dubignon, président du tribunal de Chollet. — Duboys-Fresney, officier du génie. — Roussel, maître de forges. — Dutreil, ancien conseiller de préfecture. — Chenais, ancien officier. — Boudet, avocat, ancien secrétaire général de la justice. — Chambolle, journaliste (1).

MEURTHE. — Marchal, ancien notaire. — Liouville, membre de l'Institut. — Laflize, avocat. — Vion, propriétaire. — Saint-Ouen, avocat. — Deludre, ancien officier. — Charron fils, ancien notaire. — Vogin, propriétaire. — Leclerc, ouvrier serrurier. — D'Adelsward, ancien officier d'état-major. — Ferry, propriétaire.

MEUSE. — Launoy (Auguste), ancien officier. — Salmon, procureur de la République. — Moreau, propriétaire. — Dessaux, propriétaire. — Étienne, référendaire à la Cour des comptes. — Chadenet, avocat. — Gillon (Paulin), avocat. — Buvignier (Isidore), avocat.

MORBIHAN. — Beslay, constructeur de machines. — Du Bodan, procureur général près la Cour d'appel de Rennes. — Danielo, curé. — La Rochejaquelein, ex-pair de France. — Leblanc, prêtre. — Harscouet de Saint-Georges, propriétaire. — Parisis, évêque de Langres. — De Fournas, ancien officier. — Crespel de la Touche, avoué. — De Perrien (Arthur), ancien officier. — Dahirel, ancien magistrat. — Pioger, avocat, littérateur.

MOSELLE. — Woirhaye, procureur-général près la Cour d'appel de Metz. — Jean-Reynaud, publiciste, sous-secrétaire d'État. — Labbé, ancien notaire. — Deshayes, ancien magistrat. — Bardin, répétiteur à l'école Polytechnique. — Espagne, propriétaire. — Totain, maçon. — Poncelet, général de brigade, commandant l'école Polytechnique. — Valette, ancien avocat général. — Antoine, brasseur. — Rolland (2), officier du génie.

NIÈVRE. — Girerd, avocat. — Manuel, banquier, conseiller de préfecture. — Archambault, marchand de bois. — Martin (Émile), métallurgiste. — Grangier de la Marinière, journaliste. — Gambon, juge. — Fafontaine, général de division. — Dupin aîné, procureur général à la Cour de cassation.

NORD. — Hannoye, avocat. — Corne, procureur général près la Cour d'appel de Douai. — Choque, ancien notaire. — Delespaul, substitut à Lille. — Boulanger, agriculteur. — Desmoutiers, agriculteur. — Reguard, avocat.

(1) A remplacé M. de Cormenin (option).
(2) A remplacé M. Dornès, décédé, qui avait remplacé M. Louis-Napoléon, démissionnaire.

RÉVOLUTION DE FÉVRIER. 169

— Pureur, notaire. — Malo, armateur. — Serlooten, propriétaire. — Loiset, médecin vétérinaire. — Vendois, médecin. — Bonté-Pollet, ancien négociant. — Huré, procureur général près la Cour d'appel de Douai. — Duquesne, agriculteur. — Farez, premier avocat général à Amiens. — Lemaire, propriétaire. — Dollez, cultivateur. — Desurmont (Louis), cultivateur. — Giraudon, ouvrier serrurier. — Heddebaut (Géry), fabricant de sucre. — Lenglet, avocat. — Mouton, avocat. — Descat, teinturier. — Dufont, ancien notaire. — Aubry, négociant. — Antony Thouret, homme de lettres (1). — Négrier, colonel (2).

OISE. — Barillon, avocat. — Marquis (Donatien), ancien officier d'artillerie. — Leroux, avocat. — Lagache (Célestin), ancien sténographe du *Moniteur*. — Gérard, agriculteur. — De Mornay, ancien officier. — Desormes, chimiste-agriculteur. — Flye, ancien notaire. — Sainte-Beuve, agriculteur. — Tondu du Metz, propriétaire.

ORNE. — De Tracy, ancien colonel. — De Corcelle, publiciste. — Gigon-Labertrie, avocat. — Ballot, ancien officier. — Piquet, avocat. — Hamard, ancien conseiller de préfecture. — Curial, ex-pair de France. — De Charencey, ancien magistrat. — Guérin, capitaine du génie. — Druet-Desvaux, ancien inspecteur des forêts. — Vaudoré (3), avocat.

PAS-DE-CALAIS. — Piéron, conseiller à la Cour d'appel de Paris. — Petit de Bryas, cultivateur. — Degeorge, homme de lettres. — D'Hérembault, avocat. — Emmery, ingénieur des ponts et chaussées. — Bellart d'Ambricourt, agriculteur. — Cary, ancien journaliste. — Cornille, président du tribunal d'Arras. — Lantoine-Harduin, brasseur. — Pierret, avocat. — Lebleu, officier d'artillerie. — Saint-Amour, littérateur. — Fourmentin, chimiste-agriculteur. — Fréchon, prêtre. — Olivier, ancien officier. — Lenglet (Emile), avocat. — Denissel, brasseur.

PUY-DE-DÔME. — Altaroche, journaliste. — Jouvet, avocat. — Charras, lieutenant-colonel, sous-secrétaire d'État de la guerre. — Baudet-Lafarge, ancien sous-préfet. — Trélat, médecin. — Lavigne, ancien notaire. — Girod-Pouzol, ancien sous-préfet. — Jusseraud, médecin. — Combarel de Leyval, propriétaire. — Lasteyras, pharmacien. — Bravard-Verrières, professeur à la Faculté de droit de Paris. — Goutray, avocat. — Rouher (Eugène), avocat. — Bravard-Toussaint, médecin. — Astaix, négociant.

PYRÉNÉES (BASSES-). — Nogué, avocat. — Condon, avocat. — Boutdey, avocat. — Renaud, négociant. — Leremboure, avocat. — Saint-Gaudens, avocat. — Dariste, propriétaire. — Lestapis (Jules), ancien officier. — Etcheverry, notaire. — Laussat, ancien officier supérieur. — Barthe (Marcel), avocat (4).

PYRÉNÉES (HAUTES-). — Vignerte (J.-J.), avocat. — Dubarry, avocat. —

(1) A remplacé M. Lamartine (option).
(2) A remplacé M. le général Négrier, décédé.
(3) A remplacé M. Aylies (option).
(4) A remplacé M. Armand Marrast (option).

Recurt, médecin. — Lacaze (Bernard), avocat. — Cénac, médecin. — Deville, ancien notaire.

Pyrénées-Orientales. — Guiter, notaire. — Arago (Emmanuel), avocat, commissaire dans le département du Rhône. — Arago (Étienne), directeur des postes. — Lefranc, avocat, journaliste. — Picas (1), avocat.

Rhin (Bas-). — Liechtenberger, avocat. — Kling, juge à Colmar. — Culmann, colonel d'artillerie. — Schlosser, ancien notaire. — Martin (de Strasbourg), avocat à la cour de cassation. — Foy, chef de bataillon d'artillerie. — Lauth (Guillaume), avocat. — Dorlan, avocat. — Gloxin, négociant. — Chauffour (Victor), avocat. — Champy (Pierre), maître de forges. — Boussingault, membre de l'Institut. — Engelhardt, maître de forges. — Westercamp, ancien notaire. — Bruckner, officier d'artillerie.

Rhin (Haut-). — Kœnig, horticulteur. — Yves, procureur général près la Cour d'appel de Colmar. — Kestner, manufacturier. — Rudler, officier supérieur. — Dolfus (Emile), manufacturier. — Stœcklé, curé. — Bardy, juge. — Struch, maître de forges. — Prudhomme, ancien notaire. — Chauffour, avocat, ancien procureur général. — Heeckeren, ancien officier.

Rhône. — Laforêt, notaire. — Doutre, typographe. — Auberthir, chef d'atelier. — Lacroix, manufacturier. — Mortemart, ancien officier supérieur. — Gourd, ancien officier. — Paullian, avocat. — Benoît, chef d'atelier. — Mouraud, (Prosper), ingénieur. — Chanay, avocat. — Ferrouillat, avocat. — Pelletier, aubergiste. — Greppo, ouvrier en soie. — Rivet (2), conseiller d'État.

Saône (Haute-). — De Grammont, maître de forges. — Dufournel, maître de forges. — Millotte, capitaine d'artillerie. — Guerrin, avocat. — Minal, chef de bataillon retraité. — Noirot, avocat. — Angard, maître de forges. — Lelut, médecin, membre de l'Institut. — Signard, médecin.

Saône-et-Loire. — Mathieu, membre de l'Institut. — Mathey, ancien notaire. — Thiard, général, chargé d'affaires en Suisse. — Bourdon, mécanicien. — Rolland (Charles), avocat. — Lacroix, avocat. — Pézérat, médecin. — Ménand, ancien magistrat. — Petit-Jean, juge de paix. — Reverchon, agriculteur. — Bruys (Amédée), avocat. — Martin-Rhey (3), avocat. — Dariot (4), notaire. — Jeandeau (5), négociant.

Sarthe. — Trouvé-Chauvel, banquier. — Gasselin de Chantenay, propriétaire. — Lebreton (Jules), négociant. — De Saint-Albin, conseiller à la Cour d'appel de Paris. — De Beaumont (Gustave), membre de l'Institut. — De Lamoricière, général de division. — Chevé, ouvrier serrurier. — Gasselin de Fresnay, propriétaire. — Degousée, ingénieur civil. — Langlais, avocat. — Lorette (6), propriétaire. — Haureau (7), homme de lettres, bibliothécaire.

(1) A remplacé M. François Arago (option).
(2) A remplacé M. Lortot, démissionnaire.
(3) A remplacé M. Bastide (option).
(4) A remplacé M. Lamartine (option).
(5) A remplacé M. Ledru-Rollin (option).
(6) A remplacé M. Jules de Lasteyrie (option).
(7) A remplacé M. Armand Marrast.

SEINE. — Lamartine, ministre des affaires étrangères, membre du gouvernement provisoire. — Arago (François), ministre de la marine, membre du gouvernement provisoire. — Garnier-Pagès, ministre des finances, membre du gouvernement provisoire. — Marie, ministre des travaux publics, membre du gouvernement provisoire. — Carnot, ministre de l'instruction publique. — De Lasteyrie (Ferdinand), homme de lettres. — Vavin, liquidateur de la liste civile. — Berger, maire du 2ᵉ arrondissement. — Buchez, médecin, adjoint au maire de Paris. — De Cormenin, président au Conseil d'État. — Corbon, ancien typographe. — Caussidière, préfet de police. — Albert, ouvrier-membre du gouvernement provisoire. — Wolowski, professeur au Conservatoire des arts et métiers. — Peupin, horloger. — Ledru-Rollin, avocat, ministre de l'intérieur, membre du gouvernement provisoire. — Flocon, journaliste, membre du gouvernement provisoire. — Blanc (Louis), homme de lettres, membre du gouvernement provisoire.— Perdiguier (Agricol), menuisier, homme de lettres. — Coquerel, pasteur protestant. — Garnon, ancien notaire. — Lamennais, homme de lettres. — Guinard, homme de lettres, colonel de l'artillerie de la garde nationale. — Moreau (1), notaire. — Goudchaux (2), banquier, ancien ministre des finances. — Changarnier (3), général de division. — Leroux (Pierre) (4), homme de lettres. — Hugo (Victor) (5), membre de l'Institut. — Lagrange (Charles) (6), commerçant. — Boissel (7), ancien pharmacien. — Proudhon (8), homme de lettres. — Louis-Napoléon Bonaparte (9). — Fould (Achille) (10), banquier. — Raspail (11), chimiste.

SEINE-INFÉRIEURE. — Desjobert, agriculteur. — Lefort-Gonssolin, négociant. — Morlot, armateur. — Lebreton, bibliothécaire. — Osmont, négociant. — Levavasseur, armateur. — Cécille, vice-amiral. — Grandin (Victor), manufacturier. — Germonière, négociant. — Lefebvre (Pierre), filateur. — Girard, propriétaire. — Dargent, agriculteur. — Bautier, médecin. — Desmarest, contre-maître filateur. — Senard, avocat. — Randoing, manufacturier. — Thiers (12), ancien président du Conseil. — Loyer (13), négociant. — Dupin (Charles) (14), membre de l'Académie.

SEINE-ET-MARNE. — Lafayette (Georges), ancien officier. — Lafayette (Oscar), officier d'artillerie. — Drouyn de l'Huys, ancien ministre plénipotentiaire. — De Lasteyrie, propriétaire. — Chappon, ancien négociant. — Bastide (J.),

---

(1) A remplacé M. Dupont (de l'Eure) (option).
(2) A remplacé M. Armand Marrast (option).
(3) A remplacé M. Cavaignac (option).
(4) A remplacé M. Crémieux (option).
(5) A remplacé M. Bethmont (option).
(6) A remplacé M. Recurt (option).
(7) A remplacé M. Bastide (option).
(8) A remplacé M. Pagnerre (option).
(9) A remplacé M. Duvivier, décédé.
(10) A remplacé M. Schmit (élection annulée).
(11) A remplacé M. Béranger, démissionnaire.
(12) A remplacé M. Lamartine (option).
(13) A remplacé M. Dobremel, démissionnaire.
(14) A remplacé M. Lamartine (option).

172   RÉVOLUTION DE FÉVRIER.

sous-secrétaire d'État des affaires étrangères. — Portalis (Ang.), procureur général près la Cour d'appel de Paris. — Aubergé, agriculteur. — Bavoux, avocat.

SEINE-ET-OISE. — Pigeon, ancien officier d'artillerie, agriculteur. — Durand, préfet de Seine-et-Oise. — Landrin, procureur de la République à Paris. — Lécuyer, ouvrier mécanicien. — D'Albert de Luynes, propriétaire, membre de l'Institut. — Bezanson, notaire. — Lefebvre, maître de poste. — Berville, 1er avocat général près la Cour d'appel de Paris. — Pagnerre, éditeur, secrétaire général du gouvernement provisoire. — Remilly, avocat. — Barthélemy Saint-Hilaire, professeur au Collége de France, membre de l'Institut. — Flandin, avocat, ancien avocat général.

SÈVRES (DEUX-). — Baugier, propriétaire. — Blot, ancien filateur. — Boussi, avocat, ancien journaliste. — Charles aîné, cultivateur. — Chevallon, fabricant. — Demarçay, propriétaire, chimiste. — Maichain, médecin. — Richard (Jules), propriétaire.

SOMME. — De Beaumont, ancien officier. — Creton, avocat. — Gaulthier de Rumilly, avocat. — Porion, avocat. — Tillette de Clermont, ancien officier. — Magnier, propriétaire. — Blin de Bourdon, ancien préfet. — Delatre, agriculteur. — Allard, notaire. — Randoing, manufacturier. — Morel Cornet, négociant. — Defourment, manufacturier. — Labordère, président du tribunal d'Amiens. — Dubois (Amable), médecin.

TARN. — Carayon-Latour, propriétaire. — Tonnac, officier du génie. — De Voisins (Ét.), propriétaire. — Mouton, prêtre, professeur de théologie. — Rey, général de brigade. — Saint-Victor, ancien officier supérieur. — De Puységur, propriétaire, journaliste. — Marliave (1). — Boyer (2), avocat.

TARN-ET-GARONNE. — De Malleville (Léon), ancien sous-secrétaire d'État de l'intérieur. — Faure-Dère, conseiller à la Cour d'appel de Toulouse. — Rous, ancien magistrat, journaliste. — De Tours, avocat. — De Cazalès, vicaire-général à Montauban. — Delbrel, médecin.

VAR. — Maurel, propriétaire. — Guigues (Lucien), journaliste. — André (Marius), ouvrier du port de Toulon. — Alleman, banquier. — Arnaud (Henri), confiseur. — Philibert, avocat. — Cazy, vice-amiral. — Baume (Edmond), avocat à Paris. — Arène, avocat.

VAUCLUSE. — Laboissière, ancien négociant. — Raspail (Eugène), ingénieur. — Reynaud-Lagardette, propriétaire. — Pin (Elzéar), propriétaire, journaliste. — Bourbousson, médecin. — Gent (3), avocat, journaliste.

VENDÉE. — De l'Espinay, vicaire général de Luçon. — Moreau (Théodore), filateur. — Defontaine, ancien magistrat. — Roullié, avocat. — Bouhier de l'Écluse, avocat. — Luneau, avocat. — De Tinguy, propriétaire. — Parentcau, avocat. — Grelier-Dufougeroux, propriétaire.

VIENNE. — Bonnin, ancien notaire. — Barthélemy, conseiller à la Cour

(1) A remplacé M. d'Aragon, décédé.
(2) A remplacé M. Giselard, décédé.
(3) A remplacé M. Perdiguier (option).

d'appel de Poitiers. — Bérenger, avocat. — Bourbeau, professeur à la Faculté de droit de Poitiers. — Pleignard, juge. — Junyen, ancien sous-préfet. — Proa (1), manufacturier. — Hennecart (2), propriétaire.

Vienne (Haute-). — Dumas, colonel en retraite. — Maurat-Ballange, avocat. — Bac (Théodore), avocat. — Frichon, avocat. — Allègre, procureur général près la Cour de Limoges. — Texier, avocat. — Brunel, officier d'artillerie. — Coralli, avocat.

Vosges. — Doublat, maître de forges. — Buffet, avocat. — Forel, filateur. — Boulay, avocat. — Hingray, imprimeur-libraire. — Najean, avocat. — Turck, médecin. — Houel, avocat. — Falatieu, maître de forges. — Huot, propriétaire. — Braux, avocat.

Yonne. — Guichard, médecin, agriculteur. — Larabit, ancien officier du génie. — Robert, propriétaire. — Rathier, ancien avoué. — Vaulabelle, homme de lettres. — Charton, homme de lettres, ancien chef de division à l'instruction publique. — Carreau, agriculteur. — Rampont (3). — Raudot (4).

Algérie. — Didier, avocat. — De Rancé, ancien chef d'escadron. — De Prébois, officier d'état-major. — Barrot (5) (Ferdinand), avocat.

Martinique. — Schœlcher, homme de lettres, ancien sous-secrétaire d'Etat de la marine. — Pory-Papy, avocat. — Mazulime, propriétaire.

Suppléant. — France, chef d'escadron.

Guadeloupe. — Périnon, gouverneur de la colonie. — Dain (Charles), homme de lettres, avocat. — Mathieu (Louisy), propriétaire.

Suppléant. — Wallon, avocat, professeur.

Guyane. — Jouannet-d'Orville, juge-président à Saint-Pierre.

Sénégal. — Durand (Valentin), négociant.

Possessions de l'Inde. — Lecour, armateur.

Ile de la Réunion. — N. . . . . (6). — N. . . . .

Cette assemblée représentait les divers partis qui partageaient la France, à peu près dans les proportions suivantes :

Légitimistes.	130
Orléanistes, parti de la régence.	300
Républicains de la veille (comme on a dit). . . .	100
Républicains du lendemain, ou ralliés.	200
Socialistes, idéologues.	50
Masse flottante, indécise, appoint. . . . . : .	120
	900

On y voyait quatre nègres, ou hommes de couleur.

Les républicains dits de la veille, et la fraction socialiste formèrent, ce qu'en

---

(1) A remplacé M. Drault, décédé.
(2) A remplacé M. Jendy, démissionnaire.
(3) A remplacé M. Louis-Napoléon qui avait remplacé M. Marie.
(4) A remplacé M. de Cormenin (option).
(5) A remplacé M. Ledru-Rollin (option).
(6) Les représentants de l'île de la Réunion n'ont pas été élus.

souvenir de l'ancienne Constituante, on a appelé *la Montagne*, c'est-à-dire environ 150 voix.

Pour clore cet exposé de la *Constituante*, nous consignerons les formations de son bureau jusqu'à l'expiration de ses pouvoirs.

Présidents : Mai, M. Buchez (de la Seine); juin, M. Senard (de la Seine-Inférieure); juillet, M. Marie (de la Seine); du 12 juillet 1848 jusqu'à la fin de la Constituante (28 mai 1849), M. Armand Marrast (de la Haute-Garonne). L'Assemblée élut chaque mois six vice-présidents et six secrétaires. Les questeurs de la session furent MM. Degousée, Bureaux de Pusy, Lebreton (d'Eure-et-Loir). Ce dernier fut élu le 11 juillet en remplacement du général Négrier, tué dans les journées de juin: Secrétaires-rédacteurs, MM. Lagarde (Denis), Pourchel, Maurel-Duperré. Sécrétaire-général de la questure, M. Lemansois-Duprez.

Nous le répétons, ces élections pacifiquement accomplies dans la capitale, furent, sur divers points de la province, la cause de collisions et d'événements déplorables. Le sang coula à Rouen, à Limoges. Bon nombre des commissaires ou sous-commissaires du gouvernement provisoire usèrent, soit pour se faire nommer représentants, soit pour favoriser leurs amis ou leurs alliés, de moyens contre le scandale desquels s'insurgèrent les populations. Toutefois, l'ensemble, la grande majorité du pays usa de ce pouvoir nouveau dans des conditions de discipline et d'ordre qui semblèrent faire bien présager du brusque développement du suffrage électif. De nombreuses nominations furent doubles et triples. Les membres du gouvernement provisoire, le général Cavaignac et divers autres personnages populaires, eurent à opter entre plusieurs départements. M. de Lamartine fut nommé onze fois. Dans son ouvrage sur ces journées, l'illustre poète dit qu'il ne connaissait aucune de ces candidatures, bien que « s'il eût dit un mot, insinué un désir, fait un geste, il eût pu être nommé dans quatre-vingts départements.... » tant sa popularité était grande alors.

L'histoire inflexible veut que nous placions la roche Tarpéienne auprès de ce Capitole... En effet, comment expliquer que, quelques mois plus tard, lorsque cette Assemblée constituante dut céder la place à la nouvelle Assemblée législative, M. de Lamartine ne put trouver en France une seule élection pour y siéger, et que sa ville même, Mâcon, qu'il illustrait tant depuis vingt-cinq ans, par sa gloire littéraire, laissa plus tard, lors d'une réélection, une autre localité envoyer au parlement le fondateur de la République!

L'Assemblée nationale s'ouvrit le 4 mai. Un arrêté fixa de la façon suivante le costume de ses membres :

« Le gouvernement provisoire,

« Considérant que le principe de l'égalité implique l'uniformité de costume pour les citoyens appelés aux mêmes fonctions,

« Arrête :

« Les représentants du peuple porteront l'habit noir, le gilet blanc rabattu sur les revers, le pantalon noir et une ceinture tricolore en soie garnie d'une frange en or à graines d'épinard. Ils auront à la boutonnière gauche un ruban rouge sur lequel seront dessinés les faisceaux de la République.

« Fait en conseil de gouvernement, le 30 avril 1848. »

Il faut dire que cette enfantine contrefaçon des modes de 1794 n'eut aucune suite; à part deux ou trois excentriques qui s'affublèrent du gilet blanc à pointes, personne ne se soumit au décret.

L'ouverture de la session fut une cérémonie imposante. A dix heures et demie du matin, les différentes légions de la garde nationale et les bataillons de la garde mobile, la garde républicaine à pied et à cheval, ainsi que les quatre régiments qui formaient la garnison de Paris, se mirent en mouvement pour prendre les positions qui leur avaient été assignées. Le palais législatif et ses abords furent occupés de manière à en interdire l'approche à toute personne non munie d'une carte de représentant ou de journaliste. La haie de la force armée s'étendait à droite et à gauche, depuis la grille qui fait fait face au pont de la Concorde, jusqu'au ministère de la justice (en passant par le boulevart et la rue de la Paix), où se trouvait réuni le gouvernement provisoire. Vers midi, les représentants arrivèrent isolément, ou par petits groupes; à l'exception de trois ou quatre, qui portaient un brassard tricolore, et de M. Caussidière, qui avait le costume du décret, nul signe distinctif n'apparaissait parmi eux. Seulement le Père Lacordaire portait sa robe blanche de dominicain. A midi et demi, le gouvernement provisoire, précédé d'un escadron et de la musique de la 1re légion de la garde nationale, et par l'état-major du général Courtais, se mit en marche, avançant à pas lents par le boulevart, dont les côtés latéraux étaient encombrés d'une foule de curieux et d'enthousiastes. Les cris de : *Vive la République!* s'élevaient de cette foule, mêlés à ceux de : *Vive Lamartine!* car Lamartine était l'idole du jour. Le poète jouissait alors d'une de ces vastes popularités qui sont la préoccupation d'une époque, et son nom était également cher à l'Allemagne, à l'Italie, à l'Amérique. Pour l'Allemagne, ce nom était la paix; pour l'Italie, c'était l'espérance; pour l'Amérique, c'était la République, et pour la France, c'était la garantie contre la terreur....

Le cortége s'avança à travers ces acclamations; à la suite du gouvernement, se pressait une masse d'officiers de la garde nationale, d'élèves des écoles spéciales, les états-majors de la 1re division militaire et de la place, ayant en tête le général de division Foucher. La place, les terrasses des Tuileries, tous les espaces étaient encombrés de monde. Les gardes nationaux, formant les haies, semblaient animés par la joie. Des branches de lilas se balançaient au bout des fusils; des vivandières, habillées d'une façon pittoresque, circulaient dans les rangs.

Le doyen d'âge, M. Audry de Puyraveau, et six secrétaires, jouissant du privilége contraire, celui de la jeunesse (c'étaient MM. Fresneau, Astouin, Lagreval, Avond, Ferrouillat et Sainte-Beuve), prennent place au bureau.

Les huissiers invitent les représentants à prendre leur place.

Les tribunes publiques étaient envahies; toute la diplomatie était présente. Le canon se fit entendre... c'était le gouvernement provisoire qui arrivait. Le bureau se leva pour aller le recevoir. Dupont (de l'Eure) entre, appuyé sur MM. de Lamartine et Louis Blanc. Les autres chefs du pouvoir suivent. Alors éclate dans cette salle le cri de : *Vive la République!* répété par une partie immense de l'Assemblée. Les tribunes s'unissent à cette exclamation qui dégage le gouvernement provisoire d'une grave responsabilité. M. Audry de Puyraveau ouvre la séance et donne la parole à M. Dupont (de l'Eure).

Celui-ci monte à la tribune, le plus profond silence s'établit; il lit le discours qui suit :

« Citoyens représentants du peuple, le gouvernement provisoire de la République vient s'incliner devant la nation, et rendre un hommage éclatant au pouvoir suprême dont vous êtes investis.

« Élus du peuple ! soyez les bienvenus dans la grande capitale, où votre présence fait naître un sentiment de bonheur et d'espérance qui ne sera pas trompé.

« Dépositaires de la souveraineté nationale, vous allez fonder nos institutions nouvelles sur les larges bases de la démocratie, et donner à la France la seule constitution qui puisse lui convenir, une constitution républicaine. (A ces mots, l'orateur est interrompu par les cris de : *Vive la République!* répétés dans toute la salle et dans les tribunes.)

« Mais, après avoir proclamé la grande loi politique qui va constituer définitivement le pays, comme nous, citoyens représentants, vous vous occuperez de régler l'action possible et efficace du gouvernement dans les rapports que la nécessité du travail établit entre tous les citoyens, et qui doivent avoir pour bases les saintes lois de la justice et de la fraternité.

« Enfin, le moment est arrivé pour le gouvernement provisoire de déposer entre vos mains le pouvoir illimité dont la révolution l'avait investi. Vous savez si, pour nous, cette dictature a été autre chose qu'une puissance morale, au milieu des circonstances difficiles que nous avons traversées.

« Fidèles à notre origine et à nos convictions personnelles, nous n'avons pas hésité à proclamer la République naissante de février.

« Aujourd'hui, nous inaugurons les travaux de l'Assemblée nationale à ce cri qui doit toujours la rallier : *Vive la République !* »

Les dernières paroles de ce discours sont suivies de nouveaux cris de : *Vive la République !*

Le lendemain 389 suffrages sur 727 votants portèrent à la présidence de la Chambre M. Recurt, ex-carbonaro, ex-saint-simonien, en dernier lieu adjoint au maire de Paris, inféodé à la politique du *National*, et collaborateur de M. P.-C. Roux, pour l'*Histoire parlementaire de la Révolution*. MM. Recurt, Cavaignac, Corbon, Guinard, Cormenin et Senard, furent nommés vice-présidents. Le secrétariat fut confié à MM. Peupin, Robert (des Ardennes), Degeorge, Félix Pyat (qui donna sa démission et fut remplacé par M. Ed. Lafayette), Lacrosse et Emile Péan. Le parti du *National* eut ainsi toute la direction de l'Assemblée. La vérification des pouvoirs absorba les premiers instants de cette Assemblée à laquelle M. de Lamartine, au nom de M. Dupont (de l'Eure), exposa à larges traits la révolution du 24 février, ses causes, son caractère, son but, les difficultés que le gouvernement rencontra, les intentions qui l'animaient. Préface des comptes rendus que chaque ministre devait ensuite prononcer, ce discours ne pouvait avoir qu'un caractère de hautes et brillantes généralités; mais ce fut une sorte d'épopée écrite dans ce grand et noble style que chacun connaît. L'Assemblée en applaudit maint passage avec transport. M. Ledru-Rollin, succédant à M. de Lamartine, vint ensuite exposer ses mesures, où l'on reconnut plutôt le chef de parti que l'homme d'Etat. M. Crémieux en fit autant pour la justice, et M. Garnier-Pagès pour les finances, justifiant comme il put le fameux impôt de 45 centimes; M. Marie fit l'éloge des ateliers nationaux, ce chaos qui enfanta la guerre civile; M. Carnot exposa ce qu'il avait fait pour l'instruction publique, et M. Louis Blanc fit de même pour les travaux de la commission du Luxembourg. Chacun expliqua ou justifia ses actes, devant une Assemblée évidemment disposée à trouver tout bien, dans un état de choses qui avait valu à un si grand nombre de ses membres un mandat inattendu. Le compte-rendu de l'organisation du travail, déclamation sans intérêt et sans portée, fut cependant accueilli avec une extrême froideur.

Le 7 mai, le gouvernement provisoire résigna entre les mains de l'Assemblée nationale les pouvoirs qu'il tenait des circonstances.

M. de Lamartine crut ne pouvoir quitter son portefeuille sans offrir à l'Assemblée son manifeste en action, comme contre-partie du manifeste théorique répandu en Europe trois mois auparavant. Nous y remarquons ces passages, dignes d'être recueillis :

« Il y a deux natures de révolutions dans l'histoire : les révolutions de
« territoire et les révolutions d'idées; les unes se résument en conquêtes et
« en bouleversement de nationalités et d'empires; les autres se résument en
« institutions. Aux premières la guerre est nécessaire; aux secondes la paix,
« mère des institutions du travail et de la liberté, est précieuse et chère; quel-
« quefois cependant les changements d'institutions qu'un peuple opère dans
« ses propres limites deviennent une occasion d'inquiétude et d'agression
« contre lui de la part des autres peuples et des autres gouvernements, ou
« deviennent une crise d'ébranlement et d'irritation chez les nations voisi-
« nes. Une loi de la nature veut que les vérités soient contagieuses et que
« les idées tendent à prendre leur niveau comme l'eau. Dans ce dernier cas
« les révolutions participent pour ainsi dire des deux natures de mouvements
« que nous avons signalées; elles sont pacifiques comme les révolutions
« d'idées ; elles peuvent être forcées de recourir aux armes comme les révo-
« lutions de territoire; leur attitude extérieure doit correspondre à ces deux
« nécessités de leur situation; elles sont inoffensives, mais elles sont debout;
« leur politique peut se caractériser en deux mots, une diplomatie armée.

« Ces considérations ont déterminé dès la première heure de la République
« les actes et les paroles du gouvernement provisoire dans l'ensemble et les
« détails de la direction des affaires extérieures. Il a voulu et il a déclaré
« qu'il voulait trois choses : la République en France, le progrès naturel du
« principe libéral et démocratique avoué, reconnu, défendu dans son exis-
« tence et dans son droit, à son heure, enfin la paix, si la paix était possible,
« honorable, et sûre à ces conditions. »

Après ce préambule, M. de Lamartine examine la situation de toutes les puissances européennes au moment où éclata la révolution chez nous. Puis il en arrive à l'examen des modifications qu'a causées chez ces puissances le brusque contre-coup de notre révolution. Il peint les conséquences possibles ou probables de la lutte des idées nouvelles contre les traditions, absolues ici, religieuses là, privilégiées partout. Après quoi il conclut de la façon suivante :

« La République a compris du premier mot la politique nouvelle que la
« philosophie, l'humanité, la raison du siècle devaient inaugurer enfin par
« les mains de notre patrie entre les nations. Je ne voudrais pas d'autre
« preuve que la démocratie a été l'inspiration divine et qu'elle triomphera
« en Europe aussi rapidement et aussi glorieusement qu'elle a triomphé à
« Paris. La France aura changé de gloire, voilà tout.

« Si quelques esprits encore arriérés dans l'intelligence de la véritable
« force et de la véritable grandeur, ou impatients de presser la fortune de la
« France, reprochaient à la République de n'avoir pas violenté les peuples
« pour leur offrir à la pointe des baïonnettes une liberté qui aurait ressemblé
« à la conquête, nous leur dirons : Regardez ce qu'une royauté de dix-huit
« ans avait fait de la France, regardez ce que la République a fait en moins
« de trois mois ! Comparez la France du 23 juillet à la France du 6 mai ! et
« prenez patience même pour la gloire, et donnez du temps au principe qui
« travaille, qui combat, qui transforme et qui assimile le monde pour vous !

« La France extérieure était emprisonnée dans des limites qu'elle ne pou-
« vait briser que par une guerre générale. L'Europe, peuples et gouverne-
« ments étaient un système d'une seule pièce contre nous ; nous avions cinq
« grandes puissances compactes et coalisées par un intérêt anti-révolution-
« naire commun contre la France. L'Espagne était placée comme un enjeu
« de guerre entre ces puissances et nous. La Suisse était trahie. L'Italie ven-
« due, l'Allemagne menacée et hostile. La France était obligée de voiler sa
« nature populaire et de se faire petite, de peur d'agiter un peuple ou d'in-
« quiéter un roi ; elle s'affaissait sous une paix dynastique et disparaissait du
« rang des premières individualités nationales, rang que la géographie, la
« nature et surtout son génie lui commandent de garder.

« Ce poids soulevé, voyez quelle autre destinée lui fait la paix républicaine.
« Les grandes puissances regardent avec inquiétude d'abord, et bientôt avec
« sécurité, le moindre de ses mouvements. Aucune d'elles ne proteste contre
« la révision éventuelle et légitime des traités de 1815 qu'un mot de nous a
« aussi bien effacés que les pas de cent mille hommes. L'Angleterre n'a plus
« à nous soupçonner d'ambition en Espagne. La Russie a le temps de réflé-
« chir sur la seule revendication désintéressée qui s'élève entre ce grand em-
« pire et nous : la reconstruction constitutionnelle d'une Pologne indépen-
« dante. Nous ne pouvons avoir de choc au nord qu'en y défendant, en
« auxiliaires dévoués, le droit et le salut des peuples slaves et germaniques.
« L'empire d'Autriche ne traite plus que de la rançon de l'Italie. La Prusse
« renonce à grandir autrement que par la liberté. L'Allemagne échappe tout
« entière au tiraillement de ces puissances et constitue son alliance natu-
« relle avec nous. C'est la coalition prochaine des peuples adossés par néces-
« sité à la France, au lieu d'être tournée contre nous comme elle l'était par

« la politique des cours. La Suisse se fortifie en se concentrant. L'Italie en-
« tière est debout et presque libre, un cri de détresse y appellerait la France,
« non pour conquérir, mais pour protéger ; la seule conquête que nous vou-
« lions au-delà du Rhin et des Alpes, c'est l'amitié des populations affran-
« chies.

« En un mot, nous étions trente-six millions d'hommes isolés sur le conti-
« nent; aucune pensée européenne ne nous était permise, aucune action
« collective ne nous était possible; notre système était la compression, l'ho-
« rizon était court, l'air manquait comme la dignité à notre politique. Notre
« système d'aujourd'hui c'est le système d'une vérité démocratique qui
« s'élargira aux proportions d'une foi sociale universelle. Notre horizon c'est
« l'avenir des peuples civilisés, notre air vital c'est le souffle de la liberté
« dans les poitrines libres de tout l'univers. Trois mois ne se sont pas écou-
« lés, et si la démocratie doit avoir la guerre de trente ans comme le protes-
« tantisme, au lieu de marcher à la tête de trente-six millions d'hommes, la
« France, en comptant dans son système d'alliés, la Suisse l'Italie, et les
« peuples émancipés de l'Allemagne, marchera à la tête de quatre-vingt-
« huit millions de confédérés et d'amis. Quelle victoire aurait valu à la
« République une pareille confédération conquise sans avoir coûté une vie
« d'homme et cimentée par la conviction de notre désintéressement. La
« France à la chute de la royauté s'est relevée de son abaissement comme un
« vaisseau chargé d'un poids étranger se relève aussitôt qu'on l'en a soulagé.

« Tel est, citoyens, le tableau exact de notre situation extérieure actuelle.
« Le bonheur ou la gloire de cette situation sont tout entiers à la République.
« Nous en acceptons seulement la responsabilité, et nous nous féliciterons
« toujours d'avoir paru devant la représentation du pays en lui remettant la
« paix, en lui assurant la grandeur, les mains pleines d'alliances, et pures de
« sang humain ! »

Ces splendides et généreuses paroles furent reçues avec les doubles applaudissements des députés de la nation et du peuple entassé dans les tribunes.

L'Assemblée n'était pas en mesure de substituer sur-le-champ à l'autorité dont expiraient les pouvoirs, un gouvernement régulier et définitif. Mais ce pouvoir devait émaner de la Constitution, laquelle était encore à faire. En attendant que les nouveaux représentants de la nation aient pu donner au pays les institutions et la forme de gouvernement qui devaient ressortir de la révolution dernière, il était impérieux de pourvoir aux nécessités de l'intérieur. La combinaison qui devait être présentée pour cette fin, consistait à créer une commission ou conseil intérimaire de gouvernement, dont les membres se borneraient à décider, sous leur responsabilité, les questions politiques, et nommeraient les secrétaires et sous-secrétaires d'Etat chargés de diriger les départements ministériels. Cette commission pouvait être composée de trois ou de cinq membres, comme une sorte de directoire. Cette combinaison offrait donc une sorte de double gouvernement de ministres et de directeurs. L'auteur de cette idée était M. Martin (de Strasbourg).

Le 8 mai, M. Dornès, du *National*, monta à la tribune et lut une proposition tendant à déclarer immédiatement et sans discussion :

1° Que le gouvernement provisoire avait bien mérité de la patrie ;

2° Qu'une commission exécutive de cinq membres serait constituée pour succéder au gouvernement provisoire ;

3° Que les cinq membres seraient MM...

Les noms prononcés par l'orateur se perdirent dans une véritable tempête de cris, de réclamations, de récriminations même, tendant à prouver que l'Assemblée ne se sentait pas disposée à voter ainsi d'enthousiasme d'aussi graves questions. Absoudre un gouvernement sans le juger, c'était encore le moins ! mais improviser à la minute un nouveau pouvoir, créer par assis et lever un directoire, parut une chose exorbitante. La séance dut être interrompue par le président Buchez, tant elle était devenue confuse et bruyante. A la reprise, M. Dornès avait consenti à sacrifier une partie de sa proposition, celle qui tendait à faire décréter cinq directeurs ; mais il persistait à ce que des remercîments fussent adressés au gouvernement provisoire. Un certain nombre de membres, habitués aux affaires, semblaient penser qu'avant de voter ces remercîments, il conviendrait d'examiner les actes. Ce scrupule fait éclore une foule de propositions et de sous-propositions plus bizarres les unes que les autres. Un orateur demande que les remercîments soient *provisoires*, comme le gouvernement lui-même..., et qu'en les votant on puisse se réserver le droit de blâmer les actes. Pareille bouffonnerie n'était pas digne des circonstances. On finit par décider qu'une commission examinerait les propositions déposées, et que rapport en serait fait le lendemain.

Dans cette même séance, le président lut une lettre du poète Béranger qui donnait sa démission. Avec la maligne bonhomie de son esprit gaulois, Béranger prétextait dans cette lettre « qu'il n'avait pas fait les *études spéciales* suffisantes pour devenir législateur. » L'Assemblée trouva sans doute cette défaite de mauvais aloi.... Elle refusa la démission. Le poète dut donc rester représentant malgré lui. C'eût été le sujet d'un nouveau couplet à ajouter à la chanson si connue : *Ce que veut la Liberté*..... On sait que plus tard, à la suite d'une insistance nouvelle, cette chère liberté de n'être rien, qui semble le rêve et la douce philosophie de l'illustre chansonnier, lui fut enfin rendue.

Le lendemain, sur le rapport de la commission nommée *ad hoc*, l'Assemblée décida, à la majorité de 481 voix contre 385, qu'une commission du gouvernement serait choisie au scrutin, commission composée de cinq membres revêtus du pouvoir exécutif, et conséquemment nommant les ministres. C'était la proposition Dornès qui avait ainsi prévalu.

L'élection donna le pouvoir, toujours provisoire, la Constitution pouvant seule amener un état de choses plus définitif dans l'intention, aux noms qui suivent :

Arago, par 725 voix, Garnier-Pagès, 715, Marie, 702, de Lamartine, 643, Ledru-Rollin, 458.

M. de Lamartine ayant déclaré ne pas vouloir se séparer de M. Ledru-Rollin, peut-être dans la crainte d'une réaction de la démocratie contre un pouvoir où elle ne serait pas représentée, vit, par cet acte, s'amoindrir une popularité qui, peu de jours auparavant, n'avait pas de limite.

Ainsi, M. de Lamartine, que deux millions de voix avaient envoyé à la Chambre, comme le sauveur du pays, n'arrivait que le quatrième par l'élection de ses co-élus du suffrage universel! Profond sujet de méditation, qu'un enseignement plus grand, plus inexorable encore, devait suivre, comme nous l'avons précédemment rappelé, aux élections de l'Assemblée législative.....

Les quintumvirs formèrent le ministère comme suit ·

Affaires étrangères : M. Jules Bastide; sous-secrétaire d'Etat : M. Jules Favre;

Intérieur : M. Recurt; sous-secrétaire d'Etat : M. Carteret;

Justice : M. Crémieux;

Instruction publique : M. Carnot; sous-secrétaire d'Etat : M. Jean Reynaud;

Guerre, intérim : M. le lieutenant-colonel Charras;

Marine : le vice-amiral Casy;

Agriculture et commerce : M. Ferdinand Flocon;

Finances : M. Duclère;

Cultes : M. Bethmont;

Travaux publics : M. Trélat.

Ces ministres étaient, au point de vue administratif au moins, des hommes parfaitement nouveaux. Les amis du *National* s'y trouvaient en majorité.

Le gouvernement ainsi reconstitué, M. Louis Blanc et son ami Albert donnèrent leur démission de président et de vice-président de la commission du Luxembourg. M. Louis Blanc demanda à l'Assemblée de substituer à cette commission un ministère du travail et du progrès. M. Peupin tirant sur les siens, repoussa cette demande. M. Armand Marrast conserva la mairie de Paris, comme M. Caussidière la préfecture de police. M. Pagnerre qui s'était, depuis le 24 février, signalé par d'infatigables services rendus au gouvernement, dans le rôle plus important qu'apparent de secrétaire général, conserva ce titre auprès de la commission exécutive, mais avec voix délibérative.

A peine cette réorganisation du gouvernement était-elle rendue publique, que Paris retentit de nouvelles venues de la Pologne, et auxquelles les journaux avancés donnèrent une importance d'abord inexpliquée. On apprit à la fois et la défaite des corps francs de Posen, et le désastre de Cracovie. Les clubs s'exaltèrent à ces nouvelles. Les démocrates exprimèrent hautement leurs sympathies pour la Pologne, et promirent leur appui aux quelques compagnons d'armes de Mieroslawski venus à Paris pour faire un dernier appel à la générosité du gouvernement français. Bientôt tous les journaux républicains publièrent la note suivante :

« Une imposante manifestation se prépare en faveur de la Pologne pour samedi prochain, 13 mai. Tous les clubs de Paris doivent porter ensemble une adresse à l'Assemblée nationale. Les amis de la Pologne sont invités à se rendre samedi, à 11 heures, place de la Bastille. Le cortége se mettra immédiatement en marche en suivant les boulevarts. Des mesures seront prises pour que le plus grand ordre soit observé. »

Le lendemain, la Chambre discuta la nomination des dix-huit membres de la commission chargée de rédiger le projet de Constitution.

Mais Paris se préoccupait de la manifestation en faveur de la Pologne. C'est que devant chaque gouvernement qui s'établit en France, il semble que cette épineuse question doive revenir comme une pierre de touche avec laquelle on l'éprouve. Déjà, sur plusieurs points de la ville, des ouvriers se réunissent et veulent demander une intervention à main armée.

L'autorité s'émeut. Le rappel est battu; l'agitation continue, et on crève les caisses des tambours. Vers une heure, des délégués des ouvriers font remettre à M. Buchez une pétition dans le sens qu'on a dit. Les fonds, déjà si bas, tombent encore : le 3 pour 100 est à 46 fr., et le 5 pour 100 à 68 fr. 25 c.

Le 13, il y eut une première démonstration d'environ 10,000 hommes qui parcoururent toute la ligne des boulevarts, depuis la Bastille jusqu'à la Madeleine, en criant : *Vive la Pologne!* Cette manifestation se dissipa en présence de M. Vavin, représentant du peuple, qui reçut la pétition et fit un discours dans lequel il déclara que la France abdiquerait son grand nom, si elle ne venait pas en aide à la nation dont les malheurs provoquaient à ce point les sympathies du peuple.

Le soir et le lendemain, cette question polonaise fut le texte de tous les discours, de toutes les discussions des clubs. Là le comité centralisateur prit l'initiative d'une manifestation fixée pour le jour suivant.

Il fut convenu que cette manifestation aurait lieu sans armes. Toutefois, on décida que, si la garde nationale tentait de s'opposer à la libre exécution du décret sur les pétitions, *on aurait recours à la force.* A cet effet, les sections de la société des droits de l'homme furent mises en permanence.

« Le prétexte, — dit un historien, — pour cette troisième journée, était admirablement choisi. Il n'était plus question, cette fois, de socialisme ou d'organisation du travail. Il s'agissait de convier l'Assemblée nationale à se prononcer pour ou contre l'émancipation des nationalités, pour ou contre la liberté des peuples. »

Un autre historien, mieux placé pour juger la situation, lorsque, toutefois, sa préoccupation personnelle ne vient pas influer sur ses récits, explique comme suit la situation relativement à cette question-prétexte : « A peine le nouveau gouvernement avait-il eu le temps, — dit-il,—de saisir les rênes de l'administration, brisées et confuses, que les circonstances prouvèrent combien la sécurité était trompeuse, combien le sol révolutionnaire de Paris pouvait aisément engloutir une souveraineté qui lui déplaisait déjà. »

En effet, le gouvernement provisoire avait décrété une fête militaire et nationale pour le jour où la représentation serait installée dans Paris. Il voulait que la capitale, debout et armée, accueillît la France, dans ses représentants, par un salut solennel; il voulait que la représentation souveraine passât la revue des innombrables baïonnettes civiques, qui devaient se courber devant elle, et la protéger ensuite contre les factions; il voulait, enfin, qu'une acclamation mémorable s'élevât d'un million de voix, pour reconnaître la souveraineté de la France dans ses représentants.

Des dispositions mal calculées par les exécuteurs des préparatifs de cette cérémonie du Champ-de-Mars, l'avaient fait proroger au 14 mai. Le sol du champ de la fédération, mal nivelé, aurait fait courir des dangers à la masse immense de population que cette fête devait rassembler.

Le 12 mai, le ministre de l'intérieur, M. Recurt, annonça de nouveau que la fête serait ajournée par nécessité au 21 mai. Les députations des gardes nationales des départements déjà arrivées à Paris s'irritèrent, murmurèrent, portèrent leurs plaintes dans les lieux publics, agitèrent enfin la surface de Paris. Les chefs du parti de l'agitation épièrent ces symptômes et y virent des éléments auxiliaires de perturbation. Les meneurs des clubs, les démagogues partisans de la guerre, jusque-là déçus dans leurs plans d'incendie général de l'Europe, cherchaient un mot d'ordre pour soulever le peuple : ils le trouvèrent dans le nom de la Pologne. Depuis quinze ans, le peuple était accoutumé à répondre à ce nom. Il signifiait, pour le peuple, oppression d'une race humaine, et vengeance de la tyrannie. Des hommes importants de l'Assemblée, tels que MM. Vavin, Wolowski, de Montalembert, étaient les patrons de cette cause; ces patronages au-dedans encourageaient les réclamations du dehors. Les factieux s'emparèrent de ces dispositions du peuple pour lui conseiller une manifestation en faveur de la Pologne.

« Ils donnèrent rendez-vous pour le 11 mai à tous les clubs et à tous les amis de la Pologne sur la place de la Bastille. De là, après avoir signé une pétition à l'Assemblée pour demander la déclaration de guerre à la Russie, c'est-à-dire la conflagration du continent et la coalition de toutes les puissances contre la République, ils se mettraient en marche par les boulevarts, rallieraient en passant les masses encore tumultueuses de Paris, et viendraient apporter à la barre de l'Assemblée la pétition du peuple.

« Les Polonais eux-mêmes, quoique ayant obtenu déjà d'immenses répatriations par l'influence de la République dans le duché de Posen et dans la Gallicie, n'étaient pas étrangers à ce mouvement. Le gouvernement était informé que des émissaires des clubs polonais de Cracovie partaient avec la mission de susciter une pression sur l'Assemblée nationale à Paris pour la contraindre à déclarer la guerre en leur faveur. Après avoir formé ce rassemblement tumultueux, les meneurs de clubs et les démagogues se proposaient de demander à défiler dans l'Assemblée, à l'imitation des défilés insurrectionnels dans la Convention, les jours de crime.

« Le gouvernement était résolu à s'y opposer. Une pétition apportée par 100,000 hommes est une oppression et non un vote. Les partis politiques, les républicains exaltés ou modérés voyaient avec la même horreur ce projet d'émeute déguisée. Ce complot d'émeute n'avait aucune intelligence dans la garde nationale, ni dans la garde mobile. C'était une tentative des partis désespérés... »

La nuit qui précéda le jour fixé pour la manifestation, le gouvernement donna les ordres jugés nécessaires au général Courtais, commandant de la garde nationale, et aux généraux Tampour et Foucher, le premier, commandant la garde mobile, le second, commandant les troupes réunies à Paris.

Au reste, il était impossible de faire de la conspiration plus franche et plus au grand jour que ne le faisaient les meneurs de la manifestation. Dans les journées qui précédèrent, on lisait partout affichée la proclamation suivante :

Aux démocrates.

« La manifestation démocratique en faveur de la Pologne aura lieu lundi, 15 courant.

« Les citoyens se réuniront place de la Bastille.

« Le comité centralisateur : Huber, président; Dandurand, Debray, vice-présidents; Guyton, Lyon, Lambert, secrétaires. »

Le gouvernement répondit le 14 mai au soir par la proclamation suivante :

« Citoyens,

« La République est fondée sur l'ordre; elle ne peut vivre que par l'ordre.

« Avec l'ordre seul vous aurez le travail.

« Avec l'ordre seul la grande question de l'amélioration du sort des travailleurs peut être éclairée et résolue.

« Cette vérité, vous l'avez comprise. La France tout entière a applaudi à votre attitude, à la fois si résolue et si calme.

« Du jour où des manifestations extérieures, résultats inévitables du premier jour d'une révolution, ont cessé, la confiance a commencé à renaître, et avec elle le commerce et l'industrie.

« Cependant, depuis hier, Paris a revu quelques attroupements qui ont jeté dans les esprits des inquiétudes nouvelles. Paris s'en est étonné, non effrayé.

« Citoyens, la République est vivante, le pouvoir est constitué, le peuple tout entier se meut au sein de l'Assemblée nationale. Le droit et la force sont là; ils ne sont pas, ils ne peuvent pas être ailleurs.

« Pourquoi donc des attroupements ?

« Le droit de réunion, le droit de discussion, le droit de pétition sont sacrés; ne les compromettez pas par des agitations extérieures et imprudentes, qui ne peuvent rien ajouter à leur force.

« Citoyens, la tranquillité publique est la garantie du travail, la sauvegarde de tous les intérêts; la commission du pouvoir exécutif, convaincue que toute excitation à des manifestations illégales ou insensées tue le travail et compromet l'existence du peuple, saura maintenir avec vigueur et partout la tranquillité menacée.

« La commission, pour l'accomplissement de ce devoir, fait appel à tous les hommes sincèrement républicains; elle compte sur cet excellent esprit de la population parisienne, qui a jusqu'ici protégé et protégera encore la révolution aussi bien contre la réaction que contre l'anarchie.

« *Les membres de la commission du pouvoir exécutif,*

« Arago, Garnier-Pagès, Marie, Lamartine, Ledru-Rollin.

« *Le secrétaire,* Pagnerre. »

Mais nous voici à la journée du 15 mai. Depuis le 1ᵉʳ prairial il ne s'était, en France, passé rien de pareil. Le gouvernement, bien dûment averti, a, comme on le va voir, échoué dans ses mesures : l'Assemblée nationale a été envahie... Mais faisons rapidement ce récit.

Les démocrates, convoqués pour dix heures, arrivèrent au nombre de 5

Manifestation du 15 Mai. 1848.

à 6,000 sur la place de la Bastille. Les drapeaux des corporations diverses ou des clubs flottaient sur les têtes, mêlés aux couleurs polonaises, italiennes et autres. Une masse immense de spectateurs encombrait les boulevarts, recherchant l'émeute comme un spectacle auquel on commençait à être habitué.

A peine la manifestation se fut-elle mise en marche, que commencèrent les cris de : *Vive la République démocratique! vive Ledru-Rollin! vive Louis Blanc!*

De place en place, on voyait dans cette masse briller, sous les rayons d'un splendide soleil, les épaulettes d'argent des officiers de la garde nationale. Le cortége, grossi, sur la route, était d'environ 12,000 individus. Lorsqu'il eut atteint le théâtre des Variétés, il faut dire que quelques-unes des députations de province, venues pour la fête annoncée et remise, se mêlèrent à ce cortége pour faire acte d'opposition au gouvernement..... peut-être à cause de l'augmentation imprévue de leurs frais d'auberge! La manifestation atteignit la place de la Concorde vers une heure.

Contre toute prévision, contre toute prudence, peut-on dire, la Chambre des représentants était sans armes. C'était là une faute inexplicable. 150 à 200 gardes mobiles à peine occupaient le pont. On a diversement cherché à expliquer cette inertie du gouvernement. On a dit que ce gouvernement ne voulait pas entraver une manifestation propre à donner à une Assemblée qui débutait timidement, une impulsion vers les mesures propres à consolider la situation nouvelle. On a aussi prétendu, par ailleurs, que le coup était particulièrement monté contre les hommes qu'il n'avait pas été possible de saisir le 17 mars ni le 16 avril......

On rapporte que le 14 au soir, le général Courtais avait voulu faire convoquer 1,000 hommes par légion de la garde nationale, mais que M. Marrast avait déclaré que 500 hommes suffiraient.

Quoi qu'il en soit, le demi-bataillon de gardes mobiles qui seul défendait l'approche de la Chambre par le pont de la Concorde, ne put tenter une résistance sérieuse. La tête de colonne perça aisément cette faible barricade d'hommes, et livra passage au corps insurrectionnel dont la queue se tordait encore à l'angle de la Madeleine, sur le boulevart.

A l'approche du peuple, les questeurs donnèrent ordre de fermer les grilles de la façade du palais Bourbon. La tête de colonne obliqua devant cet obstacle, et prit la rue de Bourgogne, pour se présenter à la porte qui donne sur la place. En un instant la garde mobile qui se trouvait sur ce point, et qui voulut faire résistance, fut culbutée. Le poste intérieur eut cependant le temps de fermer la porte, de sorte que l'Assemblée nationale se trouva protégée, d'un côté, par cette porte, de l'autre, par la grille de la façade du pont.

Mais aux deux côtés de la porte de la place se trouvent des ouvertures, assez semblables à des fenêtres, et élevées d'environ six pieds du sol. Ces ouvertures, bien que défendues par des artichauds de fer, ne tardèrent pas à être escaladées......

Les cours intérieures présentaient le tableau d'un désordre effroyable. Les gardes nationaux en petit nombre qui s'y trouvaient couraient aux armes; des représentants sortis de la salle se mêlaient à eux, cherchant à se rendre compte du péril; les chevaux des ordonnances, qu'on ne savait par où faire sortir pour porter des ordres, se mêlaient à une cohue où tout le monde commandait, où personne n'obéissait....

Bientôt les têtes des escaladeurs parurent aux ouvertures dont il vient d'être parlé. Les gardes nationaux et mobiles s'avancèrent pour repousser l'invasion de la cour; mais l'ordre fut donné aux défenseurs de remettre la baïonnette au fourreau....? Qui donna cet ordre étrange? Le général Courtais, dit-on.....

En ce moment il est juste de dire que l'Assemblée présentait encore un aspect assez calme. MM. Ledru-Rollin, Lamartine et les ministres assistaient à la séance, tandis que MM. Arago, Marie, Garnier-Pagès et Pagnerre étaient en permanence au Luxembourg.

On venait de faire le dépôt des nombreuses pétitions en faveur de la Pologne. L'ordre du jour appelant les interpellations de M. Ch. d'Aragon sur l'Italie, et de M. Wolowski sur la Pologne, ce dernier, ami de M. Odilon-Barrot et beau-frère de M. Léon-Faucher, avait prononcé à la tribune les paroles suivantes :

« Citoyens représentants, jamais peut-être question plus grave et plus solennelle n'a été soulevée devant vous que celle que j'y dois présenter : elle peut porter dans ses plis la paix ou la guerre....

« Soyez certains que je n'oublierai, dans les paroles que j'ai à vous adresser, aucun des devoirs que m'impose une réserve qui sera le résultat de ma position personnelle dans cette question.

« Je ne me dissimule point les difficultés du problème, et cependant je l'apporte avec confiance devant vous, car je crois que toutes les idées, que toutes les pensées sont à l'unisson sur cette grande question. Je ne ferai à personne dans cette enceinte l'injure de supposer qu'il ne soit pas entièrement dévoué, fortement dévoué à la cause de la Pologne. »

Pendant que l'orateur prononçait cette dernière phrase, des cris de : *Vive la Pologne!* poussés par le peuple qui s'avançait vers l'Assemblée, se firent entendre. Plusieurs représentants quittèrent leurs places pour aller voir ce qui se passait au-dehors. M. Wolowski reprit :

« La France, citoyens, est le cœur des nations; elle sent, en quelque sorte, en elle les pulsations de l'humanité tout entière. Et c'est surtout lorsqu'il s'agit d'une nation à laquelle on a décerné, avec raison, ce nom de France du Nord, lorsqu'il s'agit d'un peuple où toutes les idées, toutes les tendances sont communes avec le peuple de France; lorsqu'il s'agit d'un peuple qui a toujours appuyé la même cause, qui a toujours versé son sang avec vous sur tous les champs de bataille, que je suis certain de rencontrer ici les plus vives, les plus profondes sympathies. La seule question qui me paraisse devoir être agitée, c'est celle des *moyens à prendre pour réaliser* ce que nous voulons tous, un accord unanime pour *réaliser* le plus promptement *la restauration de la Pologne*. Mais il faut que je commence par protester avec énergie contre des imputations contenues dans les pièces qui ont été déposées aux archives par le ministre des affaires étrangères. Ces fragments de correspondance tendraient à enlever à la Pologne son bien le plus précieux, son trésor le plus cher, les sympathies méritées qu'elle a rencontrées jusqu'ici dans le monde entier. »

Les cris du dehors redoublaient avec violence, et l'Assemblée, en proie à de vives préoccupations, écoutait à peine M. Wolowski qui, d'une voix émue, continua :

« La France ne craint pas la guerre; la France, avec son armée de cinq cent mille hommes, avec la garde nationale qui est le peuple tout entier, ne craint pas la guerre, et c'est pour cela qu'elle peut imposer sa pensée, son idée, sans recourir à ce qui devait être la dernière raison de la monarchie. La France, par sa force que personne ne peut contester, la France usera de cette politique véritablement républicaine qui, avant tout, a confiance dans la puissance de l'idée, dans la puissance de la justice... »

Le tumulte prenait des proportions effrayantes. M. Wolowski poursuivit imperturbablement :

« La question polonaise n'est pas seulement, comme on voudrait quelquefois le faire supposer, une question chevaleresque. Dans la question de la Pologne, la raison confirme ce que le cœur inspire. *Le peuple, avec un instinct admirable, a été droit au nœud de la question; il a parfaitement compris que dans la restauration de la Pologne se rencontrera l'assise la plus ferme de la paix et de la liberté de l'Europe entière*... »

Il était, à coup sûr, assez étrange de voir un orateur d'opinions modérées se faire ainsi l'avocat, l'introducteur presque, de la manifestation qui grondait au dehors. M. Wolowski était-il dupe du prétexte choisi par les démagogues ? On ne saurait le croire. Quoi qu'il en soit, il termina ainsi :

« Je dis que la pensée populaire a admirablement saisi le nœud de la question, et l'a résolue, en liant *l'idée de la résurrection de la Pologne à l'idée de la liberté*...

« En effet, le rétablissement de la Pologne est la seule garantie d'une paix durable, et de *l'émancipation définitive des nations*... »

Mais en ce moment l'orateur est interrompu par un bruit qui étouffe sa voix. M. Degousée, questeur, s'élance à la tribune, et annonce que la garde nationale qui devait défendre l'Assemblée a mis bas les armes. Et à peine a-t-il prononcé ces paroles, à l'audition desquelles presque tous les représentants s'étaient levés, qu'un tumulte épouvantable a lieu dans les couloirs et dans les dégagements de la Chambre..... Voici ce qui venait de se passer :

Le général Courtais avait, paraît-il, obtenu du président Buchez l'autorisation de faire entrer dans la salle vingt-cinq délégués des pétitionnaires. Mais le peuple voulait présenter lui-même sa pétition. M. de Lamartine, habitué à l'empire que sa parole et son attitude avaient sur les foules, était sorti pour essayer de faire renoncer le peuple à ce projet. Mais on ne l'avait point écouté cette fois. Un ouvrier lui cria : *Assez de lyre comme ça !* Et la foule, escaladant partout, vers le quai comme vers la place, les agitateurs ne tardèrent pas à être maîtres des cours intérieures, qu'ils débordèrent en proférant mille cris, joie, menace, délire ! L'invasion du palais de la représentation nationale eut ainsi lieu de deux côtés à la fois, ce qui explique comment la salle des séances elle-même fut à son tour envahie simultanément par les portes latérales au bureau et par les tribunes publiques, d'où les assaillants se laissèrent glisser le long des colonnes jusqu'aux places des représentants....

En un instant les banquettes supérieures sont occupées par ces étranges législateurs en blouses et en haillons. D'autres s'asseient sur le rebord des tribunes, les jambes pendantes. En un instant, la salle, envahie sur tous les points, présente, à travers des flots de poussière, l'image d'un inextricable chaos. Çà et là des masses informes s'agitent dans tous les sens; on s'interpelle, on se menace, on s'invective..... les uns fuient, les autres accourent; on s'entrechoque, on se renverse.... et, au milieu de cette mêlée, de cette oscillation pleine de clameurs, de cris, de vive ceci, de vive cela, on voit se balancer les drapeaux apportés par les têtes de colonnes, et cherchant vainement les emplacements d'une mise en scène préparée, à travers le pêle-mêle de députés, d'huissiers, de gens en guenilles ou de gardes nationaux qui se ruent au milieu du plus épouvantable vacarme dont oreille humaine puisse avoir l'idée !

M. Buchez se couvrait et se découvrait tour à tour. Le bureau était encombré par un groupe à l'attitude menaçante, repoussant toutes les représentations qu'on lui adressait. Les épithètes les plus injurieuses, les plus crues étaient adressées aux législateurs. Le nom de M. Louis Blanc retentissait en dehors comme au dedans. M. Barbès essaie de se faire entendre, mais ne peut y réussir. M. Ledru-Rollin échoue de même. M. Louis Blanc monte enfin, non pas à la tribune, mais sur la tribune; à sa vue ce sont des vociférations délirantes; du geste il demande le silence, et l'obtient. Il adjure le peuple de se montrer calme, contenu, de laisser aux représentants la liberté de discussion, et il annonce qu'il va lire la pétition en faveur de la Pologne. En ce moment le peuple est complétement maître de la salle, bien que la presque totalité des représentants n'aient point abandonné leurs places.

Sur les degrés de la tribune, on voit MM. Raspail et Blanqui. Le nommé Huber est près d'eux ; il semble exercer sur le peuple une sorte d'autorité disciplinaire. On a dit, du reste, que si turbulente que fût cette foule, elle ne présentait pas cet aspect terrible que les historiens donnent aux tumultes de la première révolution. M. Raspail veut lire la pétition annoncée par M. Louis Blanc. Mais on lui crie qu'il n'est pas représentant du peuple, et qu'il n'a conséquemment nul droit de parler dans cette enceinte. Malgré ces protestations, M. Raspail lit cette pétition au milieu des applaudissements frénétiques de la foule. On dit que ce fut sur l'autorisation donnée par M. Buchez, dont l'attitude, comme président, durant cette invasion de la Chambre, fut déplorable.

La pétition lue, mille interpellations s'élèvent, se croisent en tous sens; les cris, les huées, le fracas recommencent. M. Blanqui désirant parler à son tour, a beaucoup de peine à obtenir le silence. Il demande le rétablissement de la Pologne telle qu'elle était avant le premier démembrement de 1772; il demande que la Chambre délibère en présence du peuple, et vote, séance tenante, la guerre à la Prusse, à l'Autriche et à la Russie....

Un pompier escalade la tribune, et veut parler après M. Blanqui. Mais, au milieu du bruit, des vociférations et presque des rixes qui signalèrent cette violation du temple législatif, M. Barbès, plus heureux que le pompier, réussit seul à se faire écouter. Il déclare que le peuple a bien mérité de la patrie; il demande qu'on mette hors la loi tout officier de la garde nationale qui ordonnerait de battre le rappel; il veut qu'on déclare traître au pays tout représentant qui ne voterait pas, séance tenante, en faveur de la guerre, et il conclut en demandant un impôt d'un milliard sur les riches.

La foule applaudit avec frénésie toutes ces motions. Les représentants, au contraire, n'y donnent nul signe approbatif. Dans son ivresse, la foule prend

M. Louis Blanc et le porte en triomphe. Il se débat et crie. La scène prend un côté grotesque, que comprend très-bien le jeune patron des travailleurs. Il demande à ce qu'on le remette à terre, et s'engouffre dans la foule en y retombant. Et, comme cette foule n'avait pas cessé d'augmenter, il y eut bientôt plus de 3,000 hommes dans la salle.

Mais le fait le plus grave de cette journée déplorable allait enfin s'accomplir. Une feuille de papier est piquée à la hampe d'un drapeau; on y lit :

« *L'Assemblée nationale est dissoute.* »

Le nommé Huber grimpe à la tribune, et s'écrie : *Au nom du peuple, oui l'Assemblée nationale est dissoute!*..... Un homme du peuple s'élance au bureau du président, pousse M. Buchez par les épaules, et celui-ci se retire....

Alors un grand nombre de représentants se lèvent à leur tour, et quittent comme ils peuvent cette salle profanée par les actions et par les paroles.

Et le tumulte recommence plus ardent, plus passionné. La foule se croit maîtresse du gouvernement, du pays, des lois. Un homme inconnu escalade la tribune et lance, au milieu du vacarme, les noms des membres d'un nouveau gouvernement provisoire : Ce sont MM. Pierre Leroux, — Barbès, — Blanqui, — Cabet, — Proudhon, — Louis Blanc, — Albert, — Ledru-Rollin, — Raspail...

Cette proclamation faite, une grande partie des envahisseurs quitte la Chambre, pour accompagner les élus improvisés de cet étrange gouvernement. La garde nationale, qui n'avait pas bougé jusque-là, entre et fait évacuer ceux qui restent dans la salle. La majeure partie des représentants de la nation reprennent leur place. Peu d'instants après, MM. de Lamartine et Ledru-Rollin se dirigent sur l'Hôtel-de-Ville, que l'on dit déjà envahi par le peuple qui y installe les nouveaux membres du gouvernement si vite formé. Des dragons, des lanciers, de l'artillerie et de la troupe de ligne, unis à la garde nationale, marchent contre ces usurpateurs. Partout la ville prend l'aspect sinistre des jours orageux. De nombreux citoyens en habit bourgeois, armés de fusils de chasse, se joignent à la force publique. La Chambre reconstituée, M. le procureur général Portalis demande que l'Assemblée mette sous la main de la justice les citoyens Barbès et Courtais, représentants, comme prévenus du crime d'attentat à la souveraineté nationale. Le décret est voté à l'unanimité. A peine cette mesure est-elle prise, qu'on apprend, par une lettre de M. Antony Thouret, que MM. de Lamartine et Ledru-Rollin, à la tête d'une force imposante, se sont rendus maîtres de l'Hôtel-de-Ville. En même temps on apprend aussi que d'importantes arrestations sont faites. Le général Courtais est prisonnier au palais même de l'Assemblée. La séance se prolonge jusqu'à huit heures, sous la protection, désormais inutile, de la garde nationale et de la garde mobile, absentes quelques heures auparavant.

Le pouvoir exécutif se retire pour aviser à de rigoureuses mesures. Les députés, en sortant de la Chambre, sont acclamés par les gardes nationaux, et le soir Paris s'illumine.

Dans la soirée, la proclamation suivante fut affichée partout :

Au peuple français et à la garde nationale de Paris et de la banlieue.

« Citoyens,

« L'Assemblée nationale, élue par le suffrage universel du peuple, a été envahie; son président a été expulsé du fauteuil, et des factieux se sont substitués à nos véritables représentants, qui comptent sur vous et sur tous les bons citoyens, comme vous pouvez compter sur eux.

« Le questeur délégué,   Degousée. »

Vive la République !

De son côté, le ministre de l'intérieur a fait afficher la proclamation suivante :

MINISTÈRE DE L'INTÉRIEUR.

Paris, 15 mai 1848.

« Citoyens,

« Une multitude égarée par quelques factieux vient de violer la représentation nationale.

« Cette tentative insensée a échoué devant les manifestations unanimes de la population.

« Le gouvernement de la République fera son devoir : il saura déployer l'énergie qui doit assurer l'ordre, sans que la moindre atteinte soit portée au principe de la liberté.

« Le ministre de l'intérieur,   Recurt. »

Le citoyen Sobrier, qui, à la tête de 100 hommes, s'était emparé du ministère de l'intérieur, a été arrêté. Une descente faite par les gardes nationaux à la maison de la rue de Rivoli, où ce citoyen avait établi les bureaux de son journal, *la Commune de Paris*, fait découvrir une sorte d'arsenal d'armes et de munitions. On y trouve 1,200 paquets de cartouches, et 200 fusils chargés, plus, quelques armes blanches. Il fut reconnu que les balles des cartouches provenaient de Vincennes. Ces balles, qui enlèvent circulairement la chair où elles pénètrent, rendent presque toujours la blessure mortelle.

Le lendemain, M. Caussidière, préfet de police, donne sa démission. Mais on dit que la garde montagnarde ne semble pas disposée à quitter la préfecture. Le général Bedeau, à la tête d'une forte colonne de troupes régulières, se charge de la réduire. M. Clément Thomas, nommé commandant en chef de la garde nationale, en substitution au général de Courtais, arrêté depuis le 15 mai, accompagne le général Bedeau.

On avait annoncé de la part du pouvoir exécutif *d'énergiques mesures.* Voici les premières de ces mesures dont M. Garnier-Pagès donne communication à la Chambre le 17 mai :

Transformation de *la garde républicaine*, qui s'appellera désormais *garde républicaine parisienne*....

Acceptation de la démission du citoyen Caussidière et de son secrétaire général....

La Chambre reprend le cours de ses travaux; elle nomme la commission chargée de rédiger le projet de Constitution.

Le lendemain, le gouvernement lui propose :

1° D'appliquer à Louis-Philippe et à sa famille la loi de bannissement votée en 1831.

2° De dissoudre les associations armées;

3° D'ouvrir un crédit de trois millions pour les ateliers nationaux. L'urgence est demandée pour ces trois projets.

La garde nationale et deux bataillons de la garde mobile occupent les postes, les jardins et les cours de la préfecture de police. Les montagnards, les Lyonnais et la partie de la garde républicaine qui s'y étaient installés, ont été désarmés et gardés à vue dans les salles basses de l'édifice. On a fait autour d'eux une importante saisie d'armes et de munitions. Diverses voitures portant des fusils et des cartouches d'origine mystérieuse sont arrêtées sur la voie publique. Les arrestations relatives à la journée du 15 mai s'élèvent à environ quatre-vingts.

Le *Moniteur* publia plus tard la statistique suivante des personnes arrêtées du 7 au 11 juin. Elle est curieuse :

1 représentant du peuple, le citoyen Jules François Michot. — 2 avocats. — 1 lieutenant des ateliers nationaux. — 2 capitaines de la garde mobile. — 1 capitaine au 19ᵉ léger. — 1 garde républicain. — 1 tambour. — 21 étudiants. — 6 propriétaires. — 30 artistes, peintres, sculpteurs, architectes, etc. — 30 marchands-négociants. — 52 domestiques, garçons de salle. — 252 ouvriers de toutes professions. — 40 employés, commis marchands.

M. Trouvé-Chauvel, représentant de la Sarthe, est nommé préfet de police en place de M. Caussidière. Le général Cavaignac, arrivé d'Alger, prend le ministère de la guerre.

L'Assemblée nationale s'interdit toutes apostilles, recommandations ou sollicitations auprès des ministres. Peu de jours s'écoulèrent, et les choses reprirent l'ancienne marche, qui fait tout le crédit des députés dans leurs villes.

Le 20 mai la Constituante adopte un décret où l'on remarque les passages suivants :

« Français,

« L'Assemblée nationale vous répond du salut de la patrie. Menacée un moment, elle a vu la noble ville de Paris se lever tout entière pour sa défense. Dans les murs, citoyens et soldats sont accourus au signal du péril ; tous ont bien mérité de vous : que la reconnaissance du pays soit leur juste récompense ; que vos acclamations unanimes répondent à celles qui retentissent autour de nous.

« ..... Une poignée de séditieux avait tenté le plus grand des crimes dans un pays libre, le crime de lèse-majesté nationale, l'usurpation violente de la souveraineté du peuple. Par une surprise d'un moment, ils avaient forcé l'enceinte du palais des lois. Déjà ils nous dictaient leurs insolents décrets. Citoyens, par aucune délibération, par aucune parole, par aucun signe, vos représentants n'ont accepté l'oppression de la force.

« ..... La liberté ne vit que par l'ordre, l'égalité s'appuie sur le respect des lois, la fraternité veut la paix ; ce n'est qu'au sein d'une société tranquille que le travail prospère et que le progrès s'accomplit.

« *Les président et secrétaires,*
« Buchez, Peupin, F. Degeorge, T. Lacrosse, Emile Péan, Edmond Lafayette. »

Une fête de la Concorde a lieu le 21. Cette fête était destinée à symboliser l'union de Paris et de la province avec l'Assemblée issue du suffrage de tous. Bien que cette Assemblée fût pour ainsi dire étouffée au milieu des masses immenses de curieux, les acclamations qui s'élèvent témoignent de son passage. La fête eût été plus belle si jusqu'au dernier moment on n'avait douté qu'elle eût lieu. Dans la rédaction de son programme, l'autorité ayant omis de mentionner la garde nationale et l'armée, on dut en faire l'objet d'un *post scriptum*. On terminait aussi maints *préparatifs* de la fête, tandis qu'elle achevait de se célébrer. Sur plusieurs points les mots qui composent la devise de la République étaient encore inachevés, que chacun s'en allait chez soi. Au reste, pour la partie descriptive de cette journée, faudrait-il nous en référer aux fêtes mythologiques de messidor : bœufs à cornes dorées, jeunes filles en déesses, etc., etc., et toutes les ridicules conceptions du peintre David le conventionnel. La vraie fête fut dans la joie de la population qui savait le danger auquel le pays avait échappé peu de jours auparavant. Il en fut cette fois comme de ces tragédies antiques où c'est le chœur, chœur immense d'une nation entière, qui joue le premier rôle. Une fête de la *Concorde* ne saurait mieux réussir.

Nous trouvons dans un journal le passage suivant qui lance un rayon dans des ombres :

« On pourrait sans malveillance conclure d'une note insérée dans le *Moniteur* de ce jour, 21 mai, jour où on fête la Concorde, qu'elle ne règne pas absolument entre les membres de la commission exécutive. Il s'agit de la distribution d'armes et de cartouches faite, la veille de la manifestation du 16 avril, à cette prétendue succursale de la préfecture de police, sise dans la maison de la rue de Rivoli, 16.

« M. Arago tient à prouver que, comme ministre de la guerre, il a donné l'ordre de fournir les fusils et les munitions qui lui étaient demandés par l'autorité chargée de veiller à la sûreté de Paris, mais qu'il n'est intervenu en rien dans la répartition anormale qui s'en est faite entre les deux sièges de cette police en partie double, dont il n'avait pas à connaître.

« M. Arago laisse à M. Ledru-Rollin toute la responsabilité de la confiance malheureuse que ce dernier a accordée le 15 avril à ces auxiliaires irréguliers qui l'ont si mal justifiée le 15 mai. »

La question du costume des représentants est modifiée et résolue comme suit :

« Art. 1er. Tout représentant siégeant en séance, devra porter à la boutonnière un signe distinctif, conforme au modèle, et consistant en un ruban rouge à liserés blanc et bleu, orné des faisceaux de la République, surmontés de la main de justice.

« Art. 2. Dans les cérémonies extérieures, les représentants devront, en outre, porter une écharpe tricolore à franges d'or, suspendue à l'épaule droite, et passant sous le bras gauche. »

Les représentants n'ont, depuis, porté le signe désigné pour la boutonnière que dans les occasions exceptionnelles. D'ordinaire, en séance, rien ne les distingue des autres citoyens.

Le 22 mai, *le National* ayant annoncé que le prince de Joinville était arrivé à Paris, accompagné du général de Rumigny, *la Presse*, en démenti à ce fait, publie plusieurs lettres particulières de ce prince adressées à un officier de marine. Ces lettres, qui révèlent une fois encore les nobles et patriotiques sentiments du prince, ainsi que sa touchante résignation devant l'adversité née d'événements qu'il n'a pas causés, sont comme une sorte de protestation intime contre le décret de bannissement présenté à l'Assemblée par la commission du pouvoir exécutif.

A cette date on constate qu'il existe une scission très-tranchée entre les membres de la commission du pouvoir exécutif. MM. de Lamartine et Ledru-Rollin sont ensemble : c'est le parti du mouvement. MM. Arago, Garnier-Pagès et Marie constituent, de leur côté, ce qu'on appelle le parti modéré.

Un nouveau crédit d'un million est affecté aux dépenses des ateliers nationaux.

Convoquant pour le 4 juin les assemblées électorales qui ont des représentants à élire, par suite des nominations doubles, le pouvoir exécutif ordonne la fermeture des clubs Raspail et Blanqui.

Les lignes qui suivent, publiées par un journal, résument la situation de Paris à la fin du mois de mai, c'est-à-dire trois mois après la révolution :

« La sécurité est rentrée pour le moment dans la ville : rentrera-t-elle enfin dans les esprits ? Ce n'est pas l'émeute désormais qui est le plus à craindre. Vaincue par la garde nationale, par l'armée, par le peuple de Paris, elle le serait encore si elle osait menacer le gouvernement ; le sentiment public est unanime pour repousser des doctrines anarchiques, pour opposer la force de tous à la violence de quelques-uns. Mais quand reprendront les affaires ? quand sortirons-nous de la langueur et du marasme ? quand verra-t-on renaître la confiance ?

« Chacun s'adresse ces questions, et nul ne peut y répondre. Les affaires ne reprendront quelque activité, la confiance ne renaîtra que le jour où le pouvoir uni, ferme, résolu, au-dessus du soupçon, étranger aux défiances, fera appel à tous les dévouements, à toutes les capacités, sans aucune distinction injurieuse ou puérile, pour les rallier en un faisceau autour de lui. »

Le 24, l'Assemblée reçoit deux lettres signées, l'une François et Henri d'Orléans, l'autre Louis d'Orléans. Elles sont relatives au projet de décret de bannissement sur lequel un rapport doit être fait à l'Assemblée et dont nous parlerons plus bas. Celle-ci, tandis que la commission nommée travaille activement au projet de Constitution, discute des motions d'ordre. Par complément à la mention que nous avons faite plus haut d'un journal qui exposait la situation du pays, nous transcrirons également la lettre suivante, adressée à M. Blanqui, interceptée par l'autorité, et publiée par *le Droit*. Cette révélation de la tactique odieuse de certains hommes devait trouver sa place ici, pour porter une lumière nouvelle sur la situation d'alors :

« *Au citoyen Blanqui.*

« La bourgeoisie l'emporte sur toute la ligne... Ce n'est pas ouvertement que vous pourrez arriver à ruiner et écraser la bourgeoisie, qui veut anéantir jusqu'au sentiment populaire ; mais, ainsi que les armées de partisans, trop petites pour combattre en plaine, en bataille rangée, ses soldats épuisent et dispersent une grosse armée par leur guerre cachée et sourde. Ainsi les Vendéens en 93. C'est par les inquiétudes continuelles, les menées sourdes que vous pourrez empêcher le commerce, qui est l'âme de la bourgeoisie, le crédit de reprendre, et lui faire couler jusqu'à sa dernière pièce d'argent. L'argent, c'est le sang de la bourgeoisie, c'est la banqueroute ; la chute du 3 pour 100 et du 5 pour 100, voilà son Waterloo à elle, le reste lui est bien égal ; que le sang du peuple coule, que la rente remonte, et tout est dit ; aussi désire-t-elle assez en venir aux mains avec vous. La banqueroute de l'Etat, de la banque, et la voilà flambée ; et, pour y arriver, l'inquiétude, les propos, les escarmouches ; mais pas de combats, où elle aurait le grand avantage. En 1831, un an après juillet, vous avez su l'entraver dans son crédit, et la situation était bien meilleure pour elle qu'aujourd'hui. Le crédit, c'est par là qu'elle est vulnérable, tel est le genre de mort qu'il lui faut, sinon vous irez voir comment se porte Saint-Michel : car sa souveraineté s'exercera contre vous, et ça ne tardera pas : vous êtes son exécration, vous et les vôtres. »

M. Blanqui fut arrêté le soir même, dans une maison de la rue Montholon, où il s'était réfugié après avoir erré pendant plusieurs jours d'asile en asile.

Le projet de loi qui prononce le bannissement de la famille d'Orléans fut voté le 26 au scrutin de division par 632 voix contre 63. On était préparé à ce résultat. M. Laurent (de l'Ardèche), républicain de la veille pourtant, voulut-il faire comprendre à l'Assemblée qu'elle devait, républicaine, pratiquer à cet égard ce qui s'était fait sous la monarchie? Le vote était décidé d'avance. Dans la même séance, M. Vignerte ayant voulu insinuer que les Bonapartes eux-mêmes pourraient bien n'être que provisoirement tolérés en France, M. Napoléon Bonaparte, fils de Jérôme, s'élança à la tribune, et eut, par l'indignation, une sorte de succès oratoire.

Le gouvernement emploie tous les moyens dont il dispose pour empêcher MM. Thiers et de Girardin d'être élus au milieu des lacunes que les doubles nominations vont laisser à l'Assemblée constituante.

Le 27 au soir l'autorité fait tout à coup augmenter les forces qui gardent la Chambre, par suite de la fermentation qui règne dans les ateliers nationaux. On parle d'une conspiration qui aurait pour but une seconde tentative sur l'Assemblée. M. Emile Thomas, directeur des ateliers nationaux, est enlevé durant la nuit, par ordre de M. Trélat, et expédié sur Bordeaux comme par lettre de cachet. Une mission par delà l'Océan servit plus tard à éloigner plus sérieusement ce fonctionnaire suspect qui, depuis, a apporté le concours de sa plume à l'élu du 10 décembre.

Voici un petit exemple de la confusion qui régnait encore, à cette date, dans les actes de l'administration. On avait créé les gardes mobiles à pied; les officiers étaient nommés par élection. Voulant créer aussi une garde mobile à cheval, le ministre de l'intérieur donna des brevets aux chefs d'escadrons et aux officiers subalternes. Un représentant du peuple, M. Adelsward, demanda une enquête sur le mode employé pour la concession de ces derniers grades. M. Recurt, ministre, M. Carteret, sous-secrétaire d'Etat de l'intérieur, et M. Bacle, chargé de l'organisation de cette garde, déclarèrent avoir tous trois été étrangers à la nomination de dix-sept officiers, publiée par *le Moniteur* du 22. Alors on découvrit que plusieurs officiers étaient allés, de leur propre initiative, porter au journal officiel cet état nominatif, comme vu et approuvé par le ministère. *Le Moniteur* dut se tirer d'affaire en rapportant le décret de ces nominations, qui restèrent non avenues.

M. Cabet publie un journal, *le Populaire*. On y lit un article intitulé : *Qu'on me juge!* En voici un passage édifiant :

« Quant au procès et aux débats (il s'agit de l'affaire du 15 mai), ils seront instructifs et curieux, lorsque, à côté de trois représentants, *Barbès, Albert, Courtais*, à côté de *Raspail, Blanqui, Huber, Pierre Leroux*, peut-être, et beaucoup d'autres appelés comme complices ou comme témoins, je me trouverai en face de nos communs accusateurs.

« Pour nous défendre plus complétement, nous attaquerons à notre tour.

« Inutile, je crois, d'attaquer soit l'Assemblée, soit la garde nationale.

« Mais le gouvernement provisoire, c'est autre chose ! Nous pourrons enfin nous dire la vérité! Nous pourrons passer en revue tous ses membres, les toiser, les juger, ou du moins les accuser l'un après l'autre; et nous verrons. »

M. Caussidière à son tour attaque par des insinuations assez claires le gouvernement, à propos du même fait. Le gouvernement répond dans le *Moniteur*. Toutes ces polémiques sont fort scandaleuses. Il en naît quelque agitation dans Paris. La question des ateliers nationaux semble se compliquer du mécontentement que ressentent les ouvriers, touchant la brusque disparition de M. Emile Thomas. A la Chambre cette question des ateliers est l'objet de vifs débats. M. de Falloux développe un projet qui a pour objet de mettre un terme aux abus qui, tout en entretenant réunie une masse d'hommes qui peuvent devenir dangereux, dilapident les deniers publics. On constate que les bonnes intentions dont sont animés les véritables ouvriers, sont paralysées par les intimidations des meneurs ennemis de l'ordre. M. Trélat avoue que les ateliers nationaux coûtent à l'Etat 170,000 fr. par jour, et présentent un foyer actif de menaçante fermentation.

Le comité de la Constitution s'étant posé cette question : la République aura-t-elle un président? 17 voix contre 5 se sont prononcées pour l'affirmative.

Le 31 mai, le procureur général près la Cour d'appel de Paris demande à l'Assemblée qu'elle autorise des poursuites contre M. Louis Blanc, à charge de la journée du 15 (envahissement de la Chambre). Le fait est celui que qualifie et prévoit comme crime l'art. 87 du Code pénal. M. Louis Blanc, qui assistait à la séance, demande la parole pour répondre. Il le fait avec plus de talent que de conviction de sa propre innocence. L'Assemblée décide qu'une commission statuera. Voici ce que dit, sur cet objet, un journal du moment :

« Le bruit de cette demande de mise en accusation s'est rapidement répandu dans Paris, et y est devenu l'objet de toutes les conversations. Les théories de l'organisateur du travail et les discours du président de la commission du Luxembourg ont tué, il faut le dire, toute la popularité qui s'attachait à l'auteur de l'*Histoire de dix ans de* et celle de *la Révolution française*. M. Louis Blanc est généralemet craint, moins pour le mal qu'il peut faire personnellement, que pour celui qui naîtra infailliblement de ses doctrines : sa mise en accusation, pour beaucoup de personnes, semblerait donc un moyen d'aller au devant du mal.

« On attendra, avec impatience, le rapport de la commission. »

On vit paraître sur les murs les plus exposés aux regards de la capitale des affiches proposant la candidature du prince de Joinville. Ces affiches, arrachées par les soins de l'autorité, étaient replacées pendant la nuit. Le pouvoir exécutif fit à ce sujet la communication suivante aux journaux du soir :

« Des poursuites sont ordonnées contre le signataire et l'imprimeur d'une affiche placardée ce matin sur les murs de Paris, et proposant la candidature du prince de Joinville. Cette affiche est factieuse, puisqu'aux termes du décret récemment rendu par l'Assemblée nationale, le territoire français est interdit à tous les membres de l'ex-famille royale. »

Reportant notre attention sur les derniers décrets, arrêtés et ordonnances émanés du gouvernement provisoire, nous trouvons un grand nombre de mesures relatives à nos colonies, pour les faire participer aux changements survenus dans la mère-patrie.

— Un décret élève le prix de vente du tabac pour les débitants.

— Un décret approuve la prolongation de la rue de Rivoli depuis la place de l'Oratoire jusqu'à la rue Saint-Antoine. La ville de Paris est autorisée à émettre en cinq ans, jusqu'à concurrence de 9 millions d'obligations municipales, remboursables par annuités, pour le paiement des indemnités relatives à l'ouverture de cette nouvelle rue. Les maisons nouvelles seront pendant sept ans affranchies de contributions foncière et des portes et fenêtres.

— Décret relatif aux nouvelles monnaies. On en décrit les empreintes, les attributs. Les pièces d'or seront de 40, 20 et 10 fr. Parmi celles d'argent, on remplacera les petites monnaies de 25 c. par des pièces de 20 c. Un concours est ouvert pour la gravure des coins.

— Décret qui fixe comme suit le cadre d'activité des officiers généraux et le cadre de l'état-major : 65 généraux de division, dont quatre pris dans l'état-major, 33 dans l'infanterie, 19 dans la cavalerie, 6 dans l'artillerie, 3 dans le génie.

130 généraux de brigade dont 8 pris dans l'état-major, 64 dans l'infanterie, 38 dans la cavalerie (dont 4 pour la gendarmerie), 7 dans le génie, 13 dans l'artillerie.

Le cadre de l'état-major est fixé comme suit : 25 colonels, 25 lieutenants-colonels, 90 chefs d'escadron, 280 capitaines, 100 lieutenants.

— Arrêté qui supprime en marine le grade de capitaine de corvette (création du 1er mars 1838), et rétablit celui de capitaine de frégate (suppression du 29 décembre 1836).

— Décret qui confère à la seule garde nationale la garde de l'Assemblée.

— Arrêté qui crée huit escadrons de *guides* pour la correspondance et le service des états-majors. Chacun des escadrons est fort de 160 hommes, officiers compris, et se compose comme ci-après : 1 capitaine commandant, 2 lieutenants, 2 sous-lieutenants (un de ces 4 derniers fera fonction de trésorier et d'officier d'habillements), 1 maréchal-des-logis chef, — 1 maréchal-des-logis fourrier, — 1 brigadier élève fourrier, — 8 maréchaux-des-logis, — 16 brigadiers, — 2 trompettes, — 2 maréchaux-ferrants, — 124 cavaliers montés, dont 48 de 1re classe. Les officiers, sous-officiers et brigadiers, ainsi que les trompettes, maréchaux-ferrants et cavaliers seront pris dans les corps de troupes à cheval. La solde sera celle attribuée à l'arme des cuirassiers.

— Convention entre les propriétaires et les locataires de Paris, concernant le paiement des loyers.

Cette mesure avait pour objet de proroger les droits de poursuite contre les locataires en retard de paiement, sans toutefois toucher au chiffre des contrats.

Guides d'État-Major.

1848.

— Les gouverneurs des colonies prendront le titre de *commissaires de la République française*.

— Les pièces suivantes, relatives au fameux impôt des 45 centimes, méritent d'être transcrites :

« Citoyen commissaire, le compte que je me fais rendre journellement de la situation du recouvrement de la contribution extraordinaire des quarante-cinq centimes, fait ressortir, dans la rentrée de cet impôt, de fâcheuses inégalités de département à département, et même de commune à commune. A côté des preuves de dévouement et d'abnégation que donnent à la République des citoyens quelquefois peu fortunés en se libérant intégralement, des refus et des retards de paiement me sont signalés de la part de contribuables notoirement riches ou dans l'aisance. Un tel état de choses ne pouvait être toléré, et j'ai donné l'ordre aux receveurs généraux et particuliers des finances de prendre, pour le faire cesser, des mesures promptes et énergiques. Vous trouverez ci-joint une expédition de la circulaire que je leur ai adressée à cet effet le 25 avril dernier. Je vous prie de prêter à ces comptables le concours de votre autorité toutes les fois qu'ils auront à la réclamer pour assurer l'exécution des lois et règlements qui régissent les poursuites en matière de contributions directes.

« Salut et fraternité.

« Pour le ministre des finances, *le sous-secrétaire d'État*,   E. Duclerc. »

« Monsieur, je suis informé que, dans quelques localités, des contribuables dont les ressources et la solvabilité sont notoires, se refusent à payer l'impôt extraordinaire de quarante-cinq centimes, qui est exigible immédiatement; ils acquittent les contributions ordinaires, et, pour le surplus, ils attendent. Autant il est dans les intentions du gouvernement d'alléger, pour le pauvre, les charges de l'impôt, et de lui venir en aide par de justes dégrèvements, autant il a le devoir d'exiger que le paiement en soit poursuivi avec vigueur à l'égard des contribuables riches ou dans l'aisance.

« Agissez donc contre eux sans vous laisser arrêter par aucune considération. Je me ferai rendre compte de l'activité et de la fermeté dont vous ferez preuve dans l'exécution de cet ordre.

« Je vous salue avec attachement,   Garnier-Pagès. »

— Arrêté du ministre de la guerre portant création d'une commission chargée d'examiner les droits des officiers qui, depuis le 24 février, ont demandé à entrer au service.

— Circulaire du ministre de l'intérieur aux commissaires du gouvernement pour les inviter à user de leurs pouvoirs avec réserve, surtout en ce qui concerne les finances.

— Circulaire du ministre de la guerre aux généraux commandant les divisions militaires, sur la création d'une 8ᵉ compagnie dans chacun des bataillons des régiments d'infanterie de l'armée.

— Arrêté du ministre de l'instruction publique qui autorise M. Ernest Legouvé à ouvrir, au Collége de France, un cours public sur *l'Histoire morale des femmes*.

— Arrêté du ministre de la guerre portant que les maréchaux de France, non pourvus de commandement, n'auront plus qu'un aide-de-camp.

— Circulaire du ministre de la marine et des colonies concernant l'interdiction du cumul entre une pension et un traitement, si ce n'est dans la limite de 700 fr.

Reprenons la chronologie des faits qui doivent nous conduire aux terribles journées de juin.

Depuis quelques jours des groupes nombreux se formaient, le soir, dans les environs des portes Saint-Martin et Saint-Denis. Ces groupes étaient inoffensifs, mais obstinés. Les patrouilles ne les dissipaient que pour les voir se reformer quelques instants après. C'étaient comme des clubs en plein vent : on y discutait sur les élections, sur la marche du gouvernement, sur les hommes qui avaient le pouvoir. On s'occupait aussi beaucoup des arrestations motivées par l'affaire du 15 mai. La lettre suivante de M. Barbès avait été publiée dans les journaux :

« Donjon de Vincennes, 2 juin.

« Citoyen président,

« A chacun la responsabilité de ses paroles et de ses actes. On accuse le citoyen Louis Blanc d'avoir dit aux pétitionnaires, dans la séance du 15 mai :

« Je vous félicite d'avoir reconquis le droit d'apporter vous-mêmes vos pétitions à la barre « de l'Assemblée. »

« Ces paroles ont été prononcées, en effet; mais il y a confusion de personnes : c'est moi qui ai prononcé ces paroles, que l'on peut lire dans le *Moniteur* à la suite de mon nom ou ailleurs.

« Je vous prie, citoyen président, de communiquer cette déclaration à l'Assemblée, et d'agréer, pour vous et pour elle, mes salutations fraternelles.

« Barbès. »

Mais la Chambre avait laissé passer cette lettre adressée à son président, sans vouloir rien préjuger des débats du procès prévu. Deux autres questions l'agitaient plus vivement. La première était la lecture du rapport relatif au bannissement de la famille de Napoléon; la seconde était relative à l'abolition de l'ordre de la Légion-d'Honneur. M. Pietri, député de la Corse, avait demandé l'abrogation du décret de l'art. 6 de la loi de 1832, condamnant les membres de l'ancienne famille impériale à un bannissement perpétuel, et il venait développer sa proposition : M. Crémieux déclara la discussion inopportune et sans objet, prétendant que la loi était abrogée de fait, puisque trois neveux de l'empereur siégeaient à la Chambre. M. Clément Thomas chercha à maintenir l'exclusion contre Louis-Napoléon seul. A la suite d'une discussion fort passionnée, trois ordres du jour furent proposés; le premier était ainsi conçu :

« La loi de 1832 a cessé d'exister par le seul fait de la révolution de février. » Mis aux voix, il est rejeté.

On passe au second, dont voici les termes :

« La loi du 10 avril 1832 a été virtuellement abrogée, et par la révolution de février, et par l'admission dans l'Assemblée nationale de trois membres de la famille de Napoléon. »

Le second ordre du jour est repoussé comme le premier.

On passe à la troisième proposition, celle de M. Pietri :

« L'art. 6 de la loi du 10 avril 1832 relatif au bannissement de la famille Bonaparte est abrogé. »

Cette troisième proposition fut *prise en considération*, c'est-à-dire qu'elle ne fut ni acceptée, ni repoussée, et qu'il y aurait lieu à la discuter plus tard.

Cette discussion ainsi close, le colonel Rey vint proposer de rétablir l'effigie de Napoléon sur la croix de la Légion-d'Honneur. Les susceptibilités des républicains puritains de l'Assemblée furent éveillées à cette proposition, relative à un signe distinctif qui serait inadmissible parmi des hommes égaux en vertus, en courage, en talent. M. Glais-Bizoin demande en effet si le maintien de cette décoration est bien conforme au principe démocratique. L'orateur voudrait borner cette distinction aux seuls marins et soldats. Et si sa motion doit être repoussée, M. Glais-Bizoin demande qu'au moins on substitue aux profils de Henri IV ou de Napoléon, l'image de la République, et à la belle légende *Honneur et Patrie*, les trois mots : *Liberté, Égalité, Fraternité*. On peut assurément trouver la proposition aussi intempestive que singulière. *Liberté*..... sans doute parce qu'à l'époque de l'institution de cet ordre, la liberté était déjà frappée par un glorieux despotisme ; *Égalité*..... parce qu'en outre que l'ordre a cinq classes inégales, depuis le grade de chevalier, jusqu'à celui de grand cordon, il est un signe d'inégalité parmi les hommes, et la récompense de la bravoure ou du mérite, qui ne sont pas le lot de tous. *Fraternité*.... attendu que, délivrée sur le champ de bataille, cette croix récompense des actions d'éclat, glorifie la guerre, enfin, laquelle n'est rien moins que la fraternité. Mais l'absurdité de la motion de M. Glais-Bizoin devait être dépassée par les excentricités d'un autre orateur.

M. Clément Thomas déclara à son tour que la croix de la Légion-d'Honneur, cette récompense dont l'espoir a fait des héros et développé des génies, n'était qu'un *hochet de la vanité*. Les exclamations de l'Assemblée entière démontrèrent combien cette maladroite expression blessait le sentiment national. L'ajournement de la proposition du colonel Rey fut prononcée. Pourtant, il est juste de dire que, dans une des séances qui suivirent, M. Clément Thomas revint sur ses malencontreuses paroles, et en retira loyalement ce qu'elles avaient eu de blessant pour les hommes qu'elles avaient pu atteindre.

La mise en accusation de M. Louis Blanc fut l'affaire importante d'une des séances suivantes. Il y eut trois ou quatre discours en faveur de l'autorisation, et autant contre. La commission nommée pour examiner la proposition avait, à la majorité de quinze voix contre trois, donné l'avis que le jeune représentant fût livré aux poursuites du parquet. Mais la Chambre, après diverses épreuves douteuses, s'inscrivit par son vote contre ces conclusions. Sur 706 votants, 337 luttant contre 354, furent battus, et M. Louis Blanc resta abrité par son inviolabilité parlementaire. MM. Portalis, procureur général, et Landrin, procureur de la République, qui avaient demandé à exercer ces poursuites, répondirent au refus de l'Assemblée constituante par l'offre de leur démission.

Le 3 juin, le gouvernement, en face des ateliers nationaux encombrés, et devant la nécessité d'employer à d'utiles travaux 250,000 hommes dont le seul labeur consistait à toucher un salaire insuffisant pour le véritable ouvrier, mais exorbitant pour le paresseux, adressa aux maires et aux travailleurs la circulaire suivante, que nous citons comme une des premières pièces de ce terrible procès qui allait, quelques jours plus tard, se dénouer dans des torrents de sang.

« Citoyens,'

« Les ateliers nationaux sont encombrés.

« L'ouvrage manque aux cent mille ouvriers qui y sont enrôlés.

« Des mesures ont été prises pour faire cesser cette situation, qui pèse tout à la fois sur l'intérêt général et sur l'intérêt particulier.

« Ces mesures ne peuvent recevoir leur exécution qu'autant que l'accès aux ateliers nationaux sera complétement fermé à tous les ouvriers sans ouvrage, qui partent des départements et se dirigent sur Paris.

« En conséquence,

« La commission du pouvoir exécutif invite les citoyens maires de toutes les communes de France à ne délivrer de passeports aux travailleurs de ces communes qu'autant qu'ils justifieraient qu'à leur arrivée à Paris ils trouveront un travail ou une existence assurés.

« La commission adresse la même invitation aux travailleurs eux-mêmes.

« Tous les travailleurs qui, nonobstant ces avertissements, se présenteraient aux barrières, sans moyens d'existence, seront immédiatement renvoyés aux communes d'où ils sont partis, conformément à la loi.

« Les travaux de l'agriculture offrent maintenant des débouchés à tous ceux qui veulent vivre en travaillant.

« Se diriger sur les villes où le travail industriel manque serait donc sans excuse.

« *Les membres du pouvoir exécutif,*

« Arago, Garnier-Pagès, Marie, Lamartine, Ledru-Rollin.

« *Le secrétaire,* Pagnerre. »

Le même jour, la candidature de Louis-Napoléon est affichée dans Paris.

Le 23 mai, le prince avait adressé, de Londres, à l'Assemblée nationale, la lettre suivante :

« Citoyens représentants,

« J'apprends par les journaux qu'on a proposé dans les bureaux de l'Assemblée de maintenir contre moi seul la loi d'exil qui frappe ma famille depuis 1816; je viens demander aux représentants du peuple pourquoi je mériterais une semblable peine.

« Serait-ce pour avoir toujours publiquement déclaré que, dans mes opinions, la France n'était l'apanage, ni d'un homme, ni d'une famille, ni d'un parti?

« Serait-ce parce que, désirant faire triompher sans anarchie ni licence le principe de la souveraineté nationale, qui seul pouvait mettre un terme à nos dissensions, j'ai deux fois été victime de mon hostilité contre le gouvernement que vous avez renversé?

« Serait-ce pour avoir consenti, par déférence pour le gouvernement provisoire, à retourner à l'étranger après être accouru à Paris au premier bruit de la révolution? Serait-ce pour avoir refusé par désintéressement les candidatures à l'Assemblée qui m'étaient proposées, résolu de ne retourner en France que lorsque la nouvelle Constitution serait établie et la République affermie?

« Les mêmes raisons qui m'ont fait prendre les armes contre le gouvernement de Louis-Philippe me porteraient, si on réclamait mes services, à me dévouer à la défense de l'Assemblée, résultat du suffrage universel.

« En présence d'un roi élu par deux cents députés, je pouvais me rappeler que j'étais l'héritier d'un empire fondé par l'assentiment de quatre millions de Français. En présence de la souveraineté nationale, je ne peux et ne veux revendiquer que mes droits de citoyen français; mais ceux-là, je les réclamerai sans cesse avec l'énergie que donne à un cœur honnête le sentiment de n'avoir jamais démérité de la patrie.

« Recevez, messieurs, l'assurance de mes sentiments de haute estime.

« Votre concitoyen, Napoléon-Louis Bonaparte. »

La candidature de Louis-Napoléon, mise en avant, avec autant d'à propos que de dévouement par le général Piat, alors colonel de la 4ᵉ légion de la garde nationale de la Seine (banlieue), avait été d'autant mieux accueillie par les faubourgs, qu'elle semblait contrarier fort le gouvernement, effrayé du succès que les passions du jour pouvaient réserver à l'ex-prétendant. Voici, au reste, la lettre que le prince Louis adressait aux électeurs de la Seine, de l'Yonne, de la Sarthe et de la Charente-Inférieure, départements où sa candidature avait été accueillie avec un grand entraînement, surtout parmi les populations rurales :

« Citoyens,

« Vos suffrages me pénètrent de reconnaissance. Cette marque de sympathie, d'autant plus flatteuse que je ne l'avais point sollicitée, vient me trouver au moment où je regrettais de rester inactif, alors que la patrie a besoin du concours de tous ses enfants pour sortir des circonstances difficiles où elle se trouve placée. *Votre confiance m'impose des devoirs que je saurai remplir;* nos intérêts, nos sentiments, nos vœux sont les mêmes. Enfant de Paris, aujourd'hui représentant du peuple, je joindrai mes efforts à ceux de mes collègues pour rétablir l'ordre, le crédit et le travail, pour assurer la paix extérieure, pour consolider les institutions démocratiques, et pour concilier entre eux les intérêts qui semblent hostiles aujourd'hui, parce qu'ils se soupçonnent et se heurtent au lieu de marcher ensemble vers un but unique, la prospérité et la grandeur du pays.

« Le peuple est libre depuis le 24 février. Il peut tout obtenir sans avoir recours à la force brutale. Rallions-nous donc tous autour de l'autel de la patrie, sous le drapeau de la République, et donnons au monde ce grand spectacle d'un peuple qui se régénère sans violence, sans guerre civile, sans anarchie.

« Recevez, mes chers concitoyens, l'assurance de mon dévouement et de mes sympathies.

« Louis-Napoléon Bonaparte.

« Londres, 11 juin 1848. »

Un des agents les plus actifs des élections de Louis-Napoléon était le rédacteur de *la Revue de l'Empire*, M. Ch. Ed. Temblaire, un des hommes qui s'étaient sympathiquement attachés à cette cause, alors que rien encore n'en pouvait raisonnablement faire prévoir la fortune. Par les soins de ce publiciste, un comité napoléonien s'était formé, et le général Piat, qui avait pris la responsabilité de la plupart des actes publics d'où était sortie la multiple candidature du prince encore exilé, accepta également la présidence de ce comité, dont firent partie MM. Laity et Persigny, deux noms bien connus pour avoir été frappés par l'arrêt de la Chambre des pairs. La police s'inquiétait de ce comité, et elle en surveillait les réunions. Dans la nuit du 12 au 13 juin, MM. Laity et Persigny furent arrêtés. Les journaux parlèrent d'une correspondance du prince Louis, saisie au domicile de M. Temblaire, chez lequel, vu l'état de siége, avaient lieu les réunions du comité napoléonien, dont faisaient aussi partie plusieurs autres amis du neveu de l'empereur, MM. Besuchet de Saunois, Lalou, Bourgeois, Forestier, Cavel, Bataille, Abattucci fils, le commandant Maisonnant, le colonel Thierion, etc. Nous retrouverons ce comité lors de l'élection présidentielle du 10 décembre, époque où il devint une sorte de secrétariat général de Louis-Napoléon, sous le titre bien connu de : *comité du général Piat*.

Au milieu des préoccupations politiques de cette date déjà brûlante, l'attention publique fut vivement excitée par un fait d'un incroyable scandale, dont Lillebonne venait d'être le théâtre. Un des commissaires nommés par M. Ledru-Rollin, un de ces hommes auxquels ses circulaires donnaient un pouvoir illimité, le sieur Riancourt, venait de commettre un assassinat....

Voici la rapide exposition des faits :

Cet homme avait, sous un autre nom, subi cinq ans de travaux forcés. Libéré et inconnu, il avait commencé par être attaché à une maison d'éducation. Mais, retombé dans l'oisiveté, il se trouvait à Paris lors de la révolution de février. Dire comment cet individu obtint d'être nommé commissaire extraordinaire à Lillebonne, serait la chose impossible. Dans la première confusion d'alors, le ministre, qui avait hâte d'ôter l'administration aux préfets et aux sous-préfets de la monarchie, prenait, sans les connaître, beaucoup de gens qui lui étaient recommandés comme dévoués au nouvel état de choses. Il faut dire qu'habile, instruit, Riancourt ne s'acquitta point mal de la mission qui lui avait été si déplorablement confiée. Toutefois, certains faits relatifs à des souscriptions versées en faveur de victimes de Lillebonne, mirent en suspicion sa délicatesse. Riancourt était accompagné d'un individu, condamné libéré comme lui, qui lui servait de secrétaire. Le maire de Rouen, ayant une mission à faire remplir auprès de Riancourt, lui envoya un certain Fouqué, bien connu du commissaire extraordinaire et de son secrétaire, pour être dans une position judiciaire analogue à la leur. Ne pouvant le repousser, en raison des secrets dont il était armé contre eux, nos fonctionnaires songèrent à se débarrasser violemment de ce dangereux acolyte. Ils l'entraînèrent un soir hors de la ville et le tuèrent dans un bois. L'opinion accusa sur-le-champ Riancourt de ce meurtre. L'autorité, au lieu d'instruire sur le fait, se borna à changer d'emploi le commissaire du gouvernement. Il fut envoyé comme commissaire central de police au Havre. Mais, comme la rumeur publique le poursuivait, craignant d'être arrêté, il disparut. Mais revenons à un autre ordre de faits.

Toujours vivement préoccupée de la grave question des ateliers nationaux, le 4 juin la commission du pouvoir exécutif promulgua le décret dont voici la teneur :

« Art. 1er. Le travail à la tâche sera substitué sous le plus bref délai possible, dans les ateliers nationaux, au travail à la journée. Il sera livré directement, aux prix des devis, sans rabais et sans intermédiaire d'entrepreneurs, soit à des ouvriers associés, soit à des ouvriers isolés, suivant la nature des travaux.

« Art. 2. Des crédits spéciaux seront ouverts aux ministères des travaux publics, du commerce et de l'intérieur, pour hâter la reprise des travaux départementaux, communaux ou d'industrie privée.

« Art. 3. Les ouvriers séjournant depuis moins de trois mois dans le département de la Seine, et qui n'y justifieront pas de leurs moyens d'existence, recevront, pour eux et leurs familles, une feuille de route, avec indemnité de déplacement, dont partie sera payée pendant le trajet, et partie au lieu de leur destination.

« Art. 4. Le présent décret sera applicable dans les villes ou communes des départements sur la demande des conseils municipaux. »

L'exécution de ce décret ne devait point répondre à la pensée qui l'avait dicté. Cependant il ne semble pas que le gouvernement comprît combien était voisin l'orage dont la menace était pour ainsi dire née avec ces fatals ateliers, car voici ce que publiait alors le *Moniteur*, à charge de M. Em. Thomas, violemment séparé de sa création de la façon que nous avons rapportée :

« Il y a huit jours, lorsque les ateliers nationaux étaient sous la direction de M. Emile Thomas, il y régnait un grand désordre et un esprit de violence difficile à contenir. M. Thomas lui-même s'était plaint plusieurs fois des périls qu'il courait à Monceaux, et des menaces qui le poursuivaient sans cesse.

« Depuis ce moment, il n'a été pris que des dispositions auxquelles le précédent directeur avait toujours refusé son concours, parce que, disait-il, elles étaient dangereuses et impraticables. Ces mesures, loin d'accroître le mal, l'ont déjà profondément diminué. L'ordre et le calme règnent partout; les rouages de l'administration se simplifient; la surveillance est plus facile et mieux faite; l'économie amenée par un examen sévère pénètre et modifiera bientôt toutes les parties et tous les détails de cette importante comptabilité. Pour se faire une idée du luxe et de la dissipation de la précédente administration, il suffira de savoir qu'elle avait pour le service seul de ses remises et de ses écuries, cinq coupés, quatre cabriolets, quatre tilburys, une calèche, en tout quatorze voitures et trente-huit chevaux. La plupart de ces voitures sont en vente. Dix chevaux ont été retirés des écuries et onze sont encore à vendre. Le recensement qui sera terminé samedi paraît devoir amener pour l'Etat une économie de 25 à 30,000 fr. par jour. »

A la même date, la commission des récompenses nationales adressait son rapport au maire de Paris. On y trouvait que, jusqu'au 26 mai, les recettes s'étaient élevées à 1,100,267 fr. dont 173,846 fr. étaient déjà distribués. Il restait donc alors près d'un million en caisse.

A M. Buchez succéda M. Senard dans la présidence de l'Assemblée. Sur 696 voix, 593 furent acquises au nouvel élu. La question du traitement du président et des questeurs fut en même temps débattue et close par l'allocation de 4,000 fr. par mois accordés au premier, et 500 fr. aux seconds.

Mais la population parisienne continuait à s'agiter sous la pression des réélections, et aussi des passions soulevées par les arrestations relatives à l'invasion de la Chambre. Les portes Saint-Denis et Saint-Martin étaient plus particulièrement le centre d'attroupements qui ne se séparaient guère que par le concours de la force. On y parlait d'offrir un sabre d'honneur au général de Courtais. Paris prenait ainsi chaque jour ce sombre aspect, précurseur des crises qui l'ensanglantent. La partie saine de la population se préoccupait chaque jour davantage de la question des ateliers nationaux, à l'égard desquels le gouvernement avait pris, par décret, des mesures devant l'exécution desquelles semblait reculer sa prudence..... ou son imprudence peut-être!

Et, comme la manie des fêtes est à l'ordre du jour sous la jeune République, après celle dite des victimes, la fête du Champ-de-Mars, et enfin celle de la Concorde, on annonce une fête des travailleurs. Celle-ci doit consister en un banquet à cinquante centimes par tête. Les commissaires de ce banquet avaient d'abord décidé qu'on ne paierait que la moitié de cette somme ; mais la difficulté de bien dîner à pareil prix, porta l'écot au chiffre dit, et 100,000 citoyens s'inscrivirent. Le programme ostensible de cette fête était celui-ci : Se rendre le dimanche suivant à onze heures, place Dauphine, à la Madeleine et à la Bastille ; de là marcher sur quatre rangs, suivant les musiques militaires jouant *le Réveil du peuple, les Girondins* et *la Marseillaise;* se trouver réunis à deux heures autour des 980 tables du banquet, lequel banquet serait formé de veau rôti, de salade et de fromage, mets arrosés d'un verre de vin et d'un verre d'eau-de-vie pour chaque convive, chacun devant apporter son couvert et son pain. 12 marchands de vins traiteurs de diverses barrières se chargeaient de fournir cet immense festin sans précédent dans les temps modernes. Pour toast unique, l'immense assistance, à un signal donné, entonnerait *la Marseillaise*. Le repas fini, des danses commenceraient et dureraient jusqu'au soir.....

Et, en attendant la fête, les rassemblements continuent sur la partie des boulevarts qui avoisine les théâtres populaires, bien que l'autorité ait pris soin de faire afficher les ordonnances répressives des attroupements. Les dragons sont obligés d'intervenir pour dissiper les groupes, qui s'obstinent à faire de la voie publique des clubs. Le résultat des réélections de la Seine sert encore à maintenir une agitation qui entrave la reprise des affaires, effarouche les étrangers et exerce sur les fonds publics une dépréciation fatale.

Ces réélections sont les suivantes (1) : M. Caussidière, ex-préfet de police ; —M. Moreau, notaire, qui remplace M. Dupont de l'Eure ; — M. Goudchaux, ancien ministre des finances, qui remplace M. Armand Marrast ; — M. le général Changarnier, qui remplace M. le général Cavaignac ; — M. Pierre Leroux, homme de lettres, qui remplace M. Crémieux ; — M. Louis-Bonaparte, qui remplace M. Duvivier (décédé) ; — M. Ch. Lagrange, négociant, qui remplace M. Recurt ; —M. Boissel, ancien pharmacien, qui remplace M. Bastide ; — M. Proudhon, publiciste, qui remplace M. Pagnerre ; — M. Victor Hugo, de l'Institut, qui remplace M. Bethmont. On voit que tous les partis étaient représentés dans cette étrange élection. Les économistes portèrent Pierre Leroux ; les artistes, Victor Hugo ; la bourgeoisie, Boissel, Goudchaux, Moreau ; la République bleue, Louis-Napoléon ; la République blanche, Changarnier ; et la République rouge, Caussidière, Lagrange et Proudhon.

Le résultat des élections fut loin de faire cesser l'agitation et les attroupements de la capitale ; la garde nationale s'unit aux dragons, et eut fort à faire pour empêcher les collisions qui pouvaient naître de la résistance des groupes devant la force militaire chargée de faire respecter les ordonnances. Cet entêtement d'une certaine partie de la population ne s'explique pas. Pour éloigner les oisifs et les curieux qui grossissent toujours ces attroupements, un journal publie la note suivante :

« Nous croyons devoir donner un sérieux avertissement aux curieux qui se portent, par partie de plaisir, sur les théâtres des rassemblements. — Voici le projet qu'on prête à quelques anarchistes : Après avoir provoqué des attroupements inoffensifs, ils se proposent, au premier moment, de tirer sur la troupe plusieurs coups de pistolet. Le procédé n'est pas nouveau. On se place au 3ᵉ ou au 4ᵉ rang de la foule, et on tire. On espère que la troupe attaquée ripostera par une fusillade. Alors on a des victimes, et on porte leurs cadavres en criant : *Aux armes! vengeance! on égorge nos frères!* — D'où il suit que les curieux s'exposent à servir de trophées sanglants aux fauteurs d'insurrection. »

Un bruit qui s'est plusieurs fois reproduit depuis, et auquel des hommes politiques éminents ont semblé donner le crédit de leur adhésion, circula dans le même temps. Nous voulons parler d'un rapprochement, d'une fusion d'intérêts dynastiques entre les deux branches royales. Henri V n'ayant point d'enfant (et l'on ajoutait ainsi qu'il y avait peu de probabilité qu'il en eût jamais), adopterait le comte de Paris, et ainsi la ligne de légitimité ne serait

---

(1) La liste que nous avons donnée plus haut des membres de l'Assemblée constituante porte, nécessairement, les noms définitifs, toute option terminée.

pas détruite, puisqu'en n'admettant ni la révolution de 1830, ni celle de 1848, le comte de Paris est l'héritier naturel de Henri V. On ajoutait, sans doute pour faire réussir cette idée dans le peuple, que les princes de la famille royale et l'aristocratie intéressée à leur retour, rendraient le milliard donné en indemnité aux émigrés. Mais on assurait aussi que ce projet, soumis aux princes de la famille d'Orléans, n'avait pas trouvé leurs sympathies.— « Je suis bleu, — aurait dit le prince de Joinville, — et je ne veux pas déteindre. »

Nous voulons mêler à toutes ces pages, tristes ou sérieuses, une page charmante. L'Emprunt s'excusera de lui-même. Le fait est celui-ci : Le journal *l'Assemblée nationale* ne devinant pas quelle cause avait pu amener la double démission de notre chansonnier-représentant, avait annoncé le mariage de Béranger avec sa chambrière. Voici ce que celui-ci crut devoir écrire au journal mal informé :

« Monsieur,

« Vous avez l'obligeance de m'envoyer votre journal depuis le 1er juin; mais je dois au hasard de lire aujourd'hui votre numéro du 30 mai.

« On y assure que je viens de me marier, que j'ai épousé ma servante, et que tout Passy a été l'heureux témoin de la noce.

« Parmi toutes les nouvelles fausses qui enrichissent nos journaux, il n'en est pas qui ait pu me surprendre plus que celle-là. Si l'article n'intéressait que moi, je laisserais courir cette nouvelle, même à Passy, qui ne se doute guère du plaisir que lui a procuré ce prétendu mariage *in extremis*.

« Mais il faut que vous le sachiez, monsieur, la personne que votre collaborateur désigne comme ma servante, et dont il donne même le nom, ce qui ajoute à la convenance d'une telle fable, est une amie de ma première jeunesse, à qui je dois de la reconnaissance. Plus favorisée que moi par sa position de famille, il y a cinquante ans qu'elle rendait à ma pauvreté bien des petits services d'argent. Pour me rendre service encore, lorsque tous deux nous touchions à la soixantaine, elle voulut bien se charger de tenir mon premier ménage, que me forçait de prendre une tante infirme dont je voulais soigner la vieillesse.

« Vieux amis qui ne nous étions jamais perdus de vue, nous ne nous doutions guère que nos cent seize ans réunis sous le même toit fourniraient matière aux médisances du feuilleton, et la vieille demoiselle était loin de penser, toute modeste qu'elle est, qu'en la voyant établir autour de moi une économie indispensable à tous deux, on la prendrait pour la servante du logis, ce qui, après tout, n'eût blessé ni ses sentiments démocratiques ni les miens.

« Je ne croyais, quant à moi, son nom connu que de nos amis communs et de quelques indigents. Grâce à votre collaborateur, monsieur, ce nom est arrivé aux oreilles du public ; c'est pourquoi je suis contraint de faire connaître celle qui le porte.

« Vous jugerez donc, je l'espère, l'insertion de ma lettre juste et nécessaire, pour détruire l'effet d'un article que je regrette de n'avoir pas connu plus tôt. Je ne me plains pas de l'esprit qui l'a dicté en ce qui me touche; mais je crois de mon devoir d'apprendre à vos lecteurs que ma vieille amie a toujours eu trop de bon sens pour avoir désiré jamais d'être la femme d'un pauvre fou qui a mis son bonheur en chansons et livré sa vie à la discrétion des journalistes.

« D'après différentes anecdotes inventées sur mon compte, et aussi vraisemblables que celle de mon prétendu mariage, j'en conclus, monsieur, qu'il y a de ma faute dans tout cela.

« Malgré mon amour de la retraite, le désir d'obliger m'a fait recevoir trop de visiteurs. Jusqu'à ce que la délicatesse et le bon goût empêchent de franchir les murs dont la loi, dit-on, entoure la vie privée, il faut, je le vois, fermer bien notre porte. Désormais, je vais mettre un verrou à la mienne, et j'aurai l'obligation d'un peu plus de repos à votre spirituel feuilletoniste.

« Remerciez-le donc de ma part, monsieur, et recevez, je vous prie, l'assurance de ma considération distinguée. « Votre très-humble serviteur.

« Passy, 5 juin 1848. « Béranger. »

Le même jour le journal *l'Organisation du travail* publie une liste des riches, c'est-à-dire des capitalistes, des banquiers, des notaires que l'on signale, le moment venu, à la colère du peuple : c'est un appel au pillage. *La Réforme* reproduit cette liste.

Mais revenons à l'affaire des réélections.

78,000 votants envoyèrent à l'Assemblée constituante MM. Proudhon, Pierre Leroux et Charles Lagrange. M. Thiers fut élu dans cinq départements. Louis Bonaparte, dont la candidature était née brusquement sur quatre points à la fois, avait partout obtenu des majorités considérables. Dans les campagnes c'était un fanatisme, vibrant au souvenir du grand homme, et des villages entiers s'en furent voter, leur maire en tête, au son du tambour.

Le 10 juin, une foule immense s'amassa autour de la Chambre, que des ordres précis, cette fois, avaient entourée d'une imposante force.

On attendait Louis-Napoléon, qu'on s'imaginait voir arriver à la séance. Le gouvernement avait maladroitement laissé voir les craintes que lui inspirait la soudaine popularité qui se révélait autour de l'héritier d'un si grand nom. Le peuple, naturellement taquin envers l'autorité, n'en mettait que plus d'ardeur à manifester sa sympathie pour l'élu de la Moselle, de l'Yonne, de la Sarthe, de Paris. Les attroupements qui naissent de cet état de choses permettent à la police de faire huit cents arrestations. Les ministres, allarmés, se décident à présenter à la Chambre des mesures d'urgence contre l'élection de Louis-Napoléon. Ces bruits circulent dans la ville, et les têtes commencent à s'échauffer devant l'hostilité de la commission exécutive à l'égard de l'élu populaire. Les rassemblements augmentent, le nom de Louis-Napoléon leur sert de ralliement. Les amis du prince s'inquiètent de cet état de choses : ils craignent que le nom glorieux de l'empereur, qui donne en ce moment une si grande popularité à celui qui le porte, ne devienne le prétexte ou la cause de quelque événement déplorable, qui mêle le sang à son auréole lumineuse......

Par les soins de M. Temblaire, la proclamation suivante est affichée :

« Citoyens,

« Dans la matinée du 24 février, vous m'avez vu à votre tête, au milieu du faubourg Saint-Antoine, et à midi, 10,000 hommes qui me suivaient s'emparaient de l'Hôtel-de-Ville, que je n'ai quitté que le 27, sans vouloir ni grade ni commandement. Je crois donc avoir prouvé mon dévouement profond, désintéressé à la République. A ce titre quelques-uns de ceux qui ont combattu avec moi sur les barricades de février écouteront peut-être mes conseils.

« Des meneurs perfides sèment l'agitation autour de nous; ils couvrent leurs projets du nom de notre concitoyen Louis-Napoléon Bonaparte, de ce nom qui repousse le désordre et l'anarchie. Evitez, citoyens, les piéges qu'on voudrait vous tendre; attendez avec calme la décision souveraine de l'Assemblée nationale. Des ennemis peuvent seuls vous pousser à des manifestations blâmables; elles seraient, croyez-moi, énergiquement désapprouvées par notre nouveau représentant, auquel la République vient de rendre une patrie, et qui m'écrivait de l'exil, le 15 mai dernier :

« ...... Je n'ai pas d'autre ambition que d'être utile à mon pays, et je crois en avoir
« donné une preuve en m'éloignant, car je préférerai toujours sacrifier même le bonheur
« d'être en France, à l'idée de nuire en quoi que ce soit à l'affermissement d'un gouvernement
« qui doit recevoir sa force de la libre élection de toute la nation.

« Vive la République ! « Le général PIAT,
« Colonel de la 4ᵉ légion de la garde nationale de la Seine. »

L'effet de cette publication fut bon, sinon complet. Par ses avertissements, elle amoindrit plus d'un symptôme précurseur de l'orage. Le peuple crut à cette voix du seul officier général qui se fût montré dans ses rangs aux barricades de février; pourtant la foule se porta vers la Chambre, l'heure venue, où devait se discuter l'admission de l'impérial élu. Voici ce qui se passa à cette curieuse séance :

Avant que le président eut ouvert la séance, M. Napoléon Bonaparte, fils de l'ex-roi Jérôme, attendait au pied de la tribune, comme prêt à prendre la parole. Il fut le premier à y monter, et protesta vivement, éloquemment, contre les projets liberticides qu'on prêtait à son cousin, déclarant que celui-ci n'avait d'autre ambition que celle d'être reçu à l'Assemblée comme simple citoyen, et désavouant à l'avance toute tentative anti-républicaine faite en son nom. L'orateur termina par quelques allusions aux bruits répandus, que les élections qui avaient, sur plusieurs points de la France, été favorables à son parent, étaient le fruit d'une corruption payée par l'or étranger.

Ce discours est à peine terminé, qu'on entend au dehors battre le tambour. Une grande rumeur se manifeste aux abords de la Chambre; le bruit court qu'un coup de pistolet vient d'être tiré sur un officier de la garde nationale, blessé à la main. On ignore qui a commis cet attentat, personne n'a pu être arrêté. Le général Clément Thomas se dirige vers le centre de la place, et on l'accueille aux cris de : *Vive la Légion-d'Honneur !* auquel il répond par celui de : *Vive la République !* De leur côté, les gardes nationaux crient : *Vive l'Assemblée nationale !* La foule s'épaissit, versée par toutes les rues et par le boulevard sur ce grand centre, théâtre passé, théâtre futur de tant de luttes, de drames, de fêtes..... On crie : *Vive Louis Napoléon !* Quelques vieux invalides crient même : *Vive l'empereur !*

Alors le général Clément Thomas, le général Négrier et quelques officiers d'état-major se mettent à la tête d'un peloton de dragons, qui part au galop et le sabre au poing. La charge bat derrière. Une compagnie de la garde nationale et 2 ou 300 mobiles se joignent à la cavalerie; les curieux s'enfuient..... On sait qu'il ne s'agissait véritablement que de cris, et que rien de sérieux n'était prémédité. Et pourtant, à la tribune, un orateur tire un parti habile de la rumeur qui vient du dehors; trompé peut-être par quelque faux rapport, il annonce qu'on vient de faire feu sur la force publique... que ce sont les partisans aveugles de Louis-Napoléon qui suscitent ces émeutes agressives... qu'une mesure d'urgence est nécessaire contre un prétendant dont les antécédents sont connus.....

Voici, au reste, comment, dans son ouvrage, M. de Lamartine pose la situation, et explique, ou justifie, la part qu'il prit dans l'opposition que le gouvernement allait faire à l'admission du prince Louis Bonaparte dans l'Assemblée des représentants du peuple :

« De nombreux attroupements se formaient tous les soirs sur les boulevarts, parcourus et harangués par les partisans de Napoléon. Le gouvernement employait avec énergie la garde mobile, la garde nationale, pour les dissoudre, ils renaissaient tous les jours. M. Clément Thomas, commandant général de la garde nationale, prodiguait sa parole, sa personne et sa vie au milieu de ce peuple ameuté. Le gouvernement s'y portait lui-même. Il proclama la loi contre les attroupements; en une seule nuit M. Clément Thomas arrêta 500 de ces agitateurs. Les attroupements cessèrent, mais le double levain de sédition qui couvait dans la faction bonapartiste et dans la faction prolétaire, ne cessa pas d'envenimer l'esprit des ateliers nationaux.

« M. de Lamartine sentit le danger, il résolut de le combattre avec énergie, avant qu'il eût pris des proportions irrésistibles. Il était ennemi des proscriptions, mais non des précautions sévères qui, en éloignant temporairement un individu, préservent une institution et un pays. Il prit auprès de ses collègues l'initiative du décret qui tendait à maintenir, pendant la fondation de la République, l'ostracisme du prince Louis-Napoléon Bonaparte. C'était, de tous les membres de cette dynastie proscrite, celui qui était le plus signalé par la faveur populaire. Héritier du trône impérial en vertu d'un sénatus-consulte, ce prince, peu connu et mal représenté alors en France, était le seul qui eût tenté de faire valoir ce titre à la souveraineté de la France par deux tentatives qui avaient à la fois répandu et exilé son nom.

« Le gouvernement tout entier, partageant la sollicitude de Lamartine pour la République, signa le décret. Lamartine porta le décret à l'Assemblée, il se proposait de le lire à la fin de la séance. Une discussion sur l'intérieur l'amena inopinément à la tribune. Pendant qu'il y répondait à un discours d'opposition, on vint lui annoncer que les attroupements bonapartistes couvraient la place de la Concorde, et qu'un coup de feu, tiré sur le commandant général Clément Thomas, venait de percer la main d'un de ses officiers. Lamartine, indigné, suspendit son discours, tira de sa poitrine le décret de proscription temporaire de Louis-Napoléon, le plaça sur la tribune, et reprenant la parole :

« Citoyens, dit-il, une circonstance fatale vient d'interrompre le discours
« que j'avais l'honneur d'adresser à cette Assemblée, pendant que je parlais
« des conditions de reconstitution de l'ordre et des garanties que nous étions
« tous disposés à donner au raffermissement de l'autorité. Un coup de feu,
« plusieurs coups de fusil, dit-on, étaient tirés, l'un sur le commandant de la
« garde nationale de Paris, l'autre sur un des braves officiers de l'armée, un
« troisième, enfin, assure-t-on, sur la poitrine d'un officier de la garde na-
« tionale. Ces coups de fusil étaient tirés aux cris de : *Vive l'Empereur !*

« Messieurs, c'est la première goutte de sang qui ait taché la révolution
« éternellement pure et glorieuse du 24 Février. » (M. de Lamartine, en s'exprimant ainsi, oubliait évidemment les récents événements de Rouen.)
« Gloire à la population! gloire aux différents partis de la République! Du
« moins ce sang n'a pas été versé par leurs mains, il a coulé, non pas au
« nom de la liberté, mais au nom du fanatisme des souvenirs militaires, et
« d'une opinion naturellement, quoique involontairement, peut-être enne-
« mie invétérée de toute République.

« Citoyens ! en déplorant avec vous le malheur qui vient d'arriver, le gou-
« vernement n'a pas eu le tort de ne s'être pas armé, autant qu'il était en
« lui, contre ces éventualités; ce matin même, une heure avant la séance,

« nous avons signé d'une main unanime une déclaration que nous nous pro-
« posions de vous lire à la fin de la séance, et que cette circonstance me
« force à vous lire à l'instant même. Lorsque l'audace des factions est prise
« en flagrant délit, et prise la main dans le sang français, la loi doit être ap-
« pliquée d'acclamation.

« La déclaration que je vais avoir l'honneur de lire à l'Assemblée ne com-
« porte autre chose que l'exécution de la loi existante; il était nécessaire,
« pour la vérification des pouvoirs qui peut avoir lieu demain, il était in-
« dispensable pour que les esprits fussent préparés à la délibération d'une
« autre proposition faite sur le même sujet, et qui devait être discutée de-
« main ou après-demain, il était nécessaire, dis-je aussi, que l'Assemblée
« nationale connût les intentions de la commission exécutive à l'égard de
« Charles-Louis Bonaparte.

« Voici le texte du décret que nous vous proposons :

« La commission du pouvoir exécutif,

« Vu l'art. 4 de la loi du 12 janvier 1816, et les art. 12 et 6 de la loi du 16 avril 1832 ;

« Considérant que Charles-Louis-Napoléon Bonaparte est compris dans la loi de 1832, qui exile du territoire français les membres de la famille Bonaparte;

« Considérant que s'il a été dérogé de fait à cette loi par le vote de l'Assemblée, qui a admis trois membres de cette famille à faire partie de l'Assemblée, cette dérogation, tout individuelle, ne s'étend ni de droit ni de fait aux autres membres de la famille;

« Considérant que la France veut fonder en paix et en ordre le gouvernement républicain populaire, sans être troublée dans cette œuvre par les prétentions ou par les ambitions dynastiques de nature à former des partis ou des factions dans l'État, et par suite à fomenter même involontairement des guerres civiles;

« Considérant que Charles-Louis-Napoléon Bonaparte a fait deux fois acte de prétendant en revendiquant une république avec un empereur, c'est-à-dire une république dérisoire, au nom du senatus-consulte de l'an 13;

« Considérant que des agitations attentatoires à la République populaire que nous voulons fonder, compromettantes pour la sûreté des institutions et pour la paix publique, se sont déjà révélées au nom de Charles-Louis-Napoléon Bonaparte;

« Considérant que ces agitations, symptômes de manœuvres coupables, pourraient acquérir une importance dangereuse à l'établissement de la République, si elles étaient autorisées par l'indulgence, par la négligence ou par la faiblesse du gouvernement;

« Considérant que le gouvernement ne peut accepter la responsabilité du danger que courraient la forme républicaine des institutions, et la paix publique, s'il manquait au premier de ses devoirs, en n'exécutant pas une loi existante, justifiée plus que jamais, pendant un temps indéterminé, par la raison d'État et par le salut public, déclare :

« Qu'il fera exécuter, en ce qui concerne Charles-Louis-Napoléon Bonaparte, la loi de 1832, jusqu'au jour où l'Assemblée nationale en aurait autrement décidé. »

Une grande agitation accueille cette lecture. Les deux cousins du personnage en cause s'élancent à la tribune et protestent l'un après l'autre contre un arrêt de proscription au secours duquel on appelle les émotions d'une journée d'émeute. La Chambre comprend qu'en votant sur-le-champ comme on le lui demande, elle semblerait agir sous la pression de la crainte; elle remet au lendemain la discussion.

Dans la soirée l'agitation s'éteint. On assure que les coups de feu dont M. de Lamartine a parlé à la tribune n'ont pas retenti, et que l'officier de la garde nationale s'est blessé lui-même par imprudence, un pistolet qu'il portait dans sa poche ayant fait feu, évidemment. La nuit est tranquille. Mais le gouvernement n'est pas rassuré pour le lendemain ; car les constituants auront à se prononcer sur cette grave question de souveraineté nationale : la Chambre peut-elle repousser de son sein un homme élu par quatre départements ?

Nous décrirons avec ceux des détails qui paraissent nécessaires à la juste appréciation d'un acte de cette importance, la séance d'où est, peut-on dire, sortie la situation nouvelle faite au pays par le vote du 10 décembre 1848.

Les abords de la Chambre furent, le 13 juin, gardés par un déploiement de forces considérable. Cavalerie, gardes nationaux, gardes mobiles enveloppaient toutes les issues par lesquelles on y pouvait parvenir.

La Chambre, réunie à une heure, offre l'aspect de cette agitation qui est le propre des crises vitales. On sent là que de la discussion qui va s'engager, résultera la tranquillité ou le trouble du pays. Le vote des constituants résolu, le calme se répandra dans la ville ou l'émeute jaillira des faubourgs. Le matin même on avait eu connaissance dans le public de la dépêche que la commission du pouvoir exécutif avait envoyée dans les départements pour l'arrestation de M. Louis Bonaparte, avant que l'Assemblée nationale ne se fût occupée de son élection. Voici cette dépêche :

« Paris, 12 juin 1848, à une heure du soir.

« *Le ministre de l'intérieur aux préfets et sous-préfets.*

« Par ordre de la commission du pouvoir exécutif, faites arrêter Charles-Louis-Napoléon Bonaparte, s'il est signalé dans votre département.

« Transmettez partout les ordres nécessaires.

Signalement :

« Agé de quarante ans, taille d'un mètre soixante-six centimètres, cheveux et sourcils châtains, yeux petits et gris, nez grand, bouche moyenne, lèvres épaisses, barbe brune, moustaches blondes, menton pointu, visage ovale, teint pâle. Marques particulières, tête enfoncée dans les épaules, épaules larges, dos voûté. »

Le portrait était peu flatteur, peu flatté... Mais revenons à la séance.

Les membres de la famille Bonaparte sont réunis au pied de la tribune..... Pour eux, la question est pour ainsi dire dynastique; car si la loi de 1816 et de 1832 n'est pas abrogée pour leur cousin, elle ne saurait s'abstenir pour eux.

On sent, à l'examen de l'Assemblée, qu'elle est hostile au candidat, la gauche surtout....

On attend avec impatience que la discussion s'engage. M. Duclerc, ministre des finances, monte à la tribune.... Mais il vient, au nom de l'Etat, solliciter la permission d'accaparer les assurances sur la propriété et les récoltes, en désintéressant les compagnies existantes. La motion paraît intempestive; elle est renvoyée à une autre séance. M. Degousée succède au jeune ministre du *National*.

Il demande tout nettement le maintien de la loi de 1832 à l'égard de Louis-Napoléon, c'est-à-dire le bannissement du député que Paris, l'Yonne et la Mayenne ont élu.

Le combat est engagé. Au long frémissement qui court sur les bancs, on sent qu'il s'agit de la question à la fois la plus grave et la plus passionnée qui doive se présenter peut-être de toute la session. M. Jules Favre succède à M. Degousée. Il lit à l'Assemblée le rapport de la commission nommée pour l'examen de la question. Ce rapport conclut à l'admission du prince Louis, à la majorité moins trois voix. Il se résume en proposant l'admission provisoire, sauf à l'élu de faire ses justifications d'âge et de nationalité. Le mot *prince* échappe à l'orateur au milieu de cette discussion; les républicains de la veille protestent contre cette qualification monarchique. M. Jules Favre retire un mot qui, — dit-il, — « peut avoir un caractère blessant pour la souveraineté nationale. »

Mais M. Buchez paraît à son tour à la tribune. M. Buchez est l'organe de la commission exécutive; le ministère lui a donné le mot d'ordre. L'action va donc s'engager plus sérieusement. M. Buchez cherche à établir une distinction entre les représentants nommés lors de la première élection et les élus de la seconde. On eût dit que l'orateur, par ces subtilités peu logiques, ne consentait à l'admission de Napoléon et de Pierre Bonaparte, qu'à la condition qu'on exclurait Louis. Le fils de l'ex-roi Jérôme, qui, dans toutes ces crises, se montra très-digne, très-courageux, éloquent même, interpelle vivement l'orateur, qui s'anime davantage, et finit par attaquer directement le prince-représentant à propos de ce qui se passe sur la place publique. Des allusions sont faites au coup de pistolet tiré la veille, et dont on semble accuser Louis-Napoléon, qui est à Londres, d'avoir pressé la détente. En un mot, M. Buchez, rapetissant la question de principe aux questions de personne, met plutôt en cause la valeur de l'élu que la validité de l'élection discutée; ce qu'il demande enfin, c'est que la Chambre corrige le vote universel, et que la République fasse contre le neveu de l'empereur ce que la Restauration fit contre Grégoire et Manuel, violences dont cette dernière ne s'est cependant pas bien trouvée...

On adresse à M. Buchez cette objection : Si le pays eût nommé le prince de Joinville, qu'eussiez-vous fait? Le prince de Joinville est proscrit; la loi de 1832 est abrogée par le fait. La preuve, c'est que des affiches posant la candidature de l'un et de l'autre, le gouvernement a fait déchirer celles qui étaient relatives au d'Orléans et a laissé subsister celles qui portaient le Bonaparte...

M. Buchez répond à l'Assemblée qu'en validant l'élection du prince Louis, elle s'expose à le voir entrer à la Chambre *accompagné des acclamations populaires.*

On répond que rien ne serait plus naturel, puisqu'il s'agit d'un représentant du *peuple.*

Toute cette discussion semble avoir, comme ces symphonies un peu confuses d'instruments divers, une base, une pédale obstinée : celle-ci descend de la Montagne et murmure constamment : *Strasbourg... Boulogne...*

Enfin, après diverses apparitions à la tribune d'adversaires et de partisans de M. Louis Bonaparte, M. Louis Blanc prend la parole. Son discours est en faveur de l'élu populaire, parce que l'orateur est voué corps et âme à la souveraineté du peuple. « Ce discours, — dit un appréciateur indépendant,

— rentre dans la catégorie de ces discours pompeux que la Chambre ne semble plus disposée à tolérer que dans la bouche de M. de Lamartine. Cependant la parole de M. Louis Blanc ne manque pas d'éclat. Les images sont adroitement mises en lumière, les reliefs en sont saillants ; mais l'ensemble est mal lié, les conséquences ne découlent pas rigoureusement les unes des autres. M. L. Blanc fera parfois de beaux discours, mais rarement il en fera de bons. »

M. Jules Favre reprend à son tour la parole, la Chambre ayant repoussé la clôture demandée par les amis du gouvernement. Cette fois, M. Jules Favre attaque les adversaires de Louis-Napoléon. Il attaque surtout M. de Lamartine, qu'il accuse d'avoir fait la veille de la fantasmagorie avec ces coups de feu destinés à jeter la stupeur dans la Chambre, et à obtenir un vote de trouble. M. Ledru-Rollin profite des cris que cette sortie de M. Jules Favre fait naître sur les bancs du pouvoir, pour reprendre les attaques dont la personne du prince est l'objet, au milieu d'une discussion qui devait s'en tenir aux principes. Il s'écrie que Louis Napoléon veut se soustraire au niveau général des représentants et entrer à la Chambre, non pas pour consolider la République, mais bien pour proclamer l'empire. « Il n'a pas fait de profession de foi, votre prétendant ! » — s'écrie-t-il.

M. Vieillard, ancien officier d'artillerie, représentant du département de la Manche, répond par la lecture de la lettre où le prince Louis proteste de son dévouement à la République.

Enfin, le gouvernement, qui sent que la victoire lui échappe, essaie de ne subir qu'une demi-défaite. Il demande, par la voix de M. Buchez, qu'on prononce un ajournement à l'admission de M. Louis Bonaparte, et que cette admission n'ait lieu qu'après la promulgation de la Constitution. La Chambre semble disposée à refuser tout terme moyen : le moment du vote définitif arrive enfin. Le président pose ainsi la question :

« Que ceux qui sont d'avis que le citoyen Louis-Napoléon soit admis comme représentant à l'Assemblée nationale veulent bien se lever. »

Les deux tiers à peu près des représentants se lèvent. Le dernier tiers proteste. Louis-Napoléon est admis. La commission exécutive, le ministère au moins, eût dû, semble-t-il, se retirer après ce vote ; tous restèrent.

Il semblerait ressortir de ce vote que, sous le régime du suffrage universel, ni roi, ni prince, ni ministre ne serait maître de frapper d'ostracisme, d'exil, une famille, un individu. Le peuple souverain, en élisant le banni, lui rouvre solennellement sa patrie !

Le bruit de l'admission de Louis-Napoléon se répandit dans Paris avec cette phénoménale célérité des grandes nouvelles. En peu d'instants, tous les rassemblements, si ardents, si bruyants la veille, le matin même, se dispersent, s'évanouissent. Chacun semble se faire messager de la victoire populaire ; la circulation est libre, la ville reprend son aspect des jours de travail et de sérénité. Et, comme si le peuple voulait se montrer reconnaissant envers la Chambre, on annonce que le banquet à 25 c. précédemment fixé de façon à donner à la tranquillité publique quelques alarmes, est remis à une autre date. En ce moment-là le peuple ne croyait plus avoir besoin de manifestation.

Dès le lendemain, la passion sembla aussi faire défaut au sanctuaire législatif. M. Duclerc avait promis un plan de finance de nature à remédier aux crises que la République n'avait pas seule occasionnées. Ce ministre vint faire l'exposé de son système. Il est bon de recueillir ces idées, contre lesquelles s'élevèrent systématiquement tous les ennemis du journal auquel appartenait M. Duclerc. Voici ce plan :

Créer 650 millions de ressources extraordinaires, applicables aux dix-huit mois de 1848 et 1849, en sus des ressources ordinaires.

Emprunter 150 millions à la Banque, en lui remettant 75 millions de rentes de la Caisse d'amortissement, et 75 millions de forêts nationales.

Vendre pour 125 millions de coupes et de superficie des bois de l'Etat.

Prendre l'encaisse des chemins de fer et porter en recette les revenus.

Appliquer aux dépenses ordinaires et extraordinaires 83 millions de la réserve de l'amortissement, qui devraient l'être au support du crédit et au rachat de la rente.

Tel était ce plan, qui fut jugé ruineux comme opération financière.

Ajoutons 100 millions d'émission de rentes pour les ressources départementales en 1848 et 1849, ce qui devait avoir pour effet d'avilir cette valeur.

L'emprunt à la Banque détournait cet établissement de sa destination. Créée pour venir en aide au commerce et à l'industrie, si l'Etat lui prend, la Banque affaiblit ces sources de la prospérité publique. Aliéner les bois de l'Etat, qui, en ces temps difficiles, ne pouvaient qu'être vendus à vil prix, c'était faire disparaître du budget un de ses revenus réguliers les plus importants. Créer des masses de nouvelles rentes sans faire énergiquement agir l'amortissement sur la dette publique, c'était compromettre le crédit et faire de ce gage de la confiance commerciale une machine à assignats.

Tout ce système eut peu de succès à la Chambre et dans l'opinion.

On parla aussi du projet d'accaparement des assurances en tous genres. Supprimer les assurances mutuelles parut une grave atteinte portée au droit d'association. Au système existant, l'Etat, disait-on, voulait substituer un supplément d'impôt assis sur les valeurs assurables. Nous n'avons pas à apprécier de nouveau ces projets, ces systèmes qui ont fait l'objet de mainte polémique orale et écrite.

Interpellé par M. de Falloux sur les ateliers nationaux, cette grande inquiétude de tous les hommes sérieux, et sur l'arrestation, ou plutôt l'enlèvement de M. Emile Thomas, le ministre Trélat fit la singulière réponse que nous transcrivons textuellement :

« En apparence, depuis quinze jours, — a dit le ministre des travaux publics, — nous n'avons pas beaucoup fait, mais je puis vous certifier qu'on a beaucoup préparé; et, si vous continuez, nous allons obtenir des résultats.

« J'aborde à présent, en peu de mots, la question personnelle. J'ai fait, dans ma vie, dernièrement, une chose que je n'avais jamais faite : une chose qui avait l'apparence d'une violence, une violence peut-être....

« C'est un devoir, un devoir pénible que j'ai accompli avec une grande souffrance.... J'ai été sous le poids de mon inexpérience ; *j'ai été trop médecin encore et pas assez homme du pouvoir....* »

Mais l'attention dut, le lendemain même, se reporter sur Louis Bonaparte dont on annonçait l'arrivée à Paris, et la prochaine entrée à la Chambre. Ces bruits étaient sans fondement. Le président de l'Assemblée reçut du prince une lettre datée de Londres, 14 juin, et dont il donna communication à ses collègues. Cette lettre était ainsi conçue ; c'est un des documents les plus importants de cette époque. Il pouvait contenir tout l'avenir du pays :

« Monsieur le président,

« Je partais pour me rendre à mon poste, quand j'apprends que mon élection sert de prétexte à des troubles déplorables et à des erreurs funestes. Je n'ai pas cherché l'honneur d'être représentant du peuple, parce que je savais les soupçons injurieux dont j'étais l'objet. Je recherchais encore moins le pouvoir. *Si le peuple m'imposait des devoirs, je saurais les remplir.* (Bruyante agitation.)

« Mais je désavoue tous ceux qui me prêtent des intentions ambitieuses que je n'ai pas. Mon nom est un symbole d'ordre, de nationalité, de gloire, et ce serait avec la plus vive douleur que je le verrais servir à augmenter les troubles et les déchirements de la patrie. Pour éviter un tel malheur, je resterais plutôt en exil. Je suis prêt à tous les sacrifices pour le bonheur de la France.

« Ayez la bonté, monsieur le président, de donner communication de ma lettre à l'Assemblée. Je vous envoie une copie de mes remercîments aux électeurs.

« Recevez l'expression de mes sentiments distingués.

« NAPOLÉON-LOUIS BONAPARTE. »

La plus vive agitation succède à cette lecture. Le général Cavaignac se récrie contre l'absence totale du mot République dans ce document qui rappelait en quelque sorte la fameuse missive de César au sénat romain ; la montagne articule mainte récrimination ardente. Le président de l'Assemblée reprend la parole. Une seconde pièce est annexée à la première. C'est un remercîment aux électeurs qui ont envoyé le prince à l'Assemblée. Il demande si l'on veut en entendre la lecture. Le bruit recommence, et la séance est moralement suspendue. Un billet est apporté au président par un huissier aux pieds duquel il est tombé d'une des tribunes publiques. En voici le contenu :

« Si vous ne lisez pas les remercîments de Louis-Napoléon aux électeurs, je vous déclare traître à la patrie. »

Signé : AUGUSTE BLUM,
Ancien élève de l'Ecole polytechnique.

Et, au milieu du tapage que le président maîtrise mal, MM. Cavaignac, Jules Favre et David (d'Angers) protestent de nouveau contre la lettre de M. Louis Bonaparte. MM. Clément Thomas et Duclerc essaient également de prendre la parole ; on parle d'une prise d'arme des faubourgs ; bref, l'agitation est telle, que le président pense qu'il n'a rien de mieux à faire que de lever la séance.

Nous avons déjà offert la lettre aux électeurs dont l'Assemblée ne voulut pas entendre la lecture, et dans laquelle, cette fois, le fameux mot *République* avait été écrit.

Enfin, pour épuiser ces documents d'une reproduction indispensable, devant la haute fortune qui attendait leur signataire, nous citerons une nouvelle lettre rapportée de Londres par un des secrétaires du prince, M. Briffaut. Nous mentionnons la voie qui la remit à destination, parce que le bruit courait la veille à l'Assemblée que M. Louis Bonaparte était dans les environs de Paris, tandis que, dans le fait, il n'avait pas quitté l'Angleterre, ainsi que cela fut authentiquement prouvé par le départ de Londres de M. Briffaut, constaté devant témoins, et son arrivée à Paris, au milieu d'une égale formalité.

Voici cette dernière lettre qui ne le cède aux précédentes, ni en prudence, ni en habileté.

« Londres, 15 juin 1848.

« Monsieur le président,

« J'étais fier d'avoir été élu représentant du peuple de Paris et dans trois autres départements. C'était, à mes yeux, une ample réparation pour trente années d'exil et six ans de captivité; mais les soupçons injurieux qu'a fait naître mon élection, mais les troubles dont elle a été le prétexte, mais l'hostilité du pouvoir exécutif, m'imposent le devoir de refuser un honneur qu'on croit avoir été obtenu par l'intrigue. Je désire l'ordre et le maintien d'une République sage, grande, intelligente; et, puisque involontairement je favorise le désordre, je dépose, non sans de vifs regrets, ma démission entre vos mains. (Sensation.)

« Bientôt, j'espère, le calme renaîtra, et me permettra de rentrer en France comme le plus simple des citoyens, mais aussi comme le plus dévoué aux repos et à la prospérité du pays.

« Recevez, etc.   *Signé*, Louis-Napoléon Bonaparte. »

Après cette lecture, le ministre de l'intérieur est chargé de convoquer de nouveau les électeurs pour la nomination d'un représentant.

Et le lendemain *le Moniteur* publie le décret suivant resté depuis trois semaines dans le portefeuille ministériel :

AU NOM DU PEUPLE FRANÇAIS.

« La commission du pouvoir exécutif a proposé,
« L'Assemblée nationale a adopté,
« La commission du pouvoir exécutif promulgue le décret dont la teneur suit :
« Le territoire de la France et de ses colonies, interdit à perpétuité à la branche aînée des Bourbons par la loi du 10 avril 1832, est interdit également à Louis-Philippe et à sa famille.
« Délibéré, en séance publique, à Paris, le 26 mai 1848.

« *Les président et secrétaires de l'Assemblée nationale*,

« Sénard, Peupin, Robert (des Ardennes), Émile Péan, Edmond Lafayette, Landrin, Bérard.

« *Les membres de la commission du pouvoir exécutif*,

« Arago, Garnier-Pagès, Marie, Lamartine, Ledru-Rollin, Pagnerre, *secrétaire*. »

Un fait d'une importance assurément toute secondaire fit cependant, à cette époque, une sorte de sensation dans un monde spécial. Nous voulons parler de la révocation de M. Alfred de Musset, bibliothécaire du ministre de l'intérieur. Cette mesure brutale, inepte, fit infiniment peu d'honneur à

M. Recurt, son ordonnateur. On pardonnera à un écrivain de citer la page suivante, inspirée par l'indignation à un des confrères du poète puni sans être coupable, et que son rare talent, une de nos gloires, eût même dû innocenter aux yeux d'un homme de cœur, s'il avait pu, par quelques épigrammes, sourire devant ces avocats sans cause, et ces médecins sans malades, parvenus, par l'audace et le hasard combinés, à régenter les destinées du pays.

« Mais qui êtes-vous donc pour toucher à un nom comme celui que nous venons de prononcer? D'où venez-vous, si vous ne le connaissez pas? Qu'avez-vous fait, si vous le connaissez? De quel droit, vous qui êtes obligé, pour ajouter un titre à votre nom, de vous appeler républicain de la veille, de quel droit venez-vous, fort de la position que vous avez escamotée, reprendre à un homme de génie la position qu'il a conquise?

Comment! voilà un écrivain qui a doté notre langue d'une admirable poésie; voilà un poète qui est le frère de Lamartine, de Hugo et de Byron; voilà un romancier qui est le rival de l'abbé Prévost, de Balzac, de George Sand; voilà un auteur dramatique qui, avec un seul acte, a fait gagner à la Comédie française plus d'argent que vous ne lui en donnez, vous, en six mois; voilà, enfin, un de ces penseurs qui n'a pas une seule fois sacrifié la dignité de l'art aux ambitions de fortune et de position; voilà un génie qui n'a demandé à Dieu et aux hommes que la liberté de vivre et de penser à son aise, qui n'a jamais été ni d'un club politique ni d'une coterie littéraire; et il se trouve un ministre qui passe, et qui, en passant, lui prend, pour y mettre qui donc? la place qui lui assurait cette liberté qu'il demandait, et qui n'était pas même l'*aurea mediocritas* d'Horace!

« Il est triste de penser qu'il y ait tant de places en France que nos républicains en ont tous; qu'ils en ont pour eux, pour leurs frères, pour leurs fils, pour leurs neveux, pour leurs coiffeurs, pour leurs valets de chambre, pour leurs usuriers, et qu'il se trouve un poète, Alfred de Musset, à qui la République vienne prendre la sienne!

« Ils ne savent donc pas, les hommes qui font de pareilles choses, qu'ils n'avaient qu'un moyen de transmettre leurs noms à l'avenir, c'était de faire juste le contraire de ce qu'ils font. Ils ne savent donc pas qu'il y a une royauté que ni émeute, ni barricade, ni révolution, ni république ne changeront, c'est la royauté de la pensée, du génie! Ils ne pressentent donc pas qu'il viendra un jour où la France aura besoin de toutes ses grandes intelligences et de tous ses bons esprits pour faire oublier au monde le triste et douloureux spectacle qu'ils lui donnent, et pour endormir sous leurs chants consolateurs la malade, que tous ces médecins, inconnus jusqu'au 24 février, auront épuisée au lieu de la guérir! »

La presse ayant été unanime à blâmer cette destitution, le gouvernement chercha à nier la faute commise, en se réfugiant derrière une équivoque. Une lettre de M. Alf. de Musset, publiée dans *la Patrie*, fit connaître la vérité de toute cette affaire. Cette lettre, la voici :

« Monsieur,

« Je lis dans votre journal qu'on avait annoncé par erreur que j'étais destitué de ma place de bibliothécaire, et que le ministre a fait démentir ce bruit. Voici, à ce sujet, la lettre que j'ai reçue un mois après sa date :

« Paris, le 8 mai 1848.

« Citoyen, j'ai le regret de vous annoncer que, par un arrêté du 5 mai courant, le ministre vous a admis à faire valoir vos droits à la retraite.

« Salut et fraternité.
« Le secrétaire général, CARTERET. »

« Cette lettre, vous le voyez, est aussi claire que laconique. Quant aux droits à la retraite, pour en avoir, il faudrait que j'eusse été nommé bibliothécaire à l'âge où j'apprenais à lire.

« Veuillez croire, du reste, monsieur, que je n'aurais jamais songé à entretenir le public d'une chose de si peu d'importance, si je n'étais profondément touché des marques d'intérêt et de bienveillance que j'ai reçues de la presse à cette occasion.

« Veuillez agréer, monsieur, l'assurance de ma parfaite considération.

« ALFRED DE MUSSET. »

La lettre du poète est précise, elle renferme la preuve à l'appui du fait. M. de Musset resta bel et bien destitué. Pourquoi? Par la raison que donne saint Augustin, apparemment....

Mais les événements politiques marchaient à grands pas vers la catastrophe inévitablement prévue par tous les gens sensés du pays. Le fameux *grand banquet de la fraternisation des travailleurs* (car c'était le titre qui lui avait été donné... en dehors de l'Académie), un moment différé, n'avait pu être perdu pour les hommes qui poursuivaient toutes les occasions de trouble. Après avoir hésité dans le choix du jour, ce fameux banquet dit *des 25 centimes* avait pris une date certaine (le 14 juillet, anniversaire de la prise de la Bastille), comme si cette échéance, inquiétant les esprits, devait plus perfidement suspendre toute sérénité et toute confiance dans la population. On cite, à propos de cette réunion ainsi fixée par les commissaires nommés, une réponse du général Cavaignac, ministre de la guerre, qui doit servir ici de date aux sentiments politiques qui animaient l'un des hommes qui ont joué un des plus beaux rôles de cette révolution, dont la solution est encore toute voilée des ténèbres de l'avenir.

— « Que pensez-vous, général, de ce banquet? — lui dit un de ses collègues.

— « Je pense, répondit le général Cavaignac, que les citoyens qui veulent dîner sur l'herbe aux environs de Vincennes (lieu choisi pour le banquet) ont le même droit de se réunir, que moi, ministre de la guerre, j'ai le droit de passer, à la même heure et sur le même terrain, une revue de 50,000 hommes, que je rassemblerai le 14 juillet. »

En même temps que la commission du banquet contrefacteur de celui du 22 février fixait sa date, les clubs signaient une pétition destinée aux membres de la commission exécutive. La voici. Les prétentions qu'elle formule étaient la conséquence de promesses plus aisément faites que réalisées :

« Citoyens, nos frères les représentants des délégués des ateliers nationaux ont exprimé au citoyen Lamartine, dans une entrevue qu'ils ont eue avec lui il y a quelques jours, les sentiments qui nous animent tous et notre ferme dévouement à la République démocratique et sociale que nous avons conquise sur les barricades de février. Nous avons accepté avec reconnaissance les paroles émanées du cœur du citoyen Lamartine, qui sont venues jeter sur notre position si malheureuse un rayon d'espérance; nous les avons acceptées, ces paroles chaleureuses, parce que la réalisation de ces promesses est le plus ardent de nos vœux.

« Ainsi, la fondation d'un ministère des institutions fraternelles; la demande d'un ensemble de crédit de 600 millions de fr. pour la fondation d'institutions agricoles et industrielles; des salles où le peuple irait faire son éducation politique; enfin de faire passer dans les faits le principe d'association. Alors, citoyens, nous avons tous oublié la misère qui nous accable, la faim qui nous tue; nous avons tout oublié, car nous avons foi dans ces promesses. Nous avons confiance dans le patriotisme républicain dont vous devez être la vivante image. Réalisez enfin, citoyens; et si jamais la République était en danger, et si jamais quelques vains et audacieux prétendants osaient tenter de lui porter atteinte, vous pourriez en tout temps, en toute sécurité, compter sur notre patriotisme et notre dévouement pour la défendre avec vous.

« *Vive la République démocratique et sociale!* »

On apprend que des troubles regrettables ont lieu dans divers départements. Il s'agit du recouvrement du fameux impôt des 45 centimes. A Guéret, les communes rurales se sont réunies au son du tocsin, et les paysans, armés de faulx, de piques, de toutes sortes d'instruments aratoires enfin, sont venus en ville menacer de mort quiconque paierait cet impôt. A Nîmes, qui le croirait? ce sont des querelles religieuses qui mettent l'émoi dans la population. Sur bon nombre d'autres points, enfin, les partisans de Louis Bonaparte crient : *Vive l'Empereur!* Ce cri n'est pas seulement proféré, mais il est affiché à Saintes, à Fécamp, à Romans, à Chartres. Partout le pays bout.

Mais la grande préoccupation de la Constituante, c'est les ateliers nationaux. Pas un seul représentant ne se lève pour défendre une institution, qu'on veut bien admettre comme une nécessité de circonstance, mais que tout le monde repousse comme création durable. M. Victor Hugo révèle, dans cette question brûlante, un brillant début oratoire. Le poète fait ressortir tous les vices de cet expédient, qui n'a, dit-il, donné à la France qu'une nouvelle classe de désœuvrés : *les désœuvrés de la misère*. Toute l'Assemblée s'est unie d'opinion à M. Victor Hugo, lorsqu'il a dit :

« Le résultat n'est pas seulement nul, il est fâcheux. Il est fâcheux au point de vue des finances et au point de vue politique.

« Je ne viendrai pas vous dire que c'est par vous que l'ouvrier a perdu le goût du labeur; je ne dirai pas que vous avez abattu sa fierté, cette santé de la conscience, que vous lui avez appris la honteuse puissance de la main tendue. Autrefois, nous avions le désœuvré de l'opulence; aujourd'hui, nous avons le désœuvré de la misère. La monarchie avait des oisifs; la République aurait-elle des fainéants?

« Non, le glorieux peuple de Juillet et de Février n'est pas un peuple qu'on peut abâtardir. Jamais, le voulût-on, on ne fera des ouvriers de Paris, de ces ouvriers intelligents par excellence, des lazzaroni en temps de paix, et des janissaires en temps de guerre.

« Non, je ne puis croire que jamais personne ait pu avoir cette monstrueuse pensée de convertir, dans une ville aussi intelligente que Paris, l'ouvrier en condottiere, et de faire de ces glorieux ouvriers des prétoriens de l'émeute au service de la dictature. »

Il fallut pourtant voter un nouveau crédit de trois millions pour soutenir cette institution, jusqu'au jour où il serait possible de prendre un énergique parti à son égard... Nous touchons à cette solution, qui fut terrible!

M. Clément Thomas donne sa démission de commandant supérieur de la garde nationale. A la même date, le journal *l'Organisation du travail*, le même qui avait précédemment signalé par noms et demeures, à qui de droit, les riches habitants de Paris, publiait, à l'adresse de l'Assemblée constituante, les lignes qui suivent :

« Songez-y bien! le peuple dépasse toujours les limites, quand il obtient par la force. — En 89, il demandait l'abolition des priviléges.... il eut la République. — En 1830, il voulait la liberté de la presse.... il eut le renversement de Charles X. — En 1848, il voulait la réforme.... il eut encore la République. — Aujourd'hui, que demande-t-il? Du pain.... Qu'obtiendra-t-il? L'avenir bientôt répondra! »

A Lisieux, le placard suivant est affiché sur plusieurs points de la ville :

« Vive Napoléon II!
« Lui seul peut faire le bonheur de la France et lui rendre l'honneur!
« Vive Napoléon II!

Sur une foule de points, les percepteurs sont contraints de renoncer à exiger l'impôt des 45 centimes.

M. Thiers, élu dans cinq départements (Seine, Seine-Inférieure, Gironde, Orne et Mayenne), sur l'avis de ses amis politiques, opte pour la Seine-Inférieure.

Le prince Napoléon Bonaparte adresse aux gardes nationaux de la 2ᵉ légion, une circulaire pour décliner la candidature de colonel, en prétextant que, selon lui, les fonctions de représentant du peuple et le titre de commandant d'une force armée dans Paris, sont incompatibles.

Mais la crise approche. Le 22 juin on lit dans le *Moniteur* le document qui suit :

« La commission du pouvoir exécutif a donné des ordres pour que les enrôlements commencent dès demain dans les ateliers nationaux : on se rappelle qu'une décision récente a prescrit que les ouvriers de dix-sept à vingt-cinq ans devaient contracter des engagements dans l'armée ou que, sur leur refus, ils ne seraient plus reçus dans les ateliers qui les entretiennent aujourd'hui. On a différé l'exécution de cette mesure, afin de laisser à tous les jeunes ouvriers le temps de faire leur choix avec la maturité nécessaire ; mais le public et les ouvriers eux-mêmes verront avec plaisir que par cette mesure on commence enfin la solution de cette grande question. »

Cette nouvelle se répand dans Paris avec une rapidité tout électrique, 12 à 1,500 ouvriers se rassemblent place Saint-Victor, pour aller protester contre cet arrêté, devant le ministère occupé par M. Trélat. En chemin, cette manifestation rencontre M. Louis Pujol, auteur d'une récente publication distribuée au peuple sous ce titre biblique et fatal : *Prophétie des jours sanglants*. M. Pujol détourne cette colonne de son chemin, pour la conduire au Luxembourg, vers la commission du pouvoir exécutif. Là, ce meneur, introduit avec quatre délégués, eut avec M. Marie une conversation fort vive. Voici quelques-unes de ses paroles :

« Avant le 24 février, le peuple des travailleurs subissait la funeste influence du capital; pour se soustraire à celle de ses maîtres, il fit des barricades, et ne déposa les armes qu'après avoir proclamé la République démocratique et sociale, qui devait pour toujours le soustraire à la servitude. Aujourd'hui les travailleurs s'aperçoivent qu'ils ont été indignement trompés... C'est vous dire qu'ils sont prêts à faire tous les sacrifices, même celui de la vie, pour le maintien de leurs libertés... »

— « Je vous comprends ! — répondit M. Marie. — Eh bien, écoutez ceci : Si les ouvriers ne veulent pas partir pour la province, nous les y contraindrons par la force... oui, par la force ! »

Les délégués se retirèrent pleins d'un courroux qu'ils firent aisément partager à leurs camarades dont les rangs accrus stationnaient au dehors. « Gloire à vous, enfants de Paris ! — s'écria un des orateurs populaires, — vous allez donner à la France un exemple de votre patriotisme et de votre courage ! Unissons-nous ! et que ce cri retentisse aux oreilles de nos persécuteurs : *Du travail et du pain !* S'ils sont sourds à la voix du peuple, malheur à eux ! Vous avez promis de souffrir trois mois de misère pour la République... vengez-vous de trois mois de trahison... En avant ! »

Il est juste de dire que la population ouvrière avait à se plaindre de plus d'une intempestive mesure. Ainsi, pour en revenir à ces déplorables ateliers nationaux, le jour même où la commission exécutive donnait des ordres pour faire commencer l'opération des enrôlements, M. Léon Lalanne, qui avait succédé à M. Émile Thomas, supprimait le bureau des secours, augmentait de 50 pour 100 le prix des produits des ateliers de cordonniers et tailleurs, et donnait à cette mesure un effet rétroactif. En même temps il supprimait aussi le bureau médical, et ordonnait à tous les chefs d'arrondissement de faire cesser les travaux dans leurs chantiers.

Ce fut ainsi qu'il suffit de quelques heures pour rendre à la physionomie de Paris la teinte funèbre des plus mauvais jours. « Une vague inquiétude se répandit dans la capitale, — dit un historien courroucé de ces journées funestes, en accusant le gouvernement d'avoir voulu amener le peuple dans la rue, pour puiser dans sa défaite la possibilité de revenir sur les concessions de février. — Le malentendu terrible qui existait dans la capitale, entre les diverses classes de la société, allait se dénouer ; l'atmosphère était chargé d'électricité. On entendait çà et là des paroles qui sentaient la poudre. Avant de vomir sa lave, le volcan gémissait sourdement. L'insurrection de juin, — continue l'auteur démocratique que nous citons dans ses attaques contre le gouvernement, et auquel nous opposerons plus bas la version d'un des membres mêmes de ce gouvernement, — l'insurrection de juin, dit-il, a sa cause principale et ses causes déterminantes qu'il importe de ne pas confondre. La non exécution de toutes les promesses de l'Hôtel-de-Ville, le droit au travail méconnu par la dissolution des ateliers nationaux, les tendances monarchiques qui perçaient dans tous les actes de l'Assemblée, voilà ce qui décida une prise d'armes des soldats du parti démocrate-socialiste, car les chefs, encombrant toutes les avenues du pouvoir, étaient satisfaits et ne connaissaient plus ni les besoins, ni les excitations, ni les souffrances de leur parti. Le mouvement, considéré dans son ensemble, fut donc révolutionnaire et socialiste. Dans ses détails et comme causes accessoires, accidentelles, le double levain de sédition qui courait dans la faction bonapartiste et dans les autres factions dynastiques envenimait l'esprit des ateliers nationaux. Les agents de ces factions parcouraient les groupes populaires et excitaient par

Garde Républicaine à pied.

1849.

mille récits l'irritation déjà si grande des ouvriers. La réaction voulait à tout prix sortir de l'état révolutionnaire, tenter de prendre une revanche de février, d'en finir avec la queue du parti dont on n'avait pu saisir que la tête le 15 mai? N'était-il pas urgent, pour rendre possible une restauration quelconque, de commencer par raffermir sur leurs trônes chancelants tous les souverains d'Europe? C'en était fait de la cause monarchique si on ne comprimait pas en France le mouvement révolutionnaire. Et comment l'étouffer sans un prétexte en apparence plausible, sans une sanglante émeute? M. Flocon, jouant au Colbert, voulant prouver aux royalistes que les républicains étaient capables de faire d'excellents ministres, vivait dans une ignorance profonde de ce qui se passait au-delà des murs de son hôtel ministériel. Il prit les causes déterminantes pour la cause réelle, et il fut de bonne foi lorsqu'il crut mettre le doigt sur la plaie en disant au début de l'insurrection à la tribune de l'Assemblée : « Si l'on pouvait saisir dans son origine, et « l'on y parviendra, les fils de cette agitation qui se perpétue depuis trop long- « temps, on y découvrirait plus que la main d'un prétendant, plus que la main « d'ouvriers égarés; on y trouverait la main de l'étranger. » Les sommes importantes trouvées sur plusieurs individus arrêtés vinrent en partie confirmer cette triste vérité. L'Autriche succombait, la Prusse agonisait, toute l'Allemagne se démocratisait, l'Italie avait proclamé son indépendance, l'Europe entière, enfin, était en combustion, et les agitations intérieures de la France, la défaite de la démocratie, pouvaient seules sauver le principe monarchique et raviver les espérances des prétendants. De là les trames ourdies par les émissaires de l'étranger, et l'ardeur des vieux partis à pousser le gouvernement dans la voie des mesures extrêmes qui devaient provoquer des résistances. Les hommes du passé savaient qu'un combat de rues serait facilement réprimé et les rendrait maîtres absolus d'une république affaiblie par la mort, l'emprisonnement, l'exil et la division de ses enfants. La contre-révolution européenne attendait ce signal pour submerger peu à peu la démocratie. Mais ces machinations, — dit, pour finir, l'auteur cité, — eussent été impuissantes à amener une explosion si le peuple n'y eût été poussé par de graves atteintes à ses droits et à ses libertés. L'or de l'étranger, les trames des factions royalistes peuvent produire de misérables émeutes, mais jamais une lutte pareille à celle de juin. Le prolétariat voulait faire aboutir la révolution de février à son émancipation, et il poursuivit ce but jusqu'à la mort. »

Si cette préméditation, cette machination du pouvoir devait être acceptée, il faudrait donner toute l'autorité d'une révélation à ce que publia le journal *la Presse*, dans les jours qui précédèrent cette sanglante bataille. Voici ces lignes :

« Il faut que ça aille plus mal encore! — Pourquoi donc? — Parce que nous n'avons plus qu'un moyen de garder le pouvoir qui nous échappe. — Quel moyen?—C'est de rendre nécessaire la dictature du général Cavaignac. — Mais c'est un caractère indécis, un esprit faible.... — Q'importe, on ne le sait pas, et cette faiblesse a pour correctif 60,000 hommes de troupes à Paris et dans les environs. Nous n'attendrons plus que la circonstance; elle ne se fera pas attendre longtemps. »

Certes, on doit hésiter à croire que la soif du pouvoir ait pu pousser de mauvais citoyens à provoquer une lutte fratricide. Qu'un ou deux membres du gouvernement ait eu, en secret, cette pensée de sang ennoblie, même, s'il est possible, par le fanatisme du bien public devant résulter d'une nouvelle victoire sur les factions ardentes, cela n'est pas impossible! Mais donner à tout un conseil d'hommes honorables une préméditation pareille, c'est une pensée révoltante, et nous ne voudrions pas formuler une semblable accusation. Aussi, aux pages précédentes qui accusent, ajouterons-nous les suivantes qui expliquent, en attendant celles qui défendent.

« La physionomie de la République, depuis quelques jours, m'afflige, — « disait M. de Lamartine à ses collègues.—Je ne veux pas assumer sur mon « nom la responsabilité d'une situation de faiblesse, et de désarmement de « la société qui pourrait dégénérer en anarchie. Je demande deux choses : « des lois de sécurité publique sur les attroupements, sur les clubs, sur les « abus du criage des journaux anarchiques, sur la faculté d'éloigner de Pa- « ris dans leurs communes les agitateurs convaincus de troubles publics, et « enfin un camp de 20,000 hommes sous les murs de Paris, pour prêter « main-forte à l'armée de Paris et à la garde nationale dans la campagne cer- « taine, imminente, que nous aurons inévitablement à faire contre les ate- « liers nationaux et contre des factions plus coupables qui peuvent surgir et « s'emparer de cette armée de toutes les séditions. A aucun prix je ne res- « terai au gouvernement. »

« Les collègues de M. de Lamartine partageaient cet avis. M. Marie, assidu, et infatigable autant qu'énergique, se chargea de rédiger le projet de décret. Le général Cavaignac reçut l'invitation de combiner le mouvement de ses troupes de façon à pouvoir faire refluer sur Paris, au premier ordre, les divisions auxiliaires de l'armée des Alpes. Ce général et M. de Lamartine avaient de fréquents entretiens sur la nature des mesures militaires à prendre pour prévenir ou surmonter les périls croissants de la République. Peu de jours se passaient sans que ce dernier, à l'issue du conseil, ne s'informât du nombre précis et de la marche des troupes qui, d'après les ordres du gouvernement, occupaient les casernes ou les cantonnements autour de Paris, du nombre d'heures nécessaires pour que l'armée fût debout et réunie aux postes convenus; enfin, du système de défense que le général se proposait d'adopter en cas de lutte dans la capitale. Instruit, par la chute de tous les gouvernements précédents qui avaient péri pour avoir disséminé leurs bataillons sur tous les points de Paris, et pour avoir lutté avec des tronçons d'armée contre des masses, M. de Lamartine était convaincu qu'une lutte dans une capitale de 1,500,000 âmes devait être une bataille conforme à toute la théorie des batailles en rase campagne, seulement sur un terrain plus accidenté. Il pensait donc que l'armée devait avoir une base d'opérations, un centre fixe, et des ailes ; que chacun des corps d'opération devait pouvoir rayonner de cette base, ou se replier sur ce centre sans jamais être coupé de sa réserve. Il avait interrogé avec précision sur leur pensée à cet égard depuis trois mois ; tous les généraux qui avaient eu une force quelconque à manœuvrer éventuellement dans Paris. Négrier, Bedeau, Oudinot, Cavaignac ; il les avait heureusement trouvés tous dans la même pensée que lui ; il soutint donc le général Cavaignac dans l'adoption de ce système contre le système contraire, soutenu par ceux qui voulaient considérer une insurrection comme une émeute, et la saisir partout sous peine de ne l'étouffer nulle part.

« Ne vous y trompez pas, disait-il à ceux-là, nous ne marchons pas à une
« émeute, mais à une bataille, pas à une bataille, mais à une campagne
« contre de grandes factions. Si la République veut se sauver et sauver avec
« elle la société, il faut qu'elle ait les armes à la main pendant les premières
« années de sa fondation, et qu'elle dispose ses troupes ; non seulement ici,
« mais sur la surface de l'empire, dans la prévision de grandes guerres
« civiles, qui embrassent, non des quartiers de Paris, mais des provinces
« comme aux jours de César et de Pompée. »

« Il interrogeait de plus fréquemment sur l'effectif de Paris le sous-secrétaire d'Etat de la guerre Charras, et le général de la division Foucher. Leurs réponses lui paraissaient pleinement rassurantes. La calomnie a accusé de négligence le gouvernement à cette époque. Ces officiers et ces généraux auraient pu accuser au contraire l'excessive prévoyance de Lamartine. Il n'avait, depuis l'ouverture de l'Assemblée, qu'une pensée : dissoudre, s'il était possible, puis vaincre, s'il était nécessaire, l'insurrection des ateliers nationaux. Pour que la victoire fût prompte, décisive, écrasante, et, par conséquent, moins sanglante, il fallait imposer par la masse des baïonnettes à la masse des séditieux. »

Mais reprenons le récit des *faits*.

Le vendredi 23 juin, la place du Panthéon fut de bonne heure envahie par les gens auxquels M. Pujol avait donné rendez-vous la veille, à la suite de la visite infructueuse des délégués à M. Marie. Se formant bientôt en colonne, cette masse, qui ne s'élève pas à moins de 4,000 hommes, se met en marche vers la place de la Bastille, précédée de drapeaux et de diverses bannières. Là, elle sembla, à la voix de son chef, fraterniser à travers la tombe, avec les morts de juillet ; après quoi elle se mit en route pour le faubourg Saint-Antoine, où elle s'augmenta d'environ 3,000 hommes. Ainsi fortifiée, elle revint par le boulevart effectuer la manifestation, d'abord réservée au jour du banquet de 25 centimes, mais que la dissolution des ateliers nationaux faisait éclater sur-le-champ. Il était dix heures du matin ; le rappel battait partout.

Arrivés à la Porte Saint-Denis, ces hommes construisent leur première barricade à l'aide d'un omnibus et d'une voiture de pavé qu'un fâcheux hasard apporte sur ce point. L'uniforme de ces combattants est la blouse. Un mouchoir leur ceint les reins, servant à la fois de ceinture et de cartouchière. Les maisons environnantes ne semblent pas leur inspirer de crainte, et ils font leur terrible besogne avec une sorte de tranquillité, d'indifférence cent fois plus terrible que la fiévreuse agitation qui, d'ordinaire, anime ces architectes de la mort. Toute voiture qui passe entre comme matériaux dans leur édifice, sur le sommet duquel flotte bientôt un drapeau tricolore, évidemment préparé d'avance, car on y lit ces mots : *Ateliers nationaux*, 12ᵉ *arrondissement*.

Quelques soldats de la garde mobile, qui occupaient le poste du boulevart Bonne-Nouvelle, ont dû se retirer devant l'écrasant déploiement de force des insurgés. Des gardes nationaux les remplacent. Et, à l'heure même où ces premières forteresses de la résistance s'érigeaient dans le large espace des boulevarts, des barricades s'élevaient sur cinquante points de la capitale : dans la Cité, au pont Saint-Michel, dans la rue Saint-Jacques, au pont de l'Hôtel-Dieu, à la place Maubert, au Panthéon, et dans les faubourgs Saint-Denis, Saint-Martin, comme à la Bastille et au faubourg Saint-Antoine. Toute cette moitié de Paris, que divise en quelque sorte la rue Montmartre, pour, franchissant la Seine, aller gagner en ligne droite le Luxembourg, se hérissa, en peu d'heures, de ces constructions improvisées qui semblaient faites pour diviser la population en deux fractions sanguinaires, bornant ici la résistance, comme là l'attaque...

A mesure que les insurgés avaient fini de consolider une barricade, on les voyait fouiller les maisons voisines, afin de se procurer des armes pour défendre leur œuvre de guerre. Les femmes, les enfants même, les facilitaient dans cette recherche, en leur apportant les fusils des gardes nationaux lentement convoqués par un rappel tout partiel, bien que, paraît-il, l'ordre eût été donné de réunir deux bataillons par légion. On remarqua qu'en sortant des numéros 98 et 100 de la rue de Cléry, les insurgés étaient armés de façon à faire supposer qu'il y avait là un dépôt préparé à l'avance.

Il est bon de constater aussi que les brigadiers des ateliers nationaux avaient peu de souci de leur incognito, car on les reconnaissait à première vue, circulant partout, construisant, s'armant, et coiffés de leur signe distinctif, une casquette galonnée d'or. L'uniforme de la garde républicaine, et celui de la garde nationale, même, se montraient parmi les insurgés....

Des signaux s'échangent entre les fenêtres d'une maison qui forme le coin de la rue Saint-Denis et du boulevart Bonne-Nouvelle, et les chefs de la colonne qui se dispose à combattre....

Un tambour de la 3ᵉ légion de la garde nationale approche, battant le rappel ; les insurgés crèvent sa caisse ; on veut le fusiller. M. Guyon, du Théâtre-Français, sauve la vie à ce pauvre diable, en l'entraînant au restaurant de l'*Œil-de-Bœuf*.

Toutes les dispositions de ce qu'il faut bien appeler l'ennemi, même au sein d'une même patrie, ont pu être prises sans que l'autorité, les troupes aient paru pour y mettre le moindre obstacle....

Le feu, sur ce point, commença de la manière suivante :

Vers midi, un détachement d'environ 30 hommes de la 2ᵉ légion de la garde nationale s'avançait sur la chaussée qui forme terrasse au bas de la rue de Cléry. Quatre tambours les précédaient. Ils aperçoivent la barricade de la Porte Saint-Denis; ils s'avancent avec confiance, l'arme au bras, témoignant ainsi de leur intention de ne pas faire feu.... On les laisse approcher, et, lorsqu'ils sont à cinquante pas de la barricade, on leur envoie une décharge qui, se croisant avec le feu d'une maison, les frappe en écharpe..... Dix hommes tombent dans le sang.

Un détachement de la même légion accourt au bruit de cette fusillade, pour soutenir les premiers; mais, comme leurs camarades, ces gardes nationaux sont livrés sans défense au feu des insurgés abrités derrière leurs constructions, ou retranchés dans les maisons d'alentour. La fusillade commence aussi à retentir dans les rues Saint-Denis et Sainte-Apolline, et dans tout le quartier adjacent. Un chef de bataillon de la garde civique, M. Roger (du Nord) passe à cheval pour se rendre à l'état-major; les insurgés l'arrêtent, un pistolet lui est posé sur la poitrine... il n'a que le temps de passer son sabre à travers le corps de son agresseur, après quoi, piquant des deux, il se dégage et disparaît au milieu du sifflement des balles, auxquelles il n'échappe que par miracle.

Les gardes nationaux se décident à tenter l'assaut de la barricade; ils s'élancent au pas de charge à travers les balles et commencent l'escalade des pavés qui font la base de la construction, dans le dessein de joindre l'ennemi corps à corps... Mais un feu des plus vifs part des fenêtres et prend les assaillants de revers. Les insurgés prennent leurs adversaires entre deux feux; une douzaine de morts jonchent le pavé, le sang ruisselle partout... les gardes nationaux sont contraints de se replier emportant péniblement leurs blessés : le nombre des victimes s'élève à trente.

Le général de Lamoricière survient à la tête d'un fort détachement d'infanterie; intrépide et généreux, le vaillant général se détache de ses soldats dans l'espoir de faire entendre des paroles de conciliation : on tire sur lui.

Pourtant, du haut de leur barricade, les insurgés peuvent voir se balancer au loin les guidons blancs et rouges d'un escadron de lanciers; un bataillon du 14ᵉ de ligne et un autre de garde mobile, l'accompagnent. Les gardes nationaux ont cependant tenté un second assaut. En ce moment on voit paraître au haut de la barricade une femme de grande taille, qui semble jeune et belle; ses bras sont nus comme ceux d'une Euménide; elle a saisi le drapeau échappé à la main défaillante d'un insurgé frappé d'une balle, et le brandit en proférant des menaces envers les gardes nationaux. Tout autour d'elle on tire sur ceux-ci; par un sentiment de pitié extrême, on lui crie de se retirer... qu'on va faire feu... Elle répond par des injures; les gardes nationaux décimés ripostent, et cette nouvelle Théroigne de Méricourt tombe baignée dans son sang. Une autre femme, qui apparaît également menaçante et furieuse, est frappée à son tour, sur le cadavre de sa sœur peut-être!

Une épaisse fumée obscurcit bientôt ce furieux combat, et les coups de feu se croisent, frappant ou se perdant au hasard. Mais bientôt la défense des insurgés semble se ralentir. Les assaillants cessent également leur feu, la fumée se dissipe, et l'on reconnaît qu'une bonne partie des insurgés, ou sont abattus, ou sont en fuite. Le cri : *En avant!* retentit, et les barricades qui barraient ces rues sont emportées à la baïonnette; ce qui restait d'hommes à les défendre fuit par toutes les rues de retraite.

C'est sur ce point qu'eut lieu le trait qui a valu, en avril 1850, de grandes chances électorales à M. Leclerc, commerçant, et garde dans la 3ᵉ légion. M. Leclerc combattait bravement, ayant à ses côtés un de ses fils; celui-ci est frappé mortellement; le père emporte le cadavre de son enfant, et amène au combat son second fils. Admirons ce stoïcisme qui est d'un grand citoyen, mais, disons-le aussi, d'un père sans entrailles...

Un très-honorable banquier de la rue Hauteville, M. Avrial, fut tué sur ce point. Là aussi fut blessé M. Thayer, chef de bataillon de la garde nationale, parent de Louis-Napoléon, depuis directeur général des postes.

Deux pelotons de gardes nationaux, l'un descendant la rue Bourbon-Villeneuve, l'autre débouchant par le boulevart Saint-Denis, se méconnaissent, tirent l'un sur l'autre, et s'entretuent !

On commence à connaître les forces de l'insurrection : elles s'élèvent à près de 45,000 hommes qui obéissent à des chefs, à tout un état-major parfaitement organisé, et dirigeant un plan organisé d'avance; des drapeaux trouvés plus tard portaient ces mots : Vainqueurs, le pillage; vaincus, l'incendie.

Ce qu'on a pu savoir de ce plan, le voici : Trois quartiers généraux devaient relier les unes aux autres les masses insurgées; ces quartiers généraux étaient, à l'extrême gauche, le Panthéon; au centre, la place de la Bastille, et à l'extrême droite, le clos Saint-Lazare. Ce demi-cercle embrassait donc, comme on l'a indiqué plus haut déjà, la moitié de Paris. Vainqueurs, les insurgés s'avançaient de rue en rue vers les quartiers opulents et les hôtels ministériels; vaincus, ils reculaient de barricade en barricade jusque dans le faubourg Saint-Antoine, d'où on espérait encore pouvoir traiter avec le gouvernement. La conquête de l'Hôtel-de-Ville et de la préfecture de police était la double sollicitude de la révolte, afin de s'y ériger en pouvoir.

Quant à la commission exécutive, son plan de bataille est resté plus obscur. En voici cependant l'ensemble connu :

Le ministre de la guerre, général Cavaignac, avait été investi par décret de l'Assemblée nationale, du commandement général de la force armée; cette force était alors partagée comme suit dans la première division militaire :

4ᵉ, 12ᵉ, 18ᵉ, 23ᵉ, 39ᵉ, 48ᵉ, 59ᵉ, 61ᵉ et 73ᵉ de ligne; 11ᵉ, 14ᵉ, 18ᵉ, 23ᵉ et 24ᵉ infanterie légère.

Divers autres corps faisaient monter l'effectif à 23,419 hommes, divisés comme suit : dans Paris, le 22 juin 6,224 hommes; à l'Ecole militaire, 4,722; environs de Paris, 7,973; à Vincennes, 4,500.

Le 14 juin, le 55ᵉ de ligne était parti pour Laon; — le 15, le 21ᵉ était parti pour Orléans; — le 18, le 45ᵉ était parti pour Soissons; — le 34ᵉ avait aussi été expédié à Fontainebleau... On verra plus loin comment le général Cavaignac explique ces ordres de départ.

Il avait été arrêté que le général Bedeau commanderait l'aile du Panthéon; le général de Lamoricière celle du centre, et le général Damesme celle de gauche opposée au clos Saint-Lazare.

Mais, tandis qu'avaient lieu à la Porte Saint-Denis les engagements dont on a parlé, on se battait avec un acharnement non moins vif au faubourg Poissonnière, et devant une grande barricade élevée au bout de la rue Richer. Une autre forte barricade qui barrait la rue du Faubourg-Poissonnière au-dessus de la caserne, au point ou aboutissent les rues de Bellefond et Lafayette, fut attaquée par les gardes mobiles et par le 7ᵉ léger renforcé de quelques détachements de garde civique. L'engagement fut très-vif, très-meurtrier, les insurgés tirant, non seulement de l'abri de leur barricade, mais aussi des rues adjacentes. Leur retraite fut chèrement achetée, et cette retraite ne se fit pas sans une durable résistance de petites barricades improvisées, dans les rues des Petits-Hôtels, des Jardins, du Faubourg-Poissonnière et Rochechouart, jusqu'à la barrière. Le système de défense ou de retraite des insurgés s'exécutait de point en point.

A la Villette, 25 caisses de 50 mousquetons chacune ont été pillées, et ces armes sont venues munir les barricades voisines du boulevart, depuis la rue de Chabrol jusqu'à la rue Bergère, qui pourtant ont fini par être emportées par les 3ᵉ et 5ᵉ légions, doublées de troupes de ligne et de gardes mobiles.

Sur des points opposés, c'est-à-dire dans le quartier du Jardin-des-Plantes, dans le quartier Saint-Victor, au faubourg Saint-Marceau, comme dans la Cité, les collisions avaient pris les proportions d'une bataille générale. Le bataillon de gardes mobiles caserné rue Mouffetard avait été désarmé dès le matin, et sur divers points on voyait avec douleur des uniformes de gardes nationaux mêlés aux blouses des insurgés noircis de poudre.

Vers trois heures après midi, le général Cavaignac, commandant en chef des forces de la capitale, quitta la Chambre accompagné de M. Clément Thomas, qui, devant le combat, avait repris, dit-on, le commandement en chef de la garde nationale précédemment abdiqué par lui; ils étaient accompagnés de six représentants du peuple qui voulaient tenter, par leur présence et leurs exhortations, de mettre fin à cette lutte fratricide; ces représentants étaient MM. Landrin, Jules Favre, Flandin, Prudhomme, de Ludre et Heeckeren. Ils se dirigèrent vers les barricades de la rue Saint-Antoine. A leur approche, un certain nombre d'insurgés se retirèrent, mais ceux de la rue Culture-Sainte-Catherine tinrent bon; en vain essaya-t-on de leur démontrer l'inutilité de leur résistance et l'horreur de cette guerre civile, il fallait tenter de les réduire par les armes. La troupe et la garde nationale attaquèrent résolument la barricade sous une grêle de balles qui tombait des fenêtres voisines. Mais la résistance fut telle qu'il fallut employer le canon pour la vaincre, et s'occuper de débusquer les tirailleurs des maisons. En s'élançant à la tête d'une des attaques de la barricade, M. Clément Thomas gagna légitimement ce *hochet de la vanité* si dédaigneusement traité par lui quelque temps auparavant à la tribune : il fut blessé. La victoire resta à la loi.

M. Arago, membre de la commission du pouvoir exécutif, avait de son côté quitté le palais du Luxembourg à la tête de forts détachements de la ligne, des gardes nationales et mobiles, et de deux pièces de canon, pour se diriger vers la rue Saint-Jacques. Reconnu au coin de la rue Neuve-Soufflot, il réussit à faire entendre des paroles conciliatrices qui amenèrent l'abandon de la barricade élevée sur ce point. M. Arago en ordonna la démolition. Mais, les troupes furent empêchées dans le labeur par une fusillade qui partit soudain des fenêtres voisines. Les maisons furent sur-le-champ envahies et les insurgés qu'elles recélaient faits prisonniers.

Le combat était dans toute son ardeur vers le Panthéon, et dans presque tout le prolongement de la rue Saint-Jacques. Les gardes nationaux qui arrivaient sur ces points avaient ordre de veiller toute apparition de gens aux fenêtres et de tirer dessus. Rue Saint-Etienne-du-Mont on sonnait le tocsin. Les gardes mobiles se distinguèrent infiniment dans cette rue Saint-Jacques, artère principale, peut-on dire, de l'insurrection. Il fallut employer le canon pour réduire les barricades élevées rues des Mathurins-Saint-Jacques et des Poirées, et que les insurgés défendaient avec un acharnement sauvage. Un jeune et brillant capitaine du 7e léger, fils du baron Dupont-Delporte, préfet de la Seine-Inférieure jusqu'au 24 février, et pair de France, fut sur ce point la victime de son impétueux courage. Le général Damesme ayant demandé qu'on lui désignât un officier d'une bravoure résolue pour diriger l'attaque simultanée des quatre barricades qui s'élevaient au carrefour, le capitaine Henry Dupont-Delporte lui fut nommé. Le général le fit appeler du Luxembourg, dont sa compagnie avait la défense, et l'envoya reconnaître les positions à enlever. Cette reconnaissance, qui eut lieu au milieu des balles, convainquit cet officier qu'il ne fallait pas moins d'un bataillon pour entreprendre la lutte. Mais déjà la dispersion obligée des troupes empêchait le général de disposer de cette force. Dupont-Delporte marche donc résolument avec sa seule compagnie. Il arrive au milieu d'un feu croisé de barricades soutenu par la fusillade des maisons au pouvoir des insurgés. Les troupes hésitent... le noble jeune homme sent qu'il faut les enlever par la témérité de l'exemple : *En avant!* — crie-t-il, en s'élançant l'épée au poing à l'escalade de la barricade au haut de laquelle flotte un drapeau rouge. Précédant ainsi de quinze pas ses soldats, il arrive jusqu'au drapeau qu'il saisit... Mais en ce moment il devient le point de mire des insurgés, une balle le frappe... il tombe mort! Cet héroïque trépas a été l'objet d'universels regrets dans l'armée, dont le capitaine Dupont-Delporte était une des plus légitimes espérances.

On a vu plus haut que divers membres de la commission exécutive, des ministres, des députés aux noms populaires, s'étaient imposé la périlleuse, mais noble et généreuse mission, de se répandre dans la ville pour

Mort du capitaine Delporte à la barricade de la rue Saint-Jacques.
(Juin 1848.)

essayer d'empêcher les développements de la guerre civile qui menaçait. Nous avons suivi le groupe de représentants qui s'était dirigé vers le faubourg Saint-Antoine. Nous avons aussi vu les efforts de M. Arago et son succès partiel à la barricade de la rue Neuve-Soufflot. Un autre groupe quitta l'ancien hôtel de la présidence de la Chambre pour aller visiter quelques mairies, et constater l'attitude de la population, ainsi que les ressources de la défense. C'étaient MM. Recurt, ministre de l'intérieur, Garnier-Pagès, membre de la commission exécutive, Pagnerre, secrétaire général de cette commission, et quelques représentants, parmi lesquels on remarquait M. Bixio et M. Barthélemy Saint-Hilaire. M. Thiers insista vivement pour partager les dangers de ses collègues. Il en fut détourné par les instances pressantes de MM. d'Aragon, Bixio et de Malleville, qui craignaient que le dévouement de M. Thiers ne tournât précisément contre son but. M. Thiers se soumit à regret. On partit.

Au 1ᵉʳ arrondissement, ils trouvèrent M. Clary, lieutenant-colonel de la 1ʳᵉ légion, qui réunissait ses gardes nationaux, et attendait des ordres pour marcher. Il est bon de dire que les hauts fonctionnaires dont nous parlons ne furent pas reçus sans défiance par les gardes nationaux, qui craignaient vaguement quelque secret accord avec l'insurrection. Mais M. Garnier-Pagès leur ayant fait une chaleureuse allocution terminée aux cris de *vive la République!* la véritable portée de la tournée des représentants fut enfin appréciée, et ils poursuivirent leur chemin. A la mairie du 2ᵉ, les soldats citoyens arrivaient en grand nombre; le maire, M. Berger, apprit au ministre de l'intérieur les engagements de la Porte Saint-Denis, dont il vient d'être parlé. On remarquait là M. de Rothschild, très-résolu, tout prêt à prendre sa part de la résistance à l'insurrection. Voyant que les événements prenaient un caractère décidé, ces divers fonctionnaires jugèrent utile de se séparer pour multiplier sur différents points l'influence espérée de leur présence. Tandis que leurs collègues allaient parcourir le sud de la ville, le ministre de l'intérieur et M. Bixio se rendirent aux mairies des 7ᵉ et 8ᵉ arrondissements, où ils donnèrent les ordres imposés par les circonstances, d'instant en instant plus compliquées. Après quoi, ayant visité l'Hôtel-de-Ville, qu'ils trouvèrent bien gardé, ils arrivèrent à la préfecture de police. Tandis que M. Trouvé-Chauvel leur communiquait ses rapports, une personne tombe comme une bombe dans le cabinet du préfet, et s'écrie que la préfecture est envahie par les insurgés! Cette brusque surprise laisse M. Trouvé-Chauvel impassible. Le ministre de l'intérieur et M. Bixio sortent en toute hâte, et aperçoivent dans la cour un bataillon de ligne qui battait en retraite; M. Bixio indigné saisit le capitaine par son épaulette, et l'apostrophe énergiquement. Ce ne fut point, hélas! l'unique exemple de cette nature que donna la force publique en ces tristes journées. Mais il faut tout faire comprendre : la troupe indécise, tiraillée entre la discipline et les efforts faits par l'insurrection pour lui insinuer une autre interprétation de devoirs qui, même chez le *soldat*, lui étaient représentés comme étant avant tout ceux du *citoyen*, ne savait guère quel parti prendre; et comme, par ailleurs, ces troupes ne se formaient pas non plus une idée très-exacte de ce pouvoir, de cette *commission exécutive* dont les ordres semblaient aussi jusque-là manquer de précision, ces hommes, héroïques devant l'ennemi de la France, l'Arabe, l'étranger, hésitaient devant l'émeute fraternelle au milieu d'intérêts et de devoirs mal définis. Cette hésitation, qui venait de causer la mort glorieuse du capitaine Dupont-Delporte, se reproduisait à la préfecture de police, et elle eût pu devenir bien fatale au pays, à la civilisation, doit-on peut-être même dire, si les gardes mobiles, ces enfants la veille à peine sortis du peuple, pourtant, n'avaient si énergiquement contribué à sauver la société menacée, par dévouement pour un pouvoir qu'ils connaissaient mieux, car ce gouvernement leur donnait du pain, de l'argent et un avenir... du moins pouvaient-ils l'espérer alors. Plus tard on verra combien, à part quelques exceptions individuelles, la garde mobile a été mal récompensée, par l'Assemblée législative des immenses services rendus par elle, sous la Constituante.

Au pont Saint-Michel, au petit pont de l'Hôtel-Dieu, dans la rue Saint-Séverin, dans celles qui avoisinent la place Maubert, des barricades formidables avaient été élevées. Rien n'eût été plus facile, vers midi, que d'empêcher la construction de ces machines, devenues les remparts de la plus sanglante résistance. Celles de la rue Saint-Jacques, par exemple, furent d'abord commencées par des gens qui hésitaient à les élever, devant des bourgeois plantés sur le pas de leurs boutiques, et hésitant de leur côté à entraver ces préparatifs de lutte. Mais cet état de choses encore remédiable dura peu. Vers quatre heures du soir, tous ces points étaient défendus avec un acharnement insensé. La garde nationale (11ᵉ légion) perdit infiniment de monde pour enlever la barricade du pont Saint-Michel, et la garde républicaine ne rencontrait pas moins de résistance à l'attaque de celle du petit pont de l'Hôtel-Dieu. Ce fut sur ce dernier point qu'un brave chef de bataillon dans la 11ᵉ légion, M. Francis Masson, avoué près le tribunal de première instance, fut frappé mortellement. Cet intrépide citoyen venait de désarmer un officier de la garde nationale qui combattait avec les insurgés ; et, suivi de quelques voltigeurs du 12ᵉ de ligne et de quelques gardes de son bataillon, il s'avançait vers l'église Saint-Séverin où sonnait fatalement le tocsin, lorsqu'une décharge, frappant à bout portant de la barricade de l'angle voisin, l'étendit raide mort...

Le général Bedeau commandait l'attaque des maisons voisines de l'Hôtel-Dieu. Il y avait peu de gardes nationaux sur ce point, et seulement l'artillerie commandée par le colonel Guinard et le chef d'escadron Blaise ; les pièces prenaient d'enfilade les rues voisines du petit pont de l'Hôtel-Dieu. On tirait aussi des fenêtres de l'hôpital où se montraient quelques gardes républicains. Le colonel Guinard essaya de parlementer avec les chefs des insurgés retranchés derrière la principale barricade, et parmi lesquels on distinguait un capitaine de la garde nationale, un pompier en petite tenue, et un individu d'une mise élégante ; mais il fut impossible de se faire écouter, le feu s'animant d'instant en instant davantage. Le colonel Guinard reçut deux balles dans son shako; un autre artilleur, M. Mermilliod, fut dangereusement blessé à ses côtés, ainsi que M. Biscard, officier dans la 7e légion; M. Deyrolles, employé aux Gobelins, eut la mâchoire fracassée par une balle; une foule de braves combattants, enfin, tombèrent autour de ces officiers, payant noblement de leur personne.

La barricade forcée à l'aide du canon, il fallut faire le siége des maisons, d'où les insurgés tiraient jusque par les soupiraux des caves. Ce fut dans un de ces assauts que le capitaine d'état-major Loverdo, aide-de-camp du général Damesme, fut saisi par les assiégés qui voulurent le contraindre à prendre un fusil, et à tirer sur ses compagnons. « Tuez-moi si vous voulez! — répondit ce brave officier, — mais vous ne pourrez me déshonorer! » On voulut le fusiller; un des chefs insurgés s'y opposa. « Je suis un ancien militaire, — dit-il, — je ne souffrirai pas qu'on assassine ainsi un officier désarmé. » Cet homme parvint à délivrer le capitaine Loverdo et à l'escorter jusqu'à la rue des Mathurins-Saint-Jacques, où se trouvait le quartier-général du général Damesme. Le capitaine Loverdo ayant raconté ce qui venait de lui arriver, on entoura l'insurgé pour le féliciter sur sa conduite, mais il se retira en disant: « C'est bien, messieurs... je vous quitte!.. vous êtes à votre ouvrage... je retourne au mien! » Et on le laissa partir. Mais revenons au centre de l'action.

Les troupes commandées par le général Bedeau avaient réussi à enlever plusieurs barricades qui démasquèrent la rue des Noyers. Arrivés à l'angle de cette rue, une grêle de balles tombant des maisons tua tant de monde, que les troupes lâchèrent pied. Désolé de cette panique, M. Bixio s'écria: « Allons, il faut remonter le moral des troupes! c'est aux représentants du peuple à leur donner l'exemple... En avant! » — Et, bien que sans armes, il part. Mais les soldats voyant leurs camarades frappés de tous côtés par des mains invisibles se replient encore, et MM. Bixio, Recurt, Adam, adjoint au maire de Paris, Vernon, lieutenant-colonel de la garde républicaine, un officier et un sous-officier du 14e léger sont les seuls qui restent sur l'arène ensanglantée. On voit s'avancer le 48e de ligne, commandé par ce brave colonel Renaud, nommé général le lendemain, et tué le surlendemain... Le général Bedeau court à la rencontre des survenants et leur adresse une allocution chaleureuse, dans laquelle il évoque avec bonheur de glorieux souvenirs d'Afrique. Le 48e s'élance à l'assaut des maisons, et le général Bedeau qui marche en tête, reçoit presque aussitôt à la cuisse une blessure qui le jette hors de combat. Alors M. Bixio prend le commandement d'un détachement de mobiles, renforcé des sapeurs du 48e, et leur dit qu'il faut à tout prix se rendre maître de ces maisons, d'où la mort tombe de chaque fenêtre. La nuit descendait déjà, chaque coup de feu commençait à être un éclair, et le danger augmentait de l'incertitude forcée de l'attaque. Comme il marchait bravement en tête des troupes qu'il conduisait à ce difficile assaut, M. Bixio reçoit sur son chapeau une balle qui le décoiffe... et presque ausssitôt une seconde balle l'atteint en pleine poitrine. L'intrépide représentant du peuple sent ses côtes se rompre en arrière, le plomb l'a frappé au-dessus du sein gauche, a traversé le poumon de haut en bas et une partie du foie ; pourtant il ne tombe pas ! A cette nouvelle décharge qui l'a frappé, les soldats, dont le crépuscule a augmenté les hésitations, se sont retirés...

M. Bixio, resté maître de son esprit malgré cette effroyable blessure, songe à chercher du secours ; il s'avance comme il peut dans la direction de la rue Saint-Jacques, trébuchant dans les flaques que les pavés enlevés ont remplies de l'eau d'un récent orage. Il réussit à gagner ainsi par miracle la maison de M. Marcilly, papetier au n° 10, où il reçut une hospitalité empressée. Le blessé veut s'excuser devant ces braves gens, en leur disant « *qu'il n'en avait pas pour longtemps...* » M. Recurt accourut, il put saigner le blessé, mais il ne semblait guère qu'il y eût d'espoir de salut, tant les lésions produites par la balle qui avait traversé le corps de part en part, avaient déchiré d'organes essentiels. MM. Gerdy et Cagneaux, professeurs à la Faculté de médecine, remplacèrent bientôt M. Recurt auprès de M. Bixio, qui souffrait atrocement. Persuadé qu'il devait mourir, il supplia M. Gerdy, son collègue à la Chambre, de lui donner de l'acide prussique pour mettre fin à des souffrances inutiles. M. Gerdy a dit depuis que, tout en se refusant à ce vœu de M. Bixio, il n'en jugeait pas moins la mort certaine, et qu'en face du miracle de cette résurrection, peut-on dire, quelque cas désespéré qu'il vît jamais, il se garderait bien de songer même à se rendre à un semblable désir...

Une circonstance curieuse, et qui eût pu avoir les plus graves, les plus funestes conséquences, si ce fait avait été connu à temps, c'est que, attirés auprès du blessé par leur profonde estime pour son caractère et leur admiration pour son courage, le ministre de l'intérieur, un membre de la commission exécutive, M. Garnier-Pagès, le secrétaire général du gouvernement, M. Pagnerre, les représentants du peuple Demesmay, Gerdy, Barthélemy Saint-Hilaire, Mauvais (l'astronome) et quelques autres personnages encore, se trouvaient réunis dans la maison n° 10 de la rue Saint-Jacques, autour de la couche du mourant, lorsque les insurgés se rendirent de nouveau maîtres du quartier... Un mot, et tous ceux-ci étaient faits prisonniers, si leur destin n'était pire encore !

M. Bixio fut deux mois avant de pouvoir reparaître à la Chambre ; son retour y causa la plus sympathique sensation ; il fut nommé vice-président de l'Assemblée. Il se rattache à ce glorieux événement, qui faillit si bien coûter la vie à l'honorable député, une anecdote que nous voulons recueillir. M. Bixio, on le sait, était chargé d'affaires de la République à Turin, lorsque l'élection de ses concitoyens lui lança par-dessus les Alpes le mandat de constituant. A un dîner qui avait lieu le 22 juin chez M. Duclerc, ministre des finances, dîner auquel assistaient tous les ministres, le bureau de l'Assemblée et divers notabilités de la Chambre, M. Bixio, que son absence de Paris avait empêché de se blaser comme les autres sur les symptômes alarmants que présentait la physionomie de la capitale, en témoignait ses inquiétudes au préfet de police : « Vous ne connaissez plus Paris ! — répondit M. Trouvé-Chauvel ; — rassurez-vous... c'est une menace continuelle, c'est vrai, mais que nul effet ne suit. » Les ministres appuyèrent cet avis. — « Messieurs, messieurs, — reprit l'ex-ambassadeur, — croyez-moi, la tempête approche... ce dîner *est le dernier banquet des Girondins*... demain nous souperons chez Pluton ! »

C'était, disons-nous, le 22 ; le lendemain, à la même heure, M. Bixio était considéré comme mort.

Reprenons le récit de ces journées terribles.

La séance de l'Assemblée constituante du 23 mérite que nous y donnions un coup d'œil.

La plupart des représentants s'étaient, de fort bonne heure, spontanément réunis au bruit du tambour battant la générale, dans les salles voisines de celle des séances ; dès onze heures on avait su le caractère sérieux que prenaient les choses, et la permanence de l'Assemblée avait été convenue. En l'absence de M. Senard, on invita M. Portalis, vice-président, à occuper le fauteuil, et la séance s'ouvrit devant environ 400 députés. M. de Falloux eut alors l'intempestive idée de présenter le rapport relatif à la dissolution des ateliers nationaux ; mais M. Senard étant bientôt arrivé, ramena l'Assemblée aux préoccupations du moment, en lui disant que la commission exécutive, convaincue que l'unité était indispensable à l'autorité militaire pour faire efficacement face au péril qui menaçait le pays, avait pensé devoir concentrer le commandement des troupes et des gardes nationales en une seule main, et qu'à cet effet elle avait fait choix du ministre de la guerre, le général Cavaignac. La Chambre sembla donner son adhésion à cette initiative, et une pareille adhésion ratifia également la promesse faite au général Cavaignac de ne gêner en rien ses mouvements, de ne pas chercher à influer, par voie de conseil, sur ses déterminations. M. Senard fit ensuite savoir à l'Assemblée que les premières dispositions prises avaient consisté à masser toutes les forces disponibles autour du palais, comme dans un centre d'où elles pourraient rayonner sur tous les points.

De très-sévères critiques ont été opposées au plan adopté par le général Cavaignac dans la répression de l'insurrection de juin. Il peut être curieux de reproduire en partie celle des pages écrites sur ces sanglants événements, qui semblent le mieux résumer toutes ces critiques. La défense ou l'atténuation sera offerte ensuite ; le lecteur se prononcera sur la justice à faire ou à rendre à l'illustre général.

« De graves reproches furent adressés au général Cavaignac sur l'inexécution des ordres qu'il avait reçus dans la nuit. (Il s'agit de la nuit du 22 au 23, et c'est de la commission exécutive dont il est question.) On parla de prendre sur-le-champ les mesures de répression qui n'avaient point été prises le matin, et de faire marcher des troupes sur les groupes qui occupaient encore à ce moment les places de l'Estrapade et du Panthéon. Plusieurs ministres ou membres de la commission affirmèrent qu'on pouvait encore tout arrêter. M. Cavaignac et M. Clément Thomas, qui exerçait encore les fonctions de commandant en chef de la garde nationale, quoiqu'il eût donné sa démission, soutinrent le contraire. La discussion s'anima, et l'un des ministres s'écria : « C'est donc une bataille que l'on veut? c'est insensé ! » Il fallait agir cependant. Laisserait-on les barricades s'élever comme le voulait le général Cavaignac? Les détruirait-on au fur et à mesure qu'elles se formeraient? L'avis du général Cavaignac prévalut, malgré les objections de MM. Ledru-Rollin et Arago, et le commandement de toutes les troupes, garde nationale et garde mobile, lui fut confié par la commission exécutive, afin de concentrer dans un seul chef le plan, la volonté et l'unité de l'exécution. Antérieurement il avait reçu l'ordre d'augmenter l'effectif de la garnison, de grouper des forces imposantes autour de la capitale, et de prévenir l'armée des Alpes d'avoir à se tenir prête à marcher sur Paris. Mais, quand M. Ledru-Rollin lui demanda combien il y avait de troupes à Paris, il répondit qu'il l'ignorait. On apprit plus tard que, loin de suivre les instructions du gouvernement, il avait éloigné plusieurs régiments de Paris, quelques jours avant le 23 juin, et qu'il n'avait exécuté aucun des ordres de la commission, relativement à l'armée des Alpes (1). Cette désobéissance à ses chefs immédiats se compliqua de l'obstination qu'il mit à masser ses forces autour de l'Assemblée, où il les retint longtemps inactives, contrairement à l'avis de plusieurs membres du gouvernement qui voulaient combattre l'insurrection à sa naissance et faire attaquer les barricades à mesure qu'elles s'élevaient. Le général Cavaignac prétendit que l'honneur de l'armée exigeait qu'il persistât dans son système de concentration. « Si une de mes compagnies était désarmée, dit-il, je me brûlerais la cervelle; j'aime mieux me retirer dans la plaine Saint-Denis où je livrerai bataille à l'émeute. » M. Cavaignac prétendait que son plan consistait à concentrer les troupes et à n'agir que par masses. Soit. C'était tout simplement le plan conseillé par MM. Thiers et Bugeaud à Louis-Philippe le 24 février. Mais pourquoi n'appliqua-t-il pas ce système de concentration à la garde nationale? Pourquoi ne donna-t-il pas des ordres pour qu'elle aussi n'agît que par masses? Pourquoi laissa-t-il les gardes nationaux dans l'ignorance de son plan de concentration? Sur qui retombe le sang versé pendant que M. Cavaignac massait ses troupes sans songer à masser aussi les compagnies qui rayonnaient isolées et sans ordres dans les rues de Paris pendant qu'il prenait ses plans? La concentration de troupes admise, cela impliquait-il qu'elle dût être plus de vingt-quatre heures à se réaliser? Cette étrange manière de procéder cachait des projets ambitieux qui ne tardèrent pas à se révéler, et la commission exécutive s'aperçut un peu tard qu'elle avait dans son ministre de la guerre un rival qui méditait de la renverser pour s'élever à la dictature sur ses ruines. Tant que M. Cavaignac ne jugea pas les choses assez avancées pour faire servir une victoire de l'armée à l'accomplissement de ses desseins, il ne prit que des mesures inefficaces. Ne fallait-il pas qu'il laissât l'insurrection se développer, pour agrandir sa victoire et rattacher plus étroitement à sa cause la majorité

---

(1) Nous donnerons place, plus loin, aux réponses du général à ces accusations.

de l'Assemblée et de la bourgeoisie? En disant que la garde nationale devait attaquer les barricades, il n'ignorait pas que la garde nationale renfermait dans ses cadres la population entière de Paris. Or, une insurrection qui s'étendait, à son début, dans six faubourgs, devait nécessairement entraîner avec elle une grande quantité de gardes nationaux ou paralyser l'action de tous les esprits flottants et irrésolus. C'est ce qui arriva, et, à l'exception d'une minime fraction des première, deuxième et troisième légions, malgré la générale qui suivit le rappel, la garde nationale ne se montra pas. On a tenté de contester cette hésitation, après le triomphe; mais la dissolution ultérieure de trois légions et d'un grand nombre de compagnies la confirma. Il est certain que si, dès le matin, au premier appel du tambour, toute la milice citoyenne se fût rendue à ses lieux habituels de réunion, dans ses quartiers respectifs, le mouvement eût été comprimé. Il n'en est pas moins évident que les plus simples démonstrations du pouvoir militaire l'eussent empêché de prendre le caractère de gravité qu'il atteignit. »

A cette page, il est nécessaire d'ajouter la suivante, écrite par celui-là même qui eut des ordres ou des conseils à donner au général Cavaignac. Plus tard, nous le répétons, nous reproduirons ce qu'il sera équitable d'y prendre, dans le plaidoyer par lequel le chef du nouveau pouvoir exécutif sut si habilement se défendre (séance du 25 novembre), lorsque les accusations dont il était l'objet se produisirent à la tribune même :

« Le gouvernement avait quitté le Luxembourg pour se rapprocher de l'Assemblée nationale et pour la couvrir. Il s'était établi à la fois en conseil et en camp, avec le général Cavaignac, dans le logement du président de l'Assemblée, pendant que le rappel appelait aux armes une garde nationale de 200,000 hommes dix fois suffisante pour contenir ces pelotons de séditieux et pour effacer du sol leurs fortifications. Mais il faut le dire à l'humiliation de cette journée et à l'instruction de l'avenir, les gardes nationaux ne répondirent pas d'abord en masse assez décisive à l'appel du gouvernement. Leur lenteur, leur mollesse, leur inertie dans quelques quartiers laissèrent les rues à la sédition. Ils voyaient s'élever d'un œil impassible ces journées pendant lesquelles les généraux, les gardes nationaux d'élite, les soldats, les gardes mobiles surtout, les représentants et l'archevêque de Paris lui-même versèrent leur sang, couvrirent leur patrie de deuil et leur nom de gloire. Négrier, Duvivier, Lamoricière, Bedeau, Bréa, Bixio, Dornès, Lafontaine, Lebreton, Foucher, Lefrançois et tant d'autres ont marqué d'une tache de leur généreux sang les pages où l'histoire retrouvera leur dévouement. Je ne dirai que ce que j'ai vu.

« Dès le milieu du jour, les troupes prévenues de si loin, et appelées depuis si longtemps, paraissaient manquer. A chaque minute des citoyens, des maires, des aides-de-camp, des représentants, accouraient au siége du gouvernement; introduits auprès du général, ils imploraient des renforts pour défendre ou reconquérir les différents quartiers qu'ils représentaient. Le général ne pouvait donner ce qu'il n'avait pas. Lamartine et ses collègues, tout en approuvant la haute prudence du chef militaire qui se refusait à disséminer ses bataillons, ne pouvaient s'empêcher de s'apercevoir de l'insuffisance évidente des troupes. Où étaient les vingt mille hommes de ligne dans les casernes de Paris? les quinze mille hommes des garnisons circonvoisines? les vingt mille hommes de l'armée des Alpes, sollicités comme réserve depuis treize jours par Lamartine? Le général Cavaignac a parfaitement justifié depuis que le nombre des troupes de ligne dans Paris était conforme au nombre fixé par le gouvernement; mais, dans ce premier moment de confusion, où les exigences de la guerre sur une telle surface absorbaient et engloutissaient les bataillons, les régiments paraissaient fondre sous les mains. Le camp sous Paris n'était pas même en marche. Les garnisons voisines ne pouvaient pas être en si peu d'heures aux barrières, les nécessités prévues la veille n'avaient pas paru assez graves au commandant-général pour qu'il eût appelé encore à lui les soldats du rayon de Paris. On avait compté sur la garde nationale que le rappel incessant ne parvenait pas à faire sortir en masse de ses maisons, ou que la sédition emprisonnait dans ses quartiers. En résumé, il faut l'avouer, soit fatalité, soit lenteur, l'armée était loin de paraître répondre par sa masse à l'imminence et à l'universalité du danger. Sa faiblesse numérique allait aggraver ce danger.

«Duvivier contint le cœur de Paris, à l'Hôtel-de-Ville. Damesme et Lamoricière se multiplièrent et firent des prodiges de résolution et de mouvement avec les poignées de soldats dont ils disposaient. A quatre heures du soir Damesme avait déblayé et reconquis toute la rive gauche de la Seine, et tenait en respect la population, insurgée en masse, du quartier du Panthéon; ses rapports arrivés d'heure en heure au gouvernement répondaient de la nuit et du lendemain.

« Lamoricière occupait, invincible quoique cerné par 200 mille hommes, toute la surface qui s'étend de la rue du Temple à la Madeleine, et de Clichy au Louvre. Sans cesse à cheval, volant de sa personne au premier coup de feu, deux chevaux déjà tués sous lui, le visage noirci de poudre, le front ruisselant de sueur, la voix rauque et brisée par le commandement, l'œil fier et serein du soldat qui respire au milieu de son élément natal, il rendait l'élan à ses soldats, la confiance aux gardes nationaux consternés. Ses rapports respiraient l'intrépidité de son âme, mais il ne se dissimulait pas son insuffisance de troupes, l'immensité des assaillants, le prolongement des barricades entre la Bastille et le Château-d'Eau, entre les barrières et le boulevart. Il implorait des renforts que le gouvernement ne cessait d'appeler par le télégraphe et par les officiers d'ordonnance. Les gardes nationaux de la banlieue commençaient à arriver par détachements; à la voix des généraux, ils se rangeaient autour de l'Assemblée et se mêlaient aux gardes nationaux de Paris, auxquels ils donnaient l'exemple. Dès que le gouvernement vit arriver ces gardes nationaux de la campagne autour de Paris, il eut le sentiment de la victoire au milieu même des transes du combat.

« Le général Cavaignac parut tranquillisé sur le résultat définitif de l'événement en lisant les derniers rapports que ses aides-de-camp apportaient. L'insurrection était de toutes parts refoulée ou contenue, à l'exception du faubourg du Temple, du faubourg Saint-Antoine et des immenses quartiers adjacents, centre d'une population touffue, jadis turbulente, aujourd'hui convulsive. Les soldats qui combattaient depuis le matin étaient fatigués. La nuit devait amener les renforts appelés par le gouvernement. « C'est assez « pour aujourd'hui, dit-il au conseil. Il faut laisser reposer les soldats, gar-« der nos positions, recruter nos forces, demain nous délivrerons la partie « de la rive gauche qui résiste encore. » — Cet avis avait des motifs plausibles; les troupes étaient rares, décimées, exténuées; mais si la nuit devait amener des défenseurs, elle devait aussi entraîner tous les quartiers populeux dans la sédition, multiplier les barricades, les changer en forteresses et nécessiter des flots de sang de la garde nationale et de l'armée pour les reconquérir. Lamartine en fit l'observation au général et au conseil : « Nous « avons encore quatre heures de jour, dit-il, et toute une longue nuit; ne les « laissons pas à l'insurrection. Prévenons-la, étouffons-la, resserrons-la du « moins le plus étroitement possible avant les ténèbres; si les troupes nous « manquent, enlevons par notre exemple la garde nationale qui flotte et qui « tarde, formons avec le peu de bataillons groupés autour de l'Assemblée « une dernière colonne d'attaque, et conduisons-la nous-mêmes à l'assaut « des barricades du faubourg du Temple, position la plus forte et la plus dé-« cisive des insurgés. »

« Le général Cavaignac adopta ce sentiment, et voulut conduire lui-même la masse de la colonne. »

En effet, le général monta à cheval. M. de Lamartine, M. Pierre Bonaparte, le ministre des finances Duclerc et quelques autres personnes, se placèrent dans le premier peloton de la garde mobile; le général Cavaignac, entouré de son état-major, se mit en tête de la masse de la colonne, formée d'environ 2,000 hommes. On prit par la place de la Concorde et par la rue de la Paix. Un orage d'été éclatait alors sur Paris, et cette colonne s'avançait sous des torrents de pluie à travers lesquels brillaient les éclairs, au retentissement de la foudre éclatante. Arrivé au Château-d'Eau, M. de Lamartine alla passer en revue l'artillerie de la garde nationale, au Temple, tandis que le général Cavaignac envoyait chercher du canon, et formait sa colonne, confiée au général Foucher, commandant de Paris.

L'orage durait encore, lorsque le ministre de la guerre entreprit l'attaque de la barricade de la rue Saint-Maur. La foudre et le canon tonnaient ensemble. La garde mobile tenta par deux fois très-résolument l'assaut. Mais les insurgés faisaient la plus énergique résistance, et la mort frappait avec furie dans les rangs des soldats. On dit qu'en ce lieu M. de Lamartine parut assez insoucieux de la vie pour braver presque follement la mort. Le poète homme-d'État cherchait-il à échapper par elle à la lourde responsabilité du sang qui allait injustement, mais inévitablement peser sur lui? Il a semblé l'avouer plus tard. Le cheval que montait M. Pierre Bonaparte fut tué à deux pas de lui ; le sien même fut blessé.... la barricade ne fut enlevée qu'àprès des efforts inouis : 400 hommes y restèrent. Si M. de Lamartine ne fut pas tué là, ce fut miracle ! on en peut, du reste, dire autant du ministre de la guerre. « Quant au général Cavaignac, — lit-on dans l'ouvrage déjà cité, — ayant renoncé à vaincre la redoutable résistance des combattants du faubourg du Temple, il prit le chemin de l'Hôtel-de-Ville et monta dans le cabinet de M. Marrast, avec qui il eut un long entretien. Chargé de la direction de toutes les opérations militaires, le général avait promis qu'il serait revenu de bonne heure à l'hôtel de la présidence, où la commission était installée. Il n'y revint qu'à huit heures et demie du soir, en repartit à neuf heures, et ne rentra plus qu'à deux heures du matin. Pendant ce temps, tout Paris, toute la banlieue venaient demander des ordres et des troupes. Or M. Ledru-Rollin ne pouvait que répondre : Le général en chef est absent. — Alors les cris : *à la trahison! à bas la commission!* se firent entendre. La garde nationale disait : Ledru-Rollin conspire.... et on parla de le fusiller. Le général Damesme demanda un bataillon dix fois en cinq heures, sans pouvoir l'obtenir. Les généraux Lamoricière et Bedeau envoyaient aide-de-camp sur aide-de-camp pour avoir des renforts : pas de troupes ! — « On nous écrase, on nous abandonne, on nous trahit ! » — disaient l'armée et la garde nationale. Le fait est que si l'immense population qui était debout, armée, convulsive, dans les quartiers environnants, se fût resserrée en ce moment autour des généraux Damesme, Bedeau ou Lamoricière, c'en était fait d'eux et des quelques milliers d'hommes imprudemment engagés au centre de ce cratère ! »

Dans la soirée l'autorité fit publier le décret suivant, émané de l'Assemblée constituante :

« La Chambre se maintient en permanence ;
« Paris est en état de siége ;
« Tous les pouvoirs exécutifs sont délégués au général Cavaignac. »

« *Les président et secrétaires :*
« Senard, Peupin, Léon Robert, Emile Péan, Edmond Lafayette, Landrin, Bérard. »

La commission exécutive venait de donner sa démission en masse ; ses membres n'avaient pu honorablement vouloir se retirer au milieu d'une tempête, ni quitter un champ de bataille, déserter enfin le pouvoir pendant le combat. « Que l'Assemblée nous destitue et nous remplace ! — dit M. de Lamartine, — nous obéirons en bons citoyens ; la destitution sera un ordre. Mais notre retraite volontaire en un pareil moment serait un déshonneur ! »

L'Assemblée ayant prononcé, le pouvoir tombé lui adressa la lettre suivante :

« Citoyens représentants,

« La commission du pouvoir exécutif aurait manqué à la fois à ses devoirs et à son honneur en se retirant devant une sédition et devant un péril public. Elle se retire seulement devant un vote de l'Assemblée. En vous remettant le pouvoir dont vous l'aviez investie, elle rentre dans les rangs de l'Assemblée nationale pour se dévouer avec vous au danger commun et au salut de la République.

« *Les membres de la commission :*
« Arago, Ledru-Rollin, Garnier-Pagès, Lamartine, Marie. »

LE GÉNÉRAL CAVAIGNAC
Président du Conseil_Chef du Pouvoir exécutif

A. Rousseau.

Imp Decan.

En l'absence du général Cavaignac, M. Ledru-Rollin avait expédié l'ordre de faire arriver par les chemins de fer toutes les troupes de ligne et les gardes nationales possibles. Il écrivit, paraît-il aussi, à Brest et à Cherbourg pour qu'on expédiât par des bateaux à vapeur tous les marins dont on pourrait disposer. Deux régiments de cuirassiers envoyés à Vincennes sous les ordres du colonel de Martinprey, pour en ramener de l'artillerie, mirent onze heures à faire ce trajet, au milieu des obstacles de toute nature.

Mais nous voici à la journée du 24, journée terrible! où le sang de la bravoure et du désespoir inonda de ses flots la capitale de la civilisation!

Dès le matin le général Cavaignac prend les dispositions suivantes :

Pouvoir exécutif.

« Vu le décret de l'Assemblée nationale, en date de ce jour, déclarant la ville en état de siége ;

« Nous, commandant supérieur de toutes les forces militaires de la capitale, en vertu des pouvoirs qui nous sont conférés par le même décret ;

« Arrêtons ce qui suit :

« Toutes affiches traitant de matière politique, et n'émanant pas de l'autorité, sont défendues jusqu'au rétablissement de la tranquillité publique.

« Paris, 24 juin 1848.

« *Le chef du pouvoir exécutif,* E. CAVAIGNAC. »

Le même jour on afficha aussi la proclamation suivante :

Assemblée nationale.

« Gardes nationaux,

« Vous avez donné hier, vous ne cessez de donner des preuves éclatantes de votre dévouement à la République. Si l'on a pu se demander un moment quelle est la cause de l'émeute qui ensanglante nos rues, et qui, tant de fois depuis huit jours, a changé de prétexte et de drapeau, aucun doute ne peut plus rester aujourd'hui, quand déjà l'incendie désole la cité, quand les formules du communisme et les excitations du pillage se produisent audacieusement sur les barricades.

« Sans doute la faim, la misère, le manque de travail, sont venus en aide à l'émeute. Mais s'il y a dans les insurgés beaucoup de malheureux qu'on égare, le crime de ceux qui les entraînent et le but qu'ils se proposent sont aujourd'hui mis à découvert.

« Ils ne demandent pas la République ! — elle est proclamée.

« Le suffrage universel ! — il a été pleinement admis et pratiqué.

« Que veulent-ils donc? On le sait maintenant : ils veulent l'anarchie, l'incendie, le pillage !

« Gardes nationaux, unissons-nous tous pour défendre et sauver notre admirable capitale.

« L'Assemblée nationale s'est déclarée en permanence. Elle a concentré dans les mains du brave général Cavaignac tous les pouvoirs nécessaires pour la défense de la République.

« De nombreux représentants revêtent leurs insignes pour se mêler dans vos rangs et combattre avec vous.

« L'Assemblée n'a reculé, elle ne reculera devant aucun effort pour remplir la grande mission qui lui a été confiée. Elle fera son devoir comme vous faites le vôtre.

« Gardes nationaux, comptez sur elle comme elle compte sur vous.

« *Vive la République !*

« *Le président de l'Assemblée nationale,* SÉNARD. »

De son côté, le nouveau chef du pouvoir exécutif publiait aussi la proclamation suivante :

AU NOM DE L'ASSEMBLÉE NATIONALE.

« *Le général Cavaignac, délégué au pouvoir exécutif,*

« Citoyens,

« Vous croyez vous battre dans l'intérêt des ouvriers, c'est contre eux que vous vous battez, c'est sur eux seuls que retombera tant de sang versé. Si une pareille lutte pouvait se prolonger, il faudrait désespérer de l'avenir de la République, dont vous voulez tous assurer le triomphe irrévocable.

« Au nom de la patrie ensanglantée,

« Au nom de la République que vous allez perdre,

« Au nom du travail que vous demandez et qu'on ne vous a jamais refusé, trompez les espérances de nos ennemis communs, mettez bas vos armes fratricides, et comptez que le gouvernement, s'il n'ignore pas que dans vos rangs il y a des instigateurs criminels, sait aussi qu'il s'y trouve des frères qui ne sont qu'égarés, et qu'il rappelle dans les bras de la patrie.

« Paris, 24 juin 1848. « Général E. CAVAIGNAC. »

Mais reprenons le récit de ces cruels événements.

Le jour, en se levant le samedi, trouva Paris transformé en un camp immense; partout de nouvelles barricades s'étaient nuitamment ajoutées aux premières; les anciennes avaient été renforcées, consolidées. Une foule de maisons avaient, bon gré mal gré, été transformées en forteresses propres à croiser leur feu avec celui des barricades contre les troupes qui viendraient les attaquer; des rues entières ont été fouillées pour y trouver des armes; les femmes fondent des balles, la révolte s'étend, se renforce, s'exalte!

Un régiment de cuirassiers, arrivé pendant la nuit de Versailles, a pris ses quartiers sur le boulevart Bonne-Nouvelle. La garde nationale se montre en force sur le boulevart Saint-Denis; la garde mobile est également nombreuse à ses côtés; plusieurs escadrons de lanciers bivouaquent à la Porte Saint-Martin. On annonce enfin l'arrivée de bon nombre de gardes nationales des environs de Paris, qui viennent se mettre à la disposition de l'Assemblée. La 4ᵉ légion (banlieue), formée des communes de Vincennes, Montreuil, Champigny, Nogent, Saint-Maur, Bercy, Charenton, etc., se fit particulièrement remarquer par l'empressement qu'elle mit à se réunir à l'appel de son brave colonel, le général Piat. En effet, à la première nouvelle de l'insurrection, l'honorable soldat de l'empire, bien que sans ordre spécial de l'état-major-général, s'était empressé d'accourir à la tête de sa légion pour occuper les barrières de Paris, depuis le Trône jusqu'à Bercy, se conformant en cela à d'anciennes dispositions prises par le gouvernement, dans les prévisions qui se réalisaient d'une façon si sanglante. Durant la nuit du 23 au 24, le général Piat essaya vainement d'obtenir des ordres, en expédiant des hommes déguisés vers le commandant en chef; aucune de ces estafettes ne put arriver au but; il dut se contenter d'assurer ses positions sur ce point important de la capitale, empêchant, sur le développement qu'il gardait, l'érection des barricades, et faisant détruire celles que les gens de Charronne avaient construites durant la nuit, vers la barrière de Montreuil.

Lorsque l'autorité eut pu faire pratiquer les reconnaissances nécessaires, le samedi de bon matin, il fut constaté que les insurgés occupaient la Cité, le Panthéon, le faubourg Saint-Antoine, le faubourg du Temple, les barrières Rochechouart, Poissonnière et de la Villette; qu'ils s'étaient fortifiés dans le clos Saint-Lazare, dans l'église Saint-Gervais, et jusque dans l'ancien hôpital Louis-Philippe. Le gouvernement laisse aux révoltés le temps de lire les proclamations affichées avant de recommencer l'attaque; mais ceux-ci prennent sans doute pour de l'indécision ce qui n'était que de l'humanité. Ils reprennent leur attitude de sauvage fureur, d'immolation désespérée, courage admirable et fatal qui s'épuise en luttes fratricides, quand, en des jours plus patriotiques, il pourrait à la frontière ajouter à la gloire guerrière du pays !

Mille bruits alarmants, mille nouvelles déplorables circulent; on apprend que la mairie du 8ᵉ arrondissement est en feu, que la place Royale est tombée au pouvoir de l'insurrection, et que 300 fantassins y ont été désarmés; — que plusieurs casernes sont bloquées; — que partout les révoltés, enhardis par l'absence des troupes, élargissent leurs zones...

Le bruit qui a circulé parmi eux que les ouvriers de Rouen et du Havre arrivaient à leur aide, a augmenté leur enthousiasme dans cette résistance funeste.

L'église Saint-Gervais est prise, les insurgés se renforcent à l'attaque de l'Hôtel-de-Ville. Le général Duvivier est blessé; il demande à grands cris des renforts... il ne peut tenir.

Place Royale, le vieil hôtel où habitait Victor Hugo, est envahi; pourtant la fureur de l'insurrection a respecté l'intérieur d'un grand citoyen. On voulait s'emparer de la famille de M. Victor Hugo pour en faire des ôtages; mais les deux fils du poète étaient à combattre dans les rangs de la garde nationale, et madame Hugo avait réussi à se réfugier avec sa fille chez des voisins; quant à l'illustre chef de cette famille menacée, il allait, à travers les périls de la bataille, essayer de la puissance de sa parole inspirée par l'humanité et le malheur de la patrie.

On apprend que la garde nationale de la Chapelle-Saint-Denis est divisée en deux camps, dont l'un est passé aux insurgés.

Au faubourg Saint-Antoine, à la caserne de Reuilly, se trouve un détachement du 48ᵉ de ligne qui court les plus grands dangers. Depuis la veille, les 250 hommes qui y sont bloqués font les plus héroïques efforts pour sortir et se défendre; mais ils sont menacés de périr par l'incendie... Le général Piat, qui se trouve au centre du déploiement de sa légion, à la barrière du Trône, envoie en hâte demander au général Mauduit un bataillon et deux pièces de canon de Vincennes. Ce général, qui avait ordre de ne pas se démunir, ne cède que sur la promesse que lui fait le brave colonel de la 4ᵉ légion, de renvoyer ces forces dès que la caserne aura pu être délivrée. Maître de ce renfort, le général Piat les joint à deux bataillons de la banlieue, formant un effectif d'environ 800 gardes nationaux, et il marche à leur tête sur la caserne menacée. Six barricades s'opposent à sa jonction; il les enlève, parvient malgré tous ces obstacles jusqu'à l'édifice bloqué, et le dégage. Les 250 hommes sont ainsi sauvés de la mort, comme la caserne l'est de l'incendie. Cette expédition terminée, les troupes du 48ᵉ sont renvoyées au général Mauduit. Si cette promesse formelle de restitution n'avait pas lié le brave colonel-général, il eût pu, ainsi renforcé de troupes régulières si souvent nécessaires pour donner une heureuse impulsion, entreprendre dès ce jour-là de dégager le faubourg et arriver jusqu'à la place de la Bastille. Cette grande artère ne fut affranchie que le lendemain soir.

Au haut du faubourg Poissonnière, les insurgés se sont barricadés dans l'octroi et dans les maisons qui dominent la barrière; la fusillade est vigoureusement engagée sur ce point avec les gardes nationaux. On attend avec impatience des renforts de mobiles et de ligne qui ne viennent pas Enfin arrive le général Lebreton avec une escorte de 4 cuirassiers; suivent 200 hommes de la garde républicaine. Le général vient reconnaître la situation; il demande un piquet d'hommes de bonne volonté; une trentaine de gardes nationaux s'avancent, il s'en escorte et va droit à la barricade; deux gardes nationaux tombent morts et trois sont blessés; parmi ces derniers, M. Desmarets, avocat, ancien chef du cabinet du ministre de la justice, qui s'était présenté aux électeurs pour la Constituante. La position reconnue au milieu des balles, le général Lebreton repart au galop, et peu de temps après surviennent 5 à 600 hommes de garde nationale, tambour battant. 20 cuirassiers escortant une pièce de 8, arrivent derrière eux. Un représentant du peuple, M. Tréveneuc, qui, la veille déjà, s'était distingué par sa résolution et sa bravoure, s'est joint à cette colonne; il entend dire que les cartouches manquent, et il s'élance au galop pour en aller chercher au Conservatoire; il les rapporte et les distribue avec sang-froid au milieu de la fusillade. Au même instant, le rédacteur en chef du *Siècle*, M. Louis Perrée, survient aussi à cheval, et se mêle bravement aux combattants.

On fait des sommations aux insurgés; ils y répondent par des coups de feu; le combat s'engage énergiquement; mais la garde nationale de Rouen arrive et marche sur la barrière Poissonnière; les insurgés se trouvent serrés entre deux feux, ils abandonnent leurs positions, et se réfugient dans le clos Saint-Lazare et dans l'hôpital Louis-Philippe.

On apprend que le général Damesme, qui commandait les troupes du quartier Latin, a eu la cuisse cassée par une balle...

Sur une foule de points, la garde mobile qui continue à se montrer pleine d'ardeur, se prend corps à corps avec les insurgés. Dire les mille épisodes de ces luttes, nul ne le peut; nous ne saurions d'ailleurs tracer ici que les grandes lignes, et en fait de détails, seulement, les plus saillants, les plus héroïques, les plus dignes d'être conservés.

Dans le haut quartier Saint-Jacques, les insurgés se sont réfugiés et fortifiés dans le Panthéon, troublant de leurs fureurs insensées la cendre des morts illustres. Longtemps la curiosité attristée put aller visiter les dégâts du temple, ses grilles forcées, les cicatrices que la pierre avait gardées de ses blessures. Il fallut pointer le canon contre les portes d'airain qui ne s'ouvrirent si longtemps que pour la piété s'agenouillant sur la pierre des grands hommes auxquels la patrie est reconnaissante. Les boulets enfoncèrent ces portes, et les détonations furieuses allèrent retentir dans les sépulcres vides

Garde nationale mobile.

18e bataillon.

1848

de Marat et de Mirabeau (1). Poursuivis depuis les labyrinthes du dôme jusque dans les caveaux funéraires, les insurgés finirent par se rendre; ils étaient environ 1,200. Bon nombre qui avaient réussi à s'échapper, s'étaient réfugiés au collége Henri IV.

La mort du général Bréa de Ludre, et celle de son aide-de-camp le capitaine Mangin, figurent parmi les épisodes les plus sombres de ces pages sanglantes. Le général de Bréa avait succédé au général Damesme, grièvement blessé. Parvenu à la barrière de Fontainebleau, il s'était, dans le plus noble sentiment, avancé vers la barricade pour essayer de parlementer. Les insurgés firent semblant de l'accueillir, et, sur leur parole, il eut la témérité de franchir la barricade avec le capitaine Mangin, et deux autres officiers supérieurs : MM. Gobert et Desmarets. A peine fut-il au milieu d'eux, que les insurgés se jetèrent sur le général, feignant de le prendre pour Cavaignac, et ils l'entraînèrent dans le bâtiment de l'octroi. Alors commença un drame lamentable, affreux, révoltant, dont les péripéties furent pour le brave général et pour son aide-de-camp une lente et cruelle agonie... On les insulte, on les soufflette, on arrache leurs insignes, on déchire leurs vêtements. Un de ces forcenés met le général en joue, une femme se jette pour le couvrir, un homme arrache la femme, le coup part, le général reçoit la balle dans le ventre et s'affaisse. Un autre décharge son arme dans le front du capitaine Mangin, et comme le pauvre officier porte ses mains à sa tête, un autre bandit lui assène par derrière un furieux coup de hache; puis on lui coupe le nez, les oreilles... et l'on décharge sur tous deux de nouvelles armes, comme à regret de ne pouvoir les tuer qu'une fois !...

Des deux officiers qui les accompagnaient, l'un s'était caché sous le lit de camp, l'autre était parvenu à s'échapper... Deux fois le colonel Thomas, qui avait pris le commandement en l'absence de l'infortuné général, vint réclamer les parlementaires, et chaque fois il fut reçu à coups de fusil...

La mort du général de Bréa, qui fut bientôt connue dans l'ensemble de ses révoltantes circonstances, produisit dans Paris la plus profonde sensation, et cette sensation alla ensuite vibrer dans toute la France. Plus tard, on fit le procès de ces assassins. L'échafaud qui venge ne console pas.

Et partout la garde mobile se distinguait avec un dévouement et une ardeur à laquelle nous rendons d'autant plus volontiers justice, que ces héroïques jeunes gens ont, dans leur obscurité, fait d'illustres ingrats. Cette guerre de barricades qui intimidait les meilleurs soldats d'Afrique, et inquiétait les plus braves officiers, semblait au contraire l'élément de ces enfants de Paris. — Les barricades... ça nous connaît ! — disaient-ils, et ils s'élançaient à l'abordage, dirons-nous, en empruntant aux combats de mer une expression qui semble ici à sa place. Plus tard, et encore sous l'impression des services que les gardes mobiles avaient rendus à la société, le général

(1) On sait que le corps de Mirabeau avait été déposé en grande pompe sous la nef de ce temple, le 5 avril 1791, et que celui de Marat l'y vint rejoindre. Mais plus tard un décret du gouvernement national priva ces restes des honneurs du Panthéon.

Cavaignac, comme chef du pouvoir exécutif, en décora plusieurs. Il est vrai qu'on a aussi décoré des gens qui avaient été blessés en se sauvant....

Dans la rue Boucherat, les mobiles, appuyés par la 6e légion, firent d'inénarrables prouesses. Les insurgés, embusqués dans les maisons, tiraient à coup sûr de ces abris. Le canon même qu'on avait amené ne pouvait rien, que battre contre des murailles. Une centaine de gardes mobiles jetèrent leurs fusils, et, le sabre à la main, ils enlevèrent ces maisons par de prodigieux assauts.

Dans l'après-midi, la force publique avait obtenu un important résultat. Sans être vaincus, les insurgés avaient vu rompre leur ligne de résistance, et il leur était devenu impossible de se relier entre eux.

Au faubourg Saint-Antoine, ils affichèrent la proclamation suivante, et en lancèrent des exemplaires par-dessus leurs barricades.

« Aux armes!
« Nous voulons la République démocratique et sociale!
« Nous voulons la souveraineté du peuple!
« Depuis deux jours, de nombreux démocrates sont descendus dans la rue.
« En défendant la République, nous défendons la propriété.
« Si nous sommes vaincus, jurons tous de mourir sous les *décombres incendiés* du faubourg Saint-Antoine!
« Songez à vos femmes et à vos enfants, et vous viendrez tous! »

Les munitions n'eussent pu suffire aux révoltés, si, mettant à profit une récente découverte de la science, ils n'avaient contraint les pharmaciens de leurs quartiers de leur fabriquer du fulmi-coton. Quant aux balles, le plomb des constructions fut fondu pour en faire; les comptoirs des marchands de vin même y passèrent.

Chose étrange! ce soir-là le soleil, dont les flèches avaient eu tout le jour l'ardeur de projectiles, se coucha comme dans une mare de sang....

Les deux pièces suivantes furent affichées vers le soir.

A LA GARDE NATIONALE.

« Citoyens,

« Votre sang n'aura pas été versé en vain; redoublez d'efforts, répondez à mon appel, et l'ordre, grâce à vous, grâce au concours de vos frères de l'armée, sera rétabli. Citoyens, ce n'est pas seulement le présent, c'est l'avenir de la France et de la République que votre héroïque conduite va assurer.

« Rien ne se fonde, rien ne s'établit sans douleurs et sans sacrifices; soldats volontaires de la nation intelligente, vous avez dû le comprendre.

« Ayez confiance dans le chef qui vous commande; comptez sur lui comme il peut compter sur vous.

« La force, unie à la raison, à la sagesse, au bon sens, à l'amour de la patrie, triomphera des ennemis de la République et de l'ordre social.

« Ce que vous voulez, ce que nous voulons tous, c'est un gouvernement ferme, sage, honnête, assurant tous les droits, garantissant toutes les libertés, assez fort pour refouler toutes les ambitions personnelles, assez calme pour déjouer toutes les intrigues des ennemis de la France.

« Ce gouvernement, vous l'aurez, car avec votre concours entier, loyal, sympathique, un gouvernement peut tout faire.

« Le général CAVAIGNAC. »

A L'ARMÉE.

« Soldats,

« Le salut de la patrie vous réclame; c'est une terrible, une cruelle guerre, que celle que vous faites aujourd'hui. Rassurez-vous! vous n'êtes point agresseurs. Cette fois, du moins, vous n'aurez pas été de tristes instruments de despotisme et de trahison. Courageux soldats! imitez l'exemple intelligent et dévoué de vos concitoyens. Soyez fidèles aux lois de l'honneur, de l'humanité; soyez fidèles à la République. Vous et moi, un jour ou l'autre, peut-être aujourd'hui, il nous sera donné de mourir pour elle; que ce soit à l'instant même, si nous devions survivre à la République! « Le général CAVAIGNAC. »

De son côté enfin, le président de l'Assemblée nationale adressait aux ouvriers cette proclamation :

« Ouvriers!

« On vous trompe, on vous égare!

« Regardez quels sont les fauteurs de l'émeute; *hier ils promenaient le drapeau des prétendants;* aujourd'hui ils exploitent la question des ateliers nationaux, ils dénaturent les actes et la pensée de l'Assemblée nationale.

« Jamais, quelque cruelle que soit la crise sociale, jamais personne dans l'Assemblée n'a pensé que cette crise dût se résoudre par le fer ou par la faim.

« Il ne s'agit ni de vous enlever à vos familles, ni de vous priver des faibles ressources que vous trouvez dans une situation que vous étiez les premiers à déplorer.

« Il ne s'agit pas d'empirer votre sort, mais de le rendre meilleur dans le présent, par des travaux dignes de vous; meilleur dans l'avenir, par des institutions vraiment démocratiques et fraternelles.

« Le pain est suffisant pour tous, il est assuré pour tous, et la Constitution garantit à jamais l'existence de tous.

« Déposez donc vos armes! Ne donnez pas à notre chère France, à l'Europe jalouse et attentive, ce triste spectacle de ces luttes fratricides.

« C'est la honte, c'est le désespoir, ce pourrait être la perte de la République.

« Le temps est toujours long pour les souffrances qui attendent; mais il est court quand il s'agit de fonder de grandes choses sur un terrain nouveau.

« Encore une fois, plus de discussion, plus de haines dans le cœur!

« Défiez-vous de ceux qui exploitent ce qu'il y a de plus respectable parmi les hommes : la souffrance et le malheur.

« Ecoutez la voix de l'Assemblée nationale, comptez sur elle, car elle est le peuple tout entier, et elle ne comprend sa mission que pour l'intérêt du peuple.

« Fermez l'oreille à d'odieuses calomnies!... de la paix, de l'ordre, et la République remplira sa noble devise; elle se rattachera à réparer toutes les injustices du sort et de nos vieilles institutions.

« Le président de l'Assemblée nationale, SENARD. »

Et, à ce propos, nous donnerons un coup d'œil sur la séance du 24, siégeant au milieu de la plus effroyable guerre civile dont une capitale puisse être ensanglantée!

Une de ses premières mesures, en voyant la reprise des combats sur tant de points, fut le vote unanime par lequel elle consacra l'élan suivant, qui l'honore :

« Article unique.

« La République adopte les enfants et les veuves des citoyens qui ont succombé dans la journée du 23 juin, et de ceux qui pourraient périr encore en combattant pour la défense de l'ordre, de la liberté et des institutions républicaines. »

La plus profonde tristesse régnait sur tous les visages. On s'informait avec anxiété, sympathie profonde, des officiers et des représentants blessés en accomplissant les plus héroïques devoirs. On apprend avec joie que la blessure du général Bedeau n'est pas aussi grave qu'on l'avait dit d'abord; que la balle reçue par M. Bixio en pleine poitrine avait pu être extraite, des reins où elle s'était logée, par les soins de M. Gerdy, membre de l'Assemblée; que la blessure de M. Clément-Thomas est légère, celle de M. Dornès plus grave (il en mourut bientôt). L'épouvantable meurtre du général de Bréa et de son aide-de-camp causa dans l'Assemblée la sensation la plus douloureuse....

On demande à la voix du sort les noms de 60 membres qui se transporteront, parés de leurs insignes, sur divers points de la capitale, pour tenter de ramener la révolte au sentiment d'une soumission qu'on déplore de devoir demander à la force des armes. Cette mission périlleuse trouve dix aspirants pour un; dans les bureaux chaque représentant écrit son nom le premier sur son bulletin... Et, à mesure qu'avançait la séance, quelques-uns de ces ambassadeurs de la concorde et de l'humanité revenaient faire leur rapport, décrire à la tribune ce qu'ils avaient vu, et repartaient achever leur mission périlleuse, car, il faut le dire, les insurgés, dans leur égarement sauvage, tiraient avec un empressement tout particulier sur les hommes qui s'avançaient sans armes.

Vers cinq heures on sut que la garde nationale de Rouen venait d'arriver, comme déjà le matin on avait vu paraître celle d'Amiens, avec de l'artillerie. Du reste, les gardes nationales commençaient à se montrer de tous côtés, tant le pays comprenait que Paris était l'arène d'une lutte de vie et de mort pour la société entière.

Vers neuf heures du soir, M. Senard parla en ces termes :

« J'ai à rendre compte à l'Assemblée des principaux faits qui se sont accomplis dans la journée d'aujourd'hui. Je le fais sommairement et sans détail.

« Vous savez comment les forces ont été réparties sur trois points principaux, comment trois généraux ont été chargés par le ministre de la guerre d'opérer de manière à attaquer les insurgés partout où ils étaient à redouter et où ils pouvaient se fortifier. J'insiste sur ces détails, attendu que plusieurs alarmes se sont répandues à diverses reprises dans la journée, sur ce qu'il n'y avait pas de troupe dans tel ou tel endroit, et qu'on voyait tel ou tel attroupement et même quelques engagements de coups de fusil, qui n'étaient pas réprimés avec vigueur.

« Demain, si l'état de choses se continue, il n'en sera pas ainsi. Il ne faut prendre heureusement aucun souci de tout cela. La stratégie à laquelle il a fallu avoir recours, exige l'emploi de masses pour une action vigoureuse sur des points déterminés, en laissant de côté volontairement quelques points, sur lesquels on se portera plus tard.

« Tout le monde a fait son devoir. Nommer la garde nationale, c'est rappeler son dévouement et sa noble abnégation ; nommer la garde mobile, c'est dire que ces jeunes gens, ces enfants de Paris, de la jeune France, ont fait des prodiges ; nommer l'armée française, c'est dire qu'elle s'est montrée française et toujours digne de notre noble nation ; nommer la banlieue, c'est dire qu'elle est toujours prête à assurer dans la capitale le rétablissement de l'ordre.

« Nous devons nommer encore l'École polytechnique, l'École de Saint-Cyr, l'École normale. Parmi les gardes nationaux des départements, je citerai Rouen en première ligne, par un juste orgueil; Amiens, Beauvais, Clermont,

Choisy, Chatou, Versailles, Rueil, Melun, Lagny, Pontoise et d'autres encore. »

La séance permanente est renvoyée au lendemain, dix heures du matin. On se sépare à dix heures du soir.

Un grand nombre de représentants passèrent la nuit dans la salle des Conférences. Les soldats, qui avaient veillé depuis vingt-quatre heures, reposèrent, harassés de fatigue, par terre, sous les vestibules, dans les antichambres et dans les couloirs de l'Assemblée. Quelques rares spectateurs, parmi lesquels on remarquait des femmes, se hasardaient à assister à la séance; mais les gardes nationaux de service et les rédacteurs de journaux, amenés là par leur devoir, formaient la majeure partie des assistants.

Le Palais législatif, quartier général du général Cavaignac, ressemblait à une citadelle. Les troupes du dehors et du dedans ne laissaient circuler personne qui ne fût muni d'une carte délivrée par la questure.

L'autorité était, du reste, désormais parfaitement maîtresse du plan de l'insurrection. L'émeute, comme on l'a indiqué déjà, s'étendait, sur la rive droite, depuis le faubourg Poissonnière jusqu'à la Seine, embrassant ainsi le faubourg Saint-Martin, le faubourg du Temple et le faubourg Saint-Antoine. Sur la rive gauche, elle occupait le faubourg Saint-Marcel, Saint-Victor et le bas du quartier Saint-Jacques; ces deux positions étaient reliées entre elles par l'occupation de points tels que l'église Saint-Gervais, une partie du quartier du Temple, les abords de Notre-Dame et le pont Saint-Michel. L'église Saint-Séverin servait de quartier-général, et le faubourg Saint-Antoine de place d'armes. Ce plan, ingénieusement conçu, et qui témoignait de quels auxiliaires spéciaux s'appuyait l'insurrection, la rendait maîtresse d'un demi-cercle formant à peu près la moitié de Paris. En cas d'échec, la nature des maisons et l'inextricable dédale de rues étroites de ces quartiers, créaient des difficultés presque insurmontables aux troupes, et laissaient aux révoltés des retraites assurées. En cas de succès, au contraire, ils pouvaient aisément se rendre maîtres des lignes importantes des quais et des boulevarts, et cernaient de tous côtés l'Hôtel-de-Ville, ce Capitole des pouvoirs nouveaux. Ce plan fait suffisamment apprécier quels rudes combats il a fallu livrer au pont Saint-Michel, à celui de l'Hôtel-Dieu, à celui encore qui conduit de la rue Planche-Mibray au quai aux Fleurs. C'est qu'en effet, l'attaque dirigée sur ces trois points coupait aux insurgés des deux rives leurs moyens de ralliement. Aussi conçoit-on l'acharnement avec lequel ils ont défendu la position de Saint-Séverin, qui leur servait de quartier-général, et celle de Saint-Gervais, qui menaçait directement l'Hôtel-de-Ville.

Le dimanche 25, la lutte continua sur une foule de points; mais le manque de communications l'isola sur ces points mêmes. Au matin, les insurgés tenaient encore dans les faubourgs Saint-Antoine et du Temple, sur les hauteurs de Montmartre, à la barrière Saint-Denis et dans diverses localités moins importantes. On ne chercha point à prendre les barricades au faubourg Saint-Antoine, on se contenta de les cerner, ce qui est un moyen d'associer le temps à la victoire, puisqu'en définitive les insurgés devront finir par déposer les armes.

Mille bruits exagérés, contradictoires, alarmants, circulaient par la ville. L'émotion, la peur, en étaient les propagateurs dangereux. Ainsi on racontait que le faubourg Saint-Antoine descendait en masse sur l'Hôtel-de-Ville ; que la mairie du 9e arrondissement, et le maire lui-même, étaient au pouvoir des insurgés ; que la place Royale brûlait ; que la 12e légion marchait sur la Chambre. Et comme à tout moment et partout l'on voyait des officiers d'état-major, des colonels, des généraux, même, galoppant à toute bride pour porter ou obtenir des ordres, pour implorer des renforts de troupes ; comme la garde nationale réclamait sur une foule de points des cartouches ; qu'ici manquaient les hommes, là les munitions et le canon aussi, l'imminence de la situation démontrait, exagérations à part, combien, devant cette furieuse attaque contre les lois, le gouvernement avait le droit d'en suspendre aussi le cours. De là l'état de siége et la suspension d'une foule de journaux jugés dangereux. Ces journaux étaient : *la Révolution, la Vraie République, l'Organisation du travail, l'Assemblée nationale, la République, le Napoléon républicain, le Journal de la Canaille, le Lampion, la Liberté, le Père Duchêne et le Pilori. La Presse* fut également l'objet de rigueurs qui ont fait grand bruit, et de plus le service des crieurs fut interrompu. Nul ne peut circuler sans permis de l'autorité. Ordre de fermer toutes les portes des maisons et boutiques. Défense d'ouvrir les fenêtres donnant sur la rue, afin de prévenir les fusillades par surprises. Les curieux, si ardents à Paris, et aussi dangereux parfois que les perturbateurs eux-mêmes, ainsi que nous l'avons précédemment établi, ne pourront gêner l'action des forces déployées pour le salut de l'ordre et du pays. Mise en œuvre pour la première fois, cette sage mesure empêcha le renouvellement de leurs munitions aux insurgés. Ainsi on put surprendre une foule de pourvoyeurs interlopes portant des cartouches dans des cabas, dans des boîtes à lait, même dans des pains. Une femme, qui portait en papillottes des lettres adressées aux chefs des insurgés, lettres contenant des renseignements sur la position des troupes, fut arrêtée sur le quai Voltaire. On saisit des corbillards pleins de fusils, et un mannequin, faux blessé, tout bourré de cartouches....

Ainsi le 25, vers midi, l'aspect de Paris était celui d'une ville dont la population aurait brusquement disparu. Milan dut être ainsi pendant la terrible peste que Manzoni a si dramatiquement décrite. Qu'on se figure, par une splendide journée de juin, sous un ciel bleu et or, cette ville aux habitations immenses, aux monuments grandioses, n'offrant que la plus vide solitude sur la longue ligne de ses quais et de ses boulevarts ! Désert et silence, voilà l'aspect du quartier que l'insurrection convoitait pour sa proie. A peine, de loin en loin, voit-on dans ce désert, entend-on dans ce silence, une estafette qui passe, le galop d'un cheval qui retentit. Un bruit incessant, mais sourd, une basse terrible et sans intermittence, gronde au fond de ce silence ; c'est la fusillade, la canonnade éloignée....., le combat multiple et furieux qui ensanglante le quartier Latin, la Cité, les faubourgs!

Plusieurs représentants ont pu s'introduire de l'autre côté des barricades; ils ont causé avec les insurgés; ils ont pu voir les installations étranges de ces bohêmes de l'émeute : les femmes faisant à manger sur des fourneaux improvisés à l'aide de quatre pavés, et les enfants jouant au milieu des choses ensanglantées, comme ils l'eussent fait dans un jardin public! Mais, sur aucun point les représentants ne purent faire prévaloir leurs conseils, et lorsque parfois ils demandaient à ces hommes égarés ce qu'était, selon eux, cette République démocratique et sociale pour laquelle ils combattaient... ils répondaient résolument qu'ils mourraient pour cette institution qu'ils ne pouvaient définir!

Donc le dimanche 25, le feu avait de nouveau repris sur presque tous les points et principalement aux faubourgs Saint-Antoine et Saint-Marceau ainsi qu'au clos Saint-Lazare. La fusillade résonne en roulement sourd et continu, sur lequel gronde de temps en temps la voix plus forte du canon. Au clos Saint-Lazare, les insurgés ont élevé des ouvrages avancés qui font de ce point une véritable forteresse, que protégent à droite l'église Saint-Vincent-de-Paule, à gauche l'entrepôt des douanes. Des secours arrivent aux insurgés de la Villette et de la Chapelle-Saint-Denis; mais le général Lamoricière a entrepris d'enlever ces positions rendues formidables, et, payant de sa personne avec le plus bouillant courage, l'illustre général africain entre le premier dans l'entrepôt des douanes, comme s'il était encore à Constantine. Le pavillon de la rue Rochechouart est non moins vigoureusement attaqué. Les boulets de deux pièces d'artillerie broient la grille de la barrière, trouent la pierre tendre du mur d'enceinte, car désormais c'est derrière ce mur et dans les maisons qui le dominent, que se sont réfugiés les insurgés, qui ont renoncé à se maintenir dans la ville. Mais vers trois heures le général Lebreton, renforcé par la garde mobile qu'il joint aux gardes nationaux parisiens et à ceux d'Amiens et de Rouen, attaque à la fois les trois barricades qui enserrent ce point. La garde nationale d'Amiens se fait remarquer par sa bravoure résolue; bientôt les insurgés sont débandés, ils reculent. Un grand nombre est tué sur les barricades conquises. De ce nombre est un jeune homme élégamment vêtu sous une blouse prolétaire. Son cadavre, porté à la mairie du 2e arrondissement, est reconnu pour celui du nommé Larroque, président du club des montagnards de Montmartre, et rédacteur du pamphlet ressuscité sous le titre de *Père Duchêne*.

Et parmi les combattants dévoués au salut de la société en péril, on remarquait aussi un beau vieillard en vêtements bourgeois, bravant les balles qui tombaient en grêle ardente, et s'avançant avec un sang-froid stoïque vers ces barricades un moment défendues avec fureur : c'était un ancien ministre de la guerre sous Louis-Philippe, le général Moline de Saint-Yon. A la même place combattait également le général Gourgaud, volontaire que son âge, comme le précédent, pouvait soustraire à la garde nationale, et qui était accouru se placer sous les ordres de son fils.

A cinq heures, le clos Saint-Lazare était pris, à la suite d'héroïques efforts dans l'attaque comme dans la résistance. Les généraux Korte et Bourdon furent blessés sur ce point.

Au faubourg Saint-Antoine, la défense fut plus longue, et coûta plus cher au parti qui avait résolu de la vaincre. Le général Négrier dut s'y rendre à la tête d'un renfort de dragons, d'infanterie et de gardes nationaux de la banlieue. Il eût fallu voir dans les jours qui suivirent, le long de la rue Saint-Antoine, ces maisons éventrées, ces façades croulées sous les boulets, ces innombrables cicatrices laissées par les projectiles sur la pierre, pour se faire une idée de ce que purent être ces combats, qui laissèrent de bien loin derrière eux, et la prise de la Bastille, et l'insurrection de vendémiaire, et les deux révolutions que nous avons vues depuis. Il fallut prendre, non seulement chaque barricade, mais même chaque maison une à une, sous le feu pleuvant des fenêtres. Le général Négrier, qui se multipliait avec un dévouement égal à sa bravoure, sur tous les points où sa présence était utile, s'empara, avec le 24e de ligne et l'artillerie de la garde nationale, de la caserne des Célestins, où s'étaient réfugiés les révoltés. Le général tente ensuite un dernier effort pour dégager le haut de la rue Saint-Antoine et la place des Vosges. L'artillerie, qui, depuis le matin, bat en brèche la grande barricade du faubourg, s'épuise contre la plus furieuse résistance. Négrier, navré de voir couler tant de sang, veut essayer de la persuasion. Il s'avance, accompagné de M. Carbonnel, pour tenter de faire entendre à ces hommes égarés des paroles conciliatrices... Mais, à son approche, une vive fusillade se croise des maisons qui appuient la barricade, et le brave et humain général est frappé à mort ! M. Carbonnel tombe blessé à ses côtés...

Cette mort héroïque et touchante d'un chef qu'avaient pendant dix ans respecté les balles africaines, enflamma l'ardeur des troupes : le feu des canons fait crouler la maison qui fait le coin de la rue de Charonne, tandis que le général de Lamoricière, de son côté, se prodigue en mille périls au faubourg du Temple. Rue Vieille-du-Temple, M. Victor Hugo tente vainement une conciliation qui ne rencontre que le fanatisme dans l'obstination à prolonger la lutte. A deux pas de l'illustre poète, le général Monteynar est blessé d'une balle qui, sans sa croix d'Honneur sur laquelle elle s'aplatit, lui traversait la poitrine : « Vous voyez, général, dit Victor Hugo, que les *hochets* de M. Clément Thomas sont parfois bons à quelque chose !

A cette heure on était à peu près parvenu à se rendre maîtres du faubourg Saint-Marcel. Vers trois heures, l'archevêque de Paris, accompagné de ses vicaires, s'était transporté auprès du général Cavaignac pour lui offrir de se montrer dans la bataille, et d'unir la religion aux défenseurs de l'ordre.

Monseigneur Affre se rend directement au faubourg Saint-Antoine. Il y pénètre accompagné de trois des représentants du peuple qui cherchaient, au péril de leur vie, à arrêter l'effusion du sang. Ces représentants sont MM. Larabit, Druet-Desvaux et Galy-Casalat ; les deux grands vicaires, MM. Jacquemet et Ravinet, l'accompagnent également, ainsi qu'un valet de chambre,

Tous s'avancent vers la première barricade du faubourg. En vain des officiers, des gardes nationaux tentent d'empêcher l'illustre prélat d'aller affronter des périls qui ont déjà coûté la vie à plusieurs généraux; l'archevêque sourit avec bonté et résignation, en répondant ces mots que la catastrophe du moment suivant rend sublimes : « *Bonus pastor dat vitam suam pro ovibus suis.* » Et il continua d'avancer, entrant dans les ambulances qui sont sur son chemin, bénissant les blessés, absolvant les mourants, répandant partout ses consolations et ses encouragements. Il arriva ainsi devant la grande barricade peu d'instants après que le général Négrier y avait été tué. Là, il pria le colonel de faire momentanément cesser le feu. Les insurgés surpris, et comprenant qu'il se passait quelque chose d'extraordinaire, suspendirent également leur fusillade et se montrèrent au haut de la barricade. Quelques-uns de ces prolétaires, en voyant l'archevêque, mirent instinctivement en l'air la crosse de leurs fusils. Monseigneur monte sur la barricade, accompagné de ses grands vicaires, et précédé d'un homme du peuple en blouse, qui agite en l'air une branche verte, en signe de paix ou de trêve. Mais soudain de nouvelles détonations éclatent... Pourquoi ? comment? on ne sait. Dieu le voulait sans doute! Les trois représentants descendent la pente de la barricade qui est du côté des insurgés; monseigneur Affre, sans trouble, sans terreur, sans précipitation, les suit à pas lents, avec la dignité d'un saint qui marche au martyre. Il arrive sain et sauf au pied de ce nouveau calvaire, et il s'apprête à parler aux insurgés, lorsque tout à coup il chancèle et fléchit... On le voit porter à son côté une des mains qu'il tenait levées : une balle partie d'une fenêtre, pénétrant de haut en bas, lui a traversé le corps de part en part !... Le valet de chambre qui le suivait le reçoit dans ses bras, et est blessé lui-même en le recevant....

Les insurgés semblent épouvantés par l'énormité d'un pareil crime. Les uns s'enfuient découragés; d'autres, au contraire, accourent pour secourir le sublime prélat. Lui, sent que sa blessure est mortelle; il demande à être administré. Une civière est apportée, et monseigneur y est déposé sanglant, puis enlevé, avec toutes sortes de marques d'un respect désolé, à l'hôpital Saint-Louis, où il est déposé entre les mains des sœurs de la charité. Les trois représentants sont gardés en ôtages. Dans la nuit, plusieurs délégués de la révolte se font guider par M. Larabit, vers le président de l'Assemblée constituante. Ils demandent une armistice, se faisant forts d'amener le faubourg à renoncer à la résistance ; dans ce but ils déposent entre les mains du pouvoir une adresse ainsi conçue; au fond, elle ne signifiait pas grand'chose :

« Monsieur le président de l'Assemblée nationale,

« Nous ne désirons pas l'effusion du sang de nos frères, nous avons toujours combattu pour la République démocratique : si nous adhérons à ne pas poursuivre la sanglante révolution qui s'opère, nous désirons aussi conserver le titre de citoyens, en conservant tous nos droits et nos devoirs de citoyens français.

« Les délégués du faubourg Saint-Antoine. » *Suivaient les signatures.*

Au-dessous des signatures des délégués étaient celles de MM. Galy-Cazalat et Druet-Desvaux.

Plus bas, M. Larabit avait ajouté :

« Les vœux ci-dessus sont si justes et si conformes à nos sentiments, que nous y adhérons complétement, et que nous les recommandons à l'Assemblée. « LARABIT. »

M. Senard répondit en ces termes à l'adresse ci-dessus et à la recommandation qui l'accompagnait :

« Citoyens, si vous voulez vraiment conserver les titres, les droits, et remplir les devoirs de citoyens français, détruisez à l'instant les barricades en présence desquelles nous ne pouvons voir en vous que des insurgés; faites cesser toute résistance; soumettez-vous et rentrez, enfants égarés, dans le sein de cette République que l'Assemblée nationale a mission de fonder, et que par tous les moyens elle saura faire respecter. « SENARD. »

A six heures du matin, les délégués retournent au faubourg porter cette réponse. Bientôt après, les généraux Lamoricière et Perrot se présentent pour recommencer l'attaque. Mais, à peine le combat est-il engagé, qu'un parlementaire vient déclarer que le quartier se rend aux termes de la lettre du président de l'Assemblée. Trois bataillons pénètrent immédiatement dans le faubourg sans y rencontrer de résistance. Dans la même heure, le général Lamoricière emportait aussi les derniers points de la résistance à la Villette et au haut du faubourg du Temple. Peu après, le général Cavaignac annonçait par dépêche, à la Chambre, que le faubourg Saint-Antoine, dernier point de la résistance, était pris, et que l'ordre avait triomphé de l'anarchie. Le matin même, le chef du pouvoir exécutif avait fait afficher la proclamation suivante :

A LA GARDE NATIONALE, AUX SOLDATS.

« Grâce à vous, l'insurrection va s'éteindre. Cette guerre sociale, cette guerre impie qui nous est faite tire à sa fin. Depuis hier, nous n'avons rien négligé pour éclairer les débris de cette population égarée, conduite, animée par des pervers. Un dernier effort, et la patrie, la République, la société tout entière seront sauvées!

« Partout il faut rétablir l'ordre, la surveillance; les mesures sont prises pour que la justice soit assurée dans son cours. Vous frapperez de votre réprobation tout acte qui aurait pour but de la désarmer. Vous ne souffrirez pas que le triomphe de l'ordre, de la liberté, de la République, en un mot, soit le signal de représailles que vos cœurs repoussent.

« Général E. CAVAIGNAC. »

Dès huit heures du matin (lundi 26), l'Assemblée s'était réunie. Le président Senard avait fait connaître la situation de la capitale. L'Assemblée avait sur-le-champ voté d'urgence un décret nommant une commission d'enquête formée de quinze membres, pour rechercher les causes de l'insurrection de juin. Elle rendit immédiatement aussi un autre décret ainsi conçu :

« Tout individu pris les armes à la main sera immédiatement déporté dans une des possessions françaises d'outre-mer, autre que l'Algérie. »

Pendant la journée, on entendit encore éclater çà et là quelques coups de fusils perdus; mais le soir, le général auquel la Chambre avait remis l'autorité suprême, put afficher la proclamation suivante, qui résumait la situation matérielle.

A LA GARDE NATIONALE ET A L'ARMÉE.

« Citoyens, soldats,

« La cause sacrée de la République a triomphé; votre dévouement, votre courage inébranlable ont déjoué de coupables projets, fait justice de funestes erreurs. Au nom de la patrie;

au nom de l'humanité tout entière, soyez remerciés de vos efforts, soyez bénis pour ce triomphe nécessaire.

« Ce matin encore, l'émotion de la lutte était légitime, inévitable. Maintenant, soyez aussi grands dans le calme que vous venez de l'être dans le combat. Dans Paris, je vois des vainqueurs, des vaincus; que mon nom reste maudit, si je consentais à y voir des victimes! La justice aura son cours, qu'elle agisse; c'est votre pensée, c'est la mienne.

« Prêt à rentrer au rang de simple citoyen, je reporterai au milieu de vous ce souvenir civique, de n'avoir, dans ces graves épreuves, repris à la liberté que ce que le salut de la République lui demandait lui-même, et de léguer un exemple à quiconque pourra être à son tour appelé à remplir d'aussi grands devoirs. »

« *Le chef du pouvoir exécutif,* E. CAVAIGNAC. »

Voici la liste des gardes nationales, banlieue ou départements, qui accoururent combattre, dans la capitale, la cause de la civilisation en péril :

Celles de Boulogne, Bouqueval, Chatou, Courbevoie, Meudon, Rueil et Sèvres sont arrivées à pied.

Celles de Pontoise, Senlis, Clermont, Compiègne, Beauvais, Amiens, Corbie, Hornoy, Roye, Montdidier, Péronne, Abbeville, Arras, Albert, Boulogne, Calais, Lille, Douai, Cambrai, Valenciennes sont arrivées par la route du nord.

Par la route de l'ouest : Versailles, Bonnelles, Meulan, Maintenon, Poissy, Mantes, Montfort-l'Amaury, Evreux, Vernon, Louviers, Elbeuf, Rouen, Orgeval, Yvetot, le Havre.

Par la route du sud : Orléans, Dourdan, Melun, Pithiviers, Tours.

Par la route de l'est : Meaux, Chailly, Planchard, Coulommiers, Crécy, Soissons, Charly, Château-Thierry, Châlons-sur-Marne, Troyes, Vassy, Châtillon, Bar-sur-Seine, Joinville.

Nous ne saurions tourner la page sur ces journées sanglantes et fatalement marquées dans notre histoire, sans recueillir quelques détails, quelques épisodes qui en relèvent, et dont plusieurs consolent la pensée attristée.

D'un premier asile, l'archevêque avait pu être ensuite transporté chez lui. La civière qui le portait était escortée par des gardes mobiles. Il avait remarqué le matin un de ces courageux enfants qui, combattant, et déjà blessé, arrachait le sabre de son ennemi, et le laissait désarmé sans le frapper encore. L'ayant reconnu, il le fit approcher, et, lui donnant une petite croix de bois suspendue à un chapelet, il lui dit : *Ne quitte pas cette croix...; mets-la sur ton cœur...; elle te portera bonheur.* Ce garde s'appelait François Delavrignère; il était de la 7º compagnie du 4º bataillon.

Arrivé à l'archevêché, le prélat demanda qu'on l'instruisît sur sa position, ajoutant qu'il avait, en marchant, fait le sacrifice de sa vie. Informé de la gravité de sa situation, il demanda et reçut avec une sainte onction les sacrements mortuaires. Ses derniers mots furent ceux-ci : *Dieu veuille que mon sang soit le dernier versé!* Il perdit bientôt connaissance, et, après quelques heures d'agonie, il rendit à Dieu son âme généreuse, allant prendre là haut la place qu'il avait achetée de son sang. Denis-Auguste Affre était né à Saint-Romme-de-Tarn, diocèse de Rhodez, le 18 septembre 1793. Ses yeux, ouverts au monde au milieu d'une révolution, devaient s'y fermer dans une autre guerre civile. Il avait été institué évêque de Pompéiopolis et coadjuteur de Strasbourg le 27 avril 1840, et nommé archevêque de Paris le 26 mai suivant, puis préconisé le 13 juillet, et sacré, dans son église métropolitaine, le 6 août de la même année. Il avait précédemment été chanoine de l'Église de Paris et vicaire-général du diocèse. Il mourut à cinquante-quatre ans et neuf mois; son archiépiscopat avait duré sept ans et dix mois. C'était un prélat des plus éclairés. Sa mort fut à la fois celle d'un héros et celle d'un martyr. Paris lui a fait les plus solennelles funérailles.

Quelques lignes biographiques sont bien également dues aux braves généraux qui ont payé de leur sang la victoire de l'ordre sur l'anarchie. Sa fatale destinée nous dicte en premier le nom du général de Bréa.

Né en 1790, il appartenait, par son âge et par ses services, à la grande et immortelle génération militaire de l'empire. Sorti de l'Ecole militaire sous-lieutenant, en 1806, il n'eut plus, depuis, un seul jour d'interruption dans ses services. Capitaine en 1812, chef de bataillon en 1816, colonel en 1836, il était maréchal-de-camp depuis 1845. Il appartenait à l'état-major depuis 1818, époque de la formation de ce corps. Il fit les campagnes de 1807, 1808, 1809, 1810 et 1811 dans les Calabres; celles de 1812, 1813 et 1814 en Russie, en Saxe, en Prusse et en France; puis enfin, en 1815, celle de Waterloo. Ses états de service étaient des plus glorieux. Déjà il était réputé un des plus braves officiers de l'armée, par sa conduite à la prise de la redoute suédoise en avant de Horsausen, le 16 octobre 1806. Il fut laissé pour mort sur le champ de bataille de Leipzig, et au combat des *Quatre-Bras* (Waterloo), chargeant à la baïonnette à la tête de sa compagnie, il resta seul debout de quarante-quatre hommes. Attaché, sous la restauration, à la 1re division militaire, il fut longtemps investi des fonctions du ministère public près les tribunaux militaires de Paris. Nommé, en 1831, chef d'état-major de la 1re division de cavalerie de l'armée du Nord, après la dislocation de cette armée, il alla prendre, dans la 12e division militaire, ces mêmes fonctions. Il ne quitta plus la résidence de Nantes, et y commanda comme général de brigade jusqu'au moment (1848) où cette subdivision fut supprimée. Mis en disponibilité depuis un mois seulement, il se trouvait à Paris lorsqu'éclata l'insurrection. Il courut se mettre à la disposition du ministre de la guerre..... On sait le reste.

Le général Négrier naquit en Portugal, mais de parents français, en 1788. Le général Subervie, alors aide-de-camp du maréchal Lannes, le ramena en France tout enfant. A dix-sept ans, Négrier s'engagea dans le 2e de ligne, et commença ses campagnes en 1806, en assistant au siége de Hameln. Il n'était encore que sergent à Friedland lorsqu'il reçut la croix d'honneur. Sous-lieutenant en 1808, chef de bataillon en 1813, Ney le remarqua pendant la campagne de 1814, et lui confia une expédition des plus périlleuses. Il s'agissait d'attaquer 2,000 Russes, maîtres d'une excellente position, à la tête de cinq compagnies seulement. Négrier tua la moitié de ces Russes et fit l'autre prisonnière. Ce fait lui valut la croix d'officier de la Légion-d'Honneur.

A Waterloo, il resta un des derniers sur le champ de bataille ; frappé de cinq coups de feu, il combattait encore. Arrivé au grade de chef de bataillon à l'âge de vingt-quatre ans, il fallut quinze ans avant qu'il en pût sortir, c'est-à-dire la révolution de Juillet. En 1836, il était en Afrique, et parvenu maréchal-de-camp. Après le siége de Constantine, il quitta le commandement d'Alger qu'il avait eu par intérim, et prit celui de la province dont la capitale venait d'être conquise, et qu'il acheva de soumettre avec moins de 3,000 hommes. Ayant, pendant le cours de sa carrière, séjourné quatre fois à Lille, le brave Négrier, qui, en dernier lieu, y commandait la 16ᵉ division militaire comme lieutenant-général, s'était acquis l'estime et l'affection des habitants du Nord, qui l'envoyèrent spontanément à l'Assemblée constituante. Ce fut là que le trouva l'insurrection de juin. C'est en se dévouant à la défense des lois, qu'il servait à un double titre, que ce brave officier fut mortellement frappé à la place de la Bastille, comme on l'a vu plus haut.

Le général Duvivier était Rouennais. Né en 1794, il fut de bonne heure destiné, comme tous les enfants de ces temps agités, à la carrière des armes. Entré à l'École polytechnique, il prit, avec ses compagnons, part à la défense de Paris contre la coalition. Il passa à Metz, et 1830 le trouva capitaine du génie, grade dans lequel il concourut à l'expédition d'Alger. Il se distingua dans les nombreuses affaires de la conquête, et tout notamment au fameux passage du col de la Mouzaïa, en 1831. Devenu chef de bataillon, il commandait le bataillon des Zouaves et Parisiens au retour de l'expédition de Médéah, et ce fut après une attaque très-périlleuse qu'il opéra une retraite qui fit l'admiration de toute l'armée. Il se conduisit aussi très-glorieusement à la prise de Constantine, et le grade de général de brigade avait fini par récompenser une foule de beaux faits d'armes, lorsque diverses mésintelligences avec le maréchal Bugeaud le décidèrent à demander son rappel en France. Dès lors il publia sur l'Afrique divers ouvrages très-remarquables, et vivait dans une sorte de retraite, lorsqu'éclata la révolution de Février. Il accepta alors la difficile mission d'organiser la garde nationale mobile, dont il fut nommé général, et, en moins d'un mois, tout Paris put rendre justice au zèle, à la discipline, au bon esprit de ces bataillons, et à l'instruction militaire qu'ils avaient comme par enchantement acquise.

S'étant porté candidat à l'Assemblée constituante, le général Duvivier fut nommé le onzième des trente-quatre représentants de Paris. Il s'était démis de son commandement de la garde mobile après en avoir organisé les vingt-quatre bataillons, et il siégeait à l'Assemblée lorsqu'éclata l'insurrection. Il offrit avec empressement ses services, et fut chargé de la défense de l'Hôtel-de-Ville. « Serré de près par les insurgés, lit-on dans une notice biographique sur ce brave officier, et occupé par quatorze bataillons qui ne peuvent se développer, le combat étant engagé presque à bout portant, le général s'avance sur le quai de la Grève à la tête d'un bataillon, et il parvient à en déloger les insurgés. Mais ses progrès sont lents, car les forces des insurgés augmentent à chaque instant, et ils ont pu établir partout des retranchements formidables. C'est le 25 juin, au matin, qu'il peut pénétrer dans la rue Saint-Antoine. Là, sous ses yeux, la garde mobile combattait depuis un quart d'heure avec un courage admirable. Le général s'avance comme le dernier de ses soldats, sous une grêle de balles; tout à coup il dit d'une voix brève : *Je suis piqué !* Une balle venait en effet de lui briser le pied. Pendant quelques instants encore il continue de commander; mais, contraint de se retirer, il se rend chez lui, et monte seul à son appartement situé au quatrième étage. Cette imprudence devait avoir les plus funestes conséquences; le blessé est saisi d'une fièvre ardente, les douleurs deviennent intolérables. Transporté au Val-de-Grâce, le général ressentit d'abord quelque mieux; mais la fièvre reparaît, et bientôt le brave soldat expire après quelques heures de délire..... »

Le général Damesme était un des plus jeunes généraux de l'armée. Il avait à peine atteint sa quarantième année, lorsqu'il a été frappé par la guerre civile, lui, que la guerre contre l'étranger avait épargné. Élève de Saint-Cyr, il servit d'abord comme sous-lieutenant dans le régiment de Hohenlohe, puis, après 1830, dans le 58ᵉ de ligne. Il fit, comme lieutenant, la campagne de Belgique, et passa en Afrique en 1833. Toutes les campagnes qui signalèrent le développement de notre conquête, lui fournirent l'occasion de prouver une valeur téméraire, une extrême énergie, un entraînement auquel rien ne résistait. En 1843, étant chef de bataillon, il reçut dans le bas ventre une très-grave blessure, dont il ne fut jamais parfaitement guéri. En 1847, il était colonel. Il passa bientôt au commandement de la garde mobile. C'est à la tête de deux bataillons de cette jeune et brave garde, qu'il fut blessé le 24 juin. Il n'avait pris aucun repos depuis le commencement de l'insurrection. Dès le matin, il avait délogé les insurgés de la rue des Mathurins, défendue par une des plus fortes barricades, et de l'ancien théâtre du Panthéon. Quelques heures après, il reprenait l'Ecole de droit, puis attaquait les barricades de la rue de l'Estrapade, où les insurgés avaient réuni des forces considérables. Une fusillade terrible s'engagea; la garde mobile, que rien n'arrêtait, cessa tout à coup son feu, s'élança à la baïonnette, et la première barricade fut emportée; l'attaque de la seconde commençait, lorsque le brave général reçut une balle dans la cuisse. La blessure était des plus graves; vainement Damesme voulut-il continuer son commandement, la perte de son sang le fit choir de cheval, et il fut transporté au Val-de-Grâce; le fémur était brisé; l'amputation fut jugée nécessaire par les plus habiles praticiens. Le général fut chloroformisé et la séparation du membre eut lieu. Tout alla bien pendant quelque temps; mais bientôt le général, emporté par l'activité de son esprit, laissa se déterminer des accidents qui lui rendirent la fièvre, puis le délire... Il expira alors qu'on avait lieu de le croire sauvé !

« M. Damesme, dit un biographe, était un des officiers de l'armée qui, par sa parole brusque, sa bonté bourrue, ses allures démocratiques, sa franchise extrême, reproduisaient le mieux le type des officiers de la vieille République. Son intrépidité était éblouissante. Dès sa première jeunesse, dès son entrée à Saint-Cyr, il promettait tout ce qu'il a tenu, par son ardeur militaire et sa tenue martiale. Il était parfaitement à sa place à la tête de la garde mobile, et il aurait fait de ces braves jeunes gens, qui le regrettèrent tant, un corps d'élite. S'il eût survécu à sa blessure, on le destinait à des invalides glorieuses, à une place de confiance, au commandement de l'école dont il était sorti, et pour laquelle il aurait été un modèle vivant de bravoure, de loyauté, de patriostisme. »

Bourgon entra en 1813 comme volontaire dans les gardes d'honneur ; il avait alors dix-huit ans ; il vit pour la première fois le feu à la désastreuse bataille de Leipsick et fit bravement la campagne de France, se distinguant particulièrement à la bataille de Montmirail, après laquelle il fut fait lieutenant. A la prise de Reims, il fit, sous les yeux mêmes de l'empereur, une action d'éclat qui lui valut un grade supérieur et la croix. Sous la Restauration, ses opinions libérales mirent un invincible obstacle à l'avancement du capitaine Bourgon. Il fallut l'expédition d'Afrique pour qu'il conquît le grade de chef d'escadron. Ce fut sur cette terre, où tant de génies militaires ont eu l'occasion de se révéler, que Bourgon conquit tous ses grades, jusqu'à l'époque où il eut l'honneur de se mesurer avec Abd-el-Kader, qu'il battit à la mémorable affaire de Beni-Zug-Zug. Rentré en France général de brigade en 1845, il fut appelé au commandement du département de l'Aude ; atteint par le décret du gouvernement provisoire (4 mai 1848), et mis en disponibilité à cause de son âge, il se trouvait à Paris depuis quelques jours lorsque l'insurrection éclata. Au premier coup de rappel, il prit un fusil et courut se mêler à la garde nationale ; mais ses talents devaient être mieux employés, et le lendemain matin, le général Cavaignac lui confia le commandement des troupes qui opéraient dans le faubourg Saint-Denis. Après de longs et périlleux combats, il s'était emparé de toutes les barricades du faubourg, et commençait l'attaque de la plus formidable de toutes, située près de la barrière, lorsqu'une balle le frappa mortellement ; étendu sur le seuil d'une porte, ce brave général continuait de donner des ordres pendant qu'on lui faisait un pansement inutile... ; dans la nuit il était mort.

Fils et neveu de généraux qui avaient servi la République et l'Empire, M. Dornès s'était de bonne heure mêlé à la politique. Initié aux sociétés secrètes qui minèrent sourdement l'édifice de la Restauration, il se trouvait avocat à Metz, lorsqu'éclata la révolution de Juillet. Il fut dès lors attaché à la rédaction du *National*, et lorsque la mort le surprit, depuis peu nommé représentant dans la Moselle, il partageait encore la direction de ce journal avec M. Charles Thomas. C'était un républicain honnête et convaincu. La mission qu'il avait acceptée prouve que son républicanisme était celui d'un ennemi de l'anarchie. Il fut frappé lorsqu'il marchait à la tête du 5ᵉ bataillon de la garde mobile. Sa mort a causé une sensation qui a triomphé des immenses préoccupations du moment. La Chambre vota à la veuve du représentant Dornès une pension de 3,000 fr. réversible sur sa fille.

Il faut abréger.... car l'espace va manquer à tout ce qui nous reste à dire, pour remplir notre programme. Constatons donc que les autres victimes de ces épouvantables journées, les généraux Regnaud et François, avaient également de brillants états de services, et qu'il fut doublement pénible de voir périr dans les rues de Paris, frappés par des balles françaises, ces braves soldats qu'avaient épargnés vingt combats contre les ennemis de cette patrie, qu'ils servirent si bien, jusqu'à l'heure de leur déplorable mort.

Voici la liste par ordre alphabétique des citoyens de toutes classes et de toutes villes, morts pour la défense de l'ordre dans ces journées funestes; leurs noms méritent bien d'être recueillis par l'histoire, comme en une sorte de panthéon de la plus réelle des égalités :

AFFRE, archevêque de Paris.
ANDRÉ, garde mobile, 4ᵉ bataillon.
ANFRAY, garde national, major de la 8ᵉ légion.
ANICOU, garde mobile, 15ᵉ bataillon.
AUGUSTE, tambour au 23ᵒ bataillon de garde mobile.
AVRIAL, garde national.
BACH, commandant de garde mobile.
BACON (Hugues-Adolphe), capitaine de la garde nationale de Sains.
BEAUBLÉ, garde national de Beaugency (Loiret.)
BELAMI, garde national, 10ᵉ légion.
BERNOS, adjudant-sous-officier de la garde mobile à cheval.
BERTIN, ancien notaire, garde national.
BERTRAND, avoué à Paris, garde national, 1ʳᵉ légion.
BEZOMBES, garde national.
BIZOT, garde mobile, 1ᵉʳ bataillon.
BLANCHARD, garde national de Beaugency (Loiret.)
BLONDEAU, garde mobile, 19ᵉ bataillon.
BODIN (Charles), capitaine au 21ᵉ bataillon de garde mobile.
BOQUET, garde national, 3ᵒ compagnie du 4ᵉ bataillon, 2ᵉ légion.
BOURGON (général de), blessé à la barricade Saint-Denis. — Mort des suites de ses blessures.
BOUSQUET, garde mobile.
BOUTONNÉ, garde mobile, 3ᵉ bataillon.
BRÉA (général).
BROLI (François-Gaspard), garde mobile, 23ᵉ bataillon.
BRUNET (Jules), sergent au 13ᵉ bataillon de garde mobile.
CANANT, garde mobile, 2ᵉ bataillon.
CHAMP, garde mobile, 22ᵒ bataillon.
CHAMPENOIS, garde mobile, 5ᵉ bataillon.
CHARBONNEL, représentant du peuple.
CHARRE (Emile), garde national, 1ʳᵉ légion.
CLARKE, ingénieur en chef du chemin de fer d'Orléans.
CLÉRY, dit *Picard*, garde national.
COLAS, garde national de Beaugency (Loiret).
CORNU, garde mobile, 14ᵉ bataillon.
CRESSANT, capitaine de la garde républicaine.
CRUSSEL, garde mobile, 8ᵉ bataillon.
DAMESME (général), blessé. — Mort de sa blessure.
DELPLANCHE, garde national.
DEMION, garde national de la 8ᵉ légion.
DEMONDION, adjudant-major du 1ᵉʳ bat. 1ʳᵉ légion de la garde nationale.

DESROGUES (Emile), garde mobile, 9ᵉ bat.
DEVOY, caporal, 9ᵉ bataillon, garde mobile.
DORNÈS, représentant du peuple.
DUFIÉ, chef de bataillon, 1ʳᵉ légion.
DUMÉE, garde national de Rouen.
DUMOULIN (Edouard), garde mobile, 7ᵉ bat.
DUPONT-DELPORTE, capitaine d'infanterie.
DURRIEU, chef de bat. de la garde nationale de Cambrai.
DUVIVIER (général), blessé au pied, le 25. — Mort de sa blessure.
FARÉ, capitaine adjudant-major de la garde mobile.
FÉRÉOL, chef de bataillon du 9ᵉ de ligne.
FEUDÉE, garde mobile, 17ᵉ bataillon.
FRANÇOIS (général).
FRIOLLE, chef du 9ᵉ bat. de garde mobile.
FUREAU, garde mobile, 1ᵉʳ bataillon.
GARDE, garde mobile, 4ᵉ bataillon.
GAUDIN, garde national, 11ᵉ légion.
GÉRARD, garde national.
GIBERT, garde mobile.
GIRARDY (Jacques), garde mobile, 10ᵉ bat.
GRÉGOIRE (Antoine), garde mobile, 7ᵉ bat.
GUILLEMOT, garde marine.
JACOMET (Achille), capitaine de la 4ᵉ compagnie du 1ᵉʳ bataillon de la garde mobile.
KALBERT, garde mobile à cheval.
LAFONT (le colonel).
LAIGNEAU, chef de bataillon au 73ᵉ de ligne.
LAURENT, garde mobile, 10ᵉ bataillon.
LECLERC fils.
LEFÈVRE, commandant de garde nationale.
LEGUENNE, garde mobile, 15ᵉ bataillon.
LEROUX, caporal au 19ᵉ bat. de garde mobile.
LETROU, garde mobile, 21ᵉ bataillon.
LIÉMANCE, lieutenant de la garde républicaine.
LORAIN, lieutenant du 2ᵉ bat. de la 3ᵉ légion.
LOURDIER, garde mobile, 19ᵉ bataillon.
MALHER, sous-lieutenant au 18ᵉ léger.
MANGIN (de), aide-de-camp du général Bréa.
MASSON, chef de bat. de la garde nationale.
MEYER, lieutenant au 4ᵉ bataillon de la garde mobile.
MICHON, garde national, 1ʳᵉ légion.
MONDION, adjudant-major, 1ʳᵉ légion.
MORIN, tambour, 10ᵉ légion. — Le 25.
MORTIER, garde mobile, 9ᵉ bat., 5ᵉ comp.
MULOT Jean), garde mobile, 16ᵉ bataillon.
NÉGRIER (général), tué le 25.
NEUCHÈZE (Guillaume de), capitaine au 20ᵉ bataillon de garde mobile.
OSY, sous-lieutenant de la garde républicaine.
PARISOT, garde national, 10ᵉ légion.
PICHON, lieutenant de la garde républicaine.

PRAILLY (de), chef-d'escadron, aide-de-camp du général Foucher.
REGNAUD (général), tué le 25.
ROCH (Auguste), lieutenant de la 6ᵉ légion.
ROCHAT, ouvrier, 8ᵉ légion.
ROSSIGNOL (Hector), ouvrier bijoutier, garde national du Loiret.
ROUSSIL, garde mobile, 2ᵉ bataillon.
SAUVAGEOT, lieutenant, 1ʳᵉ légion.
SÉVIN, artiste dramatique, sous-lieutenant de la garde nationale. — Mort des suites d'une blessure.
TEXIER, garde national.
THIBAULT, capitaine de carabiniers, 1ᵉʳ bat. du 18ᵉ léger.
THIRION (Nicolas), garde mobile, 7ᵉ bat.
THOUIN, garde national, 1ʳᵉ légion.
VIROT, garde national de la 8ᵉ légion.
WEBNER (de Colmar), garde national
ZANAU, garde national, adjudant-major de la 8ᵉ légion.

Quant aux morts insurgés, il serait impossible d'en dire le nombre. — On a parlé de 3,000.

Voici le chiffre des blessés recueillis dans les hôpitaux : Charité, 120; Val-de-Grâce, 190; Hôtel-Dieu, 400 (l'Hôtel-Dieu reçut un nombre de blessés bien plus considérable, mais un très-grand nombre moururent dès les premières heures de leur arrivée); hôpital Dubois, 90; Clinique, 78; Saint-Lazare, 63; hôpital Saint-Louis, 500. Ce dernier hôpital était entouré de barricades plus que l'Hôtel-de-Ville. Ce fut une infernale stratégie que celle qui transforma en forteresses deux des plus grands hôpitaux de Paris, l'Hôtel-Dieu et Saint-Louis. Parmi les insurgés recueillis dans ces hôpitaux, on comptait beaucoup de serruriers et de terrassiers originaires du midi.

On remarqua, parmi les blessés du parti des lois, un très-grand nombre de sous-officiers de la ligne. Ces braves gens sans doute s'exposaient davantage.

Au nombre des blessés appartenant aux classes élevées de la société, nous avons déjà cité le général Korte, atteint à la jambe; le général Foucher, touché lorsqu'il attaquait la barricade du faubourg du Temple; le général Bedeau, blessé à la cuisse; le général Lafontaine; le général de Lamoricière, qui eut en outre deux chevaux tués sous lui, et qui avait déjà versé son sang aux journées de février; enfin le représentant du peuple Bixio, qui ne fut conservé que par miracle, et quelques autres encore auxquels le pays doit sa reconnaissance avec son admiration.

Un affreux malentendu vint ajouter de nouvelles victimes à celles que nous avons mentionnées nominalement ou en bloc. Voici le fait : Le lendemain de la bataille, on arrêtait tous les insurgés qu'on pouvait trouver fuyant de Paris. Les carrières Montmartre servaient de refuge à beaucoup. Un bataillon de garde nationale des départements, de service aux Tuileries, conduisait dans les souterrains de la terrasse du bord de l'eau, où déjà se trouvaient enfermés bon nombre d'hommes pris les armes à la main, deux cents insurgés arrêtés durant la journée et qui marchaient au milieu du bataillon, libres de leurs mouvements; tout à coup l'un d'eux s'élance sur le chef de bataillon, saisit un des pistolets que cet officier portait à sa ceinture et le décharge sur lui à bout portant; tout aussitôt un des gardes de l'escorte abat l'assassin. Il naît de ce double incident une brusque confusion.... quelques coups de feu partent, çà et là; les factionnaires qui entourent la place, s'imaginent qu'on tire sur eux et ils ripostent. Les prisonniers profitent du désordre pour s'échapper de tous côtés, et les gardes nationaux chargés de leur conduite font feu sur eux. Ce ne fut qu'après une très-vive mêlée et le croisement des balles partant de tous côtés, que cette sanglante méprise fut reconnue...; mais déjà 27 gardes nationaux étaient frappés, dont 15 mortellement! On porte à 53 le nombre des insurgés qui furent tués dans cette confusion effroyable. Les autres furent conduits à l'Ecole-Militaire. On remarquait parmi eux un enfant de douze ans....

Les causes, les prétextes qui amenèrent la lutte épouvantable que nous avons rapportée peuvent être jugés à des points de vue divers. Toutefois, il en est un sur lequel devront se rencontrer tous les hommes de bonne foi, puisant leurs jugements, non dans la passion, mais dans une saine et indépendante appréciation des choses. Pour ceux-là, et l'historien plus que personne a pour devoir de se ranger parmi eux, il est évident que les promesses du gouvernement provisoire, qui avait imprudemment pris des engagements qu'il ne pouvait tenir (en écrivant sur tous les murs de Paris : La République doit le pain et le travail à tous ses enfants : *elle prend l'engagement de le leur donner*) causèrent, le moment venu, l'exaspération de la masse. Les ouvriers sans pain et sans travail sont naturellement venus réclamer l'exécution de ces promesses. Le gouvernement provisoire, n'osant avouer son impuissance à les satisfaire, a éconduit le peuple avec des promesses nouvelles, encore déçues plus tard; de sorte que, se voyant pris pour dupe, le prolétaire, dont la passion fut habilement exploitée par ces âmes perverses desquelles nous avons eu, plus d'une fois déjà, à flétrir l'action fatale sur le peuple faible ou ignorant, l'ouvrier disons-nous, poursuivit désespérément, les armes à la main, la conquête des chimères follement promises dans un premier transport de présomption et d'enthousiasme. Si quelque chose put consoler des épouvantables malheurs qui naquirent de cet état de choses, et de la crise qui en fut la sanglante conséquence, ce fut assurément de voir l'immense développement que cette crise donna instantanément au sentiment national. Dans cette garde nationale accourue de 12 ou 15 départements, dans celle de Paris, dans l'armée, une seule pensée semblait occuper tous les esprits, comme une seule passion faisait battre tous les cœurs. Les anciennes divisions de classes, de partis, d'opinions, disparurent. Riches et pauvres, ouvriers et bourgeois, républicains et royalistes, tous avaient oublié leurs défiances et leurs vieilles querelles devant le danger commun... Confondus dans les mêmes rangs, placés devant les mêmes barricades, attaqués dans le même intérêt, tous avaient senti qu'ils étaient hommes et citoyens au même titre, et qu'il y avait un terrain commun sur lequel ils pouvaient et devaient se réunir : celui de la défense de la société, de la civilisation peut-être !

CHAPITRE III.

Dictature du général Cavaignac. — Élection de Louis-Napoléon à la présidence de la République. — Siége de Rome.

Le 28, à l'ouverture de la séance, le général Cavaignac monta à la tribune pour remettre entre les mains de l'Assemblée les pouvoirs dictatoriaux dont elle l'avait investi, dans un but de sûreté générale. Le ministère avait à l'avance donné sa démission. L'Assemblée, séance tenante, rendit un décret qui continuait au général africain le pouvoir exécutif, avec le titre de président du conseil des ministres. Voici comment le chef provisoire de l'Etat constitua ce ministère, et comment aussi les portefeuilles changèrent plusieurs fois de mains, jusqu'au 20 décembre, date qui inaugura une nouvelle forme de pouvoir, par l'élection présidentielle du 10.

Président du conseil, général Eugène Cavaignac, chargé du pouvoir exécutif. (Secrétaire général du pouvoir exécutif, Foissy, chef-d'escadron.)

Justice, Bethmont. — 15 juillet, Marie.

Affaires étrangères, Jules Bastide. — 29 juin, général Bedeau, non acceptant. — 2 juillet, *intérim*, Jules Bastide. — 17 juillet, *définitif*, le même.

Guerre, général de Lamoricière 28 juin.

Marine et Colonies, vice-amiral Leblanc, non acceptant. — 29 juin, Jules Bastide. — 17 juillet, Verninac-Saint-Maur.

Intérieur, Senard. — 13 octobre, Dufaure.
Travaux publics, Recurt. — 13 octobre, Vivien.
Agriculture et commerce, Tourret.
Instruction publique et cultes, Carnot. — 5 juillet, Vaulabelle. — 13 octobre, Freslon.
Finances, Goudchaux. — 25 octobre, Trouvé-Chauvel.

Une commission militaire avait été sur-le-champ organisée, et se tenait en permanence au rez-de-chaussée des Tuileries, pour juger les insurgés selon les règles de l'état de siège, qui dut être prudemment maintenu. Cette commission fut composée de juges d'instruction, d'officiers d'état-major de la ligne et de la garde nationale, sous la présidence du commandant Courtois-d'Hurbal, un des blessés de la lutte. On forma trois catégories d'insurgés : 1° ceux qui avouaient leur participation à la lutte, et contre lesquels s'élevaient des charges graves; 2° ceux qui avaient été contraints, suivant leur dire, à se mêler aux insurgés; 3° les individus indûment arrêtés dans la confusion, et que réclamaient des personnes estimables. On trouva sur plus de 300 de ceux des prisonniers appartenant aux deux premières catégories, diverses sommes en or....

Le 28, le placard suivant fut affiché dans Paris :

RÉPUBLIQUE FRANÇAISE.
Liberté, Egalité, Fraternité.
MAIRIE DE PARIS.
Le représentant du peuple, maire de Paris, aux maires des douze arrondissements.

« Paris, le 27 juin 1848.

« Citoyen,

« Je reçois à l'instant la dépêche suivante du chef du pouvoir exécutif :

« Monsieur le maire de Paris,

« Je vous invite à rétablir immédiatement l'ordre et la circulation dans Paris, et à prendre, « à cet effet, toutes les mesures que vous jugerez convenables.

« Le même ordre est adressé aux généraux qui occupent militairement la place de Paris.

« *Le chef du pouvoir exécutif,* Signé, général CAVAIGNAC. »

« En conséquence de cet ordre, vous donnerez des instructions au colonel de votre légion pour qu'il retire la consigne dont la sévérité nécessaire *avait encore été exagérée dans l'exécution par un zèle dont j'aime à louer du moins la bonne intention.*

« Cet état de choses doit cesser aujourd'hui même. Les habitants de Paris doivent savoir qu'ils ont la parfaite liberté de leurs relations, de leurs affaires. L'état de siège, alors même que l'Assemblée nationale jugerait à propos de le prolonger, ne menace point le citoyen paisible.

« Je vous invite à ne rien négliger pour que Paris reprenne dès aujourd'hui son aspect accoutumé.

« *Le représentant du peuple, maire de Paris,* ARMAND MARRAST. »

Au reste, la circulation était déjà partout rétablie, les boutiques ouvertes, et les promeneurs dans les rues. Paris commence à s'habituer à ces drames sanglants qui attirent d'abord sa curiosité, mais dont les traces matérielles éveillent bientôt son insouciance. Ainsi, bien que sur une foule de points des barricades soient encore debout, on n'y prend garde que si elles entravent la route qu'on veut suivre. Il n'y a que vers la place de la Bastille que se porte une suite de curieux. Ce qui était hier une douleur est déjà devenu aujourd'hui une distraction. Pourtant parents et amis se cherchent.... se comptent.... toute l'attention se porte ensuite sur les insurgés que l'autorité cherche à saisir, et que, saisis, elle doit juger.

Le 2 juillet le général Changarnier est nommé commandant en chef des gardes nationales de la Seine.

Le 3, un arrêté du pouvoir exécutif dissout définitivement les ateliers nationaux du département de la Seine. Cet arrêté est conçu en ces termes :

« Art. 1er. Les ateliers nationaux du département de la Seine sont supprimés.

« Art. 2. Des secours continueront d'être accordés aux ouvriers sans travail par les soins et sous la surveillance des maires des divers arrondissements.

« Art. 3. Les mêmes mesures seront successivement appliquées aux ateliers nationaux des divers lieux du territoire de la République. »

D'après les documents officiels, voici ce qu'ont coûté les ateliers nationaux de Paris. Sous la direction de M. Emile Thomas ; ils ont été composés, du 9 mars au 30 avril, de 99,400 individus, dont les salaires se sont élevés à. . . . . 7,240,000 fr.

Du 23 mai au 23 juin, M. Léon Lalanne a eu sous ses ordres 117,310 hommes, qui ont occasionné au trésor une dépense de. 4,150,000

Ateliers de femmes. 170,000

Liquidation, après le 23 juin, par MM. Vaulabelle et Charras. 1,084,987

Total du coût de cette expérience, qu'on peut considérer comme nous ayant valu les journées de juin. . . . . . . 14,174,987 fr.

De nombreuses arrestations ont lieu. Divers journaux sont supprimés : *la Presse*, *la Liberté*, *l'Assemblée nationale*. M. de Girardin est en prison, au secret même, sans qu'on connaisse au juste les motifs de son arrestation.

Le numéro du 1er juillet du *Représentant du peuple* contient l'étrange déclaration que voici : « La Société des droits de l'homme prétend rester étrangère à l'insurrection de ces jours derniers. *Cette société évalue son effectif à* 35,000 *hommes, et se réserve l'avenir.* »

L'instruction judiciaire sur les tristes événements de juin se poursuit avec la plus grande activité. Le capitaine rapporteur Plée s'y consacre avec un zèle infatigable autant qu'intelligent. En peu de jours, 3,000 prisonniers ont été interrogés.

Dans divers quartiers au pouvoir des insurgés, il fut fait des réquisitions de pain et de viande. Voici la copie de deux bons remis à un boulanger de la rue Ménilmontant, 36 :

RÉPUBLIQUE FRANÇAISE.

« *Au nom du peuple, il est enjoint à tous les boulangers de délivrer gratuitement à tous les individus qui se présenteront, une livre et demie de pain par personne, et une demi-livre pour les enfants.*

« Edouard Collet, *quartier Saint-Maur.* »

Paris, 25 juin 1848.

« *Bon pour six pains de 4 livres pour la barricade de la rue Ménilmontant, près la rue d'Angoulême, pour le peuple.*

« EDOUARD COLLET, 102, *quai Jemmapes.* »

Le 6 juillet on fait aux victimes de la bataille de magnifiques funérailles. Celles de monseigneur Affre les suivent de près ; puis enfin celles infiniment plus simples de M. de Chateaubriand, dont la mort (4 juillet) passe presque inaperçue au milieu des ardentes préoccupations des esprits....

Un décret du 11 fixe à 50,000 hommes l'effectif de l'armée active disponible à Paris et dans les environs.

Le 12, on apprend que le pape a reconnu la République française.

M. Trouvé-Chauvel passe à la préfecture de la Seine, et M. Ducoux prend la préfecture de police.

Il résulte du tableau publié par le *Moniteur*, touchant les pertes éprouvées par les gardes mobiles durant les journées de juin, qu'en outre des morts et des blessés, 176 sont disparus. Total des pertes, 798. Un décret accorde la pension de 250 fr. aux mobiles décorés pour leur conduite en ces journées.

La dissolution définitive des ateliers nationaux s'est faite par cette simple ligne affichée sur tous les murs :

« *Les ateliers nationaux sont supprimés.* CAVAIGNAC. »

Un individu nommé Manchou, qui se vante d'avoir tué l'archevêque de Paris, est arrêté.

Les fonds montent ; le 5 pour 100 est à 76 fr.

On signale quelques tentatives isolées d'assassinat contre des gardes mobiles se promenant dans les rues de Paris.

Diverses mutations ont lieu dans les portefeuilles ministériels ; elles sont indiquées dans la liste que nous avons précédemment donnée des ministres de la période qui conduit à l'élection du 10 décembre.

La garde nationale refuse d'abord les décorations que le chef du pouvoir exécutif voulait distribuer aux combattants qui se sont distingués à côté de l'armée et de la garde mobile. Ce refus fait quelque sensation.

Le général Cavaignac fait de grandes réceptions dans l'hôtel de la rue de Varennes qu'il a choisi pour sa demeure.

Monseigneur Sibour, évêque de Digne, est appelé à l'archevêché de Paris. La mort de M. Dornès (20 juillet) rappelle qu'en outre de lui, trois autres représentants du peuple ont péri par suite des journées de juin : ce sont les généraux Duvivier, Négrier et le colonel Charbonnel. Cinq ont été blessés : MM. le général Bedeau, Bixio, Clément Thomas, d'Hauteville et le général Lafontaine. On voit que la représentation nationale ne s'est pas épargnée en ces journées sinistres.

On émet le 23 l'emprunt de 175 millions.

Les détenus par suite des derniers événements sont au nombre de 9,179.

M. de Girardin publie un mémoire sur son incarcération. Nous consignons ici, comme des documents curieux, et la lettre qu'il adressa au chef du pouvoir exécutif, au moment de cette incarcération, et la réponse du général.

« Général,

« J'ai été arrêté aujourd'hui, à quatre heures, aux bureaux de *la Presse*, et conduit à la Conciergerie.

« Pourquoi? Je l'ignore et ne puis l'imaginer. Mais, quel que soit le motif, je vous demande à être prisonnier sur parole. Ma parole vaut tous les verrous d'une prison. J'offre, d'ailleurs, conformément à la loi, de fournir toute caution qui me serait demandée.

« Je ne pense pas que vous soyez l'homme des rigueurs inutiles.

« Salut et *fraternité*. E. DE GIRARDIN. »

« Le soir même, dit M. de Girardin dans son mémoire, je recevais la réponse suivante :

« Citoyen,

« Les ordres qui vous ont atteint aujourd'hui n'atteignent pas peut-être votre pensée, la justice seule en peut décider; mais ils atteignent certainement vos *imprudentes publications;* elles perdraient la République, la nation, la société européenne tout entière.

« La confiance de l'Assemblée m'a chargé d'une responsabilité que je veux justifier. A la hauteur où ces scènes cruelles m'ont placé, où je ne désirais pas m'élever, où je ne désire pas rester, les passions ne peuvent m'atteindre. Rassurez-vous donc, vous n'avez rien à craindre de moi. Je vous laisse apprécier ce que la justice du pays pourra vous devoir.

« *Le chef du pouvoir exécutif,* Général CAVAIGNAC. »

On sait combien le candidat à la présidence de la République paya cher, plus tard, sa persécution contre l'infatigable publiciste.

Le 6 août, on tire un coup de fusil dans le jardin de M. Thiers, tandis qu'il s'y promenait.

Le 7, l'interdit dont étaient frappés certains journaux est levé. C'étaient *la Révolution, la Vraie République, l'Organisation du travail, la Presse, l'Assemblée nationale, le Napoléon républicain, le Journal de la Canaille, le Père Duchêne, le Pilori, la Liberté et le Lampion*. Le cautionnement est rétabli par la même mesure.

Le chef du pouvoir exécutif accorde 3 décorations de commandeur, 39 d'officiers et 400 de chevaliers de la Légion-d'Honneur à la garde nationale de Paris et de la banlieue, pour récompense à ceux de ses membres qui se sont le plus distingués durant les journées de juin. Ces décorations avaient, comme on vient de le dire, d'abord été refusées par les colonels, au nom de leurs légions.

A titre de *curiosité historique*, et toute plaisante qu'elle soit, nous croyons devoir recueillir l'énumération suivante, publiée par le journal *l'Evénement*, touchant le rôle des rédacteurs du *National* depuis la révolution de Février.

« 1. Le citoyen Marrast (n° 1), rédacteur en chef du *National*, membre du gouvernement provisoire, maire de Paris, président de l'Assemblée nationale.

« 2. Le citoyen Marrast (n° 2, de la famille), procureur-général à Pau.

« 3. Le citoyen Marrast (n° 3, de la famille), capitaine au 7e régiment léger, décoré de Louis-Philippe, passé chef de bataillon au choix sous la République.

« 4. Le citoyen Marrast (n° 4, de la famille), sous-directeur du lycée Corneille.

« 5. Le citoyen Bastide, rédacteur du *National*, ministre des affaires étrangères.

« 6. Le citoyen Vaulabelle, rédacteur du *National*, ministre de l'instruction publique.

« 7. Le citoyen Goudchaux, banquier du *National*, ministre des finances.

« 8. Le citoyen Recurt, médecin en chef du *National*, ex-ministre de l'intérieur, ministre des travaux publics.

« 9. Le citoyen Trélat, médecin ordinaire du *National*, ex-ministre des travaux publics.

« 10. Le citoyen Marie, avocat du *National*, membre du gouvernement provisoire, membre de la commission exécutive, président de l'Assemblée nationale, et enfin ministre de la justice.

« 11. Le citoyen Génin, rédacteur du *National*, chef de la division des lettres au ministère de l'instruction publique, en remplacement de M. Nisard, ancien rédacteur du *National*, mais rallié à M. Guizot.

« 12. Le citoyen Charras, rédacteur du *National*, sous-secrétaire d'Etat au ministère de la guerre.

« 13. Le citoyen Degouve-Denuncques, rédacteur du *National*, préfet de la Somme.

« 14. Le citoyen Buchez, troisième médecin et rédacteur du *National*, adjoint au maire de Paris, puis président de l'Assemblée, membre du conseil municipal, etc., etc.

« 15. Le citoyen Dussard, rédacteur du *National*, préfet de la Seine-Inférieure.

« 16. Le citoyen Adam, rédacteur du *National*, secrétaire-général de la préfecture de la Seine.

« 17. Le citoyen Sain de Bois-le-Comte, rédacteur du *National*, ministre plénipotentiaire à Turin.

« 18. Le citoyen Félicien Mallefille, rédacteur du *National*, d'abord gouverneur du château de Versailles, puis ministre plénipotentiaire à Lisbonne.

« 19. Le citoyen Anselme Petetin, rédacteur du *National*, ministre plénipotentiaire en Hanovre.

« 20. Le citoyen Auguste Petetin, frère du citoyen Anselme Petetin, rédacteur du *National*, préfet de la Côte-d'Or.

« 21. Le citoyen Frédéric Lacroix, rédacteur du *National*, directeur des affaires civiles en Algérie.

« 22. Le citoyen Hetzel, rédacteur du *National*, chef du cabinet au ministère des affaires étrangères.

« 23. Le citoyen Rousset, commis du citoyen Hetzel, rédacteur du *National*, préfet de la Loire.

« 24. Le citoyen Duclerc, sténographe du *National*, ex-ministre des finances.

« 25. Le citoyen Pagnerre, libraire du *National*, maire, secrétaire du gouvernement provisoire, de la commission exécutive, directeur du comptoir d'escompte.

« 26. Le citoyen Achille Grégoire, imprimeur du *National*, préfet de la Haute-Saône.

« 27. Le citoyen Lalanne, allié au *National*, directeur des ateliers nationaux.

« 28. Le citoyen Levrault, ami du citoyen Bastide, rédacteur du *National*, ex-ministre à Naples.

« 29. Le citoyen Carrette, allié au *National*, directeur à Constantine.

« 30. Le citoyen Carteron, allié au *National*, garde des archives.

« 31. Le citoyen Clément Thomas, connétable du *National*, ex-commandant supérieur des gardes nationales de la Seine, en remplacement de Masséna, Oudinot, Gérard, Lobau, Lafayette, etc. »

26 août, fuite de MM. Caussidière et Louis Blanc, contre lesquels, à la suite du rapport de M. Bauchard, sur l'enquête relative à l'attentat du 15 mai, la Chambre avait autorisé des poursuites judiciaires. En partant, M. Louis Blanc adresse la lettre suivante au *Journal des Débats* :

« Frappé, non comme coupable, c'était impossible, mais comme ennemi par des hommes en qui les passions politiques ont fait taire tout sentiment d'équité, je m'éloigne pour mieux protester contre les conséquences de l'état de siége et l'empire de la force. Je ne puis croire que la France soit d'humeur à souffrir que le cours de la justice régulière reste suspendu longtemps encore. Quand le jour des débats sera venu, je serai là.

« 26 août 1848.   Louis Blanc. »

Les journaux publient aussi la lettre suivante, adressée par Louis-Napoléon Bonaparte au général Piat, colonel de la 4e légion (banlieue).

« Londres, 29 août 1848.

« Général,

« Vous me demandez si j'accepterais le mandat de représentant du peuple, dans le cas où je serais réélu : je vous réponds oui, sans hésiter.

« Aujourd'hui qu'il a été démontré sans réplique que mon élection dans quatre départements n'a pas été le résultat d'une intrigue, et que j'étais resté étranger à toute manifestation, à toute manœuvre politique, je croirais manquer à mon devoir si je ne répondais pas à l'appel de mes concitoyens.

« Mon nom ne peut plus être aujourd'hui un prétexte de désordre, et il me tarde de rentrer en France et de m'asseoir au milieu des représentants du peuple qui veulent organiser la République sur des bases larges et solides. Pour rendre le retour des gouvernants passés impossible, il n'y a qu'un moyen, c'est de faire mieux qu'eux, car vous le savez, général, on ne détruit réellement que ce que l'on remplace.

« Recevez, etc. LOUIS-NAPOLÉON BONAPARTE. »

Le 31 août, M. Marrast fait son rapport à la Chambre sur le nouveau projet de Constitution. Son discours renferme d'excellentes parties, et on y remarque une logique fort serrée.

Les conseils de guerre chargés de juger les insurgés de juin, fonctionnent activement. Les convois de condamnés à la transportation se succèdent presque toutes les semaines.

On rétablit sur les viandes de boucheries le droit d'octroi dont la suppression n'avait profité qu'aux bouchers.

Le 4 septembre, la Chambre commence la discussion du projet de Constitution, et décrète qu'elle ne se dissoudra qu'après avoir voté les lois organiques.

L'état de siége est maintenu à une majorité de 529 voix sur 669.

M. Deville propose comme amendement à l'invocation placée à la tête du projet de Constitution, les lignes suivantes :

« En présence de Dieu, sous le règne de l'état de siége destructif de toute liberté, et spécialement de la liberté de la presse qu'il supprime, qu'il suspend à volonté; sous le régime de l'autorité militaire qui n'a aucune connaissance des besoins de la société, qui, par son existence seule, comprime, avec l'esprit public, la manifestation de toutes les idées, de toutes les vérités, si utiles à répandre au moment où vont se discuter les bases de la Constitution ; sous ce régime inintelligent, expéditif, juste effroi des citoyens, qu'il peut arrêter sans formes, sans limites, enlever à leurs juges ordinaires et livrer aux conseils de guerre ; au nom du peuple français, et cédant à la compression qui pèse sur Paris, l'Assemblée nationale proclame et décrète, etc. »

Il va sans dire que cet amendement est rejeté. La rédaction adoptée se réduit à ces termes :

« En présence de Dieu, et au nom du peuple français, l'Assemblée nationale proclame et décrète. »

Le général Cavaignac décrète que de nouveaux enrôlements sont reçus pour porter à 25 bataillons, et à 650 hommes par bataillon, ces gardes mobiles qu'on devait plus tard disperser, licencier avec si peu de gratitude pour les services rendus dans l'effroyable crise de juin.

Voici la liste des principaux candidats qui se disputent la majorité dans les nouvelles élections, en raison desquelles Paris se couvre d'affiches, et les journaux de réclames :

Maréchal Bugeaud. — Louis-Napoléon Bonaparte. — Raspail. — Thoré. — Cabet. — Emile de Girardin. — Amiral Dupetit-Thouars. — Gervais (de Caen). — Roger (du Nord). — Edmond Blanc. — Adam. — L'abbé Deguerry. — Dupoty. — Achille Fould. — De Genoude. — Delessert. — Horace Say. —

Cousin. — Schmidt. — D'Audiffret. — De la Moskowa. — De Castellane. — Emile Thomas. — De Boissy. — Grégoire.

Le 16 septembre, la peine de mort est maintenue au criminel, malgré les discours de MM. Victor Hugo et Coquerel.

M. Armand Marrast est, pour la troisième fois, réélu président de l'Assemblée nationale, par 527 voix sur 670 votants. Sa première nomination avait eu lieu par 411 voix sur 765, et la seconde par 611 sur 708. Les autres présidents avaient été élus comme suit : M. Buchez, 390 voix sur 727; — M. Senard, 593 sur 696; — M. Marie, 414 sur 790.

Le 19 septembre, Louis-Napoléon, Achille Fould et Raspail sont nommés représentants du peuple. La nomination du dernier produit une assez vive sensation. Louis-Napoléon est en outre élu dans les départements de la Moselle et de la Charente-Inférieure. A Lille il a obtenu 19,685 voix, dans l'Orne, 9,000.

Le 27, Louis-Napoléon fait son entrée à la Chambre, et prononce le discours suivant :

« Citoyens représentants, il ne m'est pas permis de garder le silence en présence des calomnies qui se sont amoncelées contre moi. J'ai besoin d'exprimer les vrais sentiments qui m'animent, qui m'animeront toujours. Après trente-trois années d'exil et de souffrance, je rentre dans ma patrie et je jouis de mes droits de citoyen ! La République m'a fait ce bonheur ; qu'elle reçoive ici mon serment de dévouement et de reconnaissance.

« Que les citoyens généreux qui m'ont envoyé ici restent bien convaincus que je regarde la tranquillité comme le premier besoin du pays, et que je veux les institutions démocratiques, qui sont les premiers besoins du peuple.

« Longtemps j'ai vécu sur la terre d'exil ; je n'ai pas pu consacrer au service de mon pays mes méditations et mes études. La carrière m'est ouverte ! Mes chers collègues, recevez-moi dans vos rangs avec une affectueuse confiance. Ma conduite sera toujours digne de mon nom, et elle prouvera à ceux qui voulaient me proscrire une deuxième fois à l'aide de leurs calomnies que je veux avant tout la défense de l'ordre et l'affermissement de la République. »

L'élection de Raspail est validée le même jour. Seulement on décide qu'il restera en prison jusqu'à ce qu'il soit jugé…. Le lendemain il adresse à la Chambre la lettre suivante, qui établit un étrange état de choses :

« Citoyens collègues,

« Je ne viens pas protester contre votre décision qui me frappe *sans que j'aie été entendu*.

« Vous avez cru user de votre droit. Quant à moi, j'ai aussi un droit à réclamer, celui de voter à l'Assemblée nationale ; telle est la mission dont m'a investi la souveraineté du peuple.

« Je conçois que la vindicte publique veille à ce que sa proie ne lui échappe point. Je veille de mon côté à ce que mes incarcérateurs n'échappent point à mon accusation, pour ainsi dire reconventionnelle, *car les coupables ne sont pas à Vincennes ;* vous les avez sans doute devinés, puisque vous n'avez pas voulu que je vous les nommasse.

« Afin de concilier les exigences de la persécution avec celles de ma mission, ordonnez qu'on m'escorte chaque jour, afin de me conduire à l'Assemblée, et de me réintégrer ensuite dans mon cachot.

« Salut et fraternité. V. RASPAIL, *représentant du peuple.*

« Donjon de Vincennes, 27 septembre 1848. »

Un arrêté du chef du pouvoir exécutif crée à Bathna, sur la route de Constantine à Biskara, une ville européenne de 5,000 habitants, qui prend le nom de Nouvelle-Lambèse.

Le 14 octobre, le général Cavaignac ayant cru devoir modifier son ministère en y faisant entrer MM. Dufaure (intérieur) et Vivien (travaux publics) (1), cette double nomination produit une assez vive sensation à Paris, et le préfet de police envoie sa démission en ces termes, au chef du pouvoir exécutif :

Au président du conseil des ministres.

« Citoyen président,

« Vous venez de constituer un ministère qui est à mes yeux la personnification de la contre-révolution. La République va être dirigée, après huit mois d'existence, par des hommes qui ont de tout temps employé leur intelligence et leurs efforts à l'empêcher de naître. Cette politique est habile, peut-être; mais je ne la comprends pas, et je l'approuve encore moins.

« En présence des dangers qui menacent la liberté en France, lorsqu'elle triomphe en Allemagne, je vais reprendre ma place parmi les adversaires de la royauté, que je combattrai sous tous ses déguisements. Tous les soldats de la démocratie doivent être à leur poste, et le mien n'est plus où cessent mes sympathies politiques.

« Veuillez me donner un successeur.

« Salut et fraternité.

« *Le représentant du peuple, préfet de police,*   DUCOUX. »

M. Gervais (de Caen) remplace le démissionnaire. C'est un ami du *National*. Le *Moniteur* publie l'état des impôts et revenus *indirects* des neuf premiers mois de l'année 1848, en regard avec ceux de la période correspondante de 1846 et 1847. Comparés aux neuf premiers mois de 1846, ceux de 1848 présentent l'énorme diminution de 104,855,000 fr.

Comparés à la même période de 1847, ils présentent une diminution de 102,362,000 fr.

Il n'y a que trois branches de revenus qui aient offert une légère augmentation en 1848. Ce sont : les droits de douane à l'exportation, pour une somme de 45,000 fr.; — Les droits sur les envois d'argent et recettes diverses, pour une somme de 615,000 fr., — et enfin le produit des places sur les paquebots de la Méditerranée, pour 125,000 fr.

Sur tout le reste, il y a diminution, et, sur quelques articles, diminution très-forte.

Ainsi, comparativement à 1847, les droits d'enregistrement, de greffe et d'hypothèques, ont donné un *déficit* de 35,807,000 fr.;

Les droits de timbre, un déficit de 7,720,000 fr., ce qui s'explique en partie par la suppression du timbre des journaux;

Les droits de douanes, un déficit de 22 millions;

Les droits sur les sucres, un déficit de 16 millions;

Les droits sur les boissons, un déficit de 7 millions et demi;

Les droits divers, un déficit de 7,350,000 fr.;

Le produit de la vente des tabacs, un déficit de 438,000 fr.

Maintenant, si on examine séparément chacun des mois du dernier tri-

---

(1) Le ministère était composé ainsi, par ses autres membres : MM. Marie à la justice. — Bastide, aux affaires étrangères. — Lamoricière, à la guerre. — Verninac, à la marine. — Tourret, à l'agriculture et au commerce. — Freslon, à l'instruction publique. — Goudchaux, aux finances.

mestre, on trouve que c'est surtout en septembre que les droits d'enregistrement et d'hypothèques ont fléchi. Ce mois seul a donné, de ce chef, une perte de 7 millions. Dans ce même mois, le revenu sur les boissons a fléchi de près de 4 millions, comparativement à septembre 1847. Cependant, il y a quelques améliorations sur d'autres points : d'où il résulte qu'en définitive le mois de septembre a produit un peu plus que ceux d'août et de juillet. Voici la progression :

Juillet. . . . . 53,676,000 fr.
Août. 54,070,000
Septembre. 56,839,000

Le total des revenus *indirects* qui ont été recueillis du 1er janvier 1848 au 30 septembre de la même année est de 496,412,000. fr.

Quant à l'impôt *direct*, voici où en est la perception :

Il a été recouvré sur les contributions ordinaires 249 millions, et il reste à recouvrer, pendant le quatrième trimestre, 181 millions.

L'impôt extraordinaire des 45 centimes avait produit, au 30 septembre dernier, 126 millions. Il reste à recouvrer 65 millions et demi.

En somme, le trésor a reçu, pendant les neuf premiers mois de cette année :

Impôts indirects. . . . . 496,412,000 fr.
Impôts directs 249,659,000
Impôt des 45 centimes. 126,085,000
                                    _____
                Total . . . . . 872,156,000 fr.

Au 20 octobre, Paris renferme 60,000 hommes de troupes, et 60 pièces de canon. Le même jour, l'état de siége est levé.

Le 24, l'Assemblée vote les derniers articles de la Constitution dont la discussion a commencé le 15 septembre. En 1795 et sous le Directoire, la Constitution fut soumise à l'acceptation du peuple, dont les voix se sont réparties ainsi.

Pour : 3,057,390 voix. — Contre : 49,977.

En 1799, sous le Consulat, la nouvelle Constitution, encore soumise à l'assentiment populaire, a donné :

Pour : 3,011,007. — Contre : 1,562.

Ainsi, le peuple accepte toujours les Constitutions de ses représentants; d'autres pays en accumulent les preuves.

Paris et la province sont le théâtre d'une foule de banquets démocratiques. De nombreux clubs sont encore ouverts. M. Trouvé-Chauvel remplace M. Goudchaux aux finances, et M. Recurt succède à M. Trouvé-Chauvel à la préfecture de la Seine.

La Chambre adopte un système de réforme postale, présenté par M. de Saint-Priest, qui limite la taxe à 20 centimes pour toute la France.

D'après l'exposé des motifs du projet de loi, présenté à l'Assemblée nationale par le ministre de la guerre, dans la séance du 25 octobre, et relatif à la transportation des insurgés de juin en Algérie, on voit que 11,057 individus avaient été arrêtés, tant dans les journées de juin que postérieurement. Sur ce nombre, 6,600 ont été mis en liberté, 4,348 ont été condamnés à la transportation, et conduits pour la plupart dans les ports de la République. Sur ces 4,348 condamnés, 991 ont été désignés par des commissions militaires spéciales comme dignes de la bienveillance du gouvernement. Il en restait encore 3,357 sur le sort desquels il était nécessaire de statuer définitivement; c'est en leur faveur qu'était présenté le projet de loi.

Enfin, sur les 3,357 condamnés à la transportation, 1,511 avaient été arrêtés avant le 27 juin; 149 avaient été arrêtés le 27 juin; 1,392 avaient été arrêtés après le 27 juin; 305 avaient été arrêtés à des dates incertaines.

Tous ces individus doivent, aux termes du projet de loi, être transférés en Algérie, pour y former des établissements agricoles spéciaux, distincts et séparés de ceux des volontaires dont les départs se succèdent, et dont le chiffre est fixé à 12,000 pour le contingent de 1848.

L'Assemblée a adopté sans discussion le décret présenté au nom du comité des finances, relativement aux biens composant le domaine privé du roi Louis-Philippe. M. Jules Favre avait fait une proposition tendant à déclarer ces biens acquis au domaine de l'Etat. Le comité a conclu au rejet de cette proposition, qui n'a trouvé dans l'Assemblée aucun membre pour l'appuyer. D'après le rapport du comité, les biens du domaine privé ont une valeur de 100 millions. Les dettes de la liste civile s'élèvent à 30 millions; en outre, l'Etat réclame 25 millions pour *coupes sombres ou allemandes;* restent donc 45 millions. Le projet proposé par le comité des finances a pour but d'opérer la liquidation avec le plus d'opportunité et de prudence possibles. Cette liquidation s'opérera au moyen de ventes et d'emprunts, et, dans ce but, le ministre des finances est autorisé à prendre les mesures qu'il jugera le plus convenables.

Les partisans du général Cavaignac, à la Chambre, demandent que l'élection du président soit fixée au chef-lieu de canton, ce qui ne pourrait manquer d'empêcher un grand nombre de paysans de déposer leur vote. L'Assemblée décide que des subdivisions électorales seront formées sur la demande des conseils généraux et non des préfets.

La révision de la Constitution est terminée le 4 novembre. Le projet est adopté par 739 voix contre 30. On crie vive la République. 101 coups de canon annoncent à la capitale ce vote solennel. Une fête a lieu le 13 en cette circonstance, sur la place de la Concorde. Le soir, illumination. Tout se passe dans le calme. Toutefois, les banquets démocratiques et sociaux continuent, sous la présidence des principaux personnages de la montagne.

Quelques journaux et quelques représentants avaient insinué que le général Cavaignac n'avait pas pris en juin toutes les mesures nécessaires pour arrêter, dès son début, l'insurrection. Le général demande qu'une explication solennelle ait lieu, sur cet objet, à la tribune. Cette mémorable séance se présente le 26 novembre.

Le chef du pouvoir exécutif déclara nettement qu'il provoquait les attaques de ses adversaires, mais pourtant celles seulement qui lui seraient personnelles, refusant de répondre à tout ce qui serait relatif à la commission exécutive, qui n'était pas en cause. Il ajouta qu'il désirait que ses adversaires reproduisissent, non seulement tout ce qu'ils avaient pu dire à sa charge, mais même *ce qu'ils pensaient*. A ce défi, M. Barthélemy Saint-Hilaire fut le premier à répondre. MM. Garnier-Pagès, Pagnerre et Duclerc lui vinrent ensuite en aide. Le premier lut à l'Assemblée l'extrait d'un travail historique rédigé deux mois auparavant, sur les événements mêmes qui étaient le texte ou le prétexte de l'attaque. Ce travail formulait des accusations assez précises. Nous avons indiqué déjà ces accusations, en promettant d'y ajouter la défense du général. C'est ce devoir de justice que nous venons accomplir l'heure venue, en puisant dans le discours de celui qui fut un si éloquent avocat de sa propre cause, ce qui nous semble le plus particulièrement répondre et s'opposer aux pages déjà citées. L'historien n'est, en ces circonstances, qu'un greffier; le lecteur est le juge.

L'honorable général avait relevé du mémoire de M. Barthélemy Saint-Hilaire les accusations suivantes résumées en peu de mots :

1° L'inexécution des ordres de la commission exécutive en ce qui concernait la garnison de Paris;

2° Un fait relatif à la lettre que lui écrivit M. Barthélemy Saint-Hilaire dans la nuit du 22 au 23 juin;

3° Un autre fait relatif au système général de défense;

4° Ce qui concernait le convoi de munitions de Vincennes;

5° Et enfin ce qui était relatif à sa conduite, comme ministre et comme membre de l'Assemblée nationale, avant qu'il ne fût chef du pouvoir exécutif.

L'honorable général, dans un double discours, qui dura le premier, trois heures, et le second, pendant une séance du soir, un temps égal, répondit à ces divers chefs d'accusation d'une façon que nous résumerons dans les proportions fixées par notre plan.

Il n'avait, dit-il, qu'à se défendre lui-même pour défendre en même temps la commission exécutive. Arrivé à Paris le 17 mai, il s'était sur-le-champ rendu devant cette commission, qui lui confia le portefeuille de la guerre. Il fut résolu que la garnison de Paris serait portée à 20,000 hommes. Il prit, lui, ses dispositions pour un casernement de 25,000. Ensuite il fit venir une division de l'armée des Alpes, non à Paris, mais à la tête du chemin de fer de Bourges, d'où, en une seule nuit, elle pouvait arriver à Paris. Ceci constitue un double accroissement aux 20,000 demandés par la commission exécutive.

En ajoutant aux troupes de ligne la garde mobile, sans y comprendre les gardiens de Paris, on atteignait, pour la capitale, le chiffre de 43 à 45,000 hommes.

Le général s'expliqua ensuite relativement aux troupes qu'il faisait sortir de Paris, tandis que, d'autre part, il en appelait des garnisons voisines. Il fit remarquer que les bataillons qui quittaient Paris étaient des bataillons de dépôt, formés de jeunes soldats qui, bien que comptant dans l'effectif, étaient en réalité insuffisants pour la défense, et qu'au fur et à mesure qu'ils partaient, il les remplaçait par des bataillons de guerre. Après être entré dans quelques détails sur le mouvement de troupes qu'il faisait opérer sur Paris, après avoir cité différents chiffres et diverses pièces établissant qu'il avait constamment maintenu l'effectif des troupes de ligne à 16 régiments, et que, pour conserver ce chiffre, qu'il considérait comme normal, il avait porté l'effectif à 17 régiments, afin de combler à l'avance la lacune nécessaire qui se fait momentanément dans cet effectif quand un régiment en remplace un autre, le général s'expliqua sur l'accusation portée contre son obstination à ne pas fournir à la commission exécutive les renseignements demandés. Il constata que pas un des procès-verbaux des réunions ne contenait de discussion élevée entre la commission exécutive. Puis, revenant aux faits militaires, il s'exprima ainsi :

« Le 22 juin, sur la demande qui m'en fut faite, j'augmentai dans la journée les forces pour la garde du Luxembourg. Cette garde se composait ordinairement d'un bataillon d'infanterie et d'un bataillon de la garde mobile. Ces forces furent augmentées d'un bataillon d'infanterie. »

Le général continue en citant le texte des ordres reçus et les mesures par lesquelles il a répondu à ces ordres; après quoi il poursuit :

« J'arrive au système de défense que j'ai adopté pour Paris.

« Si ce système eût été le produit improvisé de mes réflexions, de ma pensée le 23 au matin, je conçois très-bien qu'on pourrait m'en faire un crime aux yeux de la commission. Mais si ce système, dont, après tout, je ne suis pas l'inventeur, car il est celui de tout homme qui sait conduire les soldats et veut épargner leur sang, si, dis-je, ce système a été exposé discuté devant la commission, viendra-t-on me dire que cette commission a le droit de se plaindre? Elle a trouvé ce système bon ou mauvais. Si elle l'a trouvé bon, je comprends très-bien que mes collègues l'attaquent. Comme ministre, responsable d'ailleurs, et après avoir exposé mes vues, j'avais le droit de les suivre.... Si la commission l'a trouvé mauvais, pourquoi me l'a-t-elle laissé appliquer?

« La commission me l'a laissé appliquer, parce que, dans une question militaire, elle a bien pu abandonner sa pensée à celle du soldat qui lui avait exposé son système; elle a pu céder à l'expérience d'un militaire. Mais puisqu'elle me laissait agir, elle qui était maîtresse, c'est qu'il était bien entendu qu'elle l'avait accepté sous le point de vue de l'unité du commandement, système que j'avais eu deux ou trois fois l'occasion d'appliquer : j'avais bien fait comprendre que je regardais l'honneur d'un général en chef comme dépendant de cette unité de commandement. J'ai dit que c'était le déshonneur d'un général que de consentir à faire man œuvrer ds troupes sans en avoir le commandement unique. J'ai soutenu mon système dans le conseil, j'ai soutenu très-chaudement cette unité de défense, parce que je ne voulais pas, si malheureusement le cas se présentait à moi de l'appliquer, que quelqu'un pût me venir cracher au visage ; je ne voulais pas qu'on pût me dire, que j'avais manqué à mon devoir, non par mon fait à moi, mais par défaut de concentration du commandement.

« Pour le dire en passant, une des causes matérielles qui, selon moi, ont facilité la chute des deux dernières monarchies, c'est que les hommes qu'elle a employés ont toujours traité la lutte de Paris comme une affaire de police, et non comme un combat sérieux. Eh bien! avec un état de choses comme celui qui existait au 22 juin, c'était une bataille qui se préparait. J'ai averti la commission, et je n'ai fait qu'accomplir envers elle le plus simple de mes devoirs, et aussi envers les troupes que j'avais appelées à mourir pour la patrie.

« J'ai été plus loin que de me contenter d'exposer mon système à la commission : j'ai voulu aussi, dans le cas où malheureusement une bataille s'engagerait, m'assurer le concours de généraux. J'en appelle au souvenir de M. le ministre de la guerre, aux généraux Bedeau et Foucher. Je les ai réunis dans mon cabinet, je leur ai exposé mes idées de défense, j'ai fait avec eux ce que la commission devait faire avec moi : je leur ai fait connaître mon système. Si, par malheur, les officiers auxquels je m'adressais eussent trouvé mon idée mauvaise, et qu'il eût fallu y renoncer pour accepter l'éparpillement des troupes, certes le but que nous avons atteint en juin ne l'eût pas été.

« Enfin, trois jours avant la lutte, je réunis ces trois généraux et je leur exposai mon plan; il n'y a pas eu de discussion; ils m'ont dit : Nous partageons votre idée, et si, par malheur, nous sommes appelés à vous prêter notre concours, non seulement nous vous le prêterons comme combat, mais encore nous combattrons comme vous nous direz de le faire.

« Ainsi, j'agissais avec la commission exécutive, et avec les généraux qui devaient me seconder. »

A la suite de cet exposé général de la situation morale, l'honorable général Cavaignac entre dans une foule de détails sur les faits, discutant un à un tous ceux qui lui ont été opposés. Il suit la lutte dans les divers quartiers de la capitale insurgée; il explique, combat, décrit, justifie. Et, pour péroraison à son plaidoyer, dans mainte partie duquel le soldat indigné s'est montré orateur du premier ordre, il ajoute :

« Ainsi donc, Messieurs, sur le point d'arriver au bout de cette épreuve, je cherche dans ma conduite militaire ou politique ce qui peut justifier en quelque manière la part qu'on me reproche d'avoir prise à un complot parlementaire, je demande à mes adversaires de monter à la tribune et de m'éclairer sur ce point : suis-je, selon eux, un ministre inintelligent ou traître?... Suis-je un ambitieux qui a sacrifié ses devoirs envers le pays, envers l'Assemblée? Ce sont là de ces choses qu'on ne combat pas à la tribune, mais devant le pays qui nous écoute et nous entend. »

Le succès de cette défense fut complet. Les amis du général ne cessèrent pas, d'ailleurs, de lui prêter, pendant toute sa durée, un concours énergique et persévérant. M. Ledru-Rollin ayant un moment pris la parole, le général Cavaignac n'hésita point à déclarer qu'il y avait désormais un abîme entre les hommes de la montagne et lui. Alors M. Dupont (de l'Eure) proposa l'ordre du jour suivant ·

« L'Assemblée nationale persistant dans son décret du 28 juin 1848 ainsi conçu : « Le général Cavaignac, chef du pouvoir exécutif, a bien mérité de « la patrie, » passe à l'ordre du jour. » Cette proposition est acceptée par 503 voix contre 34.

Ainsi fut dénoué ce grand débat, d'une façon qui semblait devoir influer puissamment sur le succès de la candidature du général à la présidence de la République.... Mais l'autorité, le prestige du plus grand nom des temps modernes, devait déjouer toutes les prévisions, en donnant à l'élection du 10 décembre l'issue que nous allons avoir à rapporter.

La politique étrangère, des vicissitudes de laquelle nous avons dû détourner les yeux, pour rester fidèle aux limites de notre programme, vient, à cette date, nous contraindre impérieusement à jeter les yeux hors d'un pays où elle allait entraîner des conséquences guerrières. Nous voulons parler des affaires de Rome, qui nécessitèrent bientôt une prise d'arme française.

Le 29 novembre, le président du conseil annonça à la tribune que le gouvernement venait de donner à Marseille et à Toulon, l'ordre d'embarquer une brigade de 3,500 hommes sur quatre frégates, en les mettant à la disposition de M. de Corcelles, qui était envoyé à Rome avec des pouvoirs extraordinaires. Les instructions de M. de Corcelles, lues par le président du conseil, portaient qu'il devait se proposer pour but unique de protéger la liberté et la sécurité personnelle du pape, si elles étaient menacées, sans intervenir en aucune façon et à aucun degré dans les dissentiments politiques qui s'étaient elevés entre le pape et son peuple. M. de Corcelles pouvait débarquer ses 3,500 hommes à Civita-Vecchia, et les faire agir au besoin, mais dans un rayon fort court autour de la ville, pour les employer, dans cette limite, à assurer la sécurité du pape, et à protéger sa retraite momentanée sur le territoire de la France, s'il le jugeait nécessaire.

Ce fut la nouvelle de l'assassinat du comte Rossi, ministre du pape, assassinat suivi de violences démagogiques exercées contre le Saint-Père, qui motiva l'envoi sur les lieux de M. de Corcelles. Voici les faits :

Le 16 novembre, au moment où le ministre descendait de voiture pour monter les degrés du palais de la chancellerie, afin d'entrer dans la Chambre des députés, des sifflets et des huées se firent entendre. Le ministre n'y répondit que par un sourire. Alors un homme du peuple s'élança sur lui, et le frappa d'un coup de couteau à la gorge. Quelques minutes après, il était mort. Aussitôt on bat la générale, la troupe et la garde civique se rassemblent; elles occupent les postes avancés autour du Quirinal, et la lutte s'engage avec les Suisses qui tirent des fenêtres. Le Quirinal est investi; 6,000 gardes civiques et soldats de ligne sont rangés en bataille, les canons braqués sur la principale porte du palais; partout on se dispose à faire des barricades, *ad uso francese*, et une députation est envoyée au pape, porter un ultimatum..... et une heure pour toute délibération, sauf quoi le Quirinal sera pris d'assaut, et tous ses hôtes écharpés, le pape seul devant avoir la vie sauve....

Voici quelles étaient les conditions imposées au Saint-Père :

1° Reconnaissance de la nationalité italienne;

2° Convocation de la Constituante, et mise en délibération du projet de l'acte fédératif.

3° Accomplissement des délibérations du conseil des députés sur la guerre de l'indépendance;

4° Entière adoption du programme de Mamiami, du 5 juin;

5° Des ministres désignés par le peuple.

Le pape essaya d'abord de gagner du temps; mais, opprimé par la force brutale, il se décida à former le ministère suivant : Extérieur, Terenzio Mamiami; intérieur et police, Galetti; finances, l'avocat Lunati; commerce et travaux publics, Herbini; guerre, Campello; instruction publique et présidence, l'abbé Rosmini; grâce et justice, l'avocat Serini. Quant aux autres demandes, le pape s'en remettait à la décision du conseil des députés.

L'assassinat du ministre Rossi ne fut que le prélude d'événements qui compliquèrent singulièrement la situation de l'Italie. On vit, reproduits dans certaines feuilles françaises, des extraits de journaux romains qui sanctifiaient cet assassinat. Bientôt le pape subit des pressions telles, il se vit maîtriser par une si ardente démagogie, qu'il jugea devoir se soustraire, par la retraite, au rôle que la force imposait à ses volontés, déjà si hautement prouvées, d'améliorations progressives de ses Etats. On sait ce qui suivit. Livrée au prince de Canino, Mamiami et autres démagogues, Rome se proclama en République. La situation nouvelle qui naquit de cet état de violence et d'anarchie, au sein d'un peuple inexpérimenté aux jeux des révolutions et au mécanisme de la politique, ressortira suffisamment des divers documents que nous aurons à mêler au récit de l'expédition que nous allons décrire. Mais ce coup d'œil jeté sur les motifs, revenons aux faits qui la précèdent, c'est-à-dire l'élection du 10 décembre.

Le 27 novembre, le prince Louis-Napoléon publia un manifeste à l'appui de sa candidature à la présidence de la République. Cette pièce était franchement écrite. On y remarquait divers passages qui rompaient nettement avec les diverses hésitations, les soupçons d'arrière-pensée dont la conduite de Louis-Napoléon avait été accusée depuis qu'une nouvelle révolution l'avait replacé sur la scène politique. Nous citerons quelques fragments de ce manifeste :

« Je ne suis pas un ambitieux qui rêve tantôt l'empire et la guerre, tantôt l'application de théories subversives. Elevé dans les pays libres, à l'école du malheur, je resterai toujours fidèle aux devoirs que m'imposeront vos suffrages et les volontés de l'Assemblée.

« Si j'étais nommé président, je ne reculerais devant aucun danger, devant aucun sacrifice pour défendre la société si audacieusement attaquée; je me dévouerais tout entier, sans arrière-pensée, à l'affermissement d'une République sage par ses lois, honnête par ses intentions, grande et forte par ses actes.

« Je mettrais mon honneur à laisser, au bout de quatre ans, à mon successeur, le pouvoir affermi, la liberté intacte, un progrès réel accompli. »

Ces passages, et d'autres encore étaient loyalement pensés, heureusement écrits ; l'effet fut excellent, et l'opposition qu'avaient apportée les amis du prince à lui laisser publier ce document, fut condamnée par son succès même.

Le 7 décembre, le président du conseil reçoit du pape la lettre suivante, en réponse à celle qu'il lui avait adressée pour l'informer de l'appui que la France prêtait à sa cause, et de l'hospitalité qu'elle offrait à sa personne :

« Monsieur le général,

« Mon cœur est touché, et je suis pénétré de reconnaissance pour l'élan spontané et généreux de la fille aînée de l'Eglise qui se montre empressée et déjà en mouvement pour accourir au secours du Souverain Pontife.

« L'occasion favorable s'offrira sans doute à moi pour témoigner en personne à la France mes sentiments paternels, et pour pouvoir répandre sur le sol français, de ma propre main, les bénédictions du Seigneur, de même qu'aujourd'hui je le supplie par ma voix de consentir à les répandre en abondance sur vous et sur toute la France. »

« *Datum Cajelæ, die* 7 *decembris* 1848. Pius Papa Nonus. »

Mais une solennelle préoccupation absorbait en ces jours les esprits, et les détournait des éventualités de notre intervention armée en Italie. L'élection du 10 approchait, et le pays entier s'efforçait, par tous les moyens possibles d'influence et de persuasion, de faire acte de prosélytisme en faveur de l'un ou de l'autre des deux candidats sérieusement engagés, c'est-à-dire Louis-Napoléon et le général Cavaignac. La montagne faisait bien porter M. Ledru-Rollin; M. Proudhon essayait bien d'entraîner le parti socialiste à voter pour M. Raspail; mais le résultat définitif ne pouvait être qu'un insignifiant détournement de voix; et, quant à M. de Lamartine, il est triste de dire qu'à cette époque, il n'avait pour ainsi dire plus ni adversaires ni partisans....

Le général Cavaignac, ou ses amis, usèrent de tous les moyens d'influence électorale dont permettait de disposer le pouvoir. L'honorable général avait du reste dans les villes un fort parti parmi les gens qui espéraient dans la modération de son républicanisme pour sauver le pays de nouvelles crises, soit pour reculer, soit pour aller trop vite. La séparation solennelle du chef du pouvoir exécutif d'avec M. Ledru-Rollin, lors de la fameuse séance du 25 novembre, les préliminaires d'intervention à Rome, contre Mazzini et ses co-révolutionnaires, étaient autant de gages donnés aux modérés, et la partie semblait belle à l'heureux général africain que la Chambre eût nommé à une grande majorité, si, comme on l'avait un moment établi, l'Assemblée, et non le pays, avait dû être appelée à élire le chef de l'Etat. On ne saurait se refuser à reconnaître, pourtant, l'immense préjudice causé à l'élection du chef du pouvoir exécutif, par la guerre implacable que lui fit dans *la*

Presse M. Emile de Girardin. Le système d'attaque du fougueux publiciste reposait sur trois thêmes favoris, joués et variés ensuite, si l'on peut dire, dans tous les tons. Il présenta le général Cavaignac à la bourgeoisie effrayée comme le frère d'un illustre et ardent démocrate; — aux royalistes, comme le fils d'un régicide; — aux socialistes, comme l'auteur de l'affreuse lutte de juin.....

M. de Girardin soutint la candidature du prince Louis avec la même chaleur qu'il mit à combatre celle de son compétiteur.

Quant à Louis-Napoléon, de sa personne il restait réservé et prudent. Il paraissait peu à la Chambre, et ne se produisait par aucun acte public. Seulement, il recevait beaucoup de monde à l'hôtel de la place Vendôme, où il était descendu, depuis son entrée au parlement. Mais si le prince n'agissait guère, ses partisans, par contre, usaient de tous les moyens de propagande dont il est possible à des particuliers d'user en dehors du concours du gouvernement, et même à travers les obstacles suscités par celui-ci. Ce fut alors que le comité de la rue Montmartre, présidé par le général Piat, comité dont nous avons déjà offert la composition, à propos des élections de Louis-Napoléon comme député, ce fut, disons-nous, pour cette élection présidentielle que l'action de ce comité se multiplia et couvrit tout le pays d'un réseau de correspondants propagandistes, animés par leur conviction les uns, par l'espoir des récompenses les autres. Les frais de tant d'efforts durent être considérables; mais nous savons qu'une bonne partie en est restée à la charge de ceux qui avaient mis leur bourse dans leur zèle. Après tout, ce zèle était inutile, l'événement l'a prouvé. Faire cette élection eût été aussi impossible qu'il eût été insensé de la vouloir empêcher. Elle était dans l'air. On a pu aider au mouvement, mais de lui seul il s'est déterminé. Les campagnes votèrent par souvenir guerrier, par haine contre les traités de 1815 et un peu aussi par dépit contre le fameux impôt des 45 centimes, et, on le sait, ce sont les campagnes, et non les villes, qui ont fait l'élection du prince Louis.

Voici quel fut le résultat matériel de cette élection dans les 12 arrondissements de Paris et les 8 cantons ruraux :

Électeurs inscrits. 433,632
Votans. 341,829
(Donc 91,803 se sont abstenus.)
Majorité absolue pour la Seine. . 170,915
Louis Napoléon. 198,484
Général Eug. Cavaignac. . . . 95,567

Quant au résultat général, pour le pays, en voici le détail :

Suffrages exprimés. 7,426,252
Louis Napoléon. 5,534,520
Général Cavaignac. 1,448,302
Ledru-Rollin. 371,431
Raspail. 36,964

LOUIS-NAPOLÉON-BONAPARTE
Président de la République Française.

A. Rousseau   Imp. Decan.

Lamartine.	17,914
Le général Changarnier.	4,687
Voix perdues.	12,434
Bulletins inconstitutionnels.	23,219

Le prince fut proclamé le 20, à l'Assemblée, et d'une façon presque improvisée. Après avoir prêté serment à la République et à la Constitution, il prononça un discours duquel nous prélevons les passages suivants :

« Je verrai des ennemis dans tous ceux qui tenteraient de changer, par des voies illégales, ce que la France entière a établi.

« Je veux, comme vous, rasseoir la société sur ses bases, affermir les institutions démocratiques, et rechercher tous les moyens propres à soulager les maux de ce peuple généreux et intelligent qui vient de me donner un témoignage si éclatant de sa confiance.

« La conduite de l'honorable général Cavaignac a été digne de la loyauté de son caractère et de ce sentiment du devoir qui est la première qualité d'un chef de l'État. »

Le président de la République française forme ainsi son ministère : justice, Odilon-Barrot, avec la présidence du conseil ; — affaires étrangères, Drouyn de Lhuys ; — instruction publique, de Falloux ; — intérieur, Léon de Malleville ; — agriculture et commerce, Bixio ; — travaux publics, Léon Faucher ; — guerre, général Rullière ; — marine et colonies, de Tracy ; — finances, Hippolyte Passy. Tous ces personnages sont pris dans le sein de l'Assemblée nationale ; le dernier seul vient de l'Institut.

Dans la pensée que le général Oudinot, commandant l'armée des Alpes, accepterait le ministère de la guerre, le président avait disposé à l'avance, en faveur du maréchal Bugeaud, du commandement en chef de cette armée ; le général Changarnier réunit le commandement supérieur de la 1re division militaire à celui des gardes nationales de la Seine ; le colonel Rebillot reçoit la préfecture de police ; — M. Thayer, parent du président, est nommé directeur général des postes, — et M. Berger préfet de la Seine.

Le 30 décembre, M. Léon Faucher remplaça M. de Malleville à l'intérieur, et eut pour successeur aux travaux publics M. Lacrosse. M. Buffet succéda également à M. Bixio, démissionnaire du département de l'agriculture et du commerce.

Le 4 janvier, le seul survivant des frères de l'empereur, l'ex-roi de Westphalie Jérôme Bonaparte, reçut le gouvernement de l'hôtel des invalides militaires et la garde du tombeau de l'empereur.

Le 20, sur les trois candidats à la vice-présidence présentés par le président : MM. Boulay (de la Meurthe), général Baraguay-d'Hilliers et Vivien, c'est le premier que l'Assemblée choisit, dans une intention de courtoisie envers Louis-Napoléon, dont on sait que M. Boulay (de la Meurthe) est l'ami.

Ces nominations constituent le nouvel état présidentiel du pouvoir. A cette date s'ouvre, pour l'histoire de nos révolutions, une période nouvelle, dont le récit pourra suivre celle que nous avons spécialement décrite, ainsi que d'autres l'ont précédée. Comme fait politique, l'élection du 10 décembre était notre limite ; de même que, comme fait militaire, nous attirions, dans cette limite imposée, la conclusion de l'expédition romaine, dont les préliminaires font partie du récit. Si, ce qui est possible, une suite était donnée à ce volume, le 10 décembre l'ouvrirait, comme cette date clot celui-ci. Il ne nous reste donc qu'à mentionner ceux des faits ultérieurs qui sont relatifs à l'expédition militaire qui termine, jusqu'au jour où nous écrivons, toute prise d'armes françaises.

Le 17 avril, le gouvernement obtint de la Chambre un crédit de 1,200,000 fr., pour faire face aux préliminaires d'une expédition française en Italie. Le gouvernement avait, en effet, jugé opportun d'organiser sur le bord de la Méditerranée un corps d'armée destiné à servir de noyau aux forces réclamées par les éventualités de l'avenir. Une brigade active avait été formée à Marseille, et son commandement confié au général Mollière. Le capitaine Poulle y avait reçu les fonctions de chef d'état-major, et le sous-intendant militaire Dutheil, la direction des services administratifs. Cette brigade était formée de deux régiments d'infanterie, les 20e et 33e de ligne, d'une compagnie du génie et d'une batterie d'artillerie. Ce petit corps était complété par des détachements de gendarmerie, d'infirmiers militaires, d'ouvriers d'administration, et par un service d'ambulance, le tout sur le pied de campagne.

Cette brigade avait passé à Marseille les mois de septembre, octobre et novembre, se maintenant en activité par de fréquents exercices, des promenades, des petites guerres. Le 30 novembre, ordre était arrivé par le télégraphe de la faire embarquer.

Le but de cet embarquement était alors un mystère ; pourtant le gouvernement ayant, comme on l'a dit, peu de jours auparavant expédié à Gaëte, en qualité d'envoyé extraordinaire, M. de Corcelles, le président du conseil déclara à la tribune que sa mission avait pour but de protéger la liberté et la sécurité personnelle du pape, si elles étaient menacées, sans intervenir en aucune façon dans les dissentiments politiques qui s'étaient élevés entre le souverain pontife et son peuple. Il y avait donc tout lieu de penser que la brigade allait faire voile pour les Etats romains, afin de s'y mettre à la disposition du pape. Les troupes prirent place sur les frégates à vapeur : *le Christophe Colomb* et *l'Orénoque ; le Vautour*, autre vapeur, reçut le matériel, et le général Mollière s'embarqua sur *le Magellan*, qui portait le pavillon du contre-amiral Tréhouart.

L'embarquement opéré, on attendit de nouveaux ordres. Mais M. de Corcelles étant revenu à Marseille, les nouvelles qu'il transmit au gouvernement, par le télégraphe, motivèrent un ordre complet de débarquement ; de sorte que la brigade reprit les évolutions et les manœuvres militaires qui, pendant trois mois déjà, l'avaient occupée.

Le 17 mars, ordre est expédié au général Carrelet, commandant la 7e division militaire, de former sur-le-champ une 2e brigade, avec les 36e et 66e de ligne, et d'en remettre le commandement au général Charles Levaillant. Le génie et l'artillerie nécessaires y sont annexés, et la brigade Mollière est augmentée du 1er bataillon des chasseurs à pied. Enfin l'organisation d'une

3e brigade est décidée, à l'aide des 22e léger et 68e de ligne renforcés d'une 3e batterie, et le général Chadeysson en reçoit le commandement.

Le commandement en chef de ce corps expéditionnaire est confié au général de division Oudinot de Reggio, qui avait organisé et commandé pendant neuf mois l'armée des Alpes.

Le général Oudinot arrive à Marseille le 20 mars; aussitôt commence l'embarquement du matériel et des approvisionnements. Celui des troupes a lieu simultanément à Toulon et à Marseille. Le général en chef adresse aux troupes une proclamation qui leur fait connaître le but de l'expédition. Voici cette pièce :

« Soldats,

« Le président de la République vient de me confier le commandement en chef du corps expéditionnaire de la Méditerranée.

« Cet honneur impose de grands devoirs, votre patriotisme m'aidera à les remplir.

« Le gouvernement, résolu à maintenir partout notre ancienne et légitime influence, n'a pas voulu que les destinées du peuple italien pussent être à la merci d'une puissance étrangère ou d'un parti en minorité. Il nous confie le drapeau de la France pour le planter sur le territoire romain comme un éclatant témoignage de nos sympathies.

« Soldats de terre ou de mer, enfants de la même famille, vous mettrez en commun votre dévouement et vos efforts : cette confraternité vous fera supporter avec joie les dangers, les privations et les fatigues.

« Sur le sol où vous allez descendre, vous rencontrerez à chaque pas des monuments et des souvenirs qui stimuleront puissamment vos instincts de gloire. L'honneur militaire commande à la discipline autant qu'à la bravoure, ne l'oubliez jamais. Vos pères ont eu le rare privilége de faire chérir le nom français partout où ils ont combattu. Comme eux, vous respecterez les propriétés et les mœurs des populations amies : dans sa sollicitude pour elles, le gouvernement a prescrit que toutes les dépenses de l'armée leur fussent immédiatement payées en argent; vous prendrez en toute occasion, pour règle de conduite, ce principe de haute moralité.

« Par vos armes, par vos exemples, vous ferez respecter la dignité des peuples, elle ne souffre pas moins de la licence que du despotisme.

« L'Italie vous devra ainsi ce que la France a su conquérir pour elle-même : l'ordre dans la liberté.

« *Le général en chef*,   OUDINOT DE REGGIO. »

Le corps expéditionnaire de la Méditerranée était constitué comme suit : 6 régiments d'infanterie et 1 bataillon de chasseurs à pied, formant 3 brigades, 3 batteries d'artillerie et 2 compagnies du génie. Le général en chef crut devoir ajouter à cet effectif 50 chevaux du 1er régiment de chasseurs.

Le commandement des troupes est remis au général Regnaud de Saint-Jean-d'Angely. Le général en chef, dont la mission a un double caractère diplomatique et guerrier, est accompagné d'un secrétaire de légation, M. de la Tour-d'Auvergne.

Contrariée par le temps, l'expédition ne put doubler le cap corse que le 23. L'escadrille se composait de 7 bâtiments à vapeur, dont deux remorquaient des gabares de charge. La frégate *l'Iphygénie* avait été jointe à l'expédition dans la prévision d'une attaque sérieuse à diriger contre le point de débarquement. Le général Oudinot de Reggio montait le bâtiment amiral *le Labrador*.

Le vapeur *le Panama* prend les devants sur la flottille. Il porte le commandant d'état-major Espivent de la Villeboisnet, aide-de-camp du général en chef; le capitaine Durand de Vilers, aide-de-camp du général Regnaud de

Saint-Jean-d'Angely, et M. de Latour-Maubourg. Ils ont pour mission d'aller faire connaître aux habitants de Civita-Vecchia les intentions du gouvernement français. Ils portent au gouverneur de la ville la lettre suivante, dont la rédaction paraît avoir été arrêtée en conseil des ministres :

« Monsieur le gouverneur,

« Le gouvernement de la République française, désirant, dans sa sincère bienveillance pour les populations romaines, mettre un terme à la situation dans laquelle elles gémissent depuis plusieurs mois, et faciliter l'établissement d'un ordre de choses également éloigné de l'anarchie de ces derniers temps et des abus invétérés qui, avant l'avénement de Pie IX, désolaient les États de l'Eglise, a résolu d'envoyer à cet effet à Civita-Vecchia un corps de troupes dont il m'a confié le commandement.

« Je vous prie de vouloir bien donner les ordres nécessaires pour que les troupes, en mettant pied à terre au moment même de leur arrivée, ainsi que cela m'a été prescrit, soient reçues et installées comme il convient à des alliés appelés dans votre pays par des intentions aussi amicales.

« *Le général en chef, représentant du peuple,*   OUDINOT DE REGGIO.

« A bord du Labrador, en vue de Civita-Vecchia, le 24 avril 1849. »

Le 25 au matin, le capitaine Durand de Vilers revenait sur *le Labrador* remettre au général en chef la réponse faite à sa lettre par les autorités de Civita-Vecchia.

La magistrature municipale, la chambre de commerce et le commandant de la garde civique de Civita-Vecchia, *au président de la province.*

« Citoyen président,

« La flotte de la République française est en vue de notre port. Nous connaissons les vues qui la dirigent. Elles sont des plus amicales et des plus rassurantes : la conservation de l'ordre, de la tranquillité et de la sûreté des États romains. Vous en avez les plus flatteuses assurances dans la dépêche que le commandant de l'expédition vous a adressée. La France ne peut manquer aux engagements que, pour son honneur, elle a contractés à la face de l'Europe.

« Vous, citoyen, vous demandez du temps pour informer la République de cet événement, conformément aux instructions que vous avez. Mais les troupes pourraient s'irriter des retards, ennuis et dangers auxquels la mer les expose, et perdre les sentiments d'amitié et de fraternité dont elles sont animées.

« Connaissant parfaitement les désirs de notre population, nous déclarons qu'à notre sens, il ne doit être apporté aucun retard au débarquement des troupes françaises, ne voulant pas nous exposer aux conséquences d'une guerre qui ne pourrait pas ne pas être téméraire, et nous protestons contre quiconque voudrait compromettre l'ordre et la tranquillité intérieure de cette population.

« *Le Gonfalonier et les Anziani,*

« Le vice-président et les membres de la chambre de commerce.

« Le lieutenant-colonel commandant la garde civique.

« Civita-Vecchia, le 24 avril 1849. »

La flottille se dirigea sur-le-champ vers le point de débarquement (1).

Dès que le bâtiment amiral eut jeté l'ancre, les autorités italiennes s'y rendirent, et aussitôt commença le débarquement des troupes. L'arrivée à terre

---

(1) Civita-Vecchia, petite ville située à 65 kilom. au N.-O. de Rome, s'appelait aux beaux jours de la vieille république *Centum-Celiæ.* Le port actuel, selon Pline, doit son origine à Trajan, sa population fixe dépasse 7,000 âmes; il y a des chantiers, des arsenaux, un bagne. Cette ville, bien souvent saccagée, n'avait jamais été l'objet d'un siége, depuis Narsès (635). Les Français y devaient débarquer sans obstacle.

du général en chef, entouré de son état-major, fut signalée par les plus vives acclamations.

Le général Oudinot expédia sur-le-champ à Rome le lieutenant-colonel du génie Leblanc, pour faire connaître au gouvernement révolutionnaire l'arrivée des troupes françaises et le but de l'expédition. Deux autres officiers, MM. Boissonnet et Féraud, accompagnaient M. Leblanc dans une mission d'autant plus urgente que les instructions remises au général en chef lui prescrivaient de marcher droit sur Rome, si les troupes recevaient à Civita-Vecchia un accueil favorable.

Dans la journée même du débarquement, deux bâtiments sardes, apportant ensemble mille tirailleurs lombards, furent retenus par l'escadrille. Presque en même temps 10,000 fusils furent saisis alors qu'on les introduisait dans le port. Le gouvernement romain envoya M. Montecchi, ministre des travaux publics, pour demander le débarquement à Porto-d'Anzio des réfugiés engagés comme troupes auxiliaires de la République. Le général Oudinot autorisa leur débarquement, à la condition qu'ils ne pénétreraient pas dans Rome avant le 4 mai, époque à laquelle tout faisait présumer qu'il serait maître de la ville. Quant aux fusils saisis, il en refusa la restitution.

Les habitants de Corneto, petite ville voisine de Viterbe, sur la mer, vinrent faire acte d'adhésion à la France, le jour même du débarquement.

Les dépêches et les renseignements que rapporta de Rome le lieutenant Féraud firent bien comprendre au général en chef que Rome était opprimée par les étrangers, et que le gouvernement y régnait par la terreur. Déjà il n'était plus permis de douter que la grande majorité de la population désirait le retour du pape. Les hommes les plus éminents assuraient que la présence d'un corps d'armée français sous les murs de Rome, amènerait quelque manifestation décisive dans la ville, qui, se sentant soutenue, n'hésiterait plus à se prononcer ouvertement contre une autorité qui s'imposait. Le général Oudinot est informé que l'intervention française sera acceptée dans tous les États pontificaux, si une démonstration énergique a immédiatement lieu sur la capitale. La diplomatie, de son côté, fournit des attestations analogues. Nos ministres plénipotentiaires de Rome et de Gaëte déclarent que la grande majorité des troupes romaines refusera de se battre contre nos soldats. On cite même le général des carabiniers Galetti, qui doit décider ses troupes à ouvrir les portes aux nôtres. « *La garde nationale est* « *généralement sympathique à la France, et dévouée à l'ordre social,* » dit un des documents.

Il n'y a donc pas à hésiter : il faut pousser, sans retard, une forte reconnaissance sur Rome. Le général Oudinot de Reggio donne l'ordre du départ. Mais il avait reconnu la nécessité d'occuper fortement Civita-Vecchia, seul point où l'armée pût recevoir ses vivres et des renforts. On y avait trouvé une assez forte quantité de munitions, et 120 canons. On y laissa 6 compagnies du 36e, une section du génie et un détachement d'artillerie, le tout sous les ordres du colonel Blanchard, nommé gouverneur.

La colonne destinée à pousser une reconnaissance jusque sous les murs de Rome était formée de 2 régiments d'infanterie (les 20e et 33e de ligne), du 1er bataillon de chasseurs à pied, de 6 compagnies du 36e, de 4 du 66e, de 2 batteries d'artillerie et d'une compagnie et demie du génie. Ce corps expéditionnaire quitta Civita-Vecchia, sous les ordres du général en chef, le 28 avril de bon matin, pour aller coucher à Palo. Il restait, pour arriver à Rome, neuf lieues qui ne purent être franchies dans la journée suivante. La colonne coucha à Castel-di-Guido, sur une hauteur, à 4 lieues de Rome.

De Castel-di-Guido, le général en chef expédia vers la ville le capitaine Oudinot, son officier d'ordonnance, avec 15 chasseurs à cheval, afin de reconnaître si *Torre-in-Piétra* (la tour de pierre), point important et voisin de la ville, était occupé par les révolutionnaires. Le capitaine Oudinot rencontra un poste romain occupant une hauteur, qui tira sur lui, et prit la fuite. Le capitaine, obéissant aux instructions du général en chef, ne riposta point à cette agression et se replia. On voulut bien croire que ce fait isolé ne ferait rien préjuger des dispositions de ceux qu'on peut déjà appeler les ennemis.

Le lendemain, la colonne se mit en marche, précédée d'éclaireurs, sur la route de poste de Civita-Vecchia, à Rome. Cette route se bifurque à 1,200 mètres environ de l'enceinte; la branche de droite mène à la porte Saint-Pancrace, celle de gauche va droit à la porte Cavallaggieri, en contournant le Vatican, palais des papes. Ce fut par celle-là que s'avancèrent nos soldats, en suivant des terrains escarpés et boisés.

Les chasseurs à pied qui avaient été envoyés sur les hauteurs de la route, furent reçus, à 150 mètres de la place, par des décharges d'artillerie à mitraille; s'embusquant dans les vignes qui garnissaient les replis du terrain, nos soldats purent ajuster les artilleurs ennemis, et ralentir leur feu. Mais, sur un autre point, des volées de mitraille pleuvaient sur nos têtes de colonnes, tirées par quatre pièces d'artillerie placées au saillant d'un bastion. Le capitaine Fabar alla reconnaître une position où furent bientôt postés deux de nos canons, le général en chef ayant proscrit l'usage des obusiers, par respect pour les monuments de la ville éternelle.

La résistance inattendue que nos troupes trouvaient à leur approche de Rome fut bientôt expliquée. En effet, on ne tarda pas à voir défiler à travers les arbres de la villa Pamfili de nombreux groupes de soldats romains qu'à leur uniforme on reconnut être des tirailleurs de l'Université, commandés par Garibaldi. L'armée comprit alors comment l'arrivée à Rome de cet aventurier avait pu terrifier les populations, et que la manifestation du sentiment des masses avait dû être comprimée par l'arrivée de ce chef et de ses partisans.

Garibaldi espérait probablement par cette sortie prendre nos troupes en queue, tandis que l'artillerie de la place foudroierait leur tête. Il suffit toutefois de 25 chasseurs à pied, embusqués dans un ravin, pour faire opérer à ceux qu'on a appelés les *garibaldiens* un vif mouvement de retraite. Bon nombre d'entre eux s'étant réfugiés dans des maisons inhabitées, quelques compagnies du 20ᵉ les en débusquèrent en peu de temps, en leur faisant éprouver des pertes sensibles.

Les troupes de la République romaine étaient jugées par cette escarmouche. Pouvant résister derrière un rempart, en rase campagne elles étaient hors d'état de se présenter devant les soldats français, même commandées par leur chef le plus prestigieux, Garibaldi.

Mais le feu des batteries continuait. Le général en chef fit établir sur la gauche de la route des pièces destinées à les prendre en écharpe et les faire taire. Le capitaine Fabar ayant déclaré connaître un chemin qui permettrait aux troupes d'arriver, sans crainte du feu ennemi, jusqu'à la porte Angelica, point de la ville où, selon les attestations reçues, le mouvement populaire en notre faveur était tout prêt à se produire, ses instances obtinrent du général Oudinot de conduire sur ce point la 2ᵉ brigade commandée par le général Levaillant. Mais, victime de son erreur courageuse, cet officier, arrivé dans un sentier que son rapprochement du rempart exposait au feu ennemi, fut frappé mortellement. La brigade, ainsi engagée, dut s'établir dans les maisons qui bordaient la route, s'y retranchant solidement, pendant que la brigade Mollière bravait, à la porte Cavallaggieri, la mitraille de la place, et que les colonels Brouat et Marulaz, des 33ᵉ et 20ᵉ de ligne, se maintenaient vaillamment sous ses murs.

« En même temps, et à l'extrême droite, le chef de bataillon Picard, du 20ᵉ de ligne, à la tête de 250 hommes, voyant que la brigade Levaillant allait opposer sa diversion vers la gauche, et reconnaissant, fort en avant du point qu'il occupait, et à la hauteur de la porte Saint-Pancrace, une excellente position où il pouvait se maintenir avantageusement, prit sur lui de l'occuper fortement, et d'attirer les efforts de l'ennemi pour dégager ainsi notre gauche.

« Ce mouvement réussit en partie, c'est-à-dire que le commandant Picard conserva la position qu'il avait occupée en faisant éprouver à l'ennemi des pertes considérables. Mais, vers le soir, le feu s'étant ralenti, et ayant même un moment presque complétement cessé, les Romains sortirent en foule de la ville par la porte Saint-Pancrace et s'avancèrent vers lui en agitant des mouchoirs blancs, et criant: *La pace! la pace! siamo amici! siamo fratelli!* (La paix! la paix! soyons amis! soyons frères!) M. Picard fut alors induit à penser que la diversion vers la porte Angelica avait réussi, et que les Français étaient dans Rome. Cependant il voulut, avant de faire avancer sa troupe, aller prendre les ordres du général en chef. Dans ce but, il entra dans la ville, accompagné d'un seul officier, en recommandant à ses gens de se tenir en position défensive. Mais pendant son absence, les choses changèrent de face. Son détachement se trouva successivement entouré par des populations, dont les démonstrations, d'abord sympathiques, devinrent bientôt hostiles, puis il se vit désarmé et poussé vers la ville. Là, on déclara à nos soldats qu'ils étaient prisonniers de guerre. »

Cette trahison ne pouvait qu'être le fait de gens étrangers à toutes les lois de l'honneur militaire. Il était désormais évident que, contrairement à l'engagement pris envers le général en chef, à Civita-Vecchia, par le ministre des travaux publics Montecchi, les bandes de Garibaldi avaient pénétré dans la ville, et que l'élan de la population, comprimé par elles, allait nous contraindre à un siége en règle. Le général Oudinot expédia donc au ministre de la guerre une dépêche télégraphique, pour lui apprendre que, contrairement à toute prévision, les portes de Rome étaient fermées à notre intervention.

Dans la nuit du 1er mai, le général en chef qui, durant toute cette journée d'escarmouches et de combats, avait payé de sa personne, comme un simple officier, quitta le lieu du combat avec l'extrême arrière-garde, pour rejoindre l'armée au point de concentration indiqué. « L'appel par corps, dit le document déjà cité, constata l'absence de 500 hommes environ; sur ce nombre 200 étaient à l'ambulance; on ignorait encore le sort des 250 hommes du commandant Picard. Il était donc impossible d'établir en ce moment un état, même approximatif des pertes de la colonne. Le lendemain 2 mai, le convoi des blessés se mit en route pour Palo. Le général en chef, dans l'espoir que peut-être l'ennemi hasarderait une sortie, voulut que l'armée n'arrivât que le 3 au soir sur ce point, qui avait été choisi comme quartier général (1). »

Nous ne saurions mieux faire, pour compléter dans sa valeur technique et pour ses détails le récit qu'on vient de lire de cette première affaire, qui causa dans le pays un assez grand retentissement, que de reproduire le rapport même adressé par le général en chef au ministre de la guerre. On y trouvera, en outre, des appréciations qui se rattachent à la partie politique des événements, et qui ne pouvaient offrir au lecteur plus de garantie de loyauté et de saine appréciation, que sous la plume de l'honorable général Oudinot de Reggio, dont le mandat était, on l'a dit, à l'a fois militaire et diplomatique. Voici cet intéressant document :

A M. le ministre de la guerre.

« Depuis le 24 avril, jour où le corps expéditionnaire a mis à la voile pour Civita-Vecchia, jusqu'au 28, je vous ai tenu exactement au courant de nos opérations. Elles ont eu toutes, vous le savez, un grand succès.

« De concert avec M. le ministre des affaires étrangères, vous m'avez invité, lorsque je serais maître de Civita-Vecchia, à marcher rapidement sur Rome pour y donner courage aux honnêtes gens, et pour répondre à l'appel des populations.

« Les hommes les plus éminents déclaraient que notre arrivée subite et inattendue dans le port de Civita-Vecchia avait étonné et terrifié. Il fallait, disait-on, de toutes parts, afin d'éviter l'effusion du sang, ne pas laisser s'accroître à Rome les moyens de répression et de défense.

« Des officiers très-intelligents que j'avais envoyés dans cette capitale pour y étudier l'opinion publique, déclaraient unanimement, de leur côté, qu'une forte reconnaissance sur Rome était indispensable, et suffirait pour suspendre immédiatement tous les préparatifs de résistance.

« Une prompte détermination était impérieusement prescrite. Le 28 avril, le corps expé-

(1) Voir le *Précis historique et militaire de l'expédition française en Italie*, par un officier d'état-major.

ditionnaire part de Civita-Vecchia. Il campe, le 29, à Castel-di-Guido. Jusque-là point d'hostilités.

« Voulant connaître le plus tôt possible les dispositions des troupes de la République romaine, je prescrivis au capitaine Oudinot, mon officier d'ordonnance, d'aller jusqu'à leurs avant-postes avec quelques chasseurs à cheval. Il les rencontre à trois lieues environ de notre camp.

« Les paroles pacifiques de cet officier sont accueillies par une décharge qui démonte un de nos chasseurs.

« Ce fait est isolé et ne nous ôte pas encore toute espérance de conciliation.

« Nous continuons à marcher sans rencontrer l'ennemi. Nous prenons position sur les plateaux qui dominent l'entrée de la ville par la porte Pertusa, avec l'intention de faire un dernier appel à la concorde. Mais le drapeau rouge flotte sur tous les forts, d'outrageantes vociférations font retentir les airs, et notre tête de colonne est assaillie par le feu le plus vif.

« Dès ce moment la mitraille, les boulets et les balles ne permettent plus d'arrêter l'ardeur de nos soldats. Malgré de grands obstacles, la brigade Mollière couronne les hauteurs à droite et à gauche de la route. L'infanterie, l'artillerie, répondent vigoureusement au feu de la place. Mais l'ennemi est derrière des remparts, tandis que nos soldats sont à découvert.

« Pour faire diversion, je prescris à la brigade Levaillant de faire un mouvement agressif sur une route de gauche, qui conduit à la porte Angelica.

« Le valeureux officier qui s'était offert à guider cette troupe, au lieu de prendre le chemin qui y conduit à l'abri des remparts, suit une route qui y mène plus directement, mais qui est exposée au feu de l'ennemi.

« L'élan de nos soldats n'en est pas ralenti, et, bien que la route suive parallèlement et à moins de 200 mètres des remparts, ils s'y engagent avec une grande témérité.

« Dans le même moment, les colonels Marulaz et Bouat, des 20e et 33e de ligne, faisant partie de la brigade Mollière, s'élancent avec une centaine d'hommes de leurs régiments sur la porte Pertusa. Ils arrivent jusqu'au pied même du rempart. Profitant d'un pli de terrain, ils s'embusquent, mais les travaux tout récemment accumulés ne permettent pas le succès de cette audacieuse entreprise.

« Les habitants, au lieu de se prononcer, sont évidemment terrifiés par les réfugiés. Les troupes pontificales elles-mêmes sont obligées de joindre leur feu à celui de nos communs adversaires.

« Dès le commencement de l'action, quelques bataillons ennemis ayant essayé de descendre dans la plaine, sont forcés de se retirer en toute hâte derrière les retranchements. Ils laissent sur le champ de bataille un grand nombre de morts.

« Ce n'était point un siége que nous voulions faire, mais une forte reconnaissance. Elle a été exécutée on ne peut plus glorieusement. Elle a démontré jusqu'à l'évidence que l'ordre social ne cessera d'être en péril que lorsqu'il sera abrité à Rome sous le drapeau français. Mais ce n'est pas seulement avec une fraction du corps expéditionnaire, c'est avec tous les éléments d'action que ce résultat doit être obtenu. J'ai donc fait suspendre le combat, et j'ai passé la nuit au lieu même où il avait commencé, sans qu'un soldat de l'ennemi ait osé sortir de ses réduits.

« Les 1er et 2 mai, le corps expéditionnaire est resté en position à Castel-di-Guido. J'y ai reçu l'avis de l'arrivée à Civita-Vecchia de quelques détachements de la troisième brigade.

« Pour faciliter la concentration, j'ai établi la première brigade à Polidoro ; la deuxième, avec le quartier-général à Palo. J'y constitue un dépôt principal, d'où je suis en rapports faciles, par les voies de terre et de mer, avec ma base d'opération. Il n'y a d'ailleurs aucune insulte à redouter, car depuis le 3 et au moment même où je vous écris, nous n'avons pas vu une vedette ennemie.

« Je fais partir pour Toulon un bataillon de six cents hommes romains comme prisonniers ou au moins comme ôtages. J'ai fait saisir un nombre considérable d'armes et de projectiles, tant dans les forts de Civita-Vecchia et Palo que dans les tours qui protègent la côte.

« J'aurai l'honneur de vous en envoyer un état détaillé.

« Je ne terminerai pas ce rapport, Monsieur le ministre, sans rendre aux corps de toutes armes du corps expéditionnaire de la Méditerranée cette justice, que leur moral et leur énergie sont admirables.

« Cette journée du 30 avril est l'une des plus brillantes auxquelles les troupes françaises aient pris part depuis nos grandes guerres. Si nous avons fait quelques pertes sensibles, nous avons occasionné à l'ennemi un dommage numériquement plus considérable. Il reconnaît qu'il a près de deux cent quatre-vingts hommes tués ou blessés.

« J'ai été énergiquement secondé par les officiers généraux Regnaud de Saint-Jean-d'Angely, Levaillant et Mollière, ainsi que par les chefs de service de l'artillerie et du génie, le lieutenant-colonel Larchey et le commandant Goury. Le sous-intendant, les officiers de santé et l'officier du train des équipages ont, de leur côté, fait preuve d'un dévouement qui a eu les plus heureux résultats.

« Officiers, sous-officiers et soldats, tous ont admirablement fait leur devoir. J'aurais à enregistrer trop de noms si je voulais citer tous les militaires qui se sont fait remarquer.

« Ne pouvant assigner une telle récompense à tant d'actes de courage, j'en serai sobre.

« Je me borne à mettre sous vos yeux le nom des militaires de tous grades qui ont des titres éminents à cette distinction.

« J'aurai l'honneur de vous soumettre très-prochainement des propositions d'avancement pour plusieurs militaires du corps expéditionnaire.

« Je demande également pour quelques-uns d'entre eux soit la décoration de la Légion-d'Honneur, soit de l'avancement dans cet ordre.

« Jamais récompenses n'auront été mieux justifiées.

« *P. S.* Par respect pour les monuments dont s'honore la ville de Rome, il n'a été répondu aux batteries ennemies que par le canon. Les obusiers ont été ainsi paralysés. Une telle condescendance ne pourrait se reproduire une autre fois.

« Cependant, et contrairement à toute vérité, les Romains, loin de l'apprécier, déclarent dans leur *Moniteur* que nos projectiles ont détruit des chefs-d'œuvre de Raphaël. »

Ce rapport si digne, si mesuré, si généreux, contrasta singulièrement avec les déclamations et la jactance dont l'ennemi fit preuve dans ses correspondances et dans ses journaux. La question d'altération des monuments fut particulièrement exploitée avec une mauvaise foi dont l'habileté disparaissait sous l'odieux, car en essayant d'exciter contre nos soldats l'opinion de l'Europe civilisée, les révolutionnaires romains méconnaissaient la générosité chevaleresque dont ils venaient d'être l'objet. Nous aurons à revenir sur cette question, triomphalement résolue plus tard, avec l'éclat des enquêtes publiques, en faveur de nos armes.

Le général en chef explique dans le rapport ci-dessus les motifs de sa concentration sur Palo. En effet, il ne fallait point que les révolutionnaires romains pussent un seul instant s'imaginer que l'armée ne fût pas décidée à reprendre bientôt l'offensive. On s'occupa donc de s'y établir en vue de la défense comme des approvisionnements. Les blessés furent expédiés à Bastia à bord du *Sané* ; leur nombre s'élevait à 199.

Devant la probabilité d'un siége à entreprendre, le général en chef, reconnaissant les difficultés de tout transport de Civita-Vecchia à Rome, par voie de terre, songea à se créer une base d'opérations secondaires. Le fort de Palo dut donc recevoir des magasins considérables. Il était aussi très-important de s'emparer d'un point de l'embouchure du Tibre, qui permît à la fois d'intercepter les arrivages pour Rome, et de créer un dépôt à nos approvisionnements. Le point choisi fut Fiumicino, petit port situé sur la rive droite de celui du bras du Tibre, creusé par Claude, en opposition avec l'embouchure orientale et naturelle. Le capitaine Castelnau, envoyé à la tête de trois compagnies d'infanterie, occupa ce point au milieu des démonstrations de sympathie des habitants. Trois jours plus tard, le 20e de ligne s'établissait à la fois sur Fiumicino et sur Ostie (rive gauche du fleuve), d'où nous nous assurions, au besoin, de promptes communications avec l'armée napolitaine, qui occupait Terracine, et s'avançait sur Velletri.

Cependant la nouvelle de la résistance des révolutionnaires romains contre notre jonction avec la population romaine, avait produit une assez vive sensation dans le pays, et le 9 mai la Chambre des représentants fut agitée par de tumultueux débats causés, soit par cette nouvelle, soit par la lettre suivante, que le président de la République avait adressée au général Oudinot de Reggio.

« Mon cher général,

« La nouvelle télégraphique qui annonce la résistance imprévue que vous avez rencontrée sous les murs de Rome m'a vivement peiné. J'espérais, vous le savez, que les habitants de Rome, ouvrant les yeux à l'évidence, recevraient avec empressement une armée qui venait accomplir chez eux une action bienveillante et désintéressée. Il en a été autrement; nos soldats ont été reçus en ennemis, notre honneur militaire est engagé ; je ne souffrirai pas qu'il reçoive aucune atteinte. Les renforts ne vous manqueront pas. Dites à vos soldats que j'apprécie leur bravoure, que je partage leurs peines, et qu'ils pourront toujours compter sur mon appui et sur ma reconnaissance.

« Recevez, mon cher général, l'assurance de mes sentiments de haute estime.

« LOUIS-NAPOLÉON BONAPARTE. »

Cette lettre fut mise à l'ordre de l'armée.

Le 8, le détachement du commandant Picard fut signalé en vue du camp. Bientôt cet officier se présente au général en chef, porteur d'un décret du triumvirat qui rend la liberté aux Français tombés dans l'embûche que nous avons décrite. Nos soldats, pendant leur séjour à Rome, avaient été l'objet de toutes les captations possibles : on avait essayé d'obtenir d'eux une protestation contre le but de l'expédition, protestation destinée à une publicité de scandale. Cette odieuse manœuvre avait échoué devant le patriotisme de nos soldats. Le rapport du commandant Picard éclaire les détails de ces machinations, le voici :

« Par le rapport que j'ai eu l'honneur de vous adresser, vous avez déjà connaissance de la protestation que j'ai envoyée, le 1ᵉʳ mai, au ministre de la guerre de Rome contre la conduite déloyale des Romains envers deux cent soixante Français, tombés traîtreusement en leur pouvoir dans la journée du 30 avril.

« Au nom de ces Français, officiers, sous-officiers et soldats, je proteste de nouveau contre les exagérations flagrantes et les insinuations malveillantes et calomnieuses dirigées contre nous.

« L'énumération en serait longue et inutile ; mais je dois m'attacher spécialement à celles qui seraient de nature à souiller l'honneur militaire et le drapeau de la France.

« Malgré les séductions de toute nature qui ont été tentées, aucun officier, sous-officier ou soldat, n'a demandé ni accepté de service dans l'armée romaine.

« Le fait suivant n'a nul besoin de commentaire : deux cent cinquante Français sont tombés au pouvoir des Romains le 30 avril.

« Tous, sans aucune exception, sont sortis de Rome le 7 mai pour rejoindre leurs frères d'armes. Quelques blessés seulement sont restés dans les hôpitaux de Rome.

« Il est déplorable que des journaux français aient reproduit légèrement, sur le dire de quelques folliculaires romains, des bruits calomnieux que l'on peut aisément convaincre de mensonges et d'exagération.

« Je proteste avec toute l'énergie de ma conviction contre le prétendu acte notarié, fait et publié par un sieur Paradisi, à la suite d'une simple conversation que j'aurais eue avec lui.

« Je dois dire que le 7 mai le gouvernement et la population romaine nous ont donné de nombreux témoignages apparents de sympathie, mais la perfidie de ces démonstrations était évidente pour tout le monde.

« J'ai appris, après ma captivité, que l'on s'était servi de mon nom pour séduire mes officiers et mes soldats, dont on m'avait séparé, et pour les détourner de leur devoir. Je vous l'ai déjà dit, mon général, tous ont résisté. La France peut être fière de la discipline et du courage que ses soldats ont déployé.

« Veuillez agréer, mon général, l'assurance de mon respect profond et dévoué,

« A. Picard, chef de bataillon au 20ᵉ de ligne.

« Bivouac de Santa-Passera, le 28 mai 1849. »

La liberté ainsi rendue à nos braves soldats était un calcul politique : il tendait à créer des partisans à la cause révolutionnaire romaine parmi nos troupes. Cette tactique échoua complétement devant les sentiments d'honneur national dont le corps était animé. Le général en chef poussa donc bien loin la chevalerie des représailles, en rendant au gouvernement romain le bataillon de 800 hommes désarmé à notre arrivée à Civita-Vecchia.

Le 8 mai, le général Oudinot, décidé à ne pas retarder l'attaque, réunit en conseil les chefs de l'artillerie et du génie. Ce conseil, vivement préoccupé de la conservation des monuments romains, reconnut que le seul point d'attaque qui les mît à l'abri de nos projectiles, était la portion de l'enceinte qui se trouvait, sur la rive droite, à proximité du Tibre, position qui avait, par ailleurs, l'avantage de maintenir le corps expéditionnaire en constante communication avec sa base d'opération. Il fut décidé qu'un mouvement serait effectué dans cette direction.

La brigade Mollière fut donc dirigée, le 9, vers Castel-di-Guido. Le 16ᵉ léger, arrivé au camp le même jour, entre dans la 2ᵉ brigade, et on substitue aux 6 compagnies du 36ᵉ un bataillon du 68ᵉ pour la garde de Civita. Le même jour, la brigade Chadeysson, les 6 pièces de canon qui forment tout le matériel spécial de l'armée, et la réserve de génie, rallient le quartier général, qui, le 11, est transporté à Castel-di-Guido.

Le général en chef place les 1ʳᵉ et 2ᵉ brigades sur les hauteurs de Maglianella et de la Lungaretta. Le 20ᵉ de ligne va s'établir à Ponte-Galera, en remontant parallèlement au Tibre. Une route praticable pour l'artillerie relie Ponte-Galera avec la via Aurelia.

Pour complément à ces dispositions, le général Oudinot fait couper les routes de Florence et d'Ancône, afin d'intercepter tous les arrivages sur Rome. Nos six canons sont portés sur la Lungaretta, et le 20ᵉ occupe Magliana. Le corps est en même temps renforcé des deux derniers escadrons du 1ᵉʳ chasseurs.

Ces dispositions générales, et plusieurs autres accessoires, complètent ce que le général en chef peut faire devant l'insuffisance du matériel dont il dispose. C'est lorsque les choses en sont à ce point, que M. Ferdinand de Lesseps arrive au quartier général, comme envoyé extraordinaire de France et ministre plénipotentiaire.

« Les résultats de la journée du 30 avril avaient été dénaturés en France, l'esprit de parti avait transformé un combat glorieux pour nos armes en un déplorable échec dont nos soldats ne pourraient se relever. Parce que les portes de Rome ne nous avaient point été ouvertes, parce que les étrangers opprimaient la population, on voulait en conclure que l'intervention française était unanimement réprouvée. Ces assertions avaient trouvé de l'écho dans l'Assemblée législative. Les calomnies imprimées à Rome et répandues avec profusion, arrivaient rapidement par la voie de terre : les nouvelles de l'armée ne pouvaient être transmises que par mer ; la rareté des communications permettait à ces mensonges de se propager avec rapidité (1). Le gouvernement jugea à propos de placer à côté du chef militaire un agent diplomatique qui pût se consacrer tout entier au soin des négociations et des rapports à établir avec les autorités et les populations. M. de Lesseps avait été choisi pour remplir cette mission. Il lui était recommandé d'entretenir avec le général en chef les relations les plus intimes et les plus confiantes, et de concerter avec lui ses démarches. Le général avait en même temps reçu ordre de ne pas confondre son action avec celle des forces autrichiennes ou napolitaines ; il était même chargé de le faire savoir au gouvernement romain. »

Il n'y avait plus un moment à perdre. M. de Lesseps part pour Rome le 15 ; le même jour, le général en chef porte son quartier général à Vina-del-Corviale, au centre de la 2ᵉ brigade. Les troupes concentrées à Castel-di-Guido sont toutes prêtes à se porter en avant. La 1ʳᵉ brigade est à la Magliana, la 3ᵉ à Casa-Maffei. Le 20ᵉ de ligne a la garde des six pièces de siége.

Le 16 mai, la 2ᵉ brigade s'avance à 1,800 mètres de la place, et occupe le plateau de la villa Santucci, en face de la porte Portèse. Elle a à sa droite la 1ʳᵉ brigade, à Santa-Passera, et sa gauche s'étend vers la villa Pamfili.

Le général en chef ordonne au général Levaillant une reconnaissance vers ce dernier point. La reconnaissance a lieu ; 45 Romains qui occupaient Capelletta sont enlevés et expédiés sur Corviale. Mais ces prisonniers sont bientôt renvoyés, sur les instances réitérées de M. de Lesseps, qui, arrivant de Rome, annonce au général en chef que, certain d'avance de son approbation, il a conclu une suspension d'hostilités avec le triumvirat. Sur cette nouvelle, le quartier général se transporte à Villa-Santucci. Le 25ᵉ léger rejoint l'armée le même jour.

Le général Oudinot, sentant la nécessité d'établir à hauteur des positions occupées par nos troupes une communication avec l'autre rive du Tibre, M. Olivièri, lieutenant de vaisseau, que l'amiral Tréhouart avait désigné pour diriger la navigation du fleuve (2), conduit au mouillage de San-Paolo cinq

---

(1) Il est à remarquer que les bâtiments employés au service des transports de la guerre, sortant de Toulon, ne pouvaient emporter les dépêches qui étaient en principe dirigées sur Marseille, d'où la seule voie de correspondance régulière ne partait que trois fois par mois. Le service postal n'a été véritablement établi qu'à dater des derniers jours de juillet. Cette lacune fut pendant toute la campagne la source d'une série d'erreurs et de malentendus que l'armée était impuissante à prévenir, et qu'elle eut souvent à regretter.

(2) Le Tibre, bordé de palais, couvert de vaisseaux, dans l'antiquité, n'a même point aujourd'hui de quais. Il coule obscurément dans un coin de Rome, et n'a conservé que sa couleur blonde (*flavus tiberinus*). Un bateau à vapeur, que l'armée française trouva à Civita-Vecchia, et qu'on employa bientôt comme remorqueur, rendit facile l'organisation d'un service régulier pour transporter par eau, jusqu'au mouillage de San-Paolo, les approvisionnements de toute nature, et pour opérer l'évacuation des blessés et des malades. Le Tibre, ce

tartanes qui, dans l'absence de pontonniers, servent au génie à construire un pont provisoire. Le petit bateau à vapeur trouvé à Civita-Vecchia est en même temps appliqué à l'organisation d'un service de remorque pour les approvisionnements et l'évacuation des malades sur notre premier point de débarquement. La marine, c'est ici le lieu de le dire, ne cessa point, durant toute cette campagne, d'apporter à l'armée un concours de zèle et d'activité auquel le général en chef a publiquement rendu justice.

La lettre du président de la République au général Oudinot avait annoncé que le corps expéditionnaire serait augmenté en raison de ses besoins. C'est en exécution de cette promesse que les généraux Vaillant et Thiry arrivèrent au camp le 19 mai, afin d'y prendre le commandement de l'artillerie et du génie, dont l'armée était augmentée, pour concourir à l'intention bien arrêtée du gouvernement, de faire le siège en règle de la ville, si la population n'en ouvrait pas les portes. Et, bien que les hostilités soient suspendues, pendant que M. de Lesseps négocie avec le gouvernement républicain de Rome, le général Oudinot continue ses préparatifs d'attaque.

Quelques particularités que nous trouvons dans le récit d'un officier d'état-major, nous paraissent de nature à être mentionnées :

« Dès les premiers jours de l'arrivée de M. de Lesseps, et alors que les hostilités avaient cessé de part et d'autre par un pacte de convention tacite, le gouvernement romain avait fait dire au général en chef que nos officiers de santé seraient autorisés à donner leurs soins au petit nombre de soldats qui, après l'affaire du 30, avaient été recueillis dans les hôpitaux de Rome. M. Finot, chargé en chef du service médical, fut envoyé pour les visiter. Cet officier de santé n'eut que des éloges à donner à la sollicitude dont ils étaient l'objet ; mais il avait fait remarquer aux Romains la mauvaise organisation du service hospitalier.

« M. de Lesseps, qui, répétait-il chaque jour, était en voie d'obtenir du triumvirat l'entrée immédiate de l'armée dans la ville, insiste alors vivement pour qu'un caisson d'ambulance soit envoyé à titre de cadeau à la municipalité romaine.

« Le général en chef, sur la déclaration plusieurs fois renouvelée qu'une semblable démarche doit amener une solution immédiate, et après s'être assuré que les besoins de l'armée n'auront à en souffrir en aucune manière, se décide à céder aux sollicitations de notre ministre plénipotentiaire.

« Quelques jours après, le triumvirat répondit à ce présent par l'envoi d'un fourgon chargé de cigares et de tabac. Cette gracieuseté apparente servait à déguiser un des mille moyens employés pour ébranler la discipline dans le cœur de nos soldats. *Les paquets de tabac et de cigares renfermaient des proclamations incendiaires et des appels à la révolte.* »

Le général Oudinot expédia le 1er bataillon du 13e léger pour faire une re-

---

fleuve sacré de l'ancienne Rome, qu'un magistrat créé par Auguste devait entretenir toujours pur, est devenu l'égout de la Rome nouvelle dont il reçoit toutes les immondices....

Siége de Rome. — 1849.

connaissance dans la direction d'Aqua-Traversa, afin de compléter l'investissement de la place, en se ralliant au 36°. Les Napolitains, de leur côté, voyant que les négociations de la diplomatie française s'exerçaient en dehors de leur action, se retirèrent de Veller et d'Albano, qu'ils occupaient. Au moment où s'effectuait cette retraite, Garibaldi fit une sortie, à la tête de quelques milliers d'hommes, et, tournant les Napolitains, les attaqua près de Velletri, ce qui décida le roi de Naples à se replier jusqu'à Terracine.

Comme le général en chef avait fort peu de confiance dans une issue pacifique avec les triumvirs, le 22 il donna ordre au colonel Le Barbier de Tinan, chef d'état-major général, accompagné du colonel Niel, chef d'état-major du génie, d'aller fixer l'endroit des lignes d'attaque en avant de San-Carlo, sur un point que désigne la maison dite des *six volets verts*. Le dépôt de tranchée est également fixé à deux kilomètres de la place, dans un emplacement parfaitement couvert par des hauteurs.

Enfin le 23, le général Oudinot voyant les longs retards des solutions amiables, et craignant que ces lenteurs n'entraînent des conséquences désavantageuses à notre amour-propre national ou à nos intérêts, pense qu'en présence surtout des fortes chaleurs, si terribles pour les troupes, et de cette *mal'aria*, fléau mortel de la campagne de Rome, il est grand temps de prendre un énergique parti. Il réunit donc en conseil de guerre ses officiers généraux. Tous sont d'accord sur la nécessité impérieuse de mettre fin à cette suspension d'armes que les triumvirs prolongent dans l'espoir d'avoir bientôt pour auxiliaire l'insanité d'un climat torride. Le même jour, le général Rostolan, nommé au commandement de la seconde division du corps expéditionnaire, arrive à Santucci. Les desseins du gouvernement français semblent donc, plus que jamais, nettement dessinés. La nouvelle constitution de l'armée est mise à l'ordre du jour, et les préparatifs d'attaque sont poussés avec une croissante ardeur.

Le 24, une tête de pont est tracée sur la rive gauche du Tibre.

Le 25, le 13° léger quitte Maglianella pour relever le 36° à Aqua-Traversa, mouvement qui assigne aux troupes un emplacement plus conforme à l'embrigadement nouveau.

La brigade Chadeysson, remplacée par la brigade Jean Levaillant, va camper à Corviale, et le 13° de dragons, nouvellement débarqué, prend ses positions à Castel-di-Guido et à Maccarèse. Ces divers mouvements ont lieu pendant que les travaux du génie sont poussés avec la plus grande activité. Santucci est choisi pour dépôt de tranchée; on y accumule fascines et gabions; les fonctions de major de tranchée sont confiées au lieutenant-colonel Sol, du 32° de ligne.

Le 29, dès le matin, un pont de bateaux est jeté sur le Tibre. La basilique de San-Paolo, sur la route d'Ostie, est bientôt occupée par deux bataillons de chasseurs à pied. Et, dans le but de causer, par le déploiement d'un grand mouvement de troupes, en vue de la place, un effet salutaire sur le moral des Romains, le général en chef passe en revue, à Casa-Maffei, la division

Guesviller, ainsi que toute la cavalerie. Enfin, la batterie de siége est transportée de la Magliana à Santa-Passera, avec le bataillon du 20⁰ chargé de sa garde. En même temps, le 33⁰ de ligne est envoyé protéger le dépôt de tranchée, à San-Carlo.

M. de Lesseps vit avec regret ces énergiques préparatifs. Ce diplomate eût désiré qu'on persévérât dans le *statu quo*. Cependant, vingt-quatre heures s'étaient écoulées déjà, sans que les triumvirs répondissent à l'ultimatum présenté par notre plénipotentiaire. Le général en chef se décide donc à reprendre les hostilités; la fin de la suspension d'armes est annoncée pour minuit. Le lendemain, 1er juin, on doit, dès la pointe du jour, s'emparer à la fois et du Monte-Mario (1), qui domine la ville, et de la villa Pamfili (2).

Pourtant, le 30 au soir, M. de Lesseps ayant très-vivement renouvelé ses instances pour obtenir une nouvelle prolongation, le général en chef cède, bien qu'à regret, aux pressantes sollicitations du ministre plénipotentiaire : il suspend les ordres d'attaque. Toutefois, le contre-ordre ne put arriver à temps au général Sauvan, lequel s'était déjà mis en marche, afin d'être rendu près Monte-Mario au moment où expirerait la trêve. Cet officier-général ayant suivi ses premières instructions, s'était, à une heure du matin, rendu maître, sans coup férir, d'une position que les Romains avaient rapidement abandonnée à l'approche de nos troupes.

Enfin M. de Lesseps, qui était allé à Rome pendant que le génie terminait les préparatifs du siége, et que plus de 2,000 gabions avaient été mis en service, revient avec un traité signé par lui, de concert avec les triumvirs. Voici ce traité, qui excluait nos troupes de la ville, et sacrifiait déplorablement les intérêts et la dignité de notre pays :

« Art. 1er.—L'appui de la France est assuré aux populations des États romains. Elles considèrent l'armée française comme une armée amie qui vient concourir à la défense de leur territoire.

« Art. 2. — D'accord avec le gouvernement romain, et sans s'immiscer en rien dans l'administration du pays, l'armée française prendra les cantonnements extérieurs convenables, tant pour la défense du pays que pour la salubrité des troupes ; les communications seront libres.

« Art. 3. — La République française garantit contre toute invasion étrangère les territoires occupés par ses troupes.

« Art. 4. — Il est entendu que le présent arrangement devra être soumis à la ratification de la République française.

« Art. 5. — En aucun cas les effets du présent arrangement ne pourront cesser que quinze jours après la communication officielle de la non ratification.

---

(1) Le mont Mario, à l'extrémité du Janicule, avec sa plantation de cyprès, est un des sites les plus agréables des environs de Rome, qui, de là, présente son plus imposant aspect. On ignore le nom antique du mont Mario, et il ne doit son nom actuel qu'à un Mario Mellini, qui fit bâtir au sommet une belle villa. Sur la pente est la *villa Madama*, ainsi appelée de Marguerite d'Autriche, fille naturelle de Charles-Quint, veuve d'Alexandre de Médicis, et mariée depuis à Octave Farnèse, duc de Parme, qui y habita.

(2) La villa Pamfili-Doria, ou de *Belrespiro*, avec son bois de pins en parasols, son lac, sa vue qui s'étend jusqu'à la mer, ses grottes et son parc, est une des plus remarquables habitations des environs de Rome. Elle fut en partie bâtie par la courtisane Olimpia Maidalchini-Pamfili, nièce d'Innocent X, qui en demanda les dessins, non pas à Le Nôtre, comme on l'a écrit, mais bien à l'Algardi (1644).

« Fait à Rome et au quartier général de l'armée française, en triple expédition, le 31 mai 1849, à huit heures du soir. C. Armiellini. A. Saffi. G. Mazzini.

« *Le ministre plénipotentiaire de la République française,* Ferd. de Lesseps. »

« Rome, le 31 mai 1849. »

Le général Oudinot se refusa de souscrire à de pareilles conditions, révoltantes pour notre honneur militaire, et qu'il avait lieu de considérer comme bien opposées aux désirs du gouvernement français. « Le général en chef, — dit le travail déjà cité, — signifie à M. de Lesseps que, désormais, il n'écoutera que ses propres inspirations, et que sa main se desséchera plutôt que de signer un traité qui impliquerait l'abdication de notre dignité nationale. »

Et le général Oudinot fit aussitôt connaître cette rupture éclatante aux triumvirs, par le document suivant :

« Messieurs,

« Je reçois à trois heures de l'après-midi la lettre par laquelle vous témoignez le regret que j'aie refusé de m'associer à la convention que M. de Lesseps, ministre plénipotentiaire, a cru devoir arrêter avec vous, sous la date du 31 mai à huit heures du soir.

« L'événement a justifié ma détermination par deux dépêches émanées du ministre de la guerre et de celui des affaires étrangères, sous la date des 28 et 29 mai. Le gouvernement français m'a déclaré ce qui suit : « La voie des négociations est épuisée. La mission de « M. de Lesseps est terminée. » Aussitôt la réception de ces dépêches, je me suis empressé de faire connaître le contenu à M. de Gérando, chancelier de l'ambassade. Le chef d'état-major de l'armée expéditionnaire a chargé cet agent diplomatique de donner officiellement communication au gouvernement romain d'une décision qui rappelle M. de Lesseps et qui me replace dans la plénitude de pouvoirs d'un commandant en chef.

« M. de Lesseps s'est chargé de vous remettre, hier soir à dix heures, la note dont copie est ci-jointe.

« J'y déclarais, vous le voyez, Messieurs, que, dans le cas où, après vingt-quatre heures, l'ultimatum du 29 mai ne serait point accepté, l'armée française reprendrait sa liberté d'action.

« N'ayant pas reçu de réponse à cinq heures du soir, j'écrivais le même jour à M. de Lesseps :

« *N'oubliez pas de dénoncer immédiatement la fin de l'armistice, si vous n'obtenez sans retard une solution entièrement conforme à la déclaration du 29 de ce mois.*

« Aujourd'hui, aussitôt après la réception des dépêches télégraphiques ci-dessus mentionnées, j'ai fait prévenir les avant-postes romains que la trêve consentie verbalement par M. de Lesseps était expirée, que la suspension des hostilités cessait complètement.

« A trois heures et demie, le 1er juin 1849.

« Je charge M. le chancelier de l'ambassade d'avoir l'honneur de vous faire cette nouvelle notification.

« *Le général en chef,* Oudinot de Reggio. »

M. de Lesseps crut devoir expédier sur-le-champ un envoyé chargé de déposer à l'Assemblée nationale le traité qu'il avait signé avec les révolutionnaires romains. Le général Oudinot expédia de son côté un officier-général des plus honorables, M. Regnaud de Saint-Jean-d'Angely, pour faire connaître au pays toute la vérité sur des conflits dont le récit a été pour nous l'objet de plus d'une réserve.

Une coïncidence assurément fort remarquable fit que le jour même où le général Oudinot prenait cet énergique parti, une dépêche télégraphique, apportée par estafette de Civita-Vecchia, lui signifiait que le moment était venu d'entrer dans Rome, *que la voie des négociations était épuisée, et M. de Lesseps rappelé.*

Voici cette dépêche :

Dépêche télégraphique de Paris du 28 mai 1849, à 7 heures du soir.

« Le ministre des affaires étrangères au général Oudinot :

« Tout retard serait désormais funeste à l'approche de la saison des fièvres. *La voie des négociations est épuisée. La mission de M. de Lesseps est terminée* (1).

« Concentrez vos troupes. Entrez dans Rome aussitôt que l'attaque vous présentera la presque certitude du succès.

« Si vous manquez de moyens d'attaque, faites-le-moi savoir immédiatement. »

Cette dépêche, mise à l'ordre du jour de l'armée, y répandit le plus vif enthousiasme.

Le général Oudinot crut désormais ne devoir plus se priver du concours du général Regnault de Saint-Jean-d'Angely, qu'il fit rappeler, et dont l'aide-de-camp continua seul le voyage, chargé des dépêches. Les hostilités devaient recommencer immédiatement.

Sur l'ordre du général en chef, M. de Gérando, chancelier de l'ambassade de France, prévint nos nationaux et les étrangers habitant Rome, que le couvent de San-Paolo offrait, sous la protection de notre drapeau, son hospitalité à tous ceux qui voudraient quitter la ville. Pour laisser le temps à cette émigration de s'effectuer, l'attaque fut différée de trois jours, c'est-à-dire porté au 3 juin. Le général en chef voulut bien prévenir du fait le triumvirat romain.

Le jour fixé, de grand matin, deux colonnes, commandées par les généraux Mollière et Levaillant (Jean), s'avancèrent sous les murs de la villa Pamfili. Le général Levaillant parvient, avec les 16e et 25e légers, et le 66e de ligne, à forcer une des principales entrées de l'enceinte bien fortifiée, et bientôt la villa elle-même est enlevée ! Dans cette première affaire, plus de 200 prisonniers, dont une vingtaine d'officiers, trois drapeaux et une quantité considérable de cartouches, tombent en notre pouvoir. De son côté, la colonne Mollière avait été obligée de faire jouer la mine pour faire brèche au gros mur d'enceinte, de sorte qu'elle se vit précédée dans l'attaque de la maison. Mais il fallut compléter ce coup de main par la prise des maisons Valentini et Corsini, ainsi que par celle de l'église de Saint-Pancrace, où l'ennemi, en fuyant, s'était retranché, et d'où il faisait pleuvoir la mitraille sur le point conquis.

Il faut dire, pour justifier ce qui a déjà été indiqué plus haut, relativement au peu de cas à faire de cet ennemi en plaine, corps à corps, enfin, qu'à l'abri de ses murailles, il se défendait avec opiniâtreté. Les points reliés à la villa

---

(1) L'examen des actes de M. de Lesseps ayant été déféré au Conseil d'État, en exécution de l'art. 99 de la Constitution, le Conseil a résumé sa pensée dans les termes suivants :

« Deux faits principaux ont été constatés par l'examen auquel s'est livré le Conseil d'État :

« 1° L'opposition absolue entre les instructions de M. de Lesseps et l'application qu'il en a faite;

« 2° La signature d'une convention dont les stipulations sont contraires aux intérêts de la France et à sa dignité. »

Pamfili furent l'objet de combats où les avantages de la défense nous donnèrent mainte alternative. La villa Corsini fut prise et reprise cinq fois. Mais nous en devions rester maîtres, n'ayant toutefois à regretter que 11 morts pour cette journée, lorsque l'ennemi eut 139 hommes hors de combat. Il nous abandonna aussi 206 prisonniers. Le rapport très-explicite que le général en chef adressa au ministre sur cette journée glorieuse, a tout un intérêt dramatique qui nous engage à le reproduire. La partie diplomatique de la question y reçoit aussi des éclaircissements utiles à recueillir.

« Les négociations diplomatiques engagées par M. de Lesseps ont, vous le savez, ralenti, depuis le 17 mai, les opérations actives de l'armée expéditionnaire de la Méditerranée. Cependant les travaux n'ont jamais été complétement interrompus. Le génie et l'artillerie, aidés par les nombreux travailleurs d'infanterie, ont fait des gabions et des fascines. Un pont jeté en face de San-Paolo, nous a permis de nous établir dans la basilique de ce nom, qui, nous mettant en communication avec la route d'Albano, nous permet d'y devancer toute troupe étrangère; notre position y est d'autant plus forte, que nos soldats ont construit à la tête du pont un redou susceptible de recevoir un bataillon.

« Le dévouement incessant des officiers, sous-officiers et soldats de la marine nous a mis à même d'approvisionner successivement le magasin des vivres et le grand parc d'artillerie, dont les dernières pièces sont arrivées le 1er juin. Nos troupes avaient occupé le Monte-Mario, ou Mont-Sacré, qui domine à la fois le haut Tibre, le Vatican, le fort Saint-Ange et les routes d'Ancône et de Florence.

« L'ennemi, qui y avait travaillé avec activité depuis plusieurs semaines, l'a subitement abandonné sans aucun motif le 31 mai, et quelques heures après, le 13e léger et le 13e de ligne l'occupaient sans coup férir.

« Le 31 mai, M. de Lesseps avait conclu avec les autorités romaines une convention à laquelle il désirait que je misse ma signature, mais l'honneur militaire et mes instructions me défendaient d'attacher mon nom à un acte qui s'opposait à notre entrée à Rome. Dans une dernière dépêche, j'ai eu l'honneur de vous dire que dès le 1er juin j'avais fait prévenir le triumvirat que la trève verbale, consentie par M. de Lesseps, cesserait d'avoir son cours vingt-quatre heures après ma notification.

« Je fis donner directement cet avis à tous les avant-postes ennemis. Sur la demande de votre chancelier d'ambassade, M. de Gérando, je consentis à différer l'attaque directe de la place jusqu'au lundi 4 juin, au moins; cet agent diplomatique fut prévenu que ceux de nos nationaux qui voudraient quitter Rome trouveraient à San-Paolo un asile assuré.

« Cependant l'investissement plus rigoureux de la place devenait immédiatement nécessaire pour entreprendre les premières opérations de tranchée. Le général de division Levaillant, commandant le génie de l'armée, ne pouvait commencer sérieusement les travaux, tant que l'ennemi serait maître de les entraver par la possession de la villa Pamfili, de l'église de San-Pancrazio, des villas Corsini et Valentini. En enlevant une de ces positions, on était forcément conduit à s'emparer des autres. C'est ce qui a eu lieu. Deux colonnes, l'une commandée par le général Mollière, l'autre par le général Levaillant, reçurent l'ordre de commencer l'attaque le 3 juin ; dès trois heures du matin, l'une partait de la villa Mattei près la villa Santucci, l'autre de la villa San-Carlo ; à leur point de jonction, le général de division Regnaud de Saint-Jean-d'Angely devait en prendre le commandement et centraliser les actions.

« Les généraux Rostolan et Guesviller avaient l'ordre de concentrer leurs troupes et d'appuyer le mouvement.

« Bien que la villa Pamfili soit enceinte d'un mur de 4 mètres de hauteur et de 50 centimètres d'épaisseur, bien que l'ennemi y eût élevé en plusieurs endroits de nombreuses barricades, bien qu'elle fût défendue par deux mille hommes environ ; elle a été enlevée très-rapidement, et plus de deux cents prisonniers, dont dix officiers, trois drapeaux et un caisson de dix mille cartouches, avaient été pris dès cinq heures du matin.

« L'église de San-Pancrazio, attenant à la villa Pamfili, eut bientôt à subir le même sort. Nous y étions établis fortement à sept heures du matin. Pendant ce temps, deux compagnies du génie, appuyées par deux compagnies d'infanterie, délogeaient l'ennemi d'un vaste édifice situé à 300 mètres du dépôt de tranchée, et à 300 mètres des murs de la place.

« L'occupation de l'église de San-Pancrazio conduisait nécessairement à celle du château Corsini, édifice rectangulaire et construit en pierres de taille avec une remarquable solidité. L'ennemi s'y était retranché d'une manière formidable, et il ne fallut pas moins que l'énergie de nos soldats et l'habileté de nos officiers pour l'en déloger. Ce résultat était obtenu vers dix heures.

« Presque simultanément la villa Valentini et une grande ferme qui est une sorte de dépendance et se trouve à la même hauteur, étaient aussi énergiquement défendues et enlevées de même.

« Cependant les Romains, comprenant toute l'importance de ces positions, ne pouvaient se décider à nous en laisser la paisible possession. Depuis le matin jusqu'à sept heures du soir, les colonnes d'attaque, soutenues par le feu le plus nourri des remparts, ont fait de prodigieux efforts pour reprendre et conserver ces trois bâtiments ; leurs obus étaient parvenus à plusieurs reprises à y mettre le feu, ce qui nous a parfois obligés d'en sortir ; ils ont été repris par nous immédiatement. La valeur de nos soldats, dans cette grave situation, est d'autant plus admirable, que, fidèles à notre résolution de ne pas attaquer la place avant lundi, nous n'avons pas voulu répondre une seule fois par le canon au feu des remparts.

« Un instant les troupes romaines, conduites, dit-on, par Garibaldi, ont essayé de nous tourner vers notre gauche en faisant une sortie sur le plateau, qui du Vatican conduit à la villa Pamfili ; l'élan de nos soldats n'a pas permis de donner suite à cette tentative de l'ennemi ; elle a été immédiatement réprimée.

« Les Romains, qui ont 24,000 hommes de troupes régulières dans la place, les ont presque toutes engagées contre les positions que nous avions conquises à San-Pancrazio et aux villas Corsini et Valentini.

« Des divisions ont été faites par nos troupes ; la cavalerie a presque constamment parcouru en vue des remparts la rive gauche du Tibre inférieur.

« D'un autre côté, la brigade Sauvan, établie depuis quelques jours à Monte-Mario, avait reçu l'ordre de s'emparer de Ponte-Molle, dont une arche avait été détruite, et que tout le monde s'accordait à croire miné. Cette supposition avait déterminé le général à faire passer à la nage, sur la rive gauche, une vingtaine d'hommes de bonne volonté, dont les fusils et une partie des vêtements avaient été mis sur un radeau construit à cet effet. Cette opération n'a pas eu le succès qu'on en attendait ; le général prit alors le parti de s'emparer de la portion du pont qui tient à la rive droite. Quelques tirailleurs, dont un certain nombre de chasseurs à pied, placés sur ce point, sont parvenus, après d'assez longs efforts, à faire taire les deux bouches à feu que l'ennemi avait mises en batterie pour enfiler le pont, et ils forcèrent un millier de Romains qui se trouvaient sur la rive gauche à se réfugier dans les maisons et à cesser le feu.

« Nos travailleurs purent alors, au moyen de fascines et de poutrelles, rétablir provisoirement le pont pour le passage de l'infanterie, et bientôt trois compagnies furent établies sur la rive gauche ; elles s'y sont mises immédiatement en état de repousser les attaques de l'ennemi. Cette nuit les troupes romaines ont de nouveau tenté une sortie, la bonne contenance de nos troupes les a forcées de se retirer sans résultat.

« Tel est, monsieur le ministre, l'état actuel de la situation : la journée a été des plus glorieuses. Nos troupes n'ont jamais été engagées toutes à la fois, mais elles se relevaient successivement. Cependant la plupart d'entre elles ont été sur pied depuis deux heures et demie du matin jusqu'à sept heures du soir ; elles ont enlevé des positions qui paraissent inexpugnables, et dont la conservation aura une immense influence sur le résultat du siège.

« Le nombre des blessés s'élève à 167, y compris les officiers ; vous recevrez prochainement à ce sujet un état régulier. L'état sanitaire du corps expéditionnaire de la Méditerranée continue à être très-satisfaisant.

« Dès que j'aurai reçu les rapports particuliers des chefs de corps, je préciserai mieux que je ne puis le faire ici, les faits qui ont honoré les divers combats livrés le 3 juin.

« Je serai heureux d'appeler toute la sollicitude du gouvernement sur des soldats qui ont su si vaillamment porter le drapeau français dans cette journée mémorable et glorieuse.

« Agréez, etc.

« Le 4 juin 1849.   *Le général en chef,*   Oudinot de Reggio. »

Ce fut la brigade Mollière qui occupa la villa Pamfili et ses dépendances. Les 13e et 25e légers y furent adjoints. Le général Regnault de Saint-Jean-d'Angely commandait l'ensemble de ces forces, dont les pertes furent les plus sensibles de toute l'armée, puisqu'elles avaient la périlleuse mission d'occuper les avant-postes couvrant les lignes d'attaque, et qu'elles se trouvèrent conséquemment en butte continuelle à l'artillerie ennemie. Pour compléter ces mesures d'occupations importantes, le général Sauvan passa le Tibre avec une bonne partie de sa brigade, et alla établir une tête de pont sur la rive gauche, sans rencontrer de résistance sérieuse au point du passage Ponte-Molle. Il put ainsi, dès le lendemain, pousser une reconnaissance de cavalerie jusqu'à environ 300 mètres de la Porte du Peuple (*Porta del Popolo*) (1). C'est ainsi que tout se trouva rapidement prêt pour les travaux d'attaque.

1,200 travailleurs et 2 bataillons de garde de tranchée réunis à 300 mètres environ du mur d'enceinte, commencèrent le 4 au soir leurs travaux de terrassement. Le général en chef ayant eu soin de faire pratiquer à la villa Pamfili et en avant de Ponte-Molle deux fausses attaques, qui ne nous coûtèrent personne, l'attention de l'ennemi, déviée sur ces points, nos travaux de tranchée s'exécutèrent sans encombre. Dans la nuit suivante, ces travaux furent activés par l'adjonction d'un bataillon du 53e de ligne, débarqué le 2 à Civita-Vecchia.

Le soir, l'ennemi tenta, de son côté, deux sorties infructueuses sur la villa Corsini.

L'arrivée d'un renfort en artillerie fut tout à fait opportun. 4 pièces de 24, 2 obusiers de 22 et 4 mortiers, vinrent renforcer les 4 pièces de 16, et les 2 obusiers qui constituaient, avec 4 pièces de 30 empruntées à la marine, tout le matériel à feu de l'armée.

Le 5, le colonel Dagostino, aide-de-camp du roi de Naples, et le colonel Buenaga, chef d'état-major de l'armée espagnole, vinrent, accompagnés de plusieurs autres officiers, offrir au général en chef le concours de leurs armées pour l'entreprise commencée. Le général Oudinot déclina courtoisement ces offres, alléguant que, sans les retards apportés par la diplomatie, il serait évidemment déjà entré dans Rome. Comme, par ailleurs, les Autrichiens avaient été invités à ne pas franchir leurs points d'occupation précédente, les armées de Naples et d'Espagne furent remerciées de leurs avances, et on laissa aux officiers tout loisir de visiter à leur gré les travaux d'attaque. C'est au reste le lieu de dire que l'accord le plus parfait d'égards et de respects réciproques, ne cessa point de régner entre les états-majors des diverses armées catholiques.

Les 6 et 7 juin, l'on s'occupa de dresser des batteries propres à combattre le feu de l'ennemi, au rempart et au mont Testaccio (2). Le 7, le 32e de ligne vint renforcer l'armée.

(1) Cette porte du peuple, ancienne porte Flaminia, sur la voie de ce nom, est une sorte d'arc-de-triomphe qui fut construit par Le Bernin pour l'entrée de la reine Christine. La place et les statues ne valent pas mieux que la porte. L'obélisque central est un superbe monolithe, qui fut élevé à Héliopolis par Ramsès Ier et transporté à Rome par Auguste. Son inscription grecque prouve que les Egyptiens connaissaient la Trinité. Il fut tiré de ses ruines par Sixte-Quint, et placé par Fontana.

(2) Le mont Testaccio est, comme on sait, formé des débris des cruches antiques (*testa*).

Les travaux de la tranchée sont menés avec activité. Le général Morris, en poussant sur la rive gauche du Tibre une reconnaissance de cavalerie, s'empare d'un fort convoi de munitions et d'approvisionnements qui se rendait à Rome.

Les travaux s'effectuent au milieu du feu presque continuel de la place; ce feu ne s'arrête que le soir.

Le général en chef fait couper les ponts Salara, Nomentano et Mammolo pour achever l'interception de toutes les communications sur Rome. Il ordonne également une coupure dans l'aqueduc de l'Aqua-Paola, dont les eaux alimentent tous les moulins du Transtevère, ce quartier populaire de Rome.

L'ennemi fait dans la nuit du 11 une tentative pour incendier notre pont; il lance sur le Tibre une barque unie à deux brûlots. Nos soldats et nos marins dévient le danger, les brûlots échouent sur le rivage.

Le général Morris ayant poussé une nouvelle reconnaissance jusqu'à Frascati (1), est sympathiquement accueilli par la population. Le même jour, M. de Corcelles, nouvel envoyé extraordinaire de France, arrive au quartier général.

L'ennemi tente le 12 une sortie sur notre batterie prête à ouvrir le feu; il est repoussé à la baïonnette, et se replie après quelques pertes.

Avant d'entreprendre une attaque sérieuse contre la ville, le général Oudinot adresse au triumvirat révolutionnaire une dernière sommation.

« Nous ne venions pas vous apporter la guerre, nous venions affermir chez vous l'ordre et la liberté. Les intentions de notre gouvernement ont été méconnnues. Les travaux de siége nous ont amenés devant vos remparts. Jusqu'à présent nous n'avons voulu répondre qu'à de rares intervalles au feu de vos batteries. Nous touchons à l'instant suprême où les nécessités de la guerre éclatent en terribles calamités. Evitez-les à une cité remplie de tant de glorieux souvenirs. Si vous persistez à nous repousser, à vous seuls appartiendra la responsabilité d'irréparables désastres.

Le général en chef, OUDINOT DE REGGIO. »

Toute la nuit est passée à discuter sur cette sommation; mais le parti de la résistance aveugle l'emporte, et le lendemain matin le général en chef reçoit pour réponse les paroles équivoques qui suivent :

« Monsieur le général,

« L'Assemblée constituante romaine vous fait savoir, en réponse à votre dépêche d'hier, qu'ayant conclu une convention depuis le 31 mai 1849, avec M. de Lesseps, ministre plénipo-

Quand on se rappelle la population de Rome, on songe que l'exhaussement aurait pu être plus considérable, la forme des pots les exposant fréquemment à se casser, et devant aussi entendre, par le mot latin nos tonneaux, que les anciens ne connaissaient pas, malgré la célébrité du tonneau de Diogène, qui n'était peut-être qu'une grande cruche de terre. Cette colline semble d'ailleurs un emblème assez juste de la Rome moderne, si l'on considère toutes les grandeurs brisées qui, avant les récents événements, venaient s'y réfugier : elle même n'est ou n'était, pour ainsi dire, qu'une autre sorte de Testaccio, où se rassemblaient et s'entassaient toutes les grandeurs cassées de l'univers !

(1) Les Romains du moyen-âge, non moins impitoyables que les Romains antiques, ayant, à la fin du douzième siècle, détruit de fond en comble l'ancienne Tusculum, les habitants de cette ville furent réduits à se loger sous des huttes de branches (*frasche*), d'où lui vint, à cette époque, son barbare nom latin de *Frascatum*, aujourd'hui Frascati. C'est un séjour riant et aéré. La fameuse villa Aldobrandini est sur le penchant de la montagne.

tentiaire de la République française; convention qu'il confirma même après vôtre déclaration, elle doit la considérer comme obligatoire pour les deux parties, et placée sous la sauve-garde du droit des gens, jusqu'à ce qu'elle soit ratifiée ou réformée par le gouvernement français. C'est pourquoi l'Assemblée doit regarder comme une violation de cette convention toute hostilité reprise depuis le susdit jour, par l'armée française, et toute autre hostilité qu'on voudra reprendre avant qu'on lui communique la résolution de votre gouvernement à ce sujet, *et avant que le délai convenu soit expiré de l'armistice.*

« Vous demandez, général, une réponse analogue aux intentions et à l'honneur de la France ! Mais rien n'est plus conforme aux intentions et à l'honneur de la France que la cessation d'une violation flagrante du droit des gens.

« Quels que soient les effets de cette violation, le peuple romain ne peut pas en être responsable. Il est fort de son droit. Il est décidé à maintenir les conventions qui l'attachent à votre nation, il est seulement contraint par la nécessité de sa défense à repousser toute injuste agression.

« Agréez, général, les sentiments de mon estime. *Le président,* GALETTI.

« Rome, de la salle de l'Assemblée constituante, le 13 juin 1849, à 2 heures du matin. »

En conséquence, le matin même nos batteries reprennent leur feu, dans le but de faire taire les pièces de rempart dont le tir gêne les travaux de tranchée qui, dans la nuit suivante, arrivèrent à 60 mètres de l'enceinte.

Ayant appris que la petite ville de Porto-d'Anzio, entre Terracine et Fiumicino, sur la côte, fournissait aux Romains une grande partie de leurs projectiles, le général en chef expédie le capitaine d'état-major Castelnau avec une compagnie d'infanterie, à bord de la frégate à vapeur *le Magellan*; on mouille devant le port, et la mission s'accomplit sans résistance; la fabrique est démantelée, et tout ce qu'elle contient de munitions est enlevé.

L'ennemi renouvelle ses attaques sur Ponte-Molle. Cette fois ce sont 1,500 hommes renforcés de 2 pièces de canon, qui s'avancent sur les hauteurs de Monte-Pariole. L'engagement dure tout le jour, mais le soir l'ennemi est débusqué à la baïonnette par le général Guesviller, et il se retire en désordre dans la villa Borghèse.

De nouveaux renforts se succèdent, en matériel et troupes d'artillerie surtout, car c'était là le côté disproportionné du corps d'armée. Le 16, une batterie de 12 et une compagnie de pontonniers arrivent au quartier général, de sorte que le génie peut, sur plusieurs points à la fois, activer ses travaux. La dernière parallèle, poussée à 100 mètres des saillants, va permettre de dresser les batteries de brèche. Mais les affûts manquent encore aux pièces du grand parc de Santa-Passera. De nouvelles saisies de poudre destinée à l'ennemi augmentent nos provisions, au moment même où arrivent enfin les affûts, au mouillage de San-Paolo. Les trois batteries de brèche peuvent être montées dans la nuit, et le matin du 19 elles ouvrent un feu soutenu, auquel la place ne répond pas.

Le 20, nous continuons notre feu, qui détruit le parement extérieur du mur d'enceinte. Enfin, le 21, à trois heures de l'après-midi, le génie déclare que les brèches sont praticables.

Voici quelle était alors la constitution définitive de l'armée expéditionnaire :

Général de division, OUDINOT DE REGGIO, Commandant en chef.

Colonel chef d'état-major général, LEBARBIER DE TINAN.

			DÉSIGNATION des CORPS.	NOMS des CHEFS DE CORPS.	ARMES ACCESSOIRES.
RÉVOLUTION DE FÉVRIER.	1re DIVISION. Général REGNAUD de Saint-Jean-d'Angely.	1re brigade. Général Mollière.	1er bataillon de chasseurs à pied. 17e de ligne. 20e de ligne. 35e de ligne.	De Marolles. Sonnet. Marulaz. Bonat.	Général de division, Vaillant, commandant le génie. Colonel Niel, chef d'état-major du génie. Trois compagnies du 1er régiment du génie. Trois compagnies du 2e régiment du génie.
		2e brigade. Général Moris.	1er chasseurs à cheval. 11e dragons.	De Noüe. De Lachaize.	Général de brigade, Thiry, commandant l'artillerie. Commandant Soleille, chef d'état-major de l'artillerie.
	2e DIVISION. Général ROSTOLAN.	1re brigade. Général Lavaillant (Charles).	2e bataillon de chasseurs à pied. 32e de ligne. 36e de ligne. 66e de ligne.	Pursel. Bosc. Blanchard. Chenaux.	Cinq batteries d'artillerie de campagne. Cinq batteries de siège (personnel). 7e compagnie du 15e régiment (pontonniers). 5e compagnie d'ouvriers d'artillerie (une section). 3e compagnie du 4e escadron du train des parcs.
		2e brigade. Général Chadeysson.	22e de ligne. 53e de ligne. 68e de ligne.	Pesson. Dautemarre. De Leyritz.	Intendant militaire, Paris de Bollardière, faisant fonctions d'intendant en chef de l'armée.
	3e DIVISION. Général GUESVILLER.	1re brigade. Général Levaillant (Jean).	16e léger. 25e léger. 50e de ligne.	Marchesan. Ripert. Lecomte.	Des détachements de gendarmerie, du train des équipages militaires, d'ouvriers d'administration et d'infirmiers militaires complétaient l'organisation de l'armée.
		2e brigade. Général Sauvan.	13e de ligne.	Bougourd de Lamarre. De Comps.	

Le général en chef arrêta donc toutes les dispositions nécessaires pour donner l'assaut. Trois brèches sont praticables, trois colonnes d'attaque sont formées pour y monter. Ces colonnes ne sont formées que de deux compagnies d'élite chacune. Elles ont ordre de se contenter de couronner les brèches, sans se laisser emporter au-delà du rempart, devant éviter d'engager une guerre de barricades. Le chef de bataillon Cappe, du 53e, commande la 1re; le commandant Dantin, du 32e, la seconde, et la 3e est sous les ordres du chef de bataillon Sainte-Marie, du 36e. Les 16e et 25e légers fournissent les travailleurs. 25 hommes du génie sont attachés à chaque colonne. Une réserve de six compagnies d'élite, 22e léger, 66e et 68e, est confiée au commandant de Tourville, du 66e de ligne. Le lieutenant-colonel Tarbouriech, du 36e, commande l'ensemble des troupes d'assaut.

Ces troupes se trouvent silencieusement réunies le soir dans la tranchée; la division Rostolan est massée en arrière, prête à seconder le mouvement, ou à le secourir...

Une dernière volée de mitraille est lancée pour balayer le rempart; nos colonnes s'élancent impétueusement sur les brèches, et y prennent pied. Elles n'y éprouvent pas de résistance sérieuse, et les travailleurs peuvent se mettre immédiatement à l'œuvre. Deux heures plus tard, nos soldats étaient à couvert sur les bastions, sans autre obstacle que la fusillade. A trois heures du matin, seulement, l'ennemi ouvrit un feu d'artillerie fort vif, qui dura pendant six heures. Mais nos travaux de tranchée abritaient nos soldats; et toute cette nuit décisive ne nous coûta que 10 morts et 47 blessés.

Les pertes eussent été bien plus considérables, dans l'extrême désavantage d'une attaque de brèches, si le général en chef n'avait eu soin de faire deux diversions au moment même de l'assaut. Le lieutenant-colonel Espinasse, du 22e léger, et le général Guesviller, le premier avec un bataillon, le second avec quatre, avaient pleinement réussi dans ces diversions sur San-Paolo et sur la villa Borghèse. Dans la journée suivante, notre établissement sur la brèche put se consolider, malgré le feu de l'ennemi. Les 25, 26 et 27, nos opérations de siège se développent, et trois batteries peuvent être établies sur le couronnement des brèches.

Informé qu'il existait à Tivoli (1) une fabrique de poudre qui alimentait surabondamment l'ennemi, le général en chef prescrit au général Guesviller de faire détruire cet établissement. Cette expédition réussit complétement; les approvisionnements qu'il contenait sont noyés, et l'édifice est détruit de fond en comble.

Enfin les ordres peuvent être donnés pour l'organisation immédiate des colonnes d'assaut. Les dispositions de cette importante opération ressortent

---

(1) Tivoli, ou *Tibur*. Cette ville existait au temps où Enée aborda en Italie. Les poètes du siècle d'Auguste l'ont fort célébrée, comme lieu de plaisir des riches Romains. Virgile, Horace en parlent comme d'une ville fondée par une colonie grecque, et une des principales du Latium. Sa cascade, formée par le Teveronne, est célèbre. Le temple de la sybille, la maison de Mecène, les ruines de celles d'Adrien, en sont les principales curiosités.

en toute clarté et précision du document suivant, émanant du général en chef :

« Le succès de l'assaut du 21 de ce mois est dû en grande partie à l'ordre qui a existé dans l'exécution des dispositions qui ont précédé le combat.

« La brèche du bastion (8) est aujourd'hui praticable ; un nouvel assaut doit être livré. Le général en chef arrête à ce sujet les dispositions suivantes :

« Ce soir, 29, seront commandées pour l'assaut une compagnie d'élite de chacun des régiments de la division Rostolan.

« Ces six compagnies formeront deux colonnes, l'une d'attaque, l'autre de réserve. Chacune d'elles sera sous les ordres d'un chef de bataillon. La première, composée d'une compagnie des 22e léger, 32e et 53e de ligne, sera commandée par le chef de bataillon Lefèvre, du 53e. La deuxième, composée d'une compagnie des 36e, 66e et 68e de ligne, sera sous les ordres du commandant Lerouxeau, du 68e de ligne.

« Chacune de ces colonnes aura avec elle trente sapeurs et un officier du génie.

« La colonne d'attaque sera massée au pied de la brèche du bastion (7), dès deux heures du matin, le 30. Au signal donné par le colonel du génie Niel, elle se portera sans bruit à la brèche du bastion (8), elle y montera sans hésitation et marchera en avant. Elle évitera de se jeter à droite, elle appuiera au contraire vers la gauche au parapet du bastion (8). Si cette colonne rencontre des obstacles, elle essaiera de les tourner en même temps qu'elle les abordera de front.

« Aussitôt que cette colonne d'attaque sera montée, trois compagnies de travailleurs graviront la brèche, portant des gabions, et s'établiront pour travailler dès que l'officier du génie chargé de les conduire en donnera l'ordre. Ces compagnies auront également avec elles un détachement de trente sapeurs. Elles seront fournies par les 17e, 20e et 53e de ligne. Le capitaine d'état-major Castelnau ira les prendre à Pamfili et les conduira au pied du bastion (7).

« Quelques instants avant que la colonne d'attaque franchisse la brèche du bastion (8), une autre colonne, composée de trois compagnies d'élite, fournies par les bataillons de tranchée (22e léger, 32e et 53e de ligne) franchira la brèche du bastion (7) ; elle se portera en avant des cheminements qui sont dans ce bastion, abordera les tranchées que l'ennemi pourrait avoir préparées dans le bastion (8), tuera tout ce qui s'y trouvera, et reviendra se masser dans nos cheminements.

« Cette colonne, commandée par le chef de bataillon Laforest, du 22e léger, se tiendra prête à sortir de nouveau et attaquera l'ennemi, s'il tentait un retour offensif.

« Aussitôt que les travailleurs seront en train de remplir les gabions, la colonne d'attaque du bastion (8) rentrera dans l'ouvrage tracé par l'officier du génie.

« A cet effet, on devra laisser un passage ou intervalle à droite et à gauche pour faciliter la rentrée des compagnies d'élite. La colonne formant réserve devra également être massée à deux heures du matin, le 30, en arrière de la brèche ; c'est-à-dire dans le fossé de la courtine (7—8) pour monter au besoin et soutenir les travailleurs.

« Dans le cas où l'on tirerait des coups de fusil de la maison qui touche au flanc du bastion (8) mis en brèche, il faudrait y pénétrer, tuer tous ceux qui s'y trouveraient, et l'évacuer immédiatement, afin d'éviter les mines qui pourrait y avoir été préparées. Si l'on ne fait pas feu de la maison, on devra se garder d'y entrer immédiatement. Quelques pièces du bastion (6) et de la courtine (6—7) devront être chargées à mitraille, prêtes à tirer sur l'ennemi en cas de retour offensif.

« Le lieutenant-colonel Espinasse, du 22e léger, aura le commandement supérieur des quatre colonnes d'attaque, de réserve et de travailleurs. Les compagnies d'élite, qui les composeront, seront fortes de cent hommes au moins et complétées en officiers et sous-officiers. En outre de ces colonnes, le 22e léger fournira un troisième bataillon de tranchée. Ce bataillon sera placé de manière à soutenir les compagnies destinées à s'emparer du bastion (8). Une compagnie du 2e bataillon de chasseurs à pied marchera avec ce bataillon.

« Le général de brigade Levaillant (Charles) aura sous ses ordres, en qualité de général de tranchée, les trois bataillons de garde à la tranchée.

« En résumé, le service, tant pour la tranchée que pour l'assaut, se compose ainsi qu'il suit : trois bataillons de tranchée et une compagnie du 2e bataillon de chasseurs à pied (non comprise la compagnie fournie par le 1er bataillon de même arme.)

« Une colonne d'attaque, composée de trois compagnies d'élite (22e léger, 32e et 53e de ligne) pour le bastion (8).

« Une colonne de réserve, forte de trois compagnies d'élite (36e 66e et 68e de ligne).

« Une colonne d'attaque au bastion (7) composée de trois compagnies d'élite, prises dan les bataillons de tranchée (22ᵉ léger, 32ᵉ et 53ᵉ de ligne).

« Une colonne de travailleurs, forte de trois compagnies d'élite des 17ᵉ, 20ᵉ et 33ᵉ de lignes

« La tenue devra être aussi régulière que possible; les troupes composant les colonnes. d'attaque, la réserve, ainsi que les trois bataillons de tranchée seront sans sacs. Elles auron. en sautoir de gauche à droite l'étui d'habit tenu par la grande courroie du sac. Les quarante cartouches de réserve et une ration de biscuit seront renfermées dans cet étui. Les travailleurs seront dans la tenue habituelle.

« La batterie de 12 doit, vers une heure du matin, ouvrir son feu vers la porte du Peuple Les pièces de la marine auront aussi leur action, à la même heure, à la porte Saint-Pau'.

« *Le général commandant en chef,*   Signé OUDINOT DE REGGIO. »

« Au quartier-général, le 29 juin 1849.

Ces habiles dispositions reçoivent un plein effet. L'ennemi, de son côté, utilise tous les moyens de la résistance. Le 29 au soir, il lance 50 brûlots sur le pont établi à Santa-Passera; mais cette nouvelle manœuvre est déjouée par le zèle des marins et des pontonniers. A deux heures du matin (le 30), nos colonnes d'attaque gravissent le rempart, mais il y a vers l'entrée un tel encombrement, que nos soldats n'y peuvent passer qu'un à un. La fusillade ennemie est active. Le commandant du génie, Galbaud Dufort, tombe frappé à mort; le chef de bataillon Lefebvre est atteint d'une balle au bras, et le commandant Le Rouxeau doit le remplacer. Malgré tous les obstacles, la colonne prend pied sur le bastion, et le commandant Laforest arrive, par un mouvement tournant, à s'emparer, avec les siens, de 7 pièces de canon, retranchées derrière la muraille aurélienne. Ce fait coupe la retraite à l'ennemi, qui est refoulé, à la baïonnette, jusqu'au saillant du bastion. Nous faisons là une foule de prisonniers, parmi lesquels 20 officiers; il y a, en outre, 400 morts sur le terrain. Nos pertes ne s'élèvent qu'à 9 tués et 110 blessés.

D'un autre côté, le capitaine Tiersonnier, à la tête d'une compagnie de grenadiers du 30ᵉ, avait occupé les maisons qui dominent la porte Saint-Pancrace, position importante dont les efforts de l'ennemi n'avaient pu nous débloquer. A cinq heures du matin, le couronnement de la brèche était terminé, et le feu avait entièrement cessé du côté de Rome. Tous les efforts de l'ennemi avaient été impuissants; notre succès était complet sur tous les points attaqués. Le soir, le général Roselli, commandant les troupes romaines, fit annoncer au général en chef que l'Assemblée constituante reconnaissait l'impossibilité de prolonger la défense...

Le 1ᵉʳ juillet, on vit arriver au quartier général une députation de la municipalité, avec mission d'entamer les négociations. Comme M. de Corcelles se trouvait à Civita-Vecchia, le temps nécessaire pour avoir son concours fut employé par l'armée à se consolider, à tout événement, sur le rempart. Enfin le 2, dans l'après-midi, les dispositions relatives à l'entrée dans Rome de l'armée française purent être définitivement arrêtées. Il fut convenu que les portes Saint-Pancrace, Portèse et Saint-Paul seraient livrées à nos troupes, pour qu'elles pussent faire le lendemain leur entrée dans la capitale de la chrétienté.

Le 2 juillet, à 10 heures du soir, le 66ᵉ se dirige vers la porte San-Paolo (1), le 33ᵉ vers celle de Saint-Pancrace (2), et un bataillon s'avance vers la porte Portèse (3). Ces portes sont complétement abandonnées, mais elles sont barricadées par d'énormes blocs de terre compacte. Nos soldats doivent se frayer le passage la pioche à la main. Ces travaux de déblais ne furent terminés qu'à deux heures de nuit. Pendant qu'ils se pratiquaient, le 33ᵉ, qui était entré par la brèche d'un bastion, s'était établi dans le Transtévère (4), et le 36ᵉ au pont Quattro-Capi (5). Le lendemain, la Porte du Peuple était occupée par le général Guesviller, et le même jour, vers cinq heures, le général en chef Oudinot de Reggio, accompagné de tout son état-major, et des états-majors particuliers de l'artillerie et du génie, faisait son entrée dans la ville éternelle, par la porte Portèse, à la tête de la 2ᵉ division et de la cavalerie. Le général Oudinot fut accueilli dans le Transtévère par de vives démonstrations d'enthousiasme et de joie. Quelques meneurs du parti vaincu essayèrent bien, dans le Corso, d'ameuter la population ; mais cette tentative échoua devant l'immense manifestation qui se produisait autour d'un chef, d'une armée, qui apportait au pays un terme à l'anarchie, et les éléments féconds de la vraie liberté.

Le général ayant établi son quartier général provisoire à l'ambassade de France, palais Colonna (6), le général Rostolan fut nommé gouverneur de Rome, et le général Sauvan eut le commandement de la place. Le lendemain, après sommation, le fort Saint-Ange était remis à nos troupes (7).

Garibaldi s'était enfui de Rome le 3 au matin, traînant avec lui environ 3,000 aventuriers de toutes les nations. Le général Oudinot, pensant que ce chef de partisans pourrait, en se portant dans les montagnes d'Albano, agiter le pays, donna ordre à la 1ʳᵉ division de le poursuivre. La brigade Mollière l'ayant expulsé d'Albano, Tivoli et Frascati, prit ses cantonnements dans cette contrée pour la préserver de toute agression, tandis que le général Morris allait couvrir Civita-Vecchia, Civita-Castellana, Orvieto et Viterbe. Ces mouvements, habilement conçus, tout en préservant le pays des invasions des bandes révolutionnaires, avaient aussi pour but d'étendre l'action française dans les États de l'Église, et de ne pas limiter son influence à la seule occupation de la capitale.

Les documents officiels prouvèrent qu'au jour de notre entrée à Rome, la défense comptait encore 19,500 hommes. Un effectif aussi considérable ne

---

(1) Ancienne porte Trigemina, par où sortirent les trois Horaces allant combattre.
(2) La plus voisine de la route de Civita-Vecchia, autrefois *via Aurelia*.
(3) Elle s'appelait *Portuensis*, parce qu'y commençait le chemin de *Porto*, de là : *Portèse*.
(4) *Tevere*, Tibre, *trans*, au-de là, quartier au-de là du Tibre ; ses habitants *Transteverins*.
(5) Ainsi nommé de ses quatre Hermès de Janus (*capi*, chef-d'œuvre), il conduit à l'île Tiberini, et fut bâti par Fabricius en l'an 690. C'est le plus ancien de Rome.
(6) Bâti pour Martin V (Colonne). La galerie de tableaux était une des premières de Rome (la Sainte-Famille d'André del Sarto).
(7) Fort Saint-Ange, ancien mausolée d'Adrien, rival de celui d'Auguste. Ce dernier est aujourd'hui une arène pour les combats de bœufs.... l'autre un bagne, une prison !

pouvait être conservé sans danger ; aussi le général Oudinot s'empressa-t-il de licencier tout ce qui était troupes irrégulières, ou corps formés depuis la proclamation de la république romaine. La soumission exigée ne s'obtint pas sans peine, bien que toute protection fût assurée aux droits acquis.

Le jour de notre entrée dans Rome, un des démagogues les plus exaltés Cernuschi, avait fait afficher un appel à la révolte ; aussi quelques assassinats eurent-ils lieu contre nos soldats. Les habitants reçurent ordre de remettre dans les 24 heures toutes les armes dont ils étaient détenteurs. Cette opération produisit 35,000 armes de toute espèce. A dater de cette mesure, l'ordre régna dans Rome.

La nouvelle de notre entrée dans la ville papale étant arrivée à Paris, le président de la République adressa au général Oudinot la lettre suivante :

« Mon cher général,

« Je suis heureux de vous féliciter du résultat que vous avez obtenu en entrant dans Rome malgré la vive résistance de ceux qui s'y défendaient.

« Vous avez maintenu le prestige qui s'attache à notre drapeau. Je vous prie de faire connaître aux généraux qui sont sous vos ordres, et aux troupes en général, combien j'ai admiré leur persévérance et leur courage. Les récompenses que vous porte votre aide-de-camp, sont bien méritées, et je regrette de ne pouvoir les remettre moi-même. J'espère que l'état sanitaire de votre armée se maintiendra aussi bon qu'il est aujourd'hui, et que bientôt vous pourrez revenir en France avec honneur pour nos armes, et avec bénéfice pour notre influence en Italie. Recevez, mon cher général, l'assurance de mes sentiments d'estime et d'amitié.

« Louis-Napoléon. »

De son côté, le ministre de la guerre adressait au général Oudinot la lettre suivante :

« Général,

« Je vous ai fait connaître dans une dépêche télégraphique la vive satisfaction du président de la République et du cabinet tout entier pour la conduite du corps expéditionnaire en Italie.

« Je tiens à vous en renouveler l'expression d'une manière plus explicite.

« Le gouvernement rend pleine justice aux talents développés par les généraux dans cette savante et laborieuse opération du siége. Il applaudit avec empressement au bon esprit des soldats, à leur ardeur, à leur bravoure.

La France leur sait gré d'avoir montré qu'ils seraient en état de reproduire des hauts faits égaux à ceux de nos grandes guerres, il ne leur manque que l'occasion. Elle s'enorgueillit du succès qu'ils ont obtenu ; elle compte sur leur discipline et leur générosité pour jeter un nouvel éclat sur la victoire. Leurs camarades restés en France envient le poste d'honneur qui leur est échu.

« Dans un corps d'armée qui a si bien servi, je ne puis citer tous les noms qui méritent des éloges. Mais j'adresse spécialement mes félicitations à vous, général, comme commandant en chef, au général Vaillant pour la conduite du siége et les travaux du génie, au général Thiry pour les services éminents rendus par l'artillerie, aux généraux Rostolan, Gueswiller, Regnault de Saint-Jean-d'Angely et à leurs divisions, pour leur coopération dévouée. L'administration sanitaire et tous les services qui s'y rattachent méritent également d'être cités. Recevez, etc.

« *Le ministre de la guerre*, Rullière. »

Et nous qui, en ces pages émouvantes, souvent pénibles à tracer pour une plume animée du vrai patriotisme, et qui abhorre les excès de quelque part qu'ils viennent : attaques furibondes, répressions insensées, et nous qui avons eu souvent, en ce livre, à dire la bravoure de nos soldats dans la guerre civile qui ensanglantait nos rues, combien ne sommes-nous pas plus heureux et plus fier, en finissant ces récits, d'en faire la halte au milieu d'un événement où l'éloge s'adresse à une victoire sur l'étranger ! Les bornes imposées à ces pages ne nous permettent pas d'entrer dans le détail des mille épisodes qui, une fois encore, comme toujours, démontraient l'intrépidité, l'héroïsme de nos soldats. Sobre de louanges envers les nôtres, ce récit avait d'ailleurs à se montrer généreux pour les vaincus... Mais cette sobriété deviendrait de l'injustice, si nous ne rendions pas, au moins à l'illustre général qui a conduit cette campagne difficile avec tant d'habileté et un si haut sentiment de l'honneur national, le tribut d'éloges que lui doit l'histoire. La conduite de l'honorable général Oudinot devant les erreurs de M. de Lesseps, mérite une mention toute spéciale, dont l'éclat rejaillit sur l'armée entière, au milieu de crises où la dignité du pays était en cause. Diplomate et guerrier à la fois, le général, rehaussant encore, en ces circonstances, l'illustration du nom qu'il porte, a su concilier tous les devoirs rigoureux et toutes les générosités qui en consolent. Et s'il n'était pas presque hors de propos de parler de la bravoure d'un impétueux général de cavalerie, nous dirions qu'au milieu des mille dangers de ce long siége, le général Oudinot s'est prodigué de sa personne comme un simple soldat. Au reste, la conduite du chef de notre armée durant cette difficile entreprise, lui a valu plus d'un témoignage de haute admiration. Les félicitations du président de la République et du ministre de la guerre n'ont précédé que de peu celles dont nous voyons la trace dans les journaux, et qui émanèrent de la plupart des chefs des nations catholiques et guerrières de l'Europe.

Le dimanche 15 juillet, un *Te Deum* solennel fut chanté à l'église Saint-Pierre, en action de grâces du succès des armes françaises. Le général en chef choisit ce même jour pour replacer sur le fort Saint-Ange l'étendard pontifical, qui fut salué de 100 coups de canon, à Rome même, au milieu de la vraie population du pays. Notre armée était vengée des calomnies et des insultes dont les partis extrêmes l'avaient rendue l'objet dans les journaux, et récompensée de ses efforts et de son courage dans la personne de son noble chef; elle voyait, au milieu du plus immense concours de la population acclamante, la municipalité romaine donner en pleine capitale au général Oudinot un éclatant témoignage d'estime et de reconnaissance, en lui décernant, ainsi qu'à sa descendance, le titre de citoyen romain, et les honneurs du patriciat.

Et, pour terminer ce récit d'une expédition qui nous semblait pouvoir clore, par un grand fait, l'histoire d'une révolution que nous avons plutôt voulu raconter que juger (parce qu'il nous a semblé qu'il suffisait d'un loyal exposé des faits pour que chaque lecteur pût conclure de lui-même), nous dirons que si, en allant à Rome, la France céda à un intérêt à la fois politique et religieux, la réussite de l'expédition a incontestablement fait tourner au double profit du devoir accompli et de l'influence agrandie, les sacrifices de sang et d'argent que nous nous sommes généreusement imposés.

OUDINOT, DUC DE REGGIO,

Général en chef de l'armée des Alpes
et du corps expéditionnaire de la Méditerranée,
(1848-1849.)

« Détruire d'une part ce foyer d'anarchie allumé au cœur de l'Italie, dit, en concluant le document déjà mentionné, et qui rayonnait sur toute la péninsule, écraser l'esprit révolutionnaire sous le souffle duquel était éclos un pouvoir monstrueux qui, inauguré par l'assassinat, ne se maintenait que par la violence et la terreur, tel était l'intérêt politique que nous avions à soutenir.

« D'autre part, restaurer l'autorité de l'illustre descendant de saint Pierre, chassé de ses Etats par les démagogues de tous les pays qui s'étaient abattus sur la ville sainte comme sur une proie ; rendre au catholicisme en deuil son auguste chef, à qui la révolution faisait expier dans l'exil les bienfaits qui lui avaient valu le titre de *libérateur de l'Italie*, tel était l'intérêt religieux que la France de Charlemagne et de saint Louis, cette fille aînée de l'Église, avait à faire triompher.

« Les intérêts engagés dans la question romaine ne touchaient pas seulement au bien-être, à la sécurité de la France, ils étaient, sous le rapport politique, communs à toutes les puissances de l'Europe, qui ne pouvaient assister, sans s'émouvoir, au déchaînement des fureurs démagogiques dont Rome était le centre ; ils étaient également communs, sous le rapport religieux, aux puissances catholiques, qui n'auraient pu sans faillir aux traditions de la foi, laisser régner au Vatican les hommes qui avaient établi leur pouvoir sacrilége sur les ruines du trône pontifical.

« La France a eu l'insigne honneur de délivrer Rome de l'anarchie et de rétablir l'autorité du Saint-Père. Nous avons raconté toutes les phases de ce siége savant qui a eu pour résultat de respecter les monuments de la ville éternelle, d'épargner une population innocente des violences du triumvirat et qui ne voyait dans nos soldats que des libérateurs. Pour atteindre ce but dicté par l'humanité et par le culte des traditions, notre généreuse armée a surmonté tous les obstacles, triomphé de tous les dangers; sa persévérance et son intrépidité, l'esprit d'ordre et de modération qui n'ont cessé de l'animer, feront éternellement son honneur devant la postérité. »

De diplomatique et guerrière qu'elle fut devant l'ennemi, la mission de notre armée devint administrative et réparatrice, une fois cet ennemi réduit, dispersé. Le général Oudinot acheva son œuvre en remédiant aux maux causés à Rome par les exorbitances d'un pouvoir qui ne se prenait pas assez au sérieux lui-même pour s'occuper de l'avenir même le plus prochain. Le général Rostolan, qui succéda au général Oudinot, reprit et continua habilement cette œuvre civile, administrative, qu'il transmit ensuite au général Baraguay-d'Hilliers, dont les talents triomphèrent à leur tour de plus d'une difficulté locale.

La mission diplomatique du cardinal du Pont ayant, bientôt après, aplani les derniers obstacles, le vendredi 12 avril 1850, le souverain Pontife put faire son solennel retour dans cette capitale, dont un des grands prestiges consiste en sa présence spirituelle. La France a rendu au chef de l'Eglise son libre arbitre comme souverain temporel ; l'illustre Pie IX avait précédemment donné trop de gages de son intelligente appréciation des nécessités du temps, pour qu'on puisse suspecter l'usage qu'il fera de la plénitude d'indépendance que la France lui a rendue...

Nous ne saurions clore ce rapide récit de l'expédition romaine, sans mentionner un document du plus grand intérêt pour l'honneur de nos armes, et cela surtout pour effacer toute trace des honteuses calomnies dont le triumvirat essaya de souiller nos soldats, tandis qu'à cet égard c'était au contraire des plus vifs sentiments d'admiration et de reconnaissance dont ils auraient dû être animés. Nous voulons parler de cette prétendue destruction de monuments romains, dont on essaya de faire tant de scandale.

On se rappelle, en effet, les accusations furibondes, les imputations odieuses dont l'armée fut l'objet à ce propos. A entendre leurs insulteurs, nos soldats avaient causé plus de ravages dans la capitale des Césars, à la cité des papes, dans la métropole du catholicisme, que les barbares n'en laissèrent jamais derrière eux après avoir violé la ville sainte.

Ces calomnies avaient été si perfidement répandues par le *Moniteur officiel* de M. Mazzini et par les autres organes de l'insurrection romaine, que, dès le 24 juin, des consuls, c'est-à-dire des magistrats auxquels leurs fonctions commandent tant de respect pour la vérité, les reproduisirent dans une lettre qu'ils adressaient au commandant en chef de l'armée d'Italie.

Dans cette lettre, qui a reçu une publicité européenne, ils accusaient notre armée *d'avoir porté la destruction sur les chefs-d'œuvre des beaux-arts qui ne pourraient jamais être remplacés.*

Cette allégation était mensongère; en effet, dès que notre armée fut entrée à Rome, plusieurs des consuls déclarèrent hautement qu'on avait surpris leur bonne foi et leur signature : retenus dans leurs maisons pendant toute la durée du siége, hors d'état d'apprécier en personne de prétendus désastres, ils avaient eu la faiblesse d'écrire ce qu'on leur avait dicté. L'un d'eux a même avoué que la signature par lui apposée au bas de la lettre collective du 24 juin, lui *avait été arrachée par la terreur sous laquelle on vivait alors et par la crainte que son refus ne compromît la sécurité de ses nationaux.*

Il importait à l'honneur de la France, à la gloire de nos soldats, que le monde sût, au contraire, avec quelle humaine sollicitude, avec quelle habileté les travaux du siége ont été conduits pour assurer tout à la fois le triomphe de nos armes et la conservation des trésors artistiques de Rome; et comme contraste, avec quel cynisme les séides de Mazzini, les bandes de Garibaldi, et la populace aux gages des triumvirs, ont traité les admirables chefs-d'œuvre des grands maîtres, souillé les tombeaux, profané et volé les églises; détruit, incendié, dévasté enfin, ces monuments que le chef de l'armée française avait si scrupuleusement respectés.

M. le général Oudinot a compris cette obligation de la France envers l'Europe et envers l'histoire. A peine notre drapeau flottait-il victorieux au front du Capitole, qu'il donnait mission à un jeune et intelligent diplomate, M. Charles Baudin, fils de l'illustre amiral, de rechercher et de constater l'exacte étendue des dommages que les opérations du siége avaient pu causer aux monuments anciens et modernes de Rome.

Pendant dix jours, quand les bastions fumaient encore, quand les canons de nos artilleurs et les mousquets de nos soldats étaient à peine refroidis, M. Charles Baudin s'est livré à une première investigation, d'autant plus intéressante et impartiale, qu'il l'effectuait au milieu des plus vives émotions du peuple romain; il ne pouvait, dans une pareille atmosphère, que s'exagérer à lui-même la nature des pertes qu'agrandissait en quelque sorte l'imagination publique. Son rapport, en date du 14 juillet, faisait déjà complétement justice des calomnies déversées sur nos troupes par les passions révolutionnaires. Mais ce n'était pas assez pour le général en chef d'une vérification faite, au nom de la France, par un Français. Aussi, le jour où ce rapport sommaire lui était présenté par M. Charles Baudin, M. le général Oudinot, impatient de donner un démenti solennel aux contempteurs de notre armée, constituait une commission spéciale, où il n'a fait entrer que des hommes, pour la plupart Italiens ou étrangers, et dont la réputation et la loyauté sont européennes. Voici la composition de cette sorte de jury ès-arts

MM. Durantini, professeur de l'Académie de Saint-Luc; de Fabbris, directeur des galeries et musées pontificaux; le commandeur Campana; Kolb, consul général de Wurtemberg; le chevalier Lemoyne, de l'Académie de Saint-Luc; le chevalier Magrini, attaché honoraire de la légation des Pays-Bas; Orioli, archéologue; le commandeur Selvi, professeur à l'Académie de Saint-Luc; le comte Vespignani, architecte; Allaux, directeur de l'Académie de Rome, et le commandeur de Visconti, commissaire des monuments antiques de Rome, auquel a été confiée la rédaction du rapport de cette savante commission.

Ce rapport, dès qu'il fut achevé, fut transmis, par le général Baraguay-d'Hilliers, à M. le ministre des affaires étrangères, qui décida tout d'abord qu'il serait communiqué à l'Académie des beaux-arts de l'Institut national.

C'était à la fois rendre hommage au corps savant le plus illustre de l'Europe et consacrer l'autorité du rapport par une publicité à laquelle il n'y avait rien à opposer. Voici ce qui résulta de ce document officiel, émanant d'hommes si haut placés dans l'art et dans l'estime publique.

Pendant un siège régulier d'un mois, l'armée française, s'inspirant de la pensée de son chef, n'a pas fait éprouver aux monuments de Rome de dommages réellement graves. Rien n'a été détruit qui ne puisse être facilement réparé. A part la tapisserie du Vatican, à part une colonne du temple de la Fortune-Virile et l'aigle d'une corniche du palais Farnèse, les dégâts occasionnés par les projectiles français se réduisent à quelques démolitions de moellons et de charpentes, et à des vitres cassées.

La corniche de Saint-Pierre, sur laquelle M. Ledru-Rollin s'était attendri à la tribune de l'Assemblée nationale, n'a pas été atteinte; le Panthéon, qu'on avait dit être embrasé, n'a pas reçu un seul boulet. L'exagération des plaintes exprimées dans l'adresse que la municipalité romaine communiqua officiellement à la municipalité parisienne est donc patente : elle écrivait, à propos de la basilique de Saint-Pierre et du Vatican : *L'armée française a couru risque d'abattre le premier temple du monde;* et les 59 *boulets* ou *les milliers de balles que l'on prétendait* avoir été lancés sur ce magnifique temple, sont tellement imaginaires qu'il n'y a eu là que quelques tuiles brisées et un conducteur électrique rompu.

Ces traces sont extérieures : on ne peut pas plus se tromper sur la direction des coups que sur leur portée, et de l'examen le plus minutieux, ce qui est résulté, c'est que le général en chef avait choisi d'avance ses points d'attaque, pour ménager le plus complétement possible ces vieux monuments, éternelle parure de la ville éternelle ; c'est que l'artillerie n'a frappé que là où les nécessités absolues, indispensables du siége ordonnaient de frapper ; c'est dans le même temps où nos soldats se montrèrent pleins d'un si religieux respect pour les arts, les temples, les souvenirs, que les gens de toutes nations, qui s'intitulaient le peuple de Rome et les défenseurs de la république romaine, pillaient, mutilaient, faisaient sauter, détruisaient par la poudre ou le fer les statues, les tableaux, les villas, les églises, et insultaient aux souvenirs du passé comme ils insultaient à la vraie liberté du présent et à la prospérité de l'avenir.

C'est surtout en se rendant compte des terribles moyens d'action dont nous aurions pu disposer, qu'on apprécie et qu'on admire cette chevaleresque conduite de l'armée française, conduite presque sans exemple dans les fastes militaires ; car, depuis Henri IV, on n'avait pas vu des troupes retarder leur triomphe et prolonger leurs fatigues pour protéger la ville qu'ils assiégent.

Veut-on trouver ici quelques termes de comparaison ?

Sur l'immense superficie de la ville de Rome, cent cinquante projectiles seulement ont été lancés à dessein par l'artillerie française, au-delà de la ligne de défense, et aucun objet d'art n'a été atteint.

Du côté des Mazziniens, les excès ont été de tous les jours et portés sur tous les points.

Les bandes de Garibaldi ont pris et fondu les vases sacrés des églises ; détourné les fidéi-commis en argent et en objets précieux, brisé les portes des sacristies de Saint-Jean-de-Latran ; rasé, pour y substituer des sacs-à-terre, le couronnement si pittoresque des murs de Rome, dû à Aurélien ; abattu l'étage supérieur de l'amphithéâtre Castrense, qui avait survécu à Alaric, à Odoacre, à Bélisaire et au connétable de Bourbon ; ce sont ces bandes, enfin, qui ont saccagé la villa Borghèse, détruit ses casini, abattu ses arbres séculaires ; ce sont elles qui ont volé les marbres, brisé les statues, déchiré les tableaux, abîmé les cascades de la villa Pamfili ; elles qui ont ravagé la villa Patrizi, la villa Corsini, et qui se proposaient de faire sauter Saint-Pierre. Et quand on se désolait devant leurs chefs qu'elles outrageassent ainsi les arts et l'humanité, ceux-ci répondaient, comme l'eussent fait des Vandales : *Les ruines de la Rome de* 1849 *seront plus belles que celles de la Rome des Césars.*

Rien ne peut dépeindre l'indignation de nos troupes, lorsqu'elles ont vu comment les bandits qu'elles combattaient avaient abîmé les chefs-d'œuvre qu'elles avaient si religieusement respectés, au prix de longues et de sanglantes fatigues.

L'église de San-Pietro-in-Montorio, convertie en écurie par Garibaldi, offrait un spectacle particulier de désolation. Les vases et les tableaux avaient été dérobés, les autels renversés et déshonorés, des trésors artistiques du plus haut prix lacérés et brisés. A San-Pancrazio, les tombes avaient été littéralement ouvertes, et les bijoux qu'elles renfermaient tous emportés par les pillards mazziniens. Les émotions de nos soldats se traduisirent en cette circonstance avec une spontanéité toute française, et mille inscriptions au charbon, tracées sur ces murs jadis sacrés, attestent aujourd'hui leur indignation contre les auteurs de tant de profanations et de ruines.

Le rapport de la commission instituée par le général en chef Oudinot de Reggio, se termine par un tableau dont les termes résument tout ce que l'on pourrait dire :

L'armée française avait des obstacles infinis à combattre, un immense périmètre d'attaque à développer, et les dégâts éventuels qui peuvent résulter de cette attaque ne se montent qu'à 101,760 écus romains, chiffre dans lequel figurent, bien entendu, les dommages résultant du fait même du siége, c'est-à-dire, brèches de murailles, ponts coupés, et autres nécessités de l'action purement militaire.

Les démagogues assiégés étaient libres de choisir leurs points de retranchement, leurs moyens de défense : les dégâts volontaires, commis par eux, montent cependant à 383,055 écus romains !

Voilà ce que, dans son impartialité, l'histoire doit juger avec une profonde reconnaissance pour l'armée française, et une rigueur inflexible pour ses calomniateurs.

Au reste, la vraie population romaine ne s'associa jamais à ces insultes et à ces injustices. Peu de mois après l'heureuse issue de l'intervention de nos armes, le général Oudinot reçut de la ville de Rome de glorieux témoignages d'estime et de reconnaissance de la part des habitants. Ce fut d'abord une épée d'honneur que le brave général Mollière, un des lieutenants qui avaient le mieux secondé le général en chef dans sa difficile mission, fut chargé de lui remettre, au nom de la population qui avait voté cet hommage précieux; et ensuite une médaille, représentant d'un côté, comme personnification de l'armée française en Italie, les traits de son chef, avec la légende dont voici la traduction :

« Victor Oudinot, général en chef de l'armée française. »

Sur le revers, au milieu d'un couronnement de chêne, on lit en latin :

« Contraint à réduire la ville de vive force,
« Il a pourvu à la sûreté des citoyens,
« Des monuments, des arts, année 1849. »

Cette médaille a été adressée au général au nom de la municipalité de Rome, par M. Bartolomeo Belli, président de l'Académie des inscriptions et des monuments, avec la lettre suivante :

« Monsieur le général en chef,

« Le sénat romain a décrété une médaille destinée à transmettre à la postérité la reconnaissance de la ville éternelle pour l'humanité et les sentiments généreux avec lesquels votre excellence, en combattant pour l'ordre social et la religion, a fait usage de la force et de la victoire. Ce monument est aujourd'hui terminé, il sera placé au Capitole. Nous vous envoyons la matrice, elle doit être placée dans les archives particulières de votre illustre famille, comme un témoignage d'estime et de sympathie des Romains pour un guerrier qu'ils se glorifient de compter au nombre de leurs citoyens. »

Enfin, à l'heure même où l'on écrit ces lignes, un troisième hommage, plus significatif peut-être encore que les premiers, si l'on y cherche la pensée politique des donataires, a été adressé au général en chef de l'armée française libératrice de Rome. A l'époque où nos soldats, procédant au siége de la capitale, s'emparèrent de la villa Pamfili, trois drapeaux tombèrent en notre pouvoir, avec 200 prisonniers et une quantité considérable de munitions de guerre. Le général en chef ayant chargé son premier aide-de-camp, le lieutenant-colonel Espivant, en mission à Paris, d'apporter le principal de ces drapeaux, pour qu'il fût placé aux Invalides, les journaux parisiens dévoués à Mazzini prétendirent que cet emblême n'était autre chose que l'enseigne d'un club romain, foyer démagogique bien connu, le *café Moro*. C'est ainsi que les passions aveugles reconnaissaient le sentiment délicat par lequel le général avait laissé armes, canons et *drapeaux* à l'armée romaine, réduite à merci ! Le gouvernement papal, touché de ces attaques, et, pour protester contre elles, fait hommage au général Oudinot de Reggio du drapeau d'honneur du fort Saint-Ange, étendard dont le tissu de soie porte, brodées en or, les initiales R. R. (*Republica romana*), lesquelles se reproduisent également sur un splendide faisceau, offrant l'aigle romaine au milieu de lauriers, ouvrage ciselé dans le vermeil et l'argent, qui couronne la hampe. Le gouvernement de Rome a semblé, par l'envoi de ce symbole, remettre à l'honorable libérateur de la ville éternelle la république romaine...

Ajoutons, enfin, que les prélats français se sont unis dans la pensée d'ouvrir une imposante souscription, dans le but d'offrir, au nom du catholicisme, une magnifique épée d'honneur (dont *la Gazette de Lyon* décrit le modèle) au vainqueur de l'anarchie romaine, au restaurateur de l'inviolabilité du Pape.

Et, pour finir ces récits, nous dirons, qu'en ce qui touche cette dernière page d'une histoire militaire dont la rédaction n'a besoin que d'être vraie pour être glorieuse, quelques mots peuvent tout résumer sur cette nouvelle campagne de notre armée : intrépidité, persévérance, esprit d'ordre, modération, humanité.

Le siége de Rome était le fait par lequel nous avions déclaré, dans notre programme, devoir terminer cette histoire de *faits*.

Nous nous sommes attaché à ne laisser à l'écart ni une pièce, ni un acte de nature ou de valeur à donner au lecteur les éléments d'une juste appréciation des événements que nous déroulions sous ses yeux.

A côté de l'attaque, nous avons placé la défense.

Après le document pour, se trouve le document contre.

Lorsque le simple énoncé des faits nous semblait porter en soi l'accusation, si les circonstances au milieu desquelles le fait s'est produit sont atténuantes de sa portée, nous avons exposé ces circonstances.

Tant que nous avons pu, nous avons tenu compte de leurs intentions aux hommes.

Nous avons respecté les convictions, quelles qu'elles fussent;

Déploré les erreurs;

Flétri la mauvaise foi, l'apostasie, les palinodies;

Honoré le courage partout.

Nous étions certain de notre loyauté, car nous savons être exempt de ces passions à travers lesquelles l'écrivain, à son insu, se dénature toutes choses.

Nous avons essayé de nous placer dans un milieu éclectique, choisissant dans cette boîte de Pandore, ouverte par une révolution nouvelle, non pas seulement le bien des uns, qui serait nécessairement le mal des autres, — mais plutôt tout ce qui avait sa valeur comme pièce de ce grand procès que les partis se font les uns aux autres, et qui est loin encore d'être jugé...

La révolution que nous avons tenté de raconter avec le désir d'une impartialité à laquelle le lecteur rendra, ou fera justice, n'est, elle-même, qu'un dramatique épisode des vicissitudes que traverse notre pays depuis soixante ans, vicissitudes dont nul n'oserait encore prévoir la péripétie...

Nous espérons n'avoir pas à ajouter plus tard de nouvelles pages sanglantes aux sanglants récits que ces lignes vont clore.

L'avenir est plein d'ombre... l'air est plein de frissons...

L'immense travail qui s'opérait depuis un siècle dans le monde philosophique devait, un jour ou l'autre, passer des conceptions de la théorie aux tentatives de l'application.

Des impatiences ardentes éclatent des cerveaux, et jaillissent sur le monde matériel; — Dieu permettra-t-il que l'esprit de justice et de prudence des uns.... comme la modération dans les exigences des autres... laissent aux seules voies de la discussion le soin d'éclairer le chaos, et d'accomplir progrès et réformes?

Notre cœur l'espère plus que notre raison n'ose le croire....

FIN

TABLE DES MATIÈRES.

CHAPITRE I.
Pages.
Les banquets. — Les journées de Février. 1

CHAPITRE II.
Gouvernement provisoire. — Commission exécutive. — Journées de Juin. 90

CHAPITRE III.
Dictature du général Cavaignac. — Election de Louis-Napoléon à la présidence de la République. — Siége de Rome. 261

CLASSEMENT DES GRAVURES.

Chasseur de Vincennes et cantinière (*en regard du titre*).	
Gendarmerie de la Seine. 9	Garde républicaine à pied (sous le gouvernement provisoire). 160
Gendarmerie mobile. 25	Manifestation du 15 mai. 184
Ecole Polytechnique. 41	Guides d'état-major. 196
Ecole de Saint-Cyr. 72	Garde républicaine à pied (1849). . . 220
Portrait de Lamartine. 91	Mort du capitaine Dupont-Delporte. . 228
Garde mobile à cheval. 97	Portrait du général Cavaignac. . . . 239
Garde marine. 105	Garde mobile à pied. 243
Portrait de Ledru-Rollin. 115	Portrait de Louis-Napoléon. 278
Gardien de Paris. 125	Siége de Rome. 295
Garde républicaine à cheval. . . . 149	Portrait du général Oudinot. . . . 308

Paris. — Imprim. de Pommeret et Moreau, quai des Grands-Augustins, 17.

www.ingramcontent.com/pod-product-compliance
Lightning Source LLC
Chambersburg PA
CBHW060606170426
43201CB00009B/912